Friedrich Schiller

Allgemeine Sammlung historischer Memoires vom zwölften Jahrhundert

Friedrich Schiller

Allgemeine Sammlung historischer Memoires vom zwölften Jahrhundert

ISBN/EAN: 9783742893024

Hergestellt in Europa, USA, Kanada, Australien, Japan

Cover: Foto ©ninafisch / pixelio.de

Manufactured and distributed by brebook publishing software (www.brebook.com)

Friedrich Schiller

Allgemeine Sammlung historischer Memoires vom zwölften Jahrhundert

Allgemeine Sammlung

Historischer Memoires

vom zwölften Jahrhundert

bis auf die neuesten Zeiten

durch mehrere Verfasser übersetzt,

mit den nöthigen Anmerkungen versehen, und jedesmal
mit einer universalhistorischen Uebersicht begleitet

herausgegeben
von

Friedrich Schiller

Professor der Philosophie in Jena.

___

Zweyte Abtheilung.

Fünfter Band.

___

Jena,
bey Johann Michael Mauke, 1793.

Bürgerliche Unruhen in Frankreich
in den Jahren 1569 bis 1572.

Die Deutschen Protestanten, immer die vornehmste Stütze und die letzte Zuflucht ihrer Glaubensbrüder in Frankreich, waren es auch jetzt, die nach dem unglücklichen Tage bey Jarnac das Gleichgewicht der Waffen zwischen den Hugenotten und Katholischen wieder herstellen halfen. Der Herzog Wolfgang von Zweybrücken brach mit einem Dreyzehntausend Mann starken Heere in das Königreich ein, durchzog mitten unter Feinden, nicht ohne große Hindernisse, fast den ganzen Strich zwischen dem Rhein und dem Weltmeer, und hatte die Armee der Reformirten beynahe erreicht, als der Tod ihn dahinraffte. Wenige Tage nachher vereinigte sich der Graf von Mansfeld, ein Nachfolger im Kommando, (im Junius 1569) in der Provinz Guienne mit dem Admiral von Coligny, der sich nach einer so beträchtlichen Verstärkung wieder im Stande sah, den Königlichen die Spitze zu bieten. Aber mißtrauisch

trauisch gegen das Glück, dessen Unbeständigkeit er so oft erfahren hatte, und seines Unvermögens sich bewußt, bey so geringen Hülfsmitteln einen erschöpfenden Krieg auszuhalten, versuchte er noch vorher, auf einem friedlichen Weg zu erhalten, was er allzu mißlich fand, mit den Waffen in der Hand zu erzwingen. Der Admiral liebte aufrichtig den Frieden; ganz gegen die Sinnesart der Anführer von Partheyen, die die Ruhe als das Grab ihrer Macht betrachten, und in der allgemeinen Verwirrung ihre Vortheile finden. Mit Widerwillen übte er die Bedrückungen aus, die sein Posten, die Noth und die Pflicht der Selbstvertheidigung erheischten, und gern hätte er sich überhoben gesehen, mit dem Degen in der Faust eine Sache zu verfechten, die ihm gerecht genug schien, um durch Vernunftgründe vertheidigt zu werden. Er machte jetzt dem Hofe die dringendsten Vorstellungen, sich des allgemeinen Elendes zu erbarmen, und den Reformirten, die nichts als die Bestätigung der ehmaligen, ihnen günstigen, Edikte verlangten, ein so billiges Gesuch zu gewähren. Diesen Vorschlägen glaubte er um so eher eine günstige Aufnahme versprechen zu können, da sie nicht Werk der Verlegenheit waren, sondern durch eine ansehnliche Macht unterstützt wurden. Aber das Selbstvertrauen der Katholiken war mit ihrem Glücke gestiegen. Man forderte eine unbedingte

bedingte Unterwerfung, und so blieb es denn bey der Entscheidung des Schwerts.

Um die Stadt Rochelle und die Besitzungen der Protestanten längs der dortigen Seeküste vor einem Angriffe sicher zu stellen, rückte der Admiral mit seiner ganzen Macht vor Poitiers, welche Stadt er ihres großes Umfanges wegen keines langen Widerstandes fähig glaubte. Aber auf die erste Nachricht der sie bedrohenden Gefahr hatten sich die Herzoge von Guise und von Mayenne, würdige Söhne des verstorbenen Franz von Guise, nebst einem zahlreichen Adel in diese Stadt geworfen, entschlossen, sie bis aufs äußerste zu vertheidigen. Fanatismus und Erbitterung machten diese Belagerung zu einer der blutigsten Handlungen im ganzen Laufe des Krieges, und die Hartnäckigkeit des Angriffs konnte gegen den beharrlichen Widerstand der Besatzung nichts ausrichten.

Trotz der Ueberschwemmungen, die die Aussenwerke unter Wasser setzten, trotz des feindlichen Feuers und des siedenden Oels, das von den Wällen herab auf sie regnete, trotz des unüberwindlichen Widerstandes, den der schroffe Abhang der Werke und die heroische Tapferkeit der Besatzung ihnen entgegensetzte, wiederholten die Belagerer ihre Stürme, ohne jedoch mit allen diesen

diesen Anstrengungen einen einzigen Vortheil erkaufen, oder die Standhaftigkeit der Belagerten ermüden zu können. Vielmehr zeigten diese durch wiederholte Ausfälle, wie wenig ihr Muth zu erschöpfen sey. Ein reicher Vorrath von Kriegs- und Mundbedürfnissen, den man Zeit gehabt hatte, in der Stadt aufzuhäufen, setzte sie in Stand, auch der langwürigsten Belagerung zu trotzen, da im Gegentheil Mangel, üble Witterung und Seuchen im Lager der Reformirten bald große Verwüstungen anrichteten. Die Ruhr raffte einen großen Theil der Deutschen Kriegsvölker dahin, und warf endlich selbst den Admiral von Coligny darnieder, nachdem die meisten unter ihm stehenden Befehlshaber zum Dienst unbrauchbar gemacht waren. Da bald darauf auch der Herzog von Anjou im Feld erschien, und Chatellerault, einen festen Ort in der Nachbarschaft, wohin man die Kranken geflüchtet hatte, mit einer Belagerung bedrohte, so ergriff der Admiral diesen Vorwand, seiner unglücklichen Unternehmung noch mit einigem Schein von Ehre zu entsagen. Es gelang ihm auch, den Versuch des Herzogs auf Chatellerault zu vereiteln, aber die immer mehr anwachsende Macht des Feindes nöthigte ihn bald, auf seinen Rückzug zu denken.

Alles vereinigte sich, die Standhaftigkeit dieses großen Mannes zu erschüttern. Er hatte wenige

nigen Wochen nach dem Unglück bey Jarnac seinen
Bruder d'Andelot durch den Tod verloren;
den treusten Theilnehmer seiner Unternehmungen,
und seinen rechten Arm im Felde. Jetzt erfuhr
er, daß das Pariser Parlament, — dieser Gerichtshof, der zuweilen ein wohlthätiger Damm
gegen die Unterdrückung, oft aber auch ein ver-
ächtliches Werkzeug derselben war — ihm als
einem Aufrührer und Beleidiger der Majestät das
Todesurtheil gesprochen und einen Preis von funfzigtausend Goldstücken auf seinen Kopf gesetzt habe. Abschriften dieses Urtheils wurden nicht nur
in ganz Frankreich, sondern auch durch Uebersetzungen in ganz Europa zerstreut, um durch den
Schimmer der versprochenen Belohnung Mörder
aus andern Ländern anzulocken, wenn sich etwa
in dem Königreich selbst zu Vollziehung dieses
Bubenstücks keine entschlossene Faust finden sollte.
Aber sie fand sich, selbst im Gefolge des Admirals,
und sein eigner Kammerdiener war es, der einen
Anschlag gegen sein Leben schmiedete. Diese
nahe Gefahr wurde zwar durch eine zeitige Entdeckung noch von ihm abgewandt, aber der un-
sichtbare Dolch der Verrätherey verscheuchte von
jetzt an seine Ruhe auf immer.

Diese Widerwärtigkeiten, die ihn selbst betrafen, wurden durch die Last seines Heerführer-
Amtes

Amtes, und durch die öffentlichen Unfälle seiner Partey noch drückender gemacht. Durch Desertion, Krankheiten und das Schwert des Feindes war seine Armee sehr geschmolzen, während daß die Königliche immer mehr anwuchs und immer hitziger ihn verfolgte. Die Ueberlegenheit der Feinde war viel zu groß, als daß er es auf den bedenklichen Ausschlag eines Treffens durfte ankommen lassen, und doch verlangten dieses die Soldaten, besonders die Deutschen, mit Ungestüm. Sie ließen ihm die Wahl, entweder zu schlagen oder ihnen den rückständigen Sold zu bezahlen; und da ihm das letztere unmöglich war, so mußte er ihnen nothgedrungen in dem erstern willfahren.

Die Armee des Herzogs von Anjou überraschte ihn (am dritten Oktober des Jahrs 1569) bey Moncontour in einer sehr ungünstigen Stellung, und besiegte ihn in einer entscheidenden Schlacht. Alle Entschlossenheit des protestantischen Adels, alle Tapferkeit der Deutschen, alle Geistesgegenwart des Generals konnte die völlige Niederlage seines Heers nicht verhindern. Beynahe die ganze Deutsche Infanterie ward niedergehauen, der Admiral selbst verwundet, der Rest der Armee zerstreut, der größte Theil des Gepäckes verloren. Keinen unglücklichern Tag hatten die Hugenotten während dieses ganzen Krieges erlebt.

erlebt. Die Prinzen von Bourbon rettete man
noch während der Schlacht nach Saint Jean-
d'Angely, wo sich auch der geschlagene Coligny
mit dem kleinen Ueberrest der Truppen ein-
fand. Von einem fünf und zwanzigtausend Mann
starken Heere konnte er kaum sechstausend Mann
wieder sammeln; dennoch hatte der Feind wenig
Gefangene gemacht. Die Wuth des Bürger-
krieges machte alle Gefühle der Menschlichkeit
schweigen, und die Rachbegier der Katholischen
konnte nur durch das Blut ihrer Gegner gesättigt
werden. Mit kalter Grausamkeit stieß man den,
der die Waffen streckte und um Quartier bat, nieder; die Erinnerung an eine ähnliche Barbarey,
welche die Hugenotten gegen die Papisten bewiesen hatten, machten die letztern unversöhnlich.

Die Muthlosigkeit war jetzt allgemein, und
man hielt alles für verloren. Viele sprachen
schon von einer gänzlichen Flucht aus dem Königreich, und wollten sich in Holland, in England,
in den nordischen Reichen ein neues Vaterland
suchen. Ein großer Theil des Adels verließ den
Admiral, dem es an Geld, an Mannschaft, an
Ansehen, an allem, nur nicht an Heldenmuth
fehlte. Sein schönes Schloß und die anliegende
Stadt Chatillon waren ungefähr um eben diese Zei
von den Königlichen überfallen, und mit allem,
was

was darin niedergelegt war, ein Raub des Feuers geworden. Dennoch war er der Einzige von allen, der in dieser drangvollen Lage die Hoffnung nicht sinken ließ. Seinem durchdringenden Blicke entgingen die Rettungsmittel nicht, die der reformirten Partey noch immer geöffnet waren, und er wußte sie mit großem Erfolg bey seinen Anhängern geltend zu machen. Ein Hugenottischer Anführer, Montgommery, hatte in der Provinz Bearn glücklich gefochten, und war bereit, ihm sein siegreiches Heer zuzuführen. Deutschland war noch immer ein reiches Magazin von Soldaten, und auch von England durfte man Beystand erwarten. Dazu kam, daß die Königlichen, anstatt ihren Sieg mit rascher Thätigkeit zu benutzen, und den geschlagenen Feind bis zu seinen letzten Schlupfwinkeln zu verfolgen, mit unnützen Belagerungen eine kostbare Zeit verloren, und dem Admiral die gewünschte Frist zur Erholung vergönnten.

Das schlechte Einverständniß unter den Katholiken selbst trug nicht wenig zu seiner Rettung bey. Nicht alle Provinzstatthalter thaten ihre Schuldigkeit; vorzüglich wurde Damville, Gouverneur von Languedoc, ein Sohn des berühmten Connetable von Montmorency, beschuldigt, die Flucht des Admirals durch sein Gouvernement begünstigt zu haben. Dieser stolze Vasall der Krone, ne, sonst ein erbitterter Feind der Hugenotten, glaubte sich von dem Hofe vernachläßigt, und sein Ehrgeiz war empfindlich gereizt, daß andre in diesem Krieg sich Lorbeern sammelten und andre den Kommandostab führten, den er doch als ein Erbstück seines Hauses betrachtete. Selbst in der Brust des jungen Königs und der ihn zunächst umgebenden Großen hatten die glänzenden Successe des Herzogs von Anjou, die doch gar nicht auf Rechnung des Prinzen gesetzt werden konnten, Neid und Eifersucht angefacht. Der ruhmbegierige Monarch erinnerte sich mit Verdruß, daß er selbst noch nichts für seinen Ruhm gethan habe; die Vorliebe der Königin Mutter für den Herzog von Anjou, und das Lob dieses begünstigten Lieblings auf den Lippen der Hofleute beleidigte seinen Stolz. Da er den Herzog von Anjou mit guter Art von der Armee nicht entfernen konnte, so stellte er sich selbst an die Spitze derselben, um sich gemeinschaftlich mit demselben den Ruhm der Siege zuzueignen, an welchen beyde gleich wenig Ansprüche hätten. Die schlechte Maaßregeln, welche dieser Geist der Eifersucht und Intrigue die katholischen Anführer ergreifen ließ, vereitelte alle Früchte der erfochtenen Siege. Vergebens bestand der Marschall von Tavannes, dessen Kriegserfahrung man das bisherige Glück allein zu verdanken hatte, auf Verfolgung des Feindes. Sein Rath

Rath war, dem flüchtigen Admiral mit dem größern Theil der Armee so lange nachzusetzen, bis man ihn entweder aus Frankreich herausgejagt, oder genöthigt hätte, irgend in einen festen Ort sich zu werfen, der alsdann unvermeidlich das Grab der ganzen Partey werden müßte. Da diese Vorstellungen keinen Eingang fanden, so legte Tavannes sein Kommando nieder, und zog sich in sein Gouvernement Burgund zurück.

Jetzt säumte man nicht, die Städte anzugreifen, die den Hugenotten ergeben waren. Der erste Anfang war glücklich, und schon schmeichelte man sich alle Vormauern von Rochelle mit gleich wenig Mühe zu zertrümmern, und alsdann diesen Mittelpunkt der ganzen Bourbonischen Macht desto leichter zu überwältigen. Aber der tapfre Widerstand, den Saint-Jean d'Angely leistete, stimmte diese stolzen Erwartungen sehr herunter. Zwey Monate lang hielt sich diese Stadt, von ihrem unerschrockenen Kommandanten de Piles vertheidigt; und als endlich die höchste Noth sie zwang, sich zu ergeben, war der Winter herbey gerückt, und der Feldzug geendigt. Der Besitz einiger Städte war also die ganze Frucht eines Sieges, dessen weise Benutzung den Bürgerkrieg vielleicht auf immer hätte endigen können.

Unter-

Unterdessen hatte Coligny nichts versäumt, die schlechte Politik des Feindes zu seinem Vortheil zu kehren. Sein Fußvolk war im Treffen bey Moncontour beynahe gänzlich aufgerieben worden, und dreytausend Pferde machten seine ganze Kriegsmacht aus, die es kaum mit dem nachsetzenden Landvolk aufnehmen konnte. Aber dieser kleine Haufe verstärkte sich in Languedoc und Dauphiné mit neu geworbenen Völkern, und mit dem siegreichen Heer des Montgommery, das er an sich zog. Die vielen Anhänger, welche die Reformation in diesem Theil Frankreichs zählte, begünstigten sowohl die Rekrutirung als den Unterhalt der Truppen, und die Leutseligkeit der Bourbonischen Prinzen, die alle Beschwerden dieses Feldzuges theilten, und frühzeitige Proben des Heldenmuths ablegten, lockte manchen Freywilligen unter ihre Fahnen. Wie sparsam auch die Geldbeyträge einflossen, so wurde dieser Mangel einigermaßen durch die Stadt Rochelle ersetzt. Aus dem Hafen derselben liefen zahlreiche Kaperschiffe aus, die viele glückliche Prisen machten, und dem Admiral den Zehenten von jeder Beute entrichten mußten. Mit Hülfe aller dieser Vorkehrungen erholten sich die Hugenotten während des Winters so vollkommen von ihrer Niederlage, daß sie im Frühjahr des 1570sten Jahrs gleich einem reißenden Strom aus Languedoc hervorvorbrachen, und furchtbarer als jemals im Felde erscheinen konnten.

Sie hatten keine Schonung erfahren, und übten auch keine aus. Gereizt durch so viele erlittne Mißhandlungen, und durch eine lange Reihe von Unglücksfällen verwildert, ließen sie das Blut ihrer Feinde in Strömen fließen, drückten mit schweren Brandschatzungen alle Distrikte durch die sie zogen, oder verwüsteten sie mit Feuer und Schwert. Ihr Marsch war gegen die Hauptstadt des Reichs gerichtet, wo sie mit dem Schwert in der Hand einen billigen Frieden zu ertrotzen hofften. Eine königliche Armee, die sich ihnen in dem Herzogthum Burgund unter dem Marschall von Coße, dreyzehntausend Mann stark, entgegenstellte, konnte ihren Lauf nicht aufhalten. Es kam zu einem Gefecht, worin die Protestanten über einen weit überlegeneren Feind verschiedene Vortheile davon trugen. Längs der Loire verbreitet, bedrohten sie Orleanois und Isle-de-France mit ihrer nahen Erscheinung, und die Schnelligkeit ihres Zuges ängstigte schon Paris.

Diese Entschlossenheit that Wirkung, und der Hof fieng endlich an, vom Frieden zu sprechen. Man scheute den Kampf mit einer, wenn gleich nicht zahlreichen, doch von Verzweiflung beseelten

Schaar,

Schaar, die nichts mehr zu verlieren hatte, und bereit war, ihr Leben um einen theuren Preis zu verkaufen. Der königliche Schatz war erschöpft, die Armee durch den Abzug der Italienischen, Deutschen und Spanischen Hülfsvölker sehr vermindert, und in den Provinzen hatte sich das Glück fast überall zum Vortheil der Rebellen erklärt. Wie hart es auch die Katholischen ankam, dem Trotz der Sektierer nachgeben zu müssen, wie ungern sich sogar viele der Letztern dazu verstanden, die Waffen aus den Händen zu legen, und ihren Hoffnungen auf Beute, ihrer gesetzlosen Freyheit zu entsagen, so machte doch die überhandnehmende Noth jeden Widerspruch schweigen, und die Neigung der Anführer entschied so ernstlich für den Frieden, daß er endlich im August dieses Jahrs unter folgenden Bedingungen wirklich erfolgte.

Den Reformirten wurde von Seiten des Hofes eine allgemeine Vergessenheit des Vergangenen, eine freye Ausübung ihrer Religion in jedem Theile des Reichs, nur den Hof ausgenommen, die Zurückgabe aller, der Religion wegen, eingezogenen Güter, und ein gleiches Recht zu allen öffentlichen Bedienungen zugestanden. Außerdem überließ man ihnen noch auf zwey Jahre lang vier Sicherheitsplätze, die sie mit ihren eigenen Truppen zu besetzen, und Befehlshabern ihres

Glaubens zu untergeben, berechtigt seyn sollten. Die Prinzen von Bourbon nebst zwanzig aus dem vornehmsten Adel mußten sich durch einen Eid verbindlich machen, diese vier Plätze (man hatte Rochelle, Montauban, Cognac und la Charité gewählt) nach Ablauf der gesetzten Zeit wieder zu räumen. So war es abermals der Hof, welcher nachgab, und weit entfernt, durch Bewilligungen, die ihm nicht von Herzen gehen konnten, bey den Religionsverbesserern Dank zu verdienen, bloß ein erniedrigendes Geständniß seiner Ohnmacht ablegte.

Alles trat jetzt wieder in seine Ordnung zurück, und die Reformierten überließen sich mit der vorigen Sorglosigkeit dem Genuß ihrer schwer errungenen Glaubensfreyheit. Je mehr sie überzeugt seyn mußten, daß sie die eben erhaltenen Vortheile nicht dem guten Willen, sondern der Schwäche ihrer Feinde und ihrer eignen Furchtbarkeit verdankten, desto nothwendiger war es, sich in diesem Verhältniß der Macht zu erhalten, und die Schritte des Hofs zu bewachen. Die Nachgiebigkeit des Letztern war auch wirklich viel zu groß, als daß man Vertrauen dazu fassen konnte, und ohne gerade aus dem Erfolg zu argumentiren, kann man mit ziemlicher Wahrscheinlichkeit behaupten, daß der erste Entwurf zu der

wegen mit den Hugenotten in Unterhandlung traten, so werden wir euch **morgen** nicht ein Glas Wasser anbieten. Glaubet sicher, daß sein einziger Name euch mehr Ansehen giebt, als eure ganze Armee, doppelt genommen." So lange die Sache der Reformierten in solchen Händen war, mußten alle Versuche zu ihrer Unterdrückung fehlschlagen. Er allein hielt die zerstreute Partey in ein Ganzes zusammen, lehrte sie ihre innern Kräfte kennen und benutzen, verschaffte ihr Ansehen und Unterstützung von außen, richtete sie von jedem Falle wieder auf, und hielt sie mit festem Arm am Rand des Verderbens.

Ueberzeugt, daß auf dem Untergang dieses Mannes das Schicksal der ganzen Partey beruhe, hatte man schon im vorhergehenden Jahre das Pariser Parlament jene schimpfliche Achtserklärung gegen ihn aussprechen lassen, die den Dolch der Meuchelmörder gegen sein Leben bewaffnen sollte. Da aber dieser Zweck nicht erreicht wurde, vielmehr der jetzt geschlossene Friede jenen Parlamentsspruch wieder vernichtete, so mußte man dasselbe Ziel auf einem andern Wege verfolgen. Ermüdet von den Hindernissen, die der Freyheitssinn der Hugenotten der Befestigung des Königlichen Ansehens schon so lange entgegengesetzt hatte, zugleich aufgefodert von dem römischen

Hof,

Hof, der keine Rettung für die Kirche sah, als in dem gänzlichen Untergang dieser Sekte, von einem finstern und grausamen Fanatismus erhitzt, der alle Gefühle der Menschlichkeit schweigen machte, beschloß man endlich sich dieser gefährlichen Partey durch einen einzigen entscheidenden Schlag zu entledigen. Gelang es nehmlich, sie auf einmal aller ihrer Anführer zu berauben, und durch ein allgemeines Blutbad ihre Anzahl schnell und beträchtlich zu vermindern, so hatte man sie — wie man sich schmeichelte — auf immer in ihr Nichts zurückgestürzet, von einem gesunden Körper ein brandiges Glied abgesondert, die Flamme des Kriegs auf ewige Zeiten erstickt, und Staat und Kirche durch ein einziges hartes Opfer gerettet. Durch solche betrügliche Gründe fanden sich Religionshaß, Herrschsucht und Rachbegierde mit der Stimme des Gewissens und der Menschlichkeit ab, und ließen die Religion eine That verantworten, für welche selbst die rohe Natur keine Entschuldigung hat.

Aber um diesen entscheidenden Streich zu führen, mußte man sich der Opfer, die er treffen sollte, vorher versichert haben, und hier zeigte sich eine kaum zu überwindende Schwierigkeit. Eine lange Kette von Treulosigkeiten hatte das wechselseitige Vertrauen erstickt, und von katholischer Seite

Seite hatte man zu viele und zu unzweydeutige Proben der Maxime gegeben, daß „gegen Ketzer kein Eid bindend, keine Zusage heilig sey." Die Anführer der Hugenotten erwarteten keine andre Sicherheit, als welche ihnen ihre Entfernung und die Festigkeit ihrer Schlösser verschaffte. Selbst nach geschlossenem Frieden vermehrten sie die Besatzungen in ihren Städten, und zeigten durch schleunige Ausbesserung ihrer Vestungswerke, wie wenig sie dem königlichen Worte vertrauten. Welche Möglichkeit, sie aus diesen Verschanzungen hervorzulocken, und dem Schlachtmesser entgegen zu führen? Welche Wahrscheinlichkeit, sich aller zugleich zu bemächtigen, gesetzt, daß auch Einzelne sich überlisten ließen? Längst schon gebrauchten sie die Vorsicht, sich zu trennen, und wenn auch einer unter ihnen sich der Redlichkeit des Hofs anvertraute, so blieb der andre desto gewisser zurück, um seinem Freund einen Rächer zu erhalten. Und doch hatte man gar nichts gethan, wenn man nicht alles thun konnte; der Streich mußte schlechterdings tödlich, allgemein und entscheidend seyn, oder ganz und gar unterlassen werden.

Es kam also darauf an, den Eindruck der vorigen Treulosigkeiten gänzlich auszulöschen, und das verlorene Vertrauen der Reformirten, welchen

Preis es euch kosten möchte, wieder zu gewinnen. Dieses ins Werk zu richten, änderte der Hof sein ganzes bisheriges System. Anstatt der Parteylichkeit in den Gerichten, über welche die Reformirten auch mitten im Frieden so viel Ursache gehabt hatten, sich zu beklagen, wurde von jetzt an die gleichförmigste Gerechtigkeit beobachtet, alle Beeinträchtigungen, die man sich von Katholischer Seite bisher ungestraft gegen sie erlaubte, eingestellt, alle Friedensstörungen auf das strengste geahndet, alle billigen Foderungen derselben ohne Anstand erfüllt. In kurzem schien aller Unterschied des Glaubens vergessen und die ganze Monarchie gleich einer ruhigen Familie, deren sämmtliche Glieder Karl der Neunte als gemeinschaftlicher Vater mit gleicher Gerechtigkeit regierte, und mit gleicher Liebe umfaßte. Mitten unter den Stürmen, welche die benachbarten Reiche erschütterten, welche Deutschland beunruhigten, die Spanische Macht in den Niederlanden umzustürzen drohten, Schottland verheerten, und in England den Thron der Königinn Elisabeth wankend machten, genoß Frankreich einer ungewohnten tiefen Ruhe, die von einer gänzlichen Revolution in den Gesinnungen, und einer allgemeinen Umänderung der Maximen zu zeugen schien, da keine Entscheidung der Waffen vorhergegangen war, auf die sie gegründet werden konnte.

Mar-

Margaretha von Valois, die jüngste Tochter Heinrichs des Zweyten, war noch unverheurathet, und der Ehrgeiz des jungen Herzogs von Guise vermaß sich, seine Hoffnungen zu dieser Schwester seines Monarchen zu erheben. Um die Hand dieser Prinzessinn hatte schon der König von Portugall geworben, aber ohne Erfolg, da der noch immer mächtige Kardinal von Lothringen sie keinem andern als seinem Neffen gönnte. „Der älteste Prinz meines Hauses, erklärte sich der stolze Prälat gegen den Gesandten Sebastians, hat die ältere Schwester davon getragen; dem jüngern gebührt die jüngere." Da aber Karl der Neunte, dieser auf seine Hoheit eifersüchtige Monarch, die dreiste Anmaßung seines Vasallen mit Unwillen aufnahm, so eilte der Herzog von Guise durch eine geschwinde Heurath mit der Prinzessinn von Cleves seinen Zorn zu besänftigen. Aber einen Feind und Nebenbuhler im Besitz derjenigen zu sehen, zu der ihm nicht erlaubt worden war, die Augen zu erheben, mußte den Stolz des Herzogs desto empfindlicher kränken, da er sich schmeicheln konnte, das Herz der Prinzessinn zu besitzen.

Der junge Heinrich, Prinz von Bearn, war es, auf den die Wahl des Königs fiel; sey es, daß letzterer wirklich die Absicht hatte, durch diese Heurath eine enge Verbindung zwischen dem Hause

Hause Valois und Bourbon zu stiften, und dadurch den Saamen der Zwietracht auf ewige Zeiten zu ersticken, oder daß er dem Argwohn der Hugenotten nur dieses Blendwerk vormachte, um sie desto gewisser in die Schlinge zu locken. Genug, man erwähnte dieser Heurath schon bey den Friedenstraktaten, und so groß auch das Mißtrauen der Königinn von Navarra seyn mochte, so war der Antrag doch viel zu schmeichelhaft, als daß sie ihn ohne Beleidigung hätte zurückweisen können. Da aber dieser ehrenvolle Antrag nicht mit der Lebhaftigkeit erwiedert ward, die man wünschte, und die seiner Wichtigkeit angemessen schien, so zögerte man nicht lang, ihn zu erneuern, und die furchtsamen Bedenklichkeiten der Königin Johanna durch wiederholte Beweise der aufrichtigsten Versöhnung zu zerstreuen.

Um dieselbe Zeit hatte sich Graf Ludwig von Nassau, Bruder des Prinzen Wilhelm von Oranien, in Frankreich eingefunden, um die Hugenotten zum Beystand ihrer niederländischen Brüder gegen Philipp von Spanien in Bewegung zu setzen. Er fand den Admiral von Coligny in der günstigsten Stimmung, diese Aufforderung anzunehmen. Neigung sowohl als Staatsgründe vermochten diesen ehrwürdigen Held, die Religion und Freyheit, die er in seinem Vaterland mit so viel Heldenmuth verfochten, auch im Ausland nicht sinken zu lassen. Leidenschaftlich hieng er an seinen Grundsätzen und an seinem Glauben, und sein großes Herz hatte der Unterdrückung, wo und gegen wen sie auch statt finden möchte, einen ewigen Krieg geschworen. Dieser Gesinnung gemäß betrachtete er jede Angelegenheit, sobald sie Sache des Glaubens und der Freyheit war, als die seinige, und jedes Schlachtopfer des geistlichen oder weltlichen Despotismus konnte auf seinen Weltbürgersinn, und seinen thätigen Eifer zählen. Es ist ein charakteristischer Zug der vernünftigen Freyheitsliebe, daß sie Geist und Herz weiter macht, und im Denken wie im Handeln ihre Sphäre ausbreitet. Gegründet auf ein lebhaftes Gefühl der menschlichen Würde, kann sie Rechte, die sie an sich selbst respektirt, an andern nicht gleichgültig zu Boden treten sehen.

Aber dieses leidenschaftliche Interesse des Admirals für die Freyheit der Niederländer, und der Entschluß, sich an der Spitze der Hugenotten zum Beystand dieser Republikaner zu bewaffnen, wurde zugleich durch die wichtigsten Staatsgründe gerechtfertigt. Er kannte und fürchtete den leicht zu entzündenden und gesetzlosen Geist seiner Partey, der, wund durch so viele erlittne Beleidigungen, schnell aufgeschreckt von jedem vermeyntlichen Angriff

Angriff und mit tumultuarischen Scenen vertraut der Ordnung schon zu lange entwohnt war, um ohne Rückfälle darinn verharren zu können. Dem nach Unabhängigkeit strebenden und kriegerischen Adel konnte die Unthätigkeit auf seinen Schlössern und der Zwang nicht willkommen seyn, den der Friede ihm auflegte. Auch war nicht zu erwarten, daß der Feuereifer der kalvinistischen Prediger sich in den engen Schranken der Mäßigung halten würde, welche die Zeitumstände erforderten. Um also den Uebeln zuvorzukommen, die ein mißverstandener Religionseifer, und das immer noch unter der Asche glimmende Mißtrauen der Parteyen früher oder später herbeyzuführen drohte, mußte man darauf denken, diese müßige Tapferkeit zu beschäfftigen, und einen Muth, welchen gänz zu unterdrücken man weder hoffen noch wünschen durfte, so lange in ein anderes Reich abzuleiten, bis man in dem Vaterland seiner bedürfen würde. Dazu nun kam der Niederländische Krieg wie gerufen; und selbst das Interesse und die Ehre der Französischen Krone schien einen nähern Antheil an demselben nothwendig zu machen. Frankreich hatte den verderblichen Einfluß der Spanischen Intriguen bereits auf das empfindlichste gefühlt, und es hatte noch weit mehr in der Zukunft davon zu befürchten, wenn man diesen gefährlichen Nachbar nicht innerhalb seiner eigenen

eigenen Gränzen beschäfftigte. Die Aufmunterung und Unterstützung, die er den mißvergnügten Unterthanen des Königs von Frankreich hatte angedeihen lassen, schien zu Repressalien zu berechtigen, wozu sich jetzt die günstigste Veranlassung darbot. Die Niederländer erwarteten Hülfe von Frankreich, die man ihnen nicht verweigern konnte, ohne sie in eine Abhängigkeit von England zu setzen, die für das Interesse des Französischen Reichs nicht anders als nachtheilig ausschlagen konnte. Warum sollte man einem gefährlichen Nebenbuhler einen Einfluß gönnen, den man sich selbst verschaffen konnte, und der noch dazu gar nichts kostete? Denn es waren die Hugenotten, die ihren Arm dazu anboten, und bereit waren, ihre der Ruhe der Monarchie so gefährliche Kräfte in einem ausländischen Krieg zu verzehren.

Karl der Neunte schien das Gewicht dieser Gründe zu empfinden, und bezeugte großes Verlangen, sich mit dem Admiral ausführlich und mündlich darüber zu berathschlagen. Diesem Beweise des Königlichen Vertrauens konnte Coligny um so weniger widerstehen, da es eine Sache zum Gegenstand hatte, die ihm nächst seinem Vaterlande am meisten am Herzen lag. Man hatte die einzige Schwachheit ausgekundschaftet, an der er zu fassen war; der Wunsch, seine Lieblingslingsangelegenheit bald befördert zu sehen, half ihm jede Bedenklichkeit überwinden. Seine eigne, über jeden Verdacht erhabene Denkart, ja seine Klugheit selbst lockte ihn in die Schlinge. Wenn andre seiner Partey das veränderte Betragen des Hofs einem verdeckten Anschlage zuschrieben, so fand er in den Vorschriften einer weiseren Politik, die sich nach so vielen unglücklichen Erfahrungen endlich der Regierung aufdringen mußten, einen viel natürlichern Schlüssel zur Erklärung desselben. Es gibt Unthaten, die der Rechtschaffene kaum eher für möglich halten darf, als bis er die Erfahrung davon gemacht hat; und einem Mann von Colignys Charakter war es zu verzeihen, wenn er seinem Monarchen lieber eine Mäßigung zutraute, von der dieser Prinz bisher noch keine Beweise gegeben hatte, als ihn einer Niederträchtigkeit fähig glaubte, welche die Menschheit überhaupt, und noch weit mehr die Würde des Fürsten schändet. So viele zuvorkommende Schritte von Seiten des Hofes foderten überdieß auch von dem protestantischen Theil eine Probe des Zutrauens; und wie leicht konnte man einen empfindlichen Feind durch längeres Mißtrauen reizen, die schlechte Meynung wirklich zu verdienen, welche zu widerlegen man ihm unmöglich machte?

Der

Der Admiral beschloß demnach am Hofe zu erscheinen, der damals nach Touraine vorgerückt war, um die Zusammenkunft mit der Königinn von Navarra zu erleichtern. Mit widerstrebendem Herzen that Johanna diesen Schritt, dem sie nicht länger ausweichen konnte, und überlieferte dem König ihren Sohn Heinrich und den Prinzen von Conde. Coligny wollte sich dem Monarchen zu Füßen werfen, aber dieser empfieng ihn in seinen Armen. „Endlich habe ich Sie, rief der König. Ich habe Sie, und es soll Ihnen nicht so leicht werden, wieder von mir zu gehen. Ja, meine Freunde, setzte er mit triumphirendem Blick hinzu, das ist der glücklichste Tag in meinem Leben." Dieselbe gütige Aufnahme widerfuhr dem Admiral von der Königinn, von den Prinzen, von allen anwesenden Großen; der Ausdruck der höchsten Freude und Bewunderung war auf allen Gesichtern zu lesen. Man feierte diese glückliche Begebenheit mehrere Tage lang mit den glänzendsten Festen, und keine Spur des vorigen Mißtrauens durfte die allgemeine Fröhlichkeit trüben. Man besprach sich über die Vermählung des Prinzen von Bearn mit Margarethen von Valois; alle Schwierigkeiten, die der Glaubensunterschied und das Zeremoniell der Vollziehung derselben in den Weg legten, mußten der Ungeduld des Königs weichen. Die Angelegenheiten

genheiten Flanderns veranlaßten mehrere lange Konferenzen zwischen dem Letzten und Coligny, und mit jeder schien die gute Meynung des Königs von seinem ausgesöhnten Diener zu steigen. Einige Zeit darauf erlaubte er ihm sogar, eine kleine Reise auf sein Schloß Chatillon zu machen, und als sich der Admiral auf den ersten Rappell sogleich wieder stellte, ließ er ihn diese Reise noch in demselben Jahr wiederholen. So stellte sich das wechselseitige Vertrauen unvermerkt wieder her, und Coligny fieng an, in eine tiefe Sicherheit zu versinken.

Der Eifer, mit welchem Karl die Vermählung des Prinzen von Navarra betrieb, und die außerordentlichen Gunstbezeugungen, die er an den Admiral und seine Anhänger verschwendete, erregten nicht weniger Unzufriedenheit bey den Katholischen, als Mißtrauen und Argwohn bey den Protestanten. Man mag entweder mit einigen Protestantischen und Italienischen Schriftstellern annehmen, daß jenes Betragen des Königs bloße Maske gewesen, oder mit de Thou und den Verfassern der Memoires glauben, daß Er für seine Person es damals aufrichtig meynte, so blieb seine Stellung zwischen den Reformirten und Katholischen in jedem Fall gleich bedenklich, weil er, um das Geheimniß zu bewahren, diese so gut wie jene betrügen mußte. Und
wer

wer bürgte selbst denjenigen, die um das Geheimniß wußten, dafür, daß die persönlichen Vorzüge des Admirals nicht zuletzt Eindruck auf einen Fürsten machten, dem es gar nicht an Fähigkeit gebrach, das Verdienst zu beurtheilen? daß ihm dieser bewährte Staatsmann nicht zuletzt unentbehrlich wurde, daß nicht endlich seine Rathschläge, seine Grundsätze, seine Warnungen bey ihm Eingang fanden? Kein Wunder, wenn die katholischen Eiferer daran Aergerniß nahmen, wenn sich der Pabst in dieses neue Betragen des Königs gar nicht zu finden wußte, wenn selbst die Königinn Katharina unruhig wurde, und die Guisen anfiengen, für ihren Einfluß zu zittern. Ein desto engers Bündniß zwischen diesen letztern und der Königinn war die Folge dieser Befürchtungen, und man beschloß, diese gefährlichen Verbindungen zu zerreißen, wieviel es auch kosten möchte.

Der Widerspruch der Geschichtschreiber, und das Geheimnißvolle dieser ganzen Begebenheit verschafft uns über die damaligen Gesinnungen des Königs und über die eigentliche Beschaffenheit des Complotts, welches nachher so fürchterlich ausbrach, kein befriedigendes Licht. Könnte man dem Capi-lupi, einem römischen Scribenten und Lobredner der Bartholomäusnacht, Glauben zustellen, so würde Karln dem Neunten durch den

schwär-

schwärzesten Verdacht nicht zuviel geschehen; aber obgleich die historische Kritik das Böse glauben darf, was ein Freund berichtet, so kann dieses doch alsdann nicht der Fall seyn, wenn der Freund (wie hier wirklich geschehen ist) seinen Helden dadurch zu verherrlichen glaubt, und als Schmeichler verläumdet. „Ein päbstlicher Legat," berichtet uns dieser Schriftsteller in der Vorrede zu seinem Werk *), „kam nach Frankreich mit dem Auftrag, den Allerchristlichsten König von seinen Verbindungen mit den Sektirern abzumahnen. Nachdem er dem Monarchen die nachdrücklichsten Vorstellungen gethan, und ihn aufs äußerste gebracht hatte, rief dieser mit bedeutender Miene: „„Daß ich doch Eurer Eminenz alles sagen dürfte! Bald würden Sie und auch der heilige Vater mir bekennen müssen, daß diese Verheurathung meiner Tochter das ausgesuchteste Mittel sey, die wahre Religion in Frankreich aufrecht zu erhalten, und ihre Widersacher zu vertilgen. Aber (fuhr er in großer Bewegung fort,

---

*) Le Stratagème ou la Ruse de Charles IX roi de France contre les Huguenots, rebelles à Dieu et à lui, ecrit par le Seigneur Camille Capi-Lupi etc. 1574.

fort, indem er dem Kardinal die Hand drückte und zugleich einen Demant an seinem Finger befestigte) vertrauen Sie auf mein königliches Wort. Noch eine kleine Geduld, und der heilige Vater selbst soll meine Anschläge, und meinen Glaubenseifer rühmen."" Der Kardinal verschmähte den Demant, und versicherte, daß er sich mit der Zusage des Königs begnüge." — Aber, gesetzt auch, daß kein blinder Schwärmereifer diesen Geschichtschreiber die Feder geführt hätte, so kann er seine Nachricht aus sehr unreinen Quellen geschöpft haben. Die Vermuthung ist nicht ohne Wahrscheinlichkeit, daß der Kardinal von Lothringen, der sich eben damals zu Rom aufhielt, dergleichen Erfindungen, wo nicht selbst ausgestreut, doch begünstigt haben könnte; um den Fluch des Pariser Blutbads, den er nicht von sich abwälzen konnte, mit dem König wenigstens zu theilen *).

Das wirkliche Betragen Karls des Neunten, bey dem Ausbruch des Blutbades selbst, zeugt unstreitig stärker gegen ihn, als diese unerwiesenen Gerüchte; aber wenn er sich auch von der Heftigkeit seines Temperaments hinreißen ließ, dem völlig

---

*) Esprit de la Ligue. Tom. II. p. 13.

lig reifen Komplott seinen Beyfall zu geben, und die Ausführung desselben zu begünstigen, so kann dieses für seine frühere Mitschuldigkeit nichts beweisen. Das Ungeheure und Gräßliche des Verbrechens vermindert seine Wahrscheinlichkeit, und die Achtung für die menschliche Natur muß ihm zur Vertheidigung dienen. Eine so zusammengesetzte und lange Kette von Betrug, eine so undurchdringliche so gehaltene Verstellung, ein so tiefes Stillschweigen aller Menschengefühle, ein so freches Spiel mit den heiligsten Pfändern des Vertrauens scheint einen vollendeten Bösewicht zu erfodern, der durch eine lange Uebung verhärtet, und seiner Leidenschaften vollkommen Herr geworden ist. Karl der Neunte war ein Jüngling, den sein brausendes Temperament übermeisterte, und dessen Leidenschaften ein früher Besitz der höchsten Gewalt von jedem Zügel der Mäßigung befreyte. Ein solcher Charakter verträgt sich mit keiner so künstlichen Rolle, und ein so hoher Grad der Verderbniß mit keiner Jünglingsseele — selbst dann nicht, wenn der Jüngling ein König, und Katharinens Sohn ist.

Wie aufrichtig oder nicht aber das Betragen des Königs auch gemeynt seyn mochte, so konnten die Häupter der katholischen Partey keine gleichgültigen Zuschauer davon bleiben. Sie verließen wirklich mit Geräusche den Hof, sobald die Hugenotten festen Fuß an demselben zu fassen schienen, und Karl der Neunte ließ sie unbekümmert ziehen. Die Letztern häuften sich nun mit jedem Tage mehr in der Hauptstadt an, je näher die Vermählungsfeyer des Prinzen von Bearn heranrückte. Diese erlitt indessen einen unerwarteten Aufschub durch den Tod der Königin Johanna, die wenige Wochen nach ihrem Eintritt in Paris schnell dahinstarb. Das ganze vorige Mißtrauen der Kalvinisten erwachte aufs neue bey diesem Todesfall, und es fehlte nicht an Vermuthungen, daß sie vergiftet worden sey. Aber da auch die sorgfältigsten Nachforschungen diesen Verdacht nicht bestätigten, und der König sich in seinem Betragen völlig gleich blieb, so legte sich der Sturm in kurzer Zeit wieder.

Coligny befand sich eben damals auf seinem Schloß zu Chatillon, ganz mit seinen Lieblingsentwürfen wegen des Niederländischen Kriegs beschäfftigt. Man sparte keine Winke, ihn von der nahen Gefahr zu unterrichten, und kein Tag verging, wo er sich nicht von einer Menge warnender Briefe verfolgt sah, die ihn abhalten sollten, am Hofe zu erscheinen. Aber dieser gutgemeynte Eifer seiner Freunde ermüdete nur seine Geduld, ohne seine Ueberzeugungen wankend zu machen. Umsonst sprach man ihm von den Truppen, die der Hof in Poitou versammelte, und die, wie man behauptete, gegen Rochelle bestimmt seyn sollten; er wußte besser, wozu sie bestimmt waren, und versicherte seinen Freunden, daß diese Rüstung auf seinen eigenen Rath vorgenommen werde. Umsonst suchte man ihn auf die Geldanleihen des Königs aufmerksam zu machen, die auf eine große Unternehmung zu deuten schienen; er versicherte, daß diese Unternehmung keine andere sey als der Krieg in den Niederlanden, dessen Ausbruch herannahe, und worüber er bereits alle Maaßregeln mit dem König getroffen habe. Es war wirklich, an dem, daß Karl der Neunte den Vorstellungen des Admirals nachgegeben, und — war es entweder Wahrheit oder Maske — sich mit England und den protestantischen Fürsten Deutschlands in eine förmliche Verbindung gegen Spanien eingelassen hatte. Alle dergleichen Warnungen verfehlten daher ihren Zweck, und so fest vertraute der Admiral auf die Redlichkeit des Königs, daß er seine Anhänger ernstlich bat, ihn fortan mit allen solchen Hinterbringungen zu verschonen.

Er reiste also zurück an den Hof, wo bald darauf im August 1572 das Beylager Heinrichs — jetzt Königs von Navarra — mit Margarethen von Valois, unter einem großen Zufluß von Hugenotten, und mit königlichem Pompe gefeyert ward. Sein Eidam Teligny, Rohan, Rochefoucauld, alle Häupter der Kalvinisten waren dabey zugegen; alle in gleicher Sicherheit mit Coligny, und ohne alle Ahndung der nahe schwebenden Gefahr. Wenige nur erriethen den kommenden Sturm, und suchten in einer zeitigen Flucht ihre Rettung. Ein Edelmann, Namens Langoiran kam zum Admiral, um Urlaub bey ihm zu nehmen. „Warum denn aber jetzt?" fragte ihn Coligny voll Verwunderung. „Weil man Ihnen zu schön thut, versetzte Langoiran, und weil ich mich lieber retten will mit den Thoren, als mit den Verständigen umkommen."

Wenn gleich der Ausgang diese Vorhersagungen auf das schrecklichste gerechtfertigt hat, so bleibt es dennoch unentschieden, in wie weit sie damals gegründet waren. Nach dem Berichte glaubwürdiger Zeugen, war die Gefahr damals größer für die Guisen und für die Königin, als für die Reformirten. Coligny, erzählen uns

jene

jene, hatte unvermerkt eine solche Macht über den jungen König erlangt, daß er es wagen durfte, ihm Mißtrauen gegen seine Mutter einzuflößen, und ihn ihrer noch immer fortdaurenden Vormundschaft zu entreißen. Er hatte ihn überredet, dem Flandrischen Krieg in Person beyzuwohnen, und selbst die Viktorien zu erkämpfen, welche Katharina nur allzugern ihrem Liebling, dem Herzog von Anjou gönnte. Bey dem eifersüchtigen und ehrgeizigen Monarchen war dieser Wink nicht verloren, und Katharina überzeugte sich bald, daß ihre Herrschaft über den König zu wanken beginne.

Die Gefahr war dringend, und nur die schnellste Entschlossenheit konnte den drohenden Streich abwenden. Ein Eilbote mußte die Guisen und ihren Anhang schleunig an den Hof zurück rufen, um im Nothfall von ihnen Hülfe zu haben. Sie selbst ergriff den nächsten Augenblick, wo ihr Sohn auf der Jagd mit ihr allein war, und lockte ihn in ein Schloß, wo sie sich in ein Kabinet mit ihm einschloß, mit aller Gewalt mütterlicher Beredsamkeit über ihn herfiel, und ihm über seinen Abfall von ihr, seinen Undank, seine Unbesonnenheit die bittersten Vorwürfe

würfe machte. Ihr Schmerz, ihre Klagen erschütterten ihn; einige drohende Winke, die sie fallen ließ, thaten Wirkung. Sie spielte ihre Rolle mit aller Schauspielerkunst, worin sie Meisterin war, und es gelang ihr, ihn zu einem Geständniß seiner Uebereilung zu bringen. Damit noch nicht zufrieden, riß sie sich von ihm los, spielte die Unversöhnliche, nahm eine abgesonderte Wohnung, und ließ einen völligen Bruch befürchten. Der junge König war noch nicht so ganz Herr seiner selbst geworden, um sie beym Wort zu nehmen, und sich der jetzt erlangten Freyheit zu erfreun. Er kannte den großen Anhang der Königin, und seine Furcht mahlte ihm denselben noch größer ab, als er wirklich seyn mochte. Er fürchtete — vielleicht nicht ganz mit Unrecht — ihre Vorliebe für den Herzog von Anjou, und zitterte für Leben und Thron. Von Rathgebern verlassen, und für sich selbst zu schwach einen kühnen Entschluß zu fassen, eilte er seiner Mutter nach, brach in ihre Zimmer und fand sie von seinem Bruder, von ihren Höflingen, von den abgesagtesten Feinden der Reformirten umgeben. Er will wissen, was denn das neue Verbrechen sey, dessen man die Hugenotten beschuldige; er will alle Verbindungen mit ihnen zerreißen, sobald man ihn nur

überführt

überführt haben werde, daß ihren Gesinnungen zu mißtrauen sey. Man entwirft ihm das schwärzeste Gemählde von ihren Anmaaßungen, ihren Gewaltthätigkeiten, ihren Anschlägen, ihren Drohungen. Er wird überrascht, hingerissen, zum Stillschweigen gebracht, und verläßt seine Mutter mit der Versicherung, ins künftige behutsamer zu verfahren.

Aber mit dieser schwankenden Erklärung konnte sich Katharina noch nicht beruhigen. Dieselbe Schwäche, welche ihr jetzt ein so leichtes Spiel bey dem Könige machte, konnte eben so schnell und noch glücklicher von den Hugenotten benutzt werden, ihn ganz von ihren Fesseln zu befreyen. Sie sah ein, daß sie diese gefährlichen Verbindungen auf eine gewaltsame und unheilbare Weise zertrennen müsse, und dazu brauchte es weiter nichts, als den Empörungsgeist der Hugenotten durch irgend eine schwere Beleidigung aufzuwecken. Vier Tage nach der Vermählungsfeyer Heinrichs von Navarra, geschah aus einem Fenster ein Schuß auf Coligny, als er eben vom Louvre nach seinem Hause zurückkehrte. Eine Kugel zerschmetterte ihm den Zeigefinger der rechten Hand, und eine andre verwundete ihn am linken Arm. Er wies auf das Haus hin, woraus der Schuß geschehen war; man sprengte die Pforten auf, aber der Mörder war schon entsprungen.

(Die Fortsetzung im nächsten Band.)

Inhalt
des fünften Bandes
von
Sully's Denkwürdigkeiten.

Neunzehntes Buch.

Fortsetzung der Begebenheiten im Jahr 1604. Niederlage zu einem königlichen Schatz in der Bastille. Rosny's Grundsätze und Betrachtungen über Staatswirthschaft. Seine Mittel, um Geld zu bekommen. Berichtigung mancher Einkünfte; andere Finanzarbeiten; Polizey-Militair-Verordnungen. Soldatenhospital.

Heinrichs IV Regenteneigenschaften und Talente. Ursache des Verfalls der Staaten. Streit wegen des Handels zwischen Frankreich und Spanien. Beendigung desselben durch einen Traktat. Dessen Inhalt.

Begebenheiten in den Vereinigten Niederlanden, Spanien und England. Traktaten zwischen England und Spanien. Beschwerden der Vereinigten Provinzen über England. Der Connetable von Castilien geht durch Paris, unterredet sich mit dem König. Heinrich IV und Rosny unterreden sich darüber. Rosny's Begriff vom Salischen Gesetz. Glückliche Aussichten für die großen Entwürfe des Königs. Begebenheiten in Graubünden wegen der Veste Fuentes. Frankreichs Betragen

bey

bey dieser Gelegenheit. Rücksichten der Schweizer. Das Recht über die Brücke zu Avignon, zwischen dem Pabst und Frankreich strittig, wird entschieden. Erkaufung der Grafschaft Saint Paul. Einführung neuer Religiosen in Frankreich.

Zwanzigstes Buch.

Denkwürdigkeiten vom Jahr 1605. Ausgang des Prozesses der Grafen von Auvergne und Entragues. Gefälligkeit und Schwachheit Heinrichs gegen die Marquise von Verneuil. Die Jesuiten erhalten die Zerstörung der Piramide. Große Streitigkeit Rosnys mit dem Pater Cotton über das Collegium von Poitiers. Er rechtfertigt sich gegen die Verläumbungen seiner Feinde; man söhnt ihn wieder mit dem Pater Cotton aus. Seine Streitigkeiten und Aussöhnung mit dem Herzog von Epernon und Grillon. Züge von der fantastischen Gemüthsart Grillons. Neue Verläumbungen über Rosny, die ihn beynahe stürzen. Rührende Unterredung Heinrichs mit ihm, wobey sie sich wieder versöhnen. Interessante Darlegung dieser ganzen Sache. Anderer Versuch der Feinde Rosnys, ihn zu Grund zu richten. Vermählung seiner Tochter mit dem Herzog von Rohan. Heinrich schlägt dem Herzog von Rohan die Lieutenances de Roi-de St. Jean d' Angely ab. Andre Gnadenbezeugungen und Geschenke, welche der König Rosny macht oder abschlägt. Vorhaben Heinrichs, Fräulein von Mellen mit dem Marquis von Coeuvres zu vermählen.

Ein und zwanzigstes Buch.

Verfolg der Denkwürdigkeiten vom Jahr 1605.— Einzelheiten von den Finanzen und der Regierung. Betrachtungen des Verfassers über die Salz- und Ver-

Inhalt.

Vermögensteuer ꝛc. Abgezahlte Schulden; blühender Zustand des Reichs. Heinrichs Eifer in Staatsgeschäfften. Seine Briefe an Rosny. Tod Clemens VII. Leo XI hat seine Erhebung dem Vorschub Heinrichs zu danken; sein Tod. Paul V Pabst. Lob der Gesandtschaftsführung des Grafen von Bethune. Breve Pauls V an Rosny; Achtung, die man für diesen Minister zu Rom hat. Verfolg der Spanischen, Flandrischen und Englischen Angelegenheiten. Mißvergnügen der Könige von Frankreich und England über Spanien. Angelegenheiten der Calvinisten; Nachrichten, die Heinrich von ihren bösen Absichten erhält; Urtheil Rosnys über den jetzigen Zustand dieses Religionskörpers. Unpäßlichkeiten Heinrichs. Versammlung der Protestanten zu Chatelleraut; Absicht Heinrichs und der Hugenotten dabey. Rosny wird von Seiten des Königs dazu abgeordnet. Oeffentliche und besondre Instruktionen, die er dabey erhält. Er spricht unterwegs die Königin Margaretha. Neue Nachrichten von der Aufführung der Häupter der Reformirten. Bewegungen des Herzogs von Bouillon und seiner Anhänger gegen Rosny; dessen weises Benehmen; Rede bey der Eröffnung, voll Festigkeit; er schlägt den Vorsitz in dieser Versammlung aus u. s. w.

Zwey und zwanzigstes Buch.

Verfolg der Denkwürdigkeiten von 1605. Fortsetzung der nähern Umstände von der Versammlung von Chatelleraut. — Neue Ränke des Herzogs von Bouillon. — Schreiben von ihm an den König und an die Versammlung. — Luguisses Verhaftnehmung. — Verschiedene Nachrichten, die Heinrich in Ansehung der Aufrührer erhält; Rosnys Rath

Rath hierüber. — Rosny vereitelt die Entwürfe
der Häupter der Protestanten zu Chatelleraut. —
Beendigt daselbst zum Vortheil und zur Zufriedenheit des Königs die Sache in Betreff der Generals
deputirten, Sicherheitsplätze ꝛc.; wird in der Ora-
nischen Angelegenheit nicht gehört; macht der Versammlung ein Ende; erklärt ihr die Willensmey-
nungen des Königs, und kommt zurück um Ihn
Rechenschaft abzulegen. — Reise Heinrichs nach
Limosin. Rosny begleitet ihn dahin. Turenne und
die andern Plätze des Herzogs von Bouillon ergeben
sich an den König; Rückreise des Königs. — Rosny hält die GrandsJours. Meyrargues und Luguisses Strafe. Tod des Theodor Beza; Beweise
von Achtung und Freundschaft die er Rosny giebt.
— Streitigkeit Rosnys mit dem Grafen von Soiss-
sons, wegen der Generalfeldzeugmeisterstelle, und mit
dem Herzog von Epernon über die Stadt la Rochelle.
Aufnahme welche die Abgeordneten dieser Stadt bey
Heinrich finden; Rosnys Rückkehr nach Paris, wo
er dem König Rechnung ablegt. Ankunft der Königin Margarethe zu Paris; ihr Empfang bey dem
König und der Königin. Rosnys Aufsatz über den
Zweykampf, wo er dessen Ursprung und verschiedene Gewohnheiten zeigt. Heinrichs tadelnswürdige
Nachsicht in diesem Punkt. Glücksfälle und Gefahren dieses Herrn.

Drey und zwanzigstes Buch.

Denkwürdigkeiten vom Jahr 1606. — Dem König
von Rosny überreichte Schaumünzen. Unterredung zwischen dem König, der Königin und ihm
von ihren Zwistigkeiten; — zwischen Heinrich und
Rosny von der Politik, worin sie die Mittel verabreden, das Haus Oestreich zu erniedrigen. Rosny
wird

Inhalt.

wird Herzog und Pair. Expedition von Sedan; Intrike des Hofs bey dieser Gelegenheit. Briefe des Herzogs von Sully an den Herzog von Bouillon; Rath, den er Heinrich giebt; Bouillon stellt Sedan dem König wieder zu; Mißvergnügen, das Sully bey dem Traktat von Sedan verursacht wird, und seine Klagen über Villeroy. Sully räth dem König sich der Plätze in der Grafschaft St. Paul zu bemächtigen, und wird nicht gehört. Zorn Heinrichs über ihn aus Gelegenheit seines Einzugs in Paris. Streitigkeit Pauls V mit den Venetianern; guter Rath, den Sully beyden Theilen giebt. Streit der Stadt Metz mit den Jesuiten; neue Begünstigungen, die sie von dem König erhalten. Begebenheit des Pater Cotton mit Adrinna de Fresne. — Andre Religionsangelegenheiten mit der Geistlichkeit wegen dem Tridentinischen Concilium, zwischen den Katholiken und den Calvinisten von la Rochelle. Ceremonie der Kindtaufe in Frankreich. Verordnung wegen der Salzsteuer und der Steuerkreise; andre Finanzoperationen und Verordnungen; Privatleben Heinrichs, seine Belustigungen; Gespräche zwischen ihm und den Höflingen. Verfolg der Spanischen und Flandrischen Kriegsangelegenheiten; Betrachtung über diesen Krieg. Andre auswärtige Angelegenheiten. Verschwörung gegen den König von England.

Vier und zwanzigstes Buch.

Denkwürdigkeiten vom J. 1607. Beschäftigungen und Briefe Heinrichs. Tod des Canzlers zu Bellievre. Geburt eines zweyten Französischen Prinzen. Beweise von Heinrichs Zutrauen und Freundschaft gegen Sully; Zänkerey unter ihnen, wobey Heinrich Sully wieder sucht. Dienste, welche Sully dem König in der Versammlung der Calvinisten zu la Rochelle

chelle, in der Sache des Pater Segulran mit den Rochellern leistet. Neue den Jesuiten von Heinrich zugestandene Gnadenbeweise. Verständnisse Spaniens am Hof und im Staatsrath gegen Heinrich und Sully. Unterredung zwischen ihnen hierüber, und Sullys Rath; andre Dienste, die er dem König in den Hofzänkereyen leistet. —— Verfolg der Spanischen und Niederländischen Angelegenheiten. Sullys Urtheil von dem den König von den Flamändern gethanen Erbietungen. Darüber gehaltene Berathschlagung. Sieg der Flamänder zur See über die Spanier. Konferenzen wegen Einstellung der Feindseligkeiten, und wegen eines Waffenstillstands. Verfolg der Veltlinischen Sache zwischen den Spaniern und den Graubündtern. Deutsche, Englische und andre auswärtige Angelegenheiten. Der Streit zwischen dem Pabst und den Venetianern durch Heinrichs Vermittlung beygelegt. Breve Pauls V an Sully. —— Sullys Arbeiten in den Finanzen, der Polizey und andern Theilen der Regierung. Ränke der Höflinge, ihn zu stürzen. Er macht das Projekt eines neuen Conseils, das aber unausgeführt bleibt. —— Andre Finanz-Regierungs-Polizey ꝛc.-Sachen. —— Heinrichs Verschwendung im Spiel, bey seinen Manufakturen ꝛc. Sein Privatleben und seine Hauszänkereyen. Er giebt den Herzog von Bouillon Sedan zurück.

Denkwürdigkeiten
von
Sully.

Neunzehntes Buch.

Seit dem Jahr 1602 sah sich der König nach einem sichern und bequemen Ort um, zu einer Niederlage für Finanzgelder und den Schatz, den er zu Ausführung seiner Entwürfe bestimmte. Er hatte seine Augen auf die Bastille geworfen, wo er Kisten und alle andre Bequemlichkeiten anbringen ließ. Er glaubte sogar, hierüber eine Verordnung ergehen lassen zu müssen, um Ordnung in diese neue Anstalt zu bringen, und Verwirrungen zwischen den verschiedenen dabey angestellten Personen, auch zwischen den Einnehmern und der Rechnungskammer zu verhüten. Der Inhalt dieser Verordnung war: 1604.

In die Bastille sollte nichts gebracht werden, als was dem König nach allen ordentlichen und außerordentlichen auf das Quartal, worinn sie fällig waren, vorher abgezogenen Ausgaben, rein im Ueberschuß verbliebe. Das Geld sollte dem dienstthabenden Schatzmeister überliefert werden, in Gegenwart des Oberaufsehers der Finanzen und des General-Controleurs. Dieser war damals Johann von Vienne. Wir sollten beide,

beide, er und ich, einen Schlüssel dazu bekommen;
einen dritten der Schatzmeister. Nach Ablauf seines
Dienstjahrs erhielt dieser ein Certifikat, von mir und
Wienne unterzeichnet, über die Summen, welche während seiner Amtsführung in die königliche Kassen gekommen waren; dieß stellte er seinem ablösenden Nachfolger zu, und erhielt von diesem eine Quittung, durch
deren Vorzeigung er frey wurde. Der angehende
Schatzmeister konnte die Berichtigung des Inhalts von
dem Certifikat, durch Augenschein der im Schatz enthaltenen Summen, verlangen. Auf seine bloße, itztgedachte Quittung war der Schatzmeister berechtigt,
seine Rechnung zu stellen, und die Rechnungskammer
konnte ihm die Annahme derselben ohne weitere Untersuchung, nicht verweigern.

Der König hielt auch dafür, daß er seinen Willen bekannt machen und sein Verfahren sowohl in Ansehung dieser Geldanhäufung, als der Veränderungen
rechtfertigen müsse, die man in dem Finanzwesen schon
gesehen hatte, und noch zu sehen bekommen würde.
Er that dieß in einem ausserordentlich dazu versammelten Rath. Der Kanzler empfieng vom König und
notificirte die Liste derer, aus denen diese Rathsversammlung bestehen sollte. — Es waren Abgeordnete von den höchsten Gerichtshöfen in Paris, die ebenfalls seine Majestät benannten, die vorzüglichsten Mitglieder seines Staatsraths, und die ersten Verwalter
der Gerechtigkeit, Finanzen und Polizey. Am bestimmten Tag fanden sie sich in dem großen Cabinet
im Louvre ein, das am Ende des Gardesaals neben
dem Zimmer des Königs ist.

Der König kam, da alle versammelt waren, herein, und nachdem er befohlen hatte, sich zu setzen, erklärte er die Gründe seines Verfahrens, in einer Rede

be von diesem Inhalt. Da die bürgerl. Kriege die Finanzen des Königreichs in einen Zustand versetzt hätten, wo seine Einkünfte kaum zur jährlichen Schuldentilgung hinreichten, so sey es unumgänglich, nicht nur in Verbesserung der Angelegenheiten durch Untersuchungen und Beytreibungen fortzufahren, denen man bereits die Tilgung eines Theils der Staatsschulden danke, sondern auch neue Fonds anzulegen, damit der König sich auf den Fall eines bedeutenden Kriegs, oder einer unruhigen Minderjährigkeit nicht sich genöthigt sehen könnte, entweder Banquerout zu machen, oder die Regierungs-Angelegenheiten in ihre alte Verwirrung zurück zu stürzen, um Ausgaben bestreiten zu können, die er anders nicht aufzutreiben wüßte. Es sey zuträglicher, die Friedenszeit dazu zu nützen, um sich in eine Verfassung zu setzen, in der man nichts dergleichen zu fürchten hätte. Die hiezu erforderlichen Operationen, wobey man jedoch nichts durch Uebereilung verderben müsse, seyen: Aufhebung der unter verschiedenen Titeln vom Staat errichteten Renten, Rückzahlung der verkauften Stellen, und Herbeyschaffung der veräusserten Krongüter.

Da der König mit der Untersuchung der Renten den Anfang machen wollte, welche noch in diesem Jahr vorgenommen werden sollte, so ließ Er davon vorläufig ein Wort fallen, um die Gemüther auf die gerechte Strenge dieser Operation vorzubereiten. Er sagte, daß man sich vorzüglich bemühen werde, einen genauen Unterschied zwischen denen zu machen, welche wirklich baar das Capital von denen aus dem Schatz ihnen nun entrichteten Zinsen dargeschossen hatten, und denen, welche nur falsche königliche Verschreibungen hatten. Heinrich setzte hinzu: er verspreche sich so viel von der Oekonomie, mit welcher von nun an Er seine Finanzen führen wolle, daß ein Vorhaben, das ihm die Anhäufung großer Summen nothwendig mache, ihm doch nicht unverträglich mit dem Entschluß scheine, seinem Volk durch Verringerung der Abgaben, Erleichterung zu verschaffen: diesen werde er nie aus den Augen verlieren. Er ermahnte die Versammlung, so gute und aufrichtige Gesinnungen zu unterstützen, und befahl, man solle sich zu dem Ende, acht Tage lang, täglich zweymal hier versammeln, um die Sache reiflicher zu erwägen, und ihm alsdann von den gehaltenen Berathschlagungen Bericht erstatten, worauf er die guten Rathschläge, die man ihm geben würde, eben so aufrichtig befolgen, als ihnen die seinigen mittheilen, und nie die Männer vergessen würde, die sich bey dieser Gelegenheit für das allgemeine Beste eifrig bewiesen haben würden.

Mir scheint der Tadel ungerecht, den man gegen dergleichen Versammlungen vorbringt, selbst alsdann ungerecht, wenn man sie auch nur für eine bloße in gewissem Sinn sehr unnütze Förmlichkeit hält. Sie können, sagt man, nur dazu dienen, den Männern, die zum Antheil an den Sorgen für die Regierung berufen sind, auf eine etwas weniger eigenmächtig scheinende Art Resolutionen des Herrn zu eröfnen, die bereits in einem noch engern Ausschuß festgesetzt sind. Die gegenwärtige blieb nicht frey von diesem Vorwurf, und der Zweck, den Heinrich sich dabey vorsetzte, obschon an sich ganz gewiß gut, löblich und selbst nothwendig, wurde nicht gebilligt. Ich weiß nicht, was hierzu die Verfechter der Volkswürde sagen werden. Allein mir scheint es eine durch eine unendliche Menge ähnlicher Beyspiele erwiesene Wahrheit, daß die Absichten eines guten und weisen Königs nicht durchaus mit denen des Volks übereinstimmen dürfen. Die

Betrachtungen, welche das Volk bestimmen, sind selten ohne einigen Eigennutz oder einige Leidenschaft. Nie, oder höchst selten gehen sie über den gegenwärtigen Augenblick hinaus. Selbst die vernünftigsten Leute, mißleitet durch ihr eignes Gefühl, scheinen, obschon nicht ausdrücklich, ja sogar ihnen selbst unmerklich, mit einander im Bund zu stehen, um nur für sich selbst zu sorgen, ohne sich um das Weitere zu kümmern.

Diese böse Gewohnheit liegt tief in der Natur des menschlichen Begehrungsvermögens. Man will geniesen und glücklich seyn; dieß ist Sache der Gegenwart. Unglücklicher weise fordert aber unter manchen Umständen die Staatsklugheit einer weisen Regierung, diesen Genuß und die Vollendung dieses Glücks noch um zehn, zwanzig, funfzig und mehr Jahre zu verschieben. Wie will man nun diese Entsagung dem großen Haufen, wie will man sie sogar der kleinen Zahl derer angenehm machen, die sich durch ihren Geist über jene erheben könnten, durch ihre Begierden aber wieder zu ihnen herabsinken? Ganz anders verhält es sich mit einem guten und weisen König, oder einem Minister, der seine Stelle vertritt und seine Pflichten ausübt. Freylich muß er für das Glück seiner Unterthanen arbeiten. Er weiß aber auch, daß man dieß Glück beynahe immer verfehlt, so oft man es zu eilfertig herbeyführen will, und daß, wenn man es so verfehlt hat, das wahre Uebel, worein dieser Irrthum stürzt, den blos eingebildeten Schaden weit übersteigt, über welchen die Menschen sich, sobald ihnen irgend etwas fehlt, beklagen. Welches Glück für einen Staat, nach Grundsätzen regiert zu werden, die ihn auf den Weg zum Glück leiten! Er stößt jeden vorübergehenden und blos individuellen Vortheil von sich, um zu diesem allgemeinen Besten hinanzustreben. Der König muß nicht weniger Vater für die Unterthanen seyn, die erst nach drey oder vier Zeugungen leben werden, als für die, welche schon itzt leben. Diese Eigenschaft zeigt ihm eine falsche Zärtlichkeit gegen diese auf Kosten der andern in eben dem Licht, in welchem die Vorliebe eines Hausvaters für einige seiner Kinder erscheinen müßte, wenn er von dieser wüßte, daß sie seine ganze Familie zu Grund richten würde.

Da der Plan, den sich Heinrich zum Besten seines Staats entworfen hatte, nun erforderte, die Erhöhung seiner Finanzen auf alle Art zu versuchen; so fragte er mich, statt die Einschränkungen vorzunehmen, die ihm unaufhörlich von den vorgeblich eifrigen Dienern vorgeschlagen wurden, um meine besondre Meinung über die Mittel hiezu. Die Fortschritte, die ich in diesem Fach gemacht hatte, ließen mich welche entdecken, die, ohne dem Volk allzu lästig zu werden, mir dennoch viel abwerfen zu müssen schienen. Ich stellte davon neun der vorzüglichsten in einen Aufsatz zusammen, den ich dem König überreichte. Es sind folgende.

1) Die Pächter, welche zuletzt die beträchtlichsten Finanz-Pachtungen gehabt hatten, hatten unter dem Vorwand verschiedener anscheinend nöthiger Verwendungen die Einkünfte davon verschleudert, und diese alsdann zum Nachtheil des königlichen Schatzes in Rechnung gebracht, der sie empfangen zu haben schien, ohne jedoch etwas erhalten zu haben. Dieser Artikel hatte der Krone mehrere Millionen Schulden zugezogen. Ich trug auf eine Revision aller dieser Rechnungen und Register an, um sich an diese Pächter halten zu können, die unter den verschiedenen Benennungen, deren sie sich zu diesen Diebereien bedient hat-

en, nicht so sehr versteckt waren, daß ich sie nicht hätte aufspüren können.

2) Die französische Geistlichkeit hatte durch ihre Kardinäle, Erzbischöffe und Bischöffe ihren General-Einnehmer Castille wegen Veruntreuung angegeben. Ihre an mich gerichtete Schrift war mit einer so klaren und bestimmten Beylage belegt, daß der König sich nur die unermeßliche Summen wieder erstatten lassen durfte, die dieser Einnehmer unterschlagen hatte.

3) Alle Finanz- und Geschäfts Männer, besonders die Schatzmeister von Frankreich als große Zerrütter der Finanzen konnten mit Castille gleich behandelt und hiezu eine Gerichtskammer errichtet werden, welche große Vortheile bringen mußte, wenn man nur Kabalen und Bestechungen daraus zu entfernen wußte, welche solche Kammern gewöhnlich unwirksam machen.

4) Die Betrügereien in Veräußerung der Krongüter waren so handgreiflich, daß mehrere von den itzigen Besitzern sie ohne Rechtstitel und durch bloße Anmaßung benutzten. Andre hatten sie um einen so niedrigen Preis erworben, daß sie nur im ersten Jahr durch den damals laufenden sechzehnten Pfennig schon mehr als ihre Auslage davon wieder gezogen hatten. Dieß machte ich dem König ganz klar, und verhinderte dadurch eine förmliche gerichtliche Bestätigung dieser Veräußerungen. Ich bewog ihn, vielmehr einzuwilligen, daß alle diese Güter wieder eingezogen oder doch ihre Erwerber zu Erlegung des wahren Werths angehalten werden sollten.

5) Alles dieß galt auch bey den verschiedenen Aemtern und Bedienungen, deren Besitzer man zwingen mußte, eben die Summen, die ihnen diese Stellen gekostet hatten, entweder nach ihren Finanzen zu ergänzen oder zurück zu empfangen.

6)

6) Die schlechte Regie hatte gemacht, daß bis itzt die Schulden der Krone an die Schweizerkantons, statt abzunehmen, immer höher angewachsen waren. Ich hatte dieß bereits so gut umgeändert, daß Eine zur rechten Zeit angewandte Million acht andre, halb an Zinsen halb am Capital getilgt hatte. Wenn man mit dem übrigen eben so verfuhr, so konnte sich der Staat in kurzem von dieser Schuld befreit sehen.

7) So leicht es war, dem König den Besitz seiner Krongüter wieder zu verschaffen, so vortheilhaft mußte es für ihn seyn, davon eine Menge einzelner kleiner Theile zu veräussern, die in Grundstücken und Rechten bestunden, wovon die Kosten für Reparaturen, Verpachtung, Einzug, unter dem Vorwand von Erlassungen, Verbesserungen und andre dergleichen Dinge sich durch die Zulassung der Herrn Finanzzahlmeister so erstaunlich hoch beliefen, daß nach meiner Berechnung darüber im Durchschnitt von zehn Jahren mehr als ein Fünftheil fehlte, wovon der König nicht den ersten Heller erhielt. Dieß war die große Betrügerey der Finanzkollegien. — Durch Veräusserung aller dieser Theile nach dem vorgeschriebenen Preis, mußte der König dabey mehr als doppelt gewinnen, weil er nur für den Kaufschilling wieder andre auf den zehnten Pfennig angelegte Theile seine Renten an sich kaufen durfte.

8) Noch mehr war bey diesen Wiedereinlösungen veräusserter königl. Einkünfte zu gewinnen. Ein Theil der Pächter hatte sich mir erboten, dem König davon für mehr als vierzig Millionen wieder zu verschaffen, ohne daß er etwas dafür zurück zu bezahlen haben sollte, wenn man ihnen die Wahl unter diesen Stücken und den Gebrauch derselben auf bestimmte Jahre überließe, nach deren Verfluß sie dieselbe dem König un-
ent-

entgeltlich und schuldenfrey wieder zustellen wollten. Statt diesen Vorschlag anzunehmen, durfte der König nur selbst diese Vortheile für sich beziehen, die sie wahrscheinlich davon haben würden.

9) Frankreich hatte ein sichres Mittel die ganze Handlung im Ocean und Mittelländischen Meer an sich, und sogar auf Einmal und ohne große Kosten in seinen Mittelpunkt zu ziehen. Man durfte nur durch Kanäle die Seine mit der Loire, diese mit der Saone und diese mit der Maas verbinden, (1) wofür auch der erste Blick auf dieses Projekt einen Vortheil von nicht weniger als zwo Millionen zeigte, die wir gegen Spanien allein gewinnen würden. Wahre und gründliche Reichthümer, wie alle, die man durch Handel erwirbt.

Ich ließ mich in meinem Bericht hierüber an den König noch mehr ins Einzelne jedes dieser Punkte ein, und fügte den Vorschlag einer gerichtlichen Bestättigung der Renten bey, der noch nicht darinn enthalten war. Da Er ohne Zweifel ganz andre Dinge erwartet hatte, und seine natürliche Lebhaftigkeit ihn verhinderte, mich mit aller erforderlichen Aufmerksamkeit anzuhören, so machte er mir erst eine Menge Einwürfe gegen alle diese Vorschläge, die er zwar groß, einige aber zu unbestimmt, andre zu wenig einträglich, zu schwürig in der Ausführung oder in der Verbindung miteinander fand. Alles, weil er sie noch nicht gehörig übersah. Ich wußte wohl, was er wollte, und was ihm am liebsten gewesen wäre. Erhöhung der Auflagen, Errichtung neuer Bedienungen, neue Veräusserungen der Krongüter. Ich konnte ihm, durch Vorzeigung eines Projekts das ich über diese Mittel entworfen hatte, achtzig baare Millionen in seine Kassen bringen, und mehr als sechzig andre Millionen durch einen Pacht von fünf jährlichen Millionen, um die ich sechs von seinen Pachtungen vermehrt hatte. Allein ich brachte ihn leicht dahin, daß er mir zugab, die Mittel würden zwar von schneller Wirkung, aber doch für das Volk zu drückend seyn; man müßte also ausser dem äussersten Nothfall nicht dazu greifen, und den Frieden dazu nutzen, sich derjenigen zu bedienen, welche mehr Zeit und Sorgfalt erfordern; wie die neun welche ich ihm da vorgeschlagen hatte. Ich versicherte jedoch, daß diese Stücke, die er für so gering zu halten geschienen hätte, durch zweckmäsige Behandlung und Verbindung derselben unter und nach einander ihn mit der Zeit um zweyhundert Millionen reicher machen könnten.

Der König wurde endlich meiner Meinung, und wir beschlossen, daß man mit der Bestättigung der Staats-Renten den Anfang machen sollte, nachdem ich ihm durch gute Auszüge und andre glaubhafte Urkunden von der Rechenbank, dem Steuerhof, und andern Bureau's dargethan hatte, daß diese Operation dem königl. Schatz, ohne die mindeste Ungerechtigkeit, sechs Millionen einbringen könnte. Er war in der Folge so sehr dafür eingenommen, daß er am ungeduldigsten war, den Anfang davon zu sehen und mir nie schrieb, ohne auch dessen zu gedenken.

Um die Sache desto sicherer auszuführen, glaubte ich, wäre es nöthig, daß der König ein eignes Conseil oder Bureau bestellte. Die Rechenbank widersetzte sich zwar, es ward aber keine Rücksicht auf ihre Einwendungen genommen. Dieß Conseil bestand aus den Mitgliedern Chateauneuf, Calignon und Jeannin, den Präsidenten de Thou, und Tambonneau, welche wechselten, und Rebours, ferner einem Rentmeister und einem Schreiber, le Gras und Regnouard. Ich war an der Spitze desselben, und wohnte den Si-

tzun-

zungen bey, wenn es meine andern Geschäfte zulie-
ßen. Wenn ich aber auch nicht dabey seyn konnte,
ging dennoch alles seinen Gang, nach dem Plan (2)
den ich dabey als Richtschnur zum Grunde gelegt hatte,
Es würde zu langweilig für den Leser seyn, wenn ich
ihn auch hier einschalten wollte. Es sey hier genug
davon, wenn ich sage, daß ich darinn einen ganz bestimmten und genauen Unterschied zwischen den Renten
nach ihren verschiedenen Entstehungsarten und Fonds
festgesetzt hatte. Denn es gab unter diesen welche, die
für ein Drittel, andere die für die Hälfte, und noch andre
die ganz für baares Geld erhalten worden waren; einige hatten den Inhaber wenig gekostet, andre waren ganz
durch Erschleichung erhalten, andere endlich ächt. Mit
diesen nahm man keine Veränderung vor, ausser um
sie ferner auf den Fuß ihrer ersten Errichtung zu sichern.
Alle andern aber wurden nach Maasgabe des dabey
vorwaltenden Betrugs oder Unrechts entweder ganz
aufgehoben, oder nach dem Capital zurück bezahlt,
oder auf den achtzehnden, zwanzigsten und einige sogar
auf den fünf und zwanzigsten Pfenning gesetzt. Die
Besitzer von einigen wurden verurtheilt, die mit Unrecht bezogene Zinsen wieder heraus zu geben. Andern wurden die gezogenen Zinsen zum Capital geschlagen, und dies dadurch abgethan. Der Staat gewann dabey noch durch die Entübrigung einer Menge
unnützer und lästiger Renteinnehmer und Ausgeber.
Ich ließ nur einen einzigen in diesem Posten.

Die von mir vorgeschlagene Untersuchung gegen
die Finanzleute und Monopolisten, geschah hierauf
durch Errichtung einer Justizkammer. Da man aber
hier Sollicitationen und Verwendungen nicht gerade
abwies, so waren ihre Folgen keine andern, als die
gewöhnlichen; Ungestraftheit der Hauptverbrecher, und
stren-

strenge Bestrafung der unbedeutendern. Man hatte dieß Mittel in den Zeiten, die unmittelbar auf meine Verwaltung folgten, weniger nöthig, da ich selbst sehr dafür gesorgt hatte, daß die Schuldigen auf der Stelle für ihre Betrügereien gestraft wurden. Betrügereien, welche zu Rouen begangen worden waren, wurden genau untersucht. Man fieng an, alle diese Kunststückchen bey ihrem wahren Namen zu nennen, und diese unrechtmäßigen Vortheile, welche so lange Frankreich ausgesaugt und die Finanzpächter sett gemacht hatten, wurden ohne Umstände als Entwendung und Veruntreuung behandelt. Redlichkeit fieng an in einem Heiligthum Platz zu nehmen, das sie bis itzt noch nie hatte bewohnen können.

Da mir die Schatzmeister in diesem Jahr ihre eingereichte Rechnungen mit nichtfälligen Einnahmen angefüllt hatten, so wies ich ihnen, um sie von einer Methode abzubringen die mir äusserst verdächtig war, ihre Besoldungen fürs künftige Jahr alle auf diese vorgeblichen Caducitäten an. Die Absetzung Drouarts, für welchen Montauban angestellt wurde, nebst einigen andern ähnlichen Verfügungen, warnten die vornehmsten Geschäftsverwalter, um ihre Pflicht, und zwar gut, zu thun. Durch einen Parlamentsschluß gegen einen gewissen le Roi wurde, bey hunderttausend Pfund Geldbuße, verboten einen Ausländer bey den Pachtungen des Königs mit anstehen zu lassen. Dieser Schluß wurde im Namen des Generalpachters der fünf großen Pachtungen, Karl du Han, allen die in Paris und dem vorzüglichsten Städten des Königreichs mit den Finanzen und andern königl. Pachtungen vorzüglich zuthun hatten, bekannt gemacht.

Ich brachte vor den König meine Klage über ein Attentat gegen sein Ansehen, welches das Parlement
von

von Toulouse dadurch begangen hatte, daß es eigenmächtig und gegen die Edikte Se. Majestät die Getraideausfuhr aus Languedoc verbot. Ich wurde durch den Schatzmeister der Provinz von dieser Unternehmung benachrichtigt, weil sie auf den Umsturz der Traitesforaines (der Abgaben von 5 vom 100 aller ein und ausgehender Waaren) abzielte, weßwegen die Pächter einen beträchtlichen Nachlaß verlangten. Auch die Festungen und Galeeren litten sehr darunter, weil ihre Unterhaltung darauf angewiesen waren.

Die viermal hunderttausend Livres Erhöhung der Steuern, worein eine Hälfte des Sou vom Livre verwandelt worden war, wurden, wie auch die andre Hälfte eben der Summen, die auf die Handelswaaren gelegt war, immer noch eingetrieben, obschon das Edikt worinn diese Rechte aufgebracht wurden, nur auf zwei Jahre bestätigt worden war. Die Finanzkammern machten deswegen bey dem König Vorstellungen dagegen. Sie beklagten sich über den Verfall des Kredits einiger Pachtungen, welche in besonderm Verhältniß mit dem Handel nach Spanien gestanden hatten, der nun untersagt worden war, und über die Menge von Edikten, die täglich in dem Conseil des Königs ausgefertigt wurden, und für das Volk weit drückender waren, als die Steuer selbst. Ich läugne es nicht; diese Klagen waren so gegründet, daß ich selbst bereits schon deswegen dem König Vorstellungen gemacht hatte. Er schrieb hierüber zween Briefe. Einen an sein Conseil, dem er darinn zu wissen that, daß die gegenwärtigen Umstände, vorzüglich aber die Kriegsrüstungen Spaniens, nicht gestatteten, von allen diesen Stücken für das laufende Jahr etwas nachzulassen; den andern an mich, um mir zu befehlen, daß ich das Conseil nach seinen Absichten stimmen möchte.

Die

Diese unterstützte ich denn auch so viel möglich in dem, was meine Stelle als Generalfeldzeugmeister betraf. Das Zeughaus wurde mit hundert Stück Geschütz versehen; in den Gallerien desselben waren Waffen für funfzehntausend Mann zu Fuß, und dreytausend zu Pferd, zwo Millionen Pfund Pulver im Temple und in der Bastille und hundert tausend Kugeln. Ich erinnere mich, daß einst Heinrich, als er mit mir in den großen Waffenhallen des Zeughauses umher gieng, über die große Menge von Feinden die ihn bedrohten, und über ihre Macht unruhig schien. Ich zeigte ihm diese fürchterlichen Rüstungen, welche sie alle zur Ordnung bringen könnten. Er verlangte ein Verzeichniß von seinen Waffen, seinem Kriegsvorrath und seinem ganzen Geschütz, nebst einem ungefehren Ueberschlag von seinem ganzen Vorrath an baarem Geld und dem, was in den Jahren 1605 u. 1606 noch hinzukommen könnte. Endlich ging er in mein Kabinet, und ließ sich dieses Verzeichniß durch mein Schreiber aufsetzen, um es beständig bey sich zu tragen.

Die Einrichtung und Kriegszucht des Soldatenstandes war eine der Regierungsangelegenheiten, die am meisten einer sorgfältigen Verbesserung bedurften. Es ist kaum begreiflich, wie man bey einer Nation, die seit ihrer Gründung beynahe nie die Waffen aus den Händen gelegt hat, und selbst gewissermaßen daraus ihr einziges Gewerbe macht, so lange warten konnte, diesen wichtigen Gegenstand auf einen festen regelmäßigen Fuß zu setzen. Der französische Dienst war durchaus abscheulich. Man nahm die Soldaten für das Fußvolk mit Gewalt weg, und zwang sie durch Prügel zum Marsch. Man hielt ihnen mit Unrecht ihren Sold zurück, drohte ihnen stets mit Gefängniß, der Galgen schwebte ihnen unaufhörlich vor

Au-

Augen. Man brachte es durch dieß alles dahin, daß sie alles versuchten, um durchzugehen. Um dies Uebel zu verhüten, mußten die Profosen sie beständig wie belagert halten. Die Officiere, selbst schlecht besoldet, waren gewissermaßen zu Gewaltthätigkeiten und Räubereien berechtigt. Heinrich sagte oft, und konnte hier aus eigner Erfahrung sprechen: der Staat kann unmöglich gut bedient werden, so lange man mit den Truppen keine andre Einrichtung treffe.

Der Grund zur bessern Einrichtung mußte vorzüglich durch eine richtige Bezahlung gelegt werden. Der König fieng damit an, daß er diese für die Zukunft sicher stellte, so daß sie durch nichts abgehalten werden konnte, noch die dazu bestimmten Fonds zu andern Dingen verwendet werden durften. Auf diese Verordnung folgte eine andere, die nicht minder fähig war, den Soldatenstand beliebt zu machen: wodurch nämlich für die Bedürfnisse der Soldaten auf den Fall gesorgt wurde, da Wunden oder Krankheiten, die sie sich im Dienst des Königs zugezogen hatten, sie ausser Stand ferner zu dienen oder zu arbeiten setzen würden. Man traf solche Verfügungen, daß ihnen in dieser betrübten Lage weder an den nothwendigen Lebensbedürfnissen, noch zu Erleichterung ihres Zustandes etwas abgehen (3) sollte.

Die Freyheit, mit der ich von den Fehlern des Königs gesprochen habe, hat mir wohl das Recht erworben, ihn dafür auch wegen seinen guten Eigenschaften zu rühmen. Ordnung und Oekonomie waren ihm angebohren, und kosteten ihm beynahe gar nichts. Nie hätte ein Herr besser als er ohne Minister seyn können. Sich genauer auf Geschäfte einzulassen war Lust für ihn, keine Arbeit. Große Herren, die sich
selbst

selbst in Regierungsgeschäfte einlassen, verfallen sonst dabey gewöhnlich in einen von diesen beyden Fehlern, daß sie sich entweder nicht zu mittelmäßigen Gegenständen herablassen, oder sich nicht über das Kleinliche erheben können. Heinrichs Geist hingegen umfaßte mit gleicher Leichtigkeit das Kleine und das Große. Alle seine Briefe sind Belege hievon, und die Gewohnheit, sich, oft wegen unbedeutender Kleinigkeiten, unmittelbar an ihn zu wenden, beweißt es noch deutlicher. Ein Weinhändler von Gisors, der sonst die Lieferung an Hof hatte, hatte schon seit geraumer Zeit zweymalhundertfunfzigtausend Thaler zu fordern. Der König schickte ihn zu mir, um ihn zu bezahlen und für die Verzögerung zu entschädigen. „Mein Gewissen, schrieb er mir dabey, macht mirs „zur Pflicht, Mitleiden mit diesem armen Mann zu ha„ben." — Ich habe vielleicht schon zu viel solche Züge eingeflochten. Noch ganz anders aber würde es sein, wenn ich dem Publikum alle die Briefe vorlegen wollte, die er mir geschrieben hat.

Was die andern Ideen betrift, deren erhabneres Gegenstand Beziehung auf den Vortheil, Ruhm, oder Wohlstand des Staats hat, so verlor er sie nie aus den Augen, weder im Vergnügen noch unter seinen Verdrüßlichkeiten. Um zu sehen, ob unsre Ideen mit einander übereinstimmten, verlangte er seit geraumer Zeit einen Aufsatz über alles, was nach meinen Gedanken den Ruhm eines mächtigen Reichs zerstören oder auch nur beflecken könnte. Ich glaubte seiner Absicht nicht besser entsprechen zu können, als wenn ich ihm eine so einfache mit allen unnützen Verzierungen des Stils so wenig überladene Darstellung überreichte, daß er sie mit Einem Blick übersehen könnte. Es war nur eine Aufzählung der Mißbräuche, die

die sich gewöhnlich in einen Staat einschleichen, ohne weitere Erklärungen oder Beweise. Ich lege es hier meinen Lesern vor, denen es wenigstens als Inbegriff der Staatsgrundsätze dienen kann, die sie in diesen Memoiren schon gesehen oder noch zu erwarten haben.

Diese Ursachen des Untergangs oder Verfalls der Monarchien sind übertriebene Subsidien, Alleinhandel, besonders mit Getraid, Vernachläßigung des Handels und Gewerbs, des Ackerbaus, der Künste und Handwerker, die große Anzahl der Bedienungen, die Auslagen für Aemter, das übertriebene Ansehen derer, die sie verwalten, die Kosten, Langsamkeit und Unbilligkeit der Rechtspflege, Müssiggang, Luxus und was diesem anhängt, Lüderlichkeit und Sittenverderbniß, Vermischung der Stände, veränderlicher Münzfuß, ungerechte und unvorsichtige Kriege, Despotismus der Regenten, ihre blinde Neigung für gewisse Personen, ihr Vorurtheil für gewisse Gewerbe oder Stände, Habsucht der Minister und Günstlinge, Erniedrigung der Standespersonen, Verachtung oder Vernachläßigung der Gelehrten, Duldung schändlicher Gewohnheiten und Verletzung guter Gesetze, eigensinnige Anhänglichkeit an gleichgültige Gebräuche oder Mißbräuche, Vermehrung drückender Edikte und unnützer Verordnungen.

Hätte ich unter allen Regierungsarten zu wählen, von denen man in der Geschichte dieser Monarchie Beyspiele findet, so würde ich Clodwig, Carl den Großen, Philipp August, und Karl den Weisen vorschlagen (4) und wünschen, daß man über die ganze Zeit seit Karl dem achten bis itzt, wegsehen möchte. Hätte ich einen Grundsatz aufzustellen, so wäre es dieser: gute Gesetze und gute Sitten bilden sich gegenseitig. Unglücklicherweise aber wird uns diese vortrefliche

liche Verbindung nicht eher sichtbar, als bis Sittenverderbniß und alle Mißbräuche bey uns aufs höchste gestiegen sind, so daß bey den Menschen immer erst das höchste Uebel dazu gehört, um ihnen über das Gute die Augen zu öffnen.

Da die Verordnungen zu Erweiterung und zur Sicherheit des Handels Heinrich eine der ersten Stellen im Staat einnehmen zu müssen schienen, so ließ er auch auf diesen Gegenstand seine meisten Sorgen gerichtet seyn. Da das Projekt des Kanals zu Verbindung der Seine mit der Loire (5) genehmigt worden war, so verfügte ich mich auf den Platz, damit man sich bey den Zurüstungen, die vor der Ausführung gemacht werden mußten, beym Höhemessen, Nivelliren, und Benutzen aller möglichen Vortheile nicht verrechnen möchte. Ich konnte nicht viel Zeit auf diese Reise verwenden, da mich der König, beynahe unmittelbar nach meiner Abreise, wieder zu sich berief. Eben so brachte ich bey meiner angezeigten Reise nach Poitou verschiedne Handelsangelegenheiten in Ordnung.

Die wichtigste und schwürigste war die, welche in diesem Jahr mit Spanien vorfiel, und den Handel beyder Nationen mit einander betraf. Der König von Spanien hatte im vorigen Jahr eine Abgabe von Dreyßig vom Hundert auf alle Waaren gelegt, die aus Frankreich nach Spanien und Flandern, oder aus diesen Ländern nach Frankreich giengen. Eine schreiende Auflage, die so gut die Unterthanen des Königs von Spanien in diesen beyden Ländern empörte, als sie den Franzosen wehe that. Der König erwiederte sie durch ein ausdrückliches Verbot alles Handels mit den Unterthanen des Königs von Spanien und der Erzherzoge, und durch eine noch-
stär-

ſtärkere Auflage auf alle in Calais eingebrachte ſpaniſche Waaren. Dies Verbot war aber nicht in Stand, den Schleichhandel mit unſern Lebensmitteln in das feindliche Land zu verhindern. Die franzöſiſchen Kaufleute fanden, ungeachtet des neuen Monopols, an unſerm Getraid, unſern Tüchern und andern Waaren, bey dem Mangel den Spanien an allen dieſen Artikeln litt, noch ſo große Vortheile, daß ſie ſich gegen die ganze Strenge der Geſetze daran wagten. Es kam ſogar darüber in Marſeille zu einer Art von Empörung, wovon der Präſident du Vair nach Hof berichtete. Die Kaufleute dieſer Stadt waren ungeduldig darüber, daß ſie, während ſie gezwungen waren mit untergeſchlagenen Armen unthätig zu bleiben, zuſehen mußten, wie ihnen die Italiäner ihr Brod vor dem Mund wegholten, und ſie um ihre Vortheile brachten. Dieſe von dem König den Italiänern zugeſtandene Freyheit war, dünkt mich, nicht gut verſtanden.

Die Engländer, froh über dieſen Zwiſchenfall, waren ſo weit entfernt, eine Annäherung der Gemüther zu verſuchen, daß ſie vielmehr unter der Hand die Uneinigkeit nährten, weil ſie durch Schleichhandel dabey eben das gewannen, was die Italiäner kraft einer Erlaubniß zogen. Man erfuhr, daß acht bis neun Engliſche Schiffe Korn zu Sables d'Olonne geladen, und in San Sebaſtian wieder abgeſetzt hätten. Die Spanier mußten wohl auf dieſen geheimen Zufluß gerechnet haben, ohne welchen ihr Verbot nothwendig ihnen ſelbſt den meiſten Nachtheil gebracht haben müßte. Heinrich hatte dies anfangs erwartet, und dieſe Hoffnung, daß Spanien ſich ſelbſt mehr Schaden zufügen würde als uns, nebſt der Vorſtellung von der Schande, die es ihm nach ſeiner Meynung verurſachen würde, wenn ſein Feind auf ſolche

Art über seine Handlung schalten zu können schiene, machte, daß er noch sehr streng über der Beobachtung seines Verbots hielt. Er befahl mir, einen vertrauten Mann abzuschicken, mit seiner Vollmacht versehen, um die Uebertretung seines Befehls, von der Mündung der Loire bis zur Garonne und längs dieser Flüsse hin, zu bestrafen, wo am meisten dagegen gesündigt wurde. La Fond erhielt diesen Auftrag von mir, der ihn so gut ausführte, daß ihn der König nachher in seinem Dienste näher an sich zog.

Zu gleicher Zeit ließ sich der König bey dem König von England über dessen Unterthanen beschweren. Er ließ ihm sagen, wenn er, in der Hoffnung, unsern ganzen spanischen Handel an sich zu ziehen, für gut finden sollte, mit dieser Krone Frieden zu schließen, (die Sache konnte ihm wirklich wichtig genug scheinen, um ihn zu diesem Schritt zu verleiten) so würde Er, der König von Frankreich, solche Maasregeln zu ergreifen wissen, daß der Schaden davon sicher nicht auf seiner Seite seyn würde, und daß England dabey vielleicht mehr Verlust haben sollte, als Er. Dies hieß auf gewisse Art so viel, als er sollte diese Mißhelligkeiten zwischen beyden Kronen zu vermitteln suchen. Denn Heinrich hatte bald den Nachtheil eingesehen, den er sich selbst dadurch zugezogen hatte, und daß alle Schlüsse seines Staatsraths ihn falsch geleitet hätten; welches ihn in große Verlegenheit setzte. Villeroy und Sillery wurden von ihm ernannt, diese Sache näher vorzunehmen, und auch ich erhielt Befehl, darüber mit dem Connetable, dem Canzler, dem Commandeur von Chastes und dem Viceadmiral de Vic zu konferiren.

Man fand Schwierigkeiten auf beyden Seiten. Großen Nachtheil für den Handel, wenn das Verbot

des

bestehen, Beschämung, wenn es aufgehoben werden sollte. Heinrich konnte sich nicht zu diesem letzten entschließen, weil es ihm Furcht vor Spanien anzuzeigen schien, da diese Krone deswegen bey Sr. allerchristlichsten Majestät noch nicht den geringsten Schritt gethan hatte. Alles, was man von Ihm erwarten konnte, war ohnehin nur: daß man, ohne das Verbot zu widerrufen, den Uebertretungen der Kaufleute durch die Finger sehen, und sich dabey frey behalten solle es zu wiederholen, wenn sie es allzu öffentlich und zum Nachtheil des königlichen Ansehens treiben würden. Ich für mich sah hierinn beynahe einzig auf den Stoß, den die Handlung dabey litt, und so waren mir Britte und Spanier gleich. Ich stellte dem König vor, wenn er blos auf den Schaden sehen wollte, der daraus für uns erwachse, so müsse er gegen einen so streng verfahren, als gegen den andern.

Der König von England versagte seine Vermittlung hiebey nicht. Er erbot sich sogar zur Bürgschaft für die bey dieser Gelegenheit zwischen beyden Kronen zu erwartende Versprechungen, wollte aber dabey als Schiedsrichter verfahren, da ihn hingegen der König, den diese Eitelkeit verdroß, blos als gemeinschaftlichen Freund anerkennen wollte. Der Papst fing ebenfalls an, vielen Antheil an dieser Angelegenheit zu nehmen, weil er davon wirklich einen noch gefährlichern Bruch zwischen Frankreich und Spanien befürchtete. Er schrieb an seinen Nuntius an unserm Hof, den Kardinal Bufalo: nichts unversucht zu lassen, um dies zu verhüten; und dieser fand bald darauf eine günstige Gelegenheit daran zu arbeiten.

Der Graf von Beaumont, immer noch unser Gesandter am Londner Hof, hatte öfters, in Gegenwart

wart der Grafen von Villa Mediana und von Arenberg, der Gesandten von Spanien und den Erzherzogen, die neue Handelsangelegenheit zur Sprache gebracht. Er hatte sogar vorläufig mit ihnen, dem Präsidenten Richardot und Ludwig Vroreyßen eine Art von Vergleich entworfen, der dem Connetable von Castilien, welcher sich ebenfalls in London befand, vorgelegt wurde. Allein die plötzliche Abreise des Connetable und einige andre Hindernisse hatten sie nicht bis zur Unterzeichnung dieser Präliminarien kommen lassen. Der Connetable von Castilien kam durch Paris und sprach daselbst den Kardinal Bufalo, der wegen dieser Sache von so vielen Seiten in ihn drang, bis er endlich von ihm soviel erhielt: das Geschäft sollte eignen Commissarien zur Untersuchung aufgetragen werden, die er im Namen seines Herrn ernannte. Der Französische Staatsrath ernannte ebenfalls, welche dazu von seiner Seite. Dies war aber noch nicht der wahre Weg zur Auskunft. Die Sache, so vielen Köpfen überlassen, zog sich unausstehlich in die Länge. Bufalo erhielt von Don Balthasar Stuniga, spanischem Gesandten in Frankreich, und von Alexander Rovidius, Rathsglied von Mailand, welcher hierinn für eine der Parteien interessirt war, daß sie diese ganze Unterhandlung ihm überlassen wollten. Hierauf bat er den König, um auf der andern Seite ebenfalls nur mit Einem Mann zu thun zu haben: Er möchte mir ebenfalls ohne einen Gehülfen eine Vollmacht, wie die seinige, ertheilen, und sah dann blos dadurch schon die Sache für sehr gefördert an. Ich gieng zu ihm, und belebte seine Ungeduld durch einen neuen Stachel, indem ich ihm den Krieg als seinem Ausbruch nahe vorstellte, und zwar mit Rüstungen von unsrer Seite, die ihn wohl noch weit ernstlicher machen dürften, als man sich vorstellte. In wenigen

nigen Tagen war er mit mir über die Artikel einig, die ich darüber aufgesetzt hatte, und welche eine völlige Handelsfreyheit sicherten. Es waren ungefähr dieselben, welche in London vorgeschlagen und verhandelt worden waren.

Dieser Traktat — denn es warde wirklich einer daraus, obschon alles nur zwischen dem Kardinal Bufalo und mir abgethan wurde — ging seinem wesentlichen Inhalt nach dahin, daß das Edikt wegen der dreyßig vom Hundert, und das, welches den Handel zwischen beyden Kronen verbot, aufgehoben werden und vernichtet bleiben sollte. Dieß war der Hauptpunkt. Allein da beyde Herren ihr Verfahren rechtfertigen wollten, indem sie gegenseitig verschiedene Beschwerden vorbrachten, die auch auf die Handlung Beziehung hatten, so gab es noch verschiedene Artikel außer diesem, die alle darauf gingen, diesen Beschwerden abzuhelfen.

Der König von Frankreich sollte durch ein Edikt verbieten, daß keiner seiner Unterthanen den Transport von Waaren aus Holland nach Spanien und dessen andre Landschaften durch Schiffe, Wagen oder andres Fuhrwerk selbst übernähme oder denselben auf irgend eine Art begünstigte. Die wirklich französischen Waaren sollten mit dem Siegel der Stadt, woher sie kämen, gestempelt, und auch da in ein Register eingetragen werden, um den Verwirrungen, die aus der Aehnlichkeit der Waaren entstehen könnten, zuvor zu kommen. Im Ermanglungsfall sollten sie der Konfiskation unterworfen seyn, doch so, daß man nicht auf bloßen Verdacht von Unterschleif den Lauf der Waaren anhalten oder aufhalten könnte. Alle Holländer, welche in französischen Fahrzeugen betreten würden, sollten weggenommen werden können. Die Franzo=

Franzosen sollten keine Waare von Spanien nach Holland, noch an andre Orte in den Niederlanden bringen, außer denen, welche in den Affichen angegeben wären. Zur Sicherheit für das Wort, das sie vielleicht geben möchten, ohne es je halten zu wollen, sollten sie sich vor den Magistrat der Spanischen Stadt, wo sie abgingen, schriftlich verbindlich machen, diese dreyßig Procent zu bezahlen, welche Verschreibung ihnen zurückgegeben werden sollte, wenn sie in Jahresfrist ein Beglaubigungsschreiben vom Richter des Orts brächten, wo sie ihre Waaren abgesetzt hätten, es sey nun dieser in Frankreich oder an den erlaubten Oertern in Flandern. Der König von Frankreich sollte diese von seinen Unterthanen in Spanien geladene und nach den verbotenen Oertern gehende Waaren wegnehmen lassen, und nach Abzug der dreißig vom Hundert sollte die Hälfte dem Angeber zugetheilt werden. Eine französische Obrigkeit, welche falsche Absatzscheine geben würde, sollte ebenfalls gerichtlich verfolgt und bestraft werden. Beyde Könige sollten sich wechselsweise die Wege frey halten. Da der Artikel wegen der seit dem Frieden von Vervins gemachten Auflagen auf die Waaren, die aus Spanien nach Flandern oder aus Flandern nach Spanien durch Calais gingen, und in diesen Hafen einliefen, schon vorher durch eben diesen Kardinal abgethan war, wurde darüber nichts neues ausgemacht. Es ward stipulirt, daß der Traktat vierzig Tage nach der Unterzeichnung in beyden Staaten auf Einen Tag bekannt gemacht werden sollte. Das Datum ist vom 12. Oktober. Er wurde anfangs nur vom Kardinal Bufalo und mir unterzeichnet (6).

Ich war sicher, daß Heinrich ihn gutheißen würde, da ich nichts hineingesetzt hatte, ohne erst seine Gesinnun-

sinnungen darüber zu hören. Mehr fürchtete ich den
Tadel Sillery's und der andern drey Räthe, ohne
deren Vorwissen die Sache vor sich gegangen war.
Die Auskunft, die ich traf, war: daß ich den ältern
Arnaud mit diesen Artikeln zu Sillery schickte, und
ihn sehr höflich um seine Meynung darüber bitten ließ.
Sillery antwortete kurz und ohne sie ansehen zu wollen, das Geschäfft sey in guten Händen, und wer allein daran gearbeitet habe, möge es auch allein zu
Stand bringen. Ich war mit dieser Antwort nicht
zufrieden, sondern schickte Arnaud zurück und ließ sagen: da es mir nöthig scheine, daß der Traktat von
ihm und den andern anfangs dazu ernannten Kommissarien unterzeichnet würde, so bitte ich ihn, zu mir zu
kommen und diese Unterzeichnung bey mir zu vollziehen. Im Weigerungsfall würde ich nicht umhin
können, Sr Majestät bey Ueberbringung des Trak-
tats durch Arnaud sagen zu lassen, daß die Schwierigkeit, die er deswegen machte, den Schluß um
zween Tage aufgehalten habe, wie es auch wahr wäre.
Sillery fürchtete, es möchte unterdessen etwas widri-
ges dazwischen kommen, das den Handelstraktat rückgängig machen, und ihm dann zur Last gelegt werden könnte. Er kam daher zu Busalo und that was
man von ihm verlangt hatte, so wie Villeroi ebenfalls unterzeichnete.

Als der König eine Abschrift von diesen Artikeln
mit diesen fünf Unterschriften erhielt, bezeugte er große
Zufriedenheit über den Kardinal-Nuntius, und
machte ihm ein Geschenk mit einem Demantkreutz.
Er empfahl ihn dem Pabst durch ein äußerst vortheilhaftes Schreiben, und erwies ihm die vorzügliche
Gnade, ihn an seine Tafel zu ziehen. Die Bekannt-
machung des Kommerztraktats verschob er bis die

Es war ein neues und für ganz Europa befremdendes Schauspiel, daß ein kleiner Staat, der auf der Karte einen beynahe unmerklichen Punkt einnimmt, es wagen konnte, sein Haupt aus seinen Sümpfen emporzuheben, und so lange Zeit dem so gefürchteten Spanien zu trotzen. Woher nahm er die Kräfte dazu? Woher das Geld? Denn man schätzte die Kriegskosten der Staaten auf tägliche zwanzigtausend Gulden. Man wußte nicht, in welcher Verlegenheit sie sich oft befunden hatten, indem sie bisweilen sich gar nicht mehr zu wenden wußten, und alle Thüren aufstoßen mußten. Der Herzog von Bouillon hatte ihnen eine Summe Gelds versprochen. Sie schickten deswegen den Hauptmann Sarroque dahin, um sie zu heben. Er brachte aber nichts, als den Verdruß, seinen Herrn vier bis fünftausend Gulden verschwendet zu haben, welche ihr Kompliment bey der Prinzessin von Oranien kosteten.

Ihre gewöhnliche Zuflucht war Heinrich. Bald verlangten sie ein Hundert Tausend Thaler, bald zweymal hundert tausend Pfund Pulver, dessen sie in der That sehr viel verbrauchten. Ihre Bitten nahmen gar kein Ende. Buzenval, den der König in dieser Gegend hielt, um Nachricht von allem einzuziehen, war ihnen zu Unterstützung ihrer Bitten bey diesem Herrn sehr nützlich, welcher ihnen endlich allein noch übrig blieb, nachdem sie von allen Seiten verlassen waren. Sie wußten auch Buzenval gut bey Laune zu erhalten, und hielten ihn gleichsam mit Gewalt zurück, als er seinen Urlaub erhalten hatte, nach Frankreich zurückzugehen. Und wen suchten sie auch nicht für sich zu gewinnen? Sie hatten beschlossen mir ein beträchtliches Geschenk zu machen. Buzenval, den sie darüber befragten, versicherte, daß ich

nichts

nichts nehmen würde. Sie begnügten sich also mit
ihre Erkenntlichkeit dadurch zu bezeugen, daß sie mir
durch Aersens einige seltene Muscheln, und für meine
Gemahlin einige Kutschpferde aus ihrem Land, anbieten ließen. Heinrich erzeigte ihnen seine Gefälligkeiten mit einer Leichtigkeit, die nicht bloß seinen Eigennutz zum Grund haben konnte, und ihn diesem Volk
als einen Stifter seiner Freyheit zeigen muß. Sie
werden sehr tadelnswürdig seyn, wann sie je die Verbindlichkeiten gegen diese Krone, ihre Wohlthäterin,
aus den Augen setzen sollten (7). Der König schrieb
mir in diesem Jahr nach Poitou: Buzenval habe neue
Bitten für die Staaten bey ihm angebracht, die er
vielleicht nicht hätte bewilligen sollen; er könne sich
aber ungeachtet der Gerüchte, die sich von England
verbreiteten, und der Drohungen, die ihm Spanien
mache, nicht entschließen sie stecken zu lassen.

Was dieser Krieg Spanien als den angreifenden
Theil kosten mußte, kann man leicht aus dem schließen,
was ich von den vereinigten Provinzen gesagt habe,
die doch bloß vertheidigungsweise handelten, ohne aus
ihren Pfählen zu kommen. Die Erbitterung dieser
Krone gegen uns mußte daher groß seyn. In dem
lebhaften Verdruß, welchen dem Spanischen Staatsrath
ein so erschöpfender Krieg verursachte, (was man jedoch daselbst äußerst sorgfältig verbarg) drohte er oft,
den Franzosen diese Behandlung nie zu vergessen.
Heinrich that, als wüßte er nichts davon, und er that
recht daran. Jener leere Unwille zeigte die Ohnmacht
dieses Staatsraths, und man wußte in Frankreich
wohl, daß die Finanzen Sr katholischen Majestät erschöpft seyen.

Ostende wurde endlich am 22. September eingenommen (8), und Heinrich hatte den Trost, zu sehen,
daß

daß er für fünf bis sechsmal hunderttausend Thaler, die es ihn seit dem Anfang dieser Expedition jährlich kostete, den Verfall Spaniens, seines Feindes, beträchtlich befördert hatte.

Es wird ohne Zweifel scheinen, daß man von dem Vertrag, den ich im vorigen Jahr in England verhandelt hatte, etwas besseres hätte erwarten sollen. Allein man höre, was sich unterdessen zugetragen hatte. Spanien fühlte wohl, daß es Flandern ganz verloren geben müßte, wenn es nicht Mittel fände, einige Veränderung in den Gesinnungen zu bewirken, in denen ich den König von Großbrittannien verlassen hatte. Es erneuerte also nach meiner Abreise von London alle seine Bewerbungen und Bemühungen, um wenigstens eine Neutralität in Ansehung der niederländischen Angelegenheiten zu erhalten, wenn es ihm auch nicht gelingen sollte, Se Britannische Majestät ganz auf seine Seite zu ziehen. Anfangs glaubten die Spanier viel fodern und wenig bieten zu müssen, um wenigstens Etwas zu erhalten. Die ersten Anträge wurden gethan und unbesehen verworfen. Sie thaten hierauf einen, von welchem sie hofften, daß er sicher die Lossagung von den Holländern bey den Engländern bewirken würde, weil sie wußten, daß diesen nichts näher am Herzen lag. Er war dieser: den Handel nach Indien unter beyden Nationen gemeinschaftlich gleich frey zu machen. Auch diese Mine sprang vergebens, weil Spanien, in der Voraussetzung, daß man von seinen Foderungen immer sehr viel abbrechen würde, dabey ein Schutz- und Trutzbündniß mit England zur Bedingung gemacht hatte, und der Staatsrath des Königs von England, dem die Gründe dagegen noch zu lebhaft vorschwebten, kein Geheimniß daraus machte, daß sein Vortheil verlange,

Lange, Holland zu unterstützen, und also nichts weniger als dieß rechtfertigen würde, sogar öffentlich sich wider diesen Staat zu erklären.

Man hielt nun die Sache für ganz zerschlagen. Nur Beaumont ließ sich dadurch nicht täuschen, und sagte vorher, ohngeachtet dieser anscheinenden Hindernisse könnte es doch kommen, daß man sich einander wieder näherte, und sich wirklich zusammen verstände. Einige Zeit darauf erneuerten die Spanier ihren Anlauf. Um immer nach und nach etwas von den ersten Weigerungen aus dem Wege zu räumen, brachten sie es durch ihre feine Politik dahin, daß von beyden Theilen Kommissarien ernannt wurden. Die Zänkereyen dabey wurden so lebhaft, daß man hundertmal auf dem Punkt war, alles umschlagen zu sehen. Unmerklich aber neigte sich die Sache zu einer ruhigern Unterhandlung. Die Kommissarien besänftigten sich. Die Spanischen bezeugten nicht nur keine Abneigung gegen Frankreich, sondern traten sogar zuerst mit dem Vorschlag auf, daß man dieß Reich von nichts ausschließen müsse. Man sprach nie von den beyden Königen, ohne auch den dritten mit einzuschließen. Man behandelte alles mit Anständigkeit, sogar die Staaten selbst, und schien zu allen Arten von Vergleich mit ihnen geneigt, alles in der Absicht, dem König von England zu verbergen, wie sehr diese Unterhandlung der ersten in ihrem Zweck zuwider laufe, und um seinen Zweifel dagegen einzuschläfern.

Neben dieser Batterie ließ man noch kleine anonymische Schriften spielen, in denen man sich bemühte, darzuthun, daß der Friede das einzige sey, was die drey Könige gleich sehr zu wünschen hätten. In einer dieser Schriften, die von einem Engländer herrühren sollte,

sollte, — denn man erhob darin sehr die Macht des Königs von England, welcher, wie man sagte, jedermann, und welchen niemand entbehren könnte — wie wenn die Spanier nicht einer Schmeicheley hätten fähig seyn können, durch die sie ihren Zweck erreichen konnten — — in dieser Schrift also wollte man behaupten, daß dieser Friede von allen drey Königen gleich sehr gewünscht werde, daß aber Ihre allerchristlichste und Britannische Majestäten beyde ganz geheim für sich wünschten, daß er ihnen den Besitz von Flandern einbringen möchte. — Der Streich war boshaft.

Ein ganzes Jahr lang, d. h. bis zum 21. Julius dieses Jahrs, war man noch über nichts überein gekommen. Allein zu Anfang des Julius machten die Unterhandlungen reißend Fortschritte. Sie gediehen so weit, daß man in England nicht zweifelte, der Schluß werde nur bis zur Ankunft des Connetable von Castilien verschoben, welcher nächstens als außerordentlicher Gesandter mit einer ungewöhnlichen Vollmacht von Sr katholischen Majestät nach London kommen sollte. Man stand in eben dieser Meynung zu Paris, und war sogar überzeugt, daß nicht nur England, sondern die vereinigten Provinzen selbst insgeheim die Bedingungen ihres Vertrags mit Spanien gemacht, und die Staaten durch Vermittlung und nach dem schiedsrichterlichen Ausspruch Sr Britannischen Majestät die Punkte in Ansehung der Pfandplätze, der Indischen Schiffarth, der Befreyung von der Abgabe der dreyßig von Hundert und andres dergleichen abgethan hätten. Allein, wenn dieß sich so verhielt, warum sah man weder die Belagerungen aufheben, noch die Feindseligkeiten unter einander aufhören?

Wirklich

Wirklich war auch dieß Gerücht falsch, wenigstens in Ansehung dieses vorgeblichen Vergleichs und Schiedsrichter-Amts. Die Staaten merkten es nur zu bald, und sahen zugleich, daß sie im Gegentheil gar nichts mehr von Sr Britannischen Majestät zu hoffen hätten. Dieser Herr hatte endlich die Geduld verloren, so lange gegen seine Neigung anzukämpfen. Er wollte mit jedermann in Fried und Freundschaft leben. Erst kürzlich hatte er seinen vereinigten Staaten den Namen Großbritannien gegeben, und seinen feyerlichen Einzug in London gehalten, wo er eine Versammlung veranstaltete, um die Anglikaner und Puritaner zu vereinigen. Denn er erstreckte sein Friedestiften über alles. Er dachte nicht daran, daß er durch dieß Benehmen eben die davon ausschließen würde, welche desselben am meisten bedürftig waren, die Flammänder, die er so ihren Feinden Preis gab. Die Engländer fingen bereits an, diejenigen von dieser Nation, die sich in ihren Häfen befanden, übermüthig zu behandeln, und als diese wie gewöhnlich verlangten, daß sich die Engländer nicht in gewisse Gewerbe auf ihren Küsten mischen sollten, antworteten ihnen diese trotzig, daß sie die Erlaubniß dazu von dem König von Spanien, ihrem Herrn, hätten. Nichts brachte die Holländer so sehr auf, als solche Reden, und wenn man die Vließinger hätte machen lassen, so hätten sie wahrscheinlich aller Engländer sich entledigt, die sich bey ihnen befanden. Man stellte ihnen alle Folgen dieses Schritts vor, und so hielten sie noch an sich.

Dieß war den Staaten unerwartet, daß Se Britannische Majestät bey Eröffnung der öffentlichen Konferenzen zwischen den Kommissarien, wollte, daß man dabey auch den Herrn le Caron, ihren Agenten, zulassen

zulassen und anhören sollte. Dieser gestand, daß er
anfangs alle Ursache gehabt habe, mit den Englischen
Kommissarien zufrieden zu seyn. Als die Spanier
sie wegen der Holländischen Pfandstädte ausforschen
wollten, die sie gerne selbst in die Hände bekommen
hätten, sagten ihnen die Engländer: sie könnten nichts
weiter thun, als diese Städte dem Rath der vereinigten Provinzen zurückgeben, wenn sie von ihm das geliehene Geld empfingen. Da die Spanier, unzufrieden, darauf äußerten: man müßte sie denen wieder
zustellen, die sie verpfändet hätten, sagten die Englischen Räthe nichts darauf, als daß sie sich, im Fall
die Staaten die Rückzahlung der geliehenen Summen
verweigerten, mit eben dem Antrag an Spanien wenden würden. Auch war man für sie in dem Artikel,
die Handlung betreffend, der sie sehr lange aufhielt,
weil die Spanier darauf bestanden, daß Holland
ihnen den Handel an der ganzen Flandrischen Küste
frey geben sollte, besonders die Stadt Antwerpen,
die sie durch Anlegung mehrerer Forts an der Schelde, unter andern bey Islot, gleichsam geschlossen hielten. Allein diese günstige Gesinnungen waren von
keiner Dauer bey den Engländern gegen ihre Nachbarn. Das Urtheil Buzenvals, aus dessen Briefen
ich einen Theil dieser einzelnen Umstände habe, über
diesen Ausgang der Englischen Konferenzen war dieses: die Engländer hätten die Folgen, welche diese
neuen politischen Operationen haben können, wohl eingesehen, allein eine starke Eifersucht gegen uns, und
ein wenig Unbesonnenheit hätten bey dieser Gelegenheit alles gethan.

Dieß war die Lage der Sachen, als der König
von England für gut fand, Sr allerchristlichste Majestät durch seinen Gesandten am französischen Hof von

seiner

seiner Neigung zu einem Vertrag mit Spanien Nachricht zu ertheilen. Der Englische Gesandte überreichte dem König dabey den Entwurf davon. König Jakob bestand darin auf der sonderbaren Meynung, daß dieser Vertrag gar wohl mit dem vorjährigen bestehen könne, was er auch Beaumont hatte bereden wollen. Er versprach Heinrich, den Schluß bis zu Endigung der Angelegenheit, die damals Frankreich und Spanien beschäfftigten, zu verschieben. Dies war die Handlungssache, die damals sehr betrieben wurde. Indessen unterzeichneten die Kommissarien dennoch den Vertrag zwischen Spanien und England (9), und verwiesen dabey Beaumont wegen der Handlungssache auf die Ankunft des Connetable von Castilien. Man besprach sich mit diesem darüber, als er durch Paris nach London ging. Er veranlaßte aber vorsätzlich Mißverständnisse, um mit dem Kardinal Bufalo, der bereits daran arbeitete, nichts beschließen zu dürfen. Noch sonderbarer war es, daß diese Kommissarien, ohne Beaumont eine befriedigende Auskunft in dieser Sache gegeben zu haben, sich dennoch erlaubten, von ihm die vorläufige Aufhebung der Abgaben im Hafen zu Calais zu verlangen. Beaumont, welcher wußte, daß der König gar nicht gesonnen wäre, jene, selbst nach Abstellung der dreyßig vom Hundert, womit sie gar nicht zusammen hing, je aufzuheben, wich ihrem Vorschlag aus, indem er ihnen gleiches mit gleichem vergalt.

Der Connetable von Castilien kam wieder über Frankreich in den letzten Novembertagen auf seiner Rückreise nach Spanien, wohin er den geschlossenen Traktat mitbrachte. Er kam nach Paris eben, als gleichfalls der Handelstraktat hier geschlossen wurde. Er ließ am Tag nach seiner Ankunft um Erlaubniß bitten,

bitten, dem König aufzuwarten, vor welchem er mit einem Gesicht voll Zufriedenheit und Freude erschien. Er machte ihm ein sehr gesuchtes Kompliment, das eben daher vielleicht desto weniger aufrichtig war. Den Stoff dazu gaben ihm die erst geschlossenen zween Verträge, und er bemühte sich dabey, ihn zu überreden: da die Könige von Frankreich und Spanien die zween mächtigsten Potentaten in der Christenheit wären, so sey ihre enge Vereinigung ein nothwendiges und unfehlbares Mittel zur glücklichen Ausführung alles dessen, was sie vereint unternehmen würden, wobey er viel Aufhebens von dem Bündniß machte, das jederzeit zwischen Frankreich und Castilien bestanden hätte. Er verbreitete sich über die Vortheile dieser Association, welche für beyde Kronen einerley Freunde und Feinde machen würde, und über die Mittel, sie unzertrennlich zu machen. Diese bestanden darin, daß sie alle Parteylichkeit und Eifersucht wegen Rang und Vorzug unter sich verbannen und ihre Ansprüche auf gewisse Ländereyen und Städte in Europa gütlich und freundschaftlich ins klare und aus einander setzen sollten. Er vergaß dabey nicht, dem König vorzustellen, daß die Protestanten Feinde wären, deren Erniedrigung die gute Politik verlange, und schloß seine Rede mit einer Darstellung der Vortheile einer Doppelheurath zwischen beyden Häusern, welche nach den Zeitumständen bereits im Himmel beschlossen zu seyn scheine. Als guter Politiker setzte er noch hinzu, daß er zu dem allem keinen Auftrag von seinem Herrn habe, bat aber um Eröffnung der Gedanken des Königs hierüber, weil er, wenn er sehen sollte, daß diese obschon bloß einseitige Eröffnungen das Glück hätten, Sr Majestät Beyfall zu erhalten, dadurch desto eher Muth bekommen dürfte, sie auch dem König, seinem Herrn, vorzutragen.

Jch

Ich war bey dieser Rede nicht gegenwärtig. Allein es gefiel dem König selbst in das Zeughaus zu kommen, bloß um mir Nachricht davon zu geben. Nachdem er mir die Worte des Spaniers erzählt hatte, hielt er inne, und sagte mir, er wolle nun erst wissen, was ich darauf geantwortet hätte, und wolle mir alsdann sagen, was Er darauf geantwortet habe. Ich antwortete Heinrich in einem eben so wenig ernsthaften Ton: ich wollte ihm dieß wohl auf der Stelle sagen, wünschte es aber bis Morgen zu verschieben, um reiflicher darüber nachzudenken, damit Er mich keiner Uebereilung beschuldigen möchte, wie Er dieß oft, wenn meine Reden das Unglück hätten, ihm nicht zu gefallen, zu thun pflege. Er lächelte, und willigte ein, indem er mir einen sanften Backenstreich gab, wie er dieß bisweilen bey guter Laune that.

Ich ging am folgenden Tag ins Louvre, um mein Wort zu erfüllen, und fand den König auf der Kapuzinerterrasse spazieren gehend. Wenn er sich noch eines Worts erinnere, sagte ich zu ihm, das ich ihm einst von den Spaniern gesagt, und das Er sehr artig gefunden habe, daß sie nehmlich die Werke dem Glauben vorziehen (10); so würde Er nicht lange zweifeln, was ich dem Abgesandten dieser Krone zu Antwort gegeben haben würde. Nach all den Wort- und Eidbrüchen, durch welche sich Spanien im Angesicht von ganz Europa gebrandmarkt habe, hätte ich die Reden des Connetable von Castilien für nichts als einen neuen Kunstgriff seines Königs gehalten, Se Majestät mit den vereinigten Provinzen und allen Ihren Protestantischen Bundsgenossen zu entzweyen, um dann dieß Königreich bey einer noch günstigern Gelegenheit, als sein Vater gehabt hatte, anzufallen. Da dieser Streich eine von jenen Schändlichkeiten war,

war, die man nicht einmal zu bemänteln wagt, so rief
ich ihn dem König ins Gedächtniß zurück, und stellte
ihm dabey vor, daß Spanien jetzt vielleicht als Herr
mit Ihm reden würde, wenn Ihm nicht England,
Holland, und die französischen und fremden Protestanten geholfen, und wenn ihn seine eigne unglaubliche
Anstrengungen und Arbeiten nicht gerettet hätten; der
Staatsrath von Madrid gewohnt, auch das Heiligste
in der Religion zu verletzen, mißbrauche den Namen
der Eheverbindung, deren Bande nicht fähig wären,
ihn abzuhalten — und dabey ließ ich Heinrich noch
eine besondre Bemerkung machen, die mir treffend
scheint.

Es ist kein Zeichen einer allzu guten Politik, wie
man es gewöhnlich dafür hält, wenn man die Prinzen aus dem französischen Haus in andre ungefähr
gleiche Häuser, wie Spanien (11), heurathen läßt.
Außerdem, daß auch die engste Familienverbindung
dem Haß weichen muß, welchen die Ehrsucht gegen
einen Nebenbuhler einflößt, wird der Vortheil, den
man bey solchen Verbindungen beabsichtigen könnte,
schon selbst durch die Betrachtung vernichtet, weil er
allzu groß werden könnte. Anders verhält es sich mit
denen, die man mit geringern Häusern eingeht; bey
diesen kann man wenigstens sicher auf alle die Dienste
rechnen, die in ihrem Vermögen stehen. Die Ehre
einer Verbindung mit dem ersten Haus der Welt
macht, daß sie sich noch glücklich schätzen, auch etwas
zu dessen Verherrlichung und Größe beytragen zu können. Spanien hat in dieser Methode das Geheimniß gefunden, seine Macht beträchtlich auf eine zwar
minder schnelle, aber auch minder gewagte Art, als
mit den Waffen, zu vermehren (12).

Ich

Ich denke, um dieß hier im Vorbeygehen zu sagen, nicht wie gewöhnlich über das Salische Gesetz, dieses so berühmte Gesetz, das gleichwohl nirgends geschrieben vorhanden ist, dessen Ursprung aber hinlänglich aus dem Namen erhellt, den es führt, so wie sein Alter selbst aus der Ungewißheit seines Ursprungs (13). Gewöhnlich betrachtet man es als die festeste Grundsäule des Reichs und der königlichen Würde. Was mich betrifft, so haben mich alle meine Betrachtungen darüber veranlaßt zu glauben, daß schon allein die Lage Frankreichs und die andern Vortheile, die es von der Natur empfangen hat, hinreichende Gründe des Vorzugs sind, den es vor allen andern Europäischen Staaten behauptet, und daß das Salische Gesetz, weit entfernt, dazu beyzutragen, vielmehr oft der Möglichkeit, diese Vorzüge durch solche zu erhöhen, welche noch dazu kommen könnten, im Wege stand. Man lasse auch einen auswärtigen Herrn durch Vermählung mit der Thronerbin König von Frankreich werden. Dem ersten König aus diesem Geschlecht wird man vielleicht noch den Teutschen, Italiener, Spanier oder Engländer anmerken. Allein da man durchaus nicht zu fürchten hat, daß er je in Versuchung gerathen sollte, den Sitz seines Reichs aus einer Stadt weg zu verlegen, welche alle Könige der Welt zu ihrer Residenz wählen würden, wenn es in ihrer Willkühr stünde, so wird dieser erste König oder ausländische Fürst bald völlig einheimisch werden, und von der ersten Generation an wird ohnehin seine Nachkommenschaft ganz französisch seyn. Das Haus Oestreich auf Spaniens Thron, und das Haus Stuart auf dem Englischen sind auffallende Beyspiele hievon. Dieser Fürst, der erste ausländische König, wird inzwischen unzertrennlich alles mit unsrer Krone vereinigt haben, was er zuvor für sich besaß. Indem also das

Salische Geſetz verbietet, daß das Königreich Frankreich, um mich ſeines Ausdrucks zu bedienen, nicht auf die Kunkel fallen ſolle, benimmt es ihm ein Mittel ſich zu vergrößern, und zwar ein Mittel das um ſo weniger zu verachten wäre, da es, ſo ganz von Gewaltthätigkeit entfernt, keinen Grund noch Vorwand zum Krieg veranlaßt. — —

Meine Antwort für den ſpaniſchen Connetable war ſehr nach Heinrichs Geſchmack. Er verſicherte mich, daß ihn derſelbe Geiſt bey der ſeinigen beſeelt, daß er ſie aber nur in ſchön und prächtig klingende Ausdrücke eingekleidet habe, um den Caſtilianer ſeine Entwürfe nicht argwöhnen zu laſſen (14).

Dieſe hinderte zwar das ſehr, was itze in London zwiſchen England und Spanien vorgegangen war; doch, ohne alle Hoffnung zur Ausführung derſelben ganz abzuſchneiden. Sie waren noch nicht ſo weit, daß man ernſtlich hätte Hand anlegen können. In politiſchen Dingen kömmt alles auf Zeit und Geduld an. In dem Kardinal Buſalo fand ich alles, was ich ſchon lange von Rom geſucht hatte. Ich trug auch kein Bedenken, ihn merken zu laſſen, was einſt kommen könnte; überzeugt, daß das Königreich Neapel, womit ich dabey den heiligen Stuhl bedachte, ein hinreichender Beweggrund wäre, dieſe Eminenz in Anſehung des anvertrauten Geheimniſſes verſchwiegen zu machen, und ſelbſt zur Beyhülfe zu bewegen. Er ſchien mir übrigens auch mit dem Geiſt der ächten Politik begabt. Spanien öffnete durch die erſt kürzlich vorgenommene Beſitzergreifung der Feſtungen Porto Ercole, Orbitello, Talamone, Piombino, Final und Monaco wider Willen dem Pabſt die Augen. Hätten die Römer in allen dieſen Erweiterungsverſuchen nicht die Vorboten ihrer eignen nahen Unter-

jochung

jochung gesehen, so hätten sie wirklich ganz blind und
fühllos seyn müssen. Es erhellt hinlänglich aus den
Schritten, die man von Clemens VIII sah, daß er
sehr dieser Meynung war. Dies war ein Papst, wie
ihn Heinrich brauchte. Der König bestrebte sich aber
auch dafür, sich ihm bey jeder Gelegenheit gefällig zu
zeigen, und hatte ihm einen schönen Beweis davon
dadurch gegeben, daß er den Prinzen Condé zu sich
nahm, um ihn in der römischen Religion erziehen und
unterrichten zu lassen.

Auf die teutschen Fürsten machte man nicht weniger
günstige Eindrücke. Der König befahl mir, den
Gesandten des Herzogs von Wirtemberg gut zu behandeln,
um ihn zum Freund zu machen. Wiewohl
er wegen des Herzogs von Bouillon nicht Ursach hatte,
mit dem Kurfürsten von der Pfalz zufrieden zu
seyn, machte er ihm doch keine Schwierigkeiten über
die Auszahlung einiger Gelder, welche man diesem
Kurfürsten noch schuldig geblieben war, und um welche
dessen Minister nachsuchten. Heinrich machte dabey
keine andre Bedingung, als daß der Kurfürst seinen
Sohn von Sedan wegnehmen möchte. Was die
vereinigten Provinzen betrifft, so waren sie zwar von
England verlassen, doch wenigstens nicht angefeindet,
so daß wie es beynahe nichts in ihrer Lage veränderte,
da ihnen diese Krone fast nie einigen Beystand geleistet
hatte. Wenn man die Staaten, so wie Spanien, nach
der Eroberung von Ostende und l'Ecluse ausruhn sah,
so war dies blos Folge der Ermüdung und Erschöpfung,
und nicht von langer Dauer. Folglich blieb dies Mittel
zur Kräftevertheilung der feindlichen Macht immer
noch auf lange Zeit sicher, wenn Frankreich nicht
Spanien angreifen wollte.

C 5   Ich

Ich habe etwas von einem Streit zwischen Spanien und den Graubündtern (15) einfließen laßen, der in diesem Jahr Auffehen genug erregte, und verschiedene Schriften darüber veranlaßte. Ich will die Sache hier vorlegen.

Die Schweitzer haben zu Nachbarn und Bundsverwandten die drey Stämme der Graubündter, die dreyzehn Gemeinheiten des obern und untern Walliser Landes, die aus vier und funfzig Pfarreien bestehen, wovon der Bischoff, den sie selbst ernennen, Herr ist; dazu kommen St. Gallen, Genf, Neuburg, Baden und andre Reichs- und Nicht-Reichsstädte, die sich an die Schweizer anschloßen, unter der Bedingung, sie bey ihren Gerechtsamen zu erhalten. Sie sind unter neun Landvogteien begriffen.

Die Graubündter, von denen hier allein die Rede ist, bewohnen die Alpen, und das was man das Veltlin nennt, ein Thal, oder eigentlicher eine Art von breiten Graben, zwischen dem Fuß der Italienischen und dem der diesseitigen Alpen. Es hat in seiner größten Breite nicht über eine kleine französische Meile, und ungefähr dreyßig in der Länge, von Tirol bis auf den Comer See. Der ganze Grund wird von der Adda bewäßert, die ihn durchströmt, und, angeschwellt durch alle die Bäche, welche vom Gebirge stürzen, da wo sie in den Comersee fällt, nicht schwächer ist als die Marne. Dies Thal begreift ungefähr hunderttausend Einwohner, beynahe alle Römischkatholischer Religion, und ist sehr fruchtbar an Korn, Wein, Fruchtbäumen und Weide. Seine Grenzen sind gegen Morgen, die Gräffschaft Tirol, an die es stößt, wie wohl die Zugänge von dieser Seite, sehr enge und beschwerlich sind; gegen Mittag Brescia und Bergamo im Venetianischen Gebiet. Die Ge-
bürgs-

burgskette die es davon trenne, ist hier ebenfalls sehr
steil, und das Erdreich so rauh, daß es an dieser ganzen Strecke hin unzugänglich ist, die beiden Ausgän-
ge von Tiron in das Brescianische Gebiet und von
Morben in das von Bergamo ausgenommen. Eine
gleiche Kette von Alpen, die von den Graubündtern
selbst bewohnt werden, schließt die mitternächtliche Seite. Die ganze Gegend ist so beschaffen, daß wer von
Mitternacht herunter nach Italien will, keinen Weg
dahin findet, ausser denen, welche durch dies Thal
und gegen Niedergang durch eine Ebene, dort wo der
Comer See liegt, zwischen dem Mailändschen und
Veltlin gegen das Mailändische wieder herausführen.

Dieß nun ist eben die Stelle, von der hier die
Rede ist. Sechshundert Schritte vom Comer See
hatte Spanien kürzlich ein Fort aufführen lassen, das
nach dem Namen dessen, der den Auftrag zu diesem
Geschäft bekommen hatte, das Fort Fuentes hieß.
Es war auf einem zweyhundert Fuß hohen Felsen,
der die ganze Gegend beherrscht, welche das Mailändische von Veltlin scheidet, und ohnehin schon durch
Moräste und sumpfige Wiesen beynahe ganz unweg-
sam gemacht wird. Am Ufer des Sees, der hier
nicht über zwey bis dreyhundert Schritte breit ist,
ließ Spanien noch eines, dem andern gegen über,
aber etwas kleiner, anlegen, und um diesen Paß vollends ganz zu sperren, hatte es zwischen beyden, vom
Fuß des Berges bis an den See tiefe Gräben ziehen
lassen. Die Festungswerke dieses Schlosses waren
mit Spitzen und Winkeln gut angelegt, nach Beschaffenheit des Felsen, welcher übrigens nirgendsher in der
ganzen Gegend bestrichen werden konnte.

Unmöglich konnten die Graubündter eine solche
Unternehmung mit freundlichen Augen ansehen; denn
ob-

obschon die Spanier bezeigten, oder sich stellten, daß sie bey Anlegung dieses neuen Werks an sie keinen Gedanken hätten, und, um zu zeigen daß sie keine Absicht auf das hätten, was ihnen nicht gehörte, einige zu weit vorwärts geführte Gräben wieder zuwerfen ließen, so war es doch nur allzu sichtbar, daß ihre Absicht keine andre sey, als einst durch das Veltlin einzubrechen, um die Italienischen Staaten mit den Teutschen zusammen zu hängen, und unterdessen den Jenseitigen den Durchgang nach Italien durch diesen Paß zu sperren, für Schweitzer, Graubündter und ihre Bundsgenossen, die Franzosen, alle Kommunikation mit Venedig zu hemmen, und die Graubündter dahin zu bringen, daß sie mit ihnen kapituliren und sie für ihre Herrn erkennen mußten.

Spanien hatte ihnen bereits Proben von diesem letzten Vorhaben gegeben. Die protestantische Partey war bis dahin die herrschende in den drey Einungen gewesen, weil sie aus den besten Gegenden bestanden, und ihre Mitglieder die reichsten Leute waren. Diese nun hingen sehr an Frankreich, und waren Todfeinde von Spanien; ohne daß übrigens die Religionsverschiedenheit die Ruhe unter ihnen selbst gestört hätte, weil sie einsahen, daß ihre Stärke auf dieser Einigkeit beruhte. Die Spanier fanden Mittel diese zu trennen, indem sie in diese Gegenden ihre gewöhnlichen Emissare, Jesuiten und Kapuziner schickten, welchen es durch Ueberredung, Geld, Versprechungen leicht gelang, beyde Theile an einander zu hetzen, und die Katholischen über die Regierungsart ihrer Landsleute beynahe eben so sehr unzufrieden zu machen, als sie ihnen Haß gegen den Glauben derselben beybrachten.

Die

Die Entfernung der Gemüther zeigte sich zuerst darinn, daß der Schluß der Berathschlagungen in der Versammlung der Katholiken zu Baden zum erstenmal verschieden von dem der Protestanten ausfiel, die sich zu gleicher Zeit in Aarau versammelt hatten. Die einen forderten, daß man diejenige verfolgen solle, welche das Geld des gemeinen Wesens angegriffen hatten und erließen Verhaftbefehle gegen sie; die andern unterstützten sie öffentlich. Die Katholiken sahen sich endlich am stärksten, und brachen gegen die Reformirten los, so daß sie diese ganz aus einigen kleinen Kantons verjagen wollten, unter dem Vorwand, daß sie das Land den Franzosen hätten in die Hände spielen wollen, was ihnen doch gar nicht in den Sinn gekommen war; wiewohl den Franzosen übrigens was hier vorging nicht gleichgültig seyn konnte, weil sie eben so wie Venedig dabey sehr interessirt waren. Wir hatten lange Zeit den Sieur Pascal als Gesandten bey ihnen gehabt. Mit ihm hatten die Graubündter sich so zufrieden bezeugt, daß sie um einen, der ihm gleiche, baten; und da sie zu einer Zeit, wo sie gute Gesinnungen hegten, verlangten, daß er sie auch in der Kriegskunst zu unterrichten Fähigkeit haben möchte, so schickte man ihnen de Vic mit dem Befehl für ihn und Canaye der denselben Posten in Venedig bekleidete, nichts ohne einander zu thun.

Das beste und kürzeste wäre gewesen, den Einungen mit gewaffneter Hand beyzustehen, um die Erbauung des Förts Fuentes zu verhindern, oder wenigstens sie mit Mitteln zu unterstützen, um auf ihrer Seite ebenfalls eines anzulegen, durch welches jenes unnütz gemacht werden könnte. Man fühlte dies wohl und es wäre nicht das erstemal gewesen, daß der König in diesem Lande Geld ausgetheilt hätte.
Allein

Allein die Graubünder hatten alle diejenigen kaltsinnig gemacht, welche Antheil an ihnen genommen hatten. Statt dem König für alle die Summen Dank zu wissen, die er unter sie ausgetheilt hatte, erhielt man von ihnen nichts als Klagen, daß sie so übel vertheilt würden, und daß man dies Geschäft nicht ihren Staatsdienern überließe. Die Venetianer waren aus andern Gründen, welche Canaye dem de Vic eröffnete, eben so wenig mit ihnen zufrieden, und die Schweizer dienten ihnen bey weitem nicht mit ihrem gewöhnlichen Eifer. Diese hatten sich durch eine freundliche Aufnahme körnen lassen, die ihren Gesandten in Mailand widerfahren war, und man zweifelte wenigstens nicht, daß die fünf Cantone von Luzern, Schweiz, Zug, Uri und Unterwalden ihr Bündniß mit Mailand wieder erneuern würden.

Indessen schien doch bey dem allem die Freyheit der Graubünder auf dem Spiel zu stehen, Ein Punkt, der gar nicht zu vernachläßigen war. Noch konnten die Spanier gar nicht darauf zählen, daß es ihnen gelingen würde, dem Schweizer Rath die Augen zu verschließen, so schlechte Begriffe sie auch von dessen Staatsklugheit haben mochten. Eigentlich kam alles darauf an, was man auf dem großen auf den 12. Junius nach Chur ausgeschriebenen Landtag auszurichten vermögen würde, und keiner der respektiven Theile, die davon die Entwicklung der ganzen Frage erwarteten, ermangelte einen vertrauten Mann dazu abzuschicken. Alphonso Cazal kam von Seiten des Grafen von Fuentes dahin. Ich ließ durch Montmartin und de Vic die Schreiben Sr Majestät dahin bringen, welche jedoch nicht öffentlich bekannt gemacht wurden, weil Canaye berichtete, daß die Republik Venedig in Ansehung der Graubünder ganz

andre

andre Gesinnungen hege, als Se Majestät, und es ein Hauptpunkt in der Instruktion unsrer Gesandten war, in allen Foderungen einstimmig zu Werk zu gehen. Die Französischen und Venetianischen Gesandten begnügten sich also, unter der Hand zu wirken, und erschienen beynahe gar nicht. Ihre Unthätigkeit mußte eigentlich dem Grafen von Fuentes freyes Spiel geben. Dennoch konnte Alphonso Cazal mit allem diesem und allen seinen Bestrebungen und Bewegungen nicht verhindern, daß seine Partey durchfiel. Der Schluß des Landtags fiel dahin aus, daß die Einungen nichts von einem Vergleich mit Spanien hören wollten, so lange nicht erst das Schloß Fuentes geschleift, die Handlung und der Paß frey und alles überhaupt wieder in seinen vorigen Zustand versetzt wäre. Der Bund mit Frankreich erhielt dabey eine neue Bestärkung. Freylich war noch ein großer Schritt von diesen Entschließungen zur Sache selbst; und die Spanier hatten noch Mittel genug, den Graubündern zu schaffen zu machen. Montmartin kam nicht zurück, ohne zuvor aufmerksam alles was den Streit veranlaßt hatte, untersucht und auf meinen Befehl das Fort und die umliegende Gegend aufgenommen zu haben. Auf seinen Bericht und seine Erzählung gründet sich was ich hier davon beygebracht habe.

Eine, dieser ziemlich ähnliche Streitigkeit, nur daß sie Se Majestät selbst anging, erhob sich in diesem Jahr in Ansehung der Brücke von Avignon. Die berühmte Brücke wurde baufällig und war nahe am Einstürzen, weil man schon lange die nöthigen Ausbesserungen daran unterlassen hatte. Der Grund hievon lag darin, daß die Zeitumstände Frankreich nicht gestattet hatten, eine Streitfrage zwischen dem König und dem Pabst zu erörtern, ohne deren Entscheidung

scheidung nicht Hand an das Werk gelegt werden
konnte. Der Pabst behauptete nehmlich als Eigenthumsherr von Avignon auch von dieser Brücke, der
Furth an der Rhone und der Schiffarth darauf zwischen Avignon und Villeneuve, folglich von allen dazu gehörigen Rechten Herr zu seyn (16). Da die
Ausbesserung der Brücke nicht gestattete, die Untersuchung, wem, Se Majestät oder dem Pabst? sie
zukäme, weiter zu verschieben, so wollte der König,
daß die Frage endlich einmal für allemal ausgemacht
würde, und da sie ganz in mein Fach einschlug, so
wurde sie mir aufgetragen. Ich bin daher im Stand,
dem Publikum genaue Rechenschaft davon zu geben.

Das in Frankreich angenommene Gesetz hat zu
keiner Zeit den Uferbewohnern der Rhone, selbst wenn
sie Souverains waren, wie z. B. der Dauphin, der
Herzog von Savoyen, der Graf von Provence und
der Fürst von Oranien darunter sind, irgend ein Recht
über das Gewässer und den Lauf dieses Flusses zugestanden. Die Frage ist also nur, ob der Pabst,
welcher ebenfalls einer von den Uferbewohnern der
Rhone ist, sich in dem Besitz eines Rechts befindet,
für sich, vermöge einer besondern Verleihung, eine
Ausnahme von dieser Regel zu verlangen.

Dieß zu entscheiden, ließ ich die Reichsarchive,
die alten Urkunden von den Krongütern, die Register
der Senechaussee von Nimes und alle Urkunden der
Provinz nachschlagen. Ich ließ durch verständige
und rechtschaffene Kommissarien eine Lokalinspektion
vornehmen. Es blieb nach allen diesen Bemühungen
ausgemacht, daß die Regel, nach welcher Flüsse unter
ten Uferbewohnern in gleiche Theile gehen, gegen
den König von Frankreich nicht anwendbar sey, daß
er

er vielmehr hierin bey der Rhone eine doppeltes Recht genieße, und als Souverain das Bette, den alten und neuen Kanal derselben nebst allen zugehörigen Gerechtsamen ausschließlich besitze. Unter den Provinzen, durch welche dieser Strom fließt, ist Languedoc diejenige, wo dieß Recht am unlängbarsten zur Anwendung kommt, weil sie ein altes Kronlehen ist, das nie von Frankreich getrennt wurde, und das die Grafen von Toulouse jederzeit in dieser Eigenschaft besaßen. Hierin ist Languedoc von Dauphiné und Provence, als neuen Erwerbungen, verschieden; wiewohl übrigens weder dieser Grund, noch der, daß diese zwo Provinzen als Apanage oder Mitgabe veräußert werden können, hindern kann, Provence und Dauphiné, vermöge des unsern Königen unverlierbaren Hoheitsrechts unter derselben Regel, wie die Rhone, zu begreifen. Eine Menge zu Gunsten der Könige gegen die Uferbewohner der Rhone ergangener Parlamentsschlüsse bestätigen es ihnen noch, und der mit dem Herzog von Savoyen nach dem letzten Krieg errichtete Vertrag setzt es förmlich fest. Was die Sache für den Pabst in Ansehung Avignons zweifelhaft machen konnte, war folgender Umstand:

Ein Kapital von viertausend Pfund war ehemals von den Königen von Frankreich für die Ausbesserungen dieser Brücke bestimmt. Dieß Kapital wurde nachher an Hospitaliter Ordensleute überlassen, welche sich die **Brückenhospitalbrüderschaft von Avignon** (Fréres desservant l'hôpital du pont d'Avignon) nannten, weil wirklich dieß Spital auf die Brücke stößt, und man sie zugleich mit allen Gerechtsamen, die dem König davon zukommen könnten, gegen das Versprechen belehnte, daß sie nichts unterlassen würden, die Brücke im Stand zu erhalten.

Sie genossen diese Einkünfte und diese Rechte sehr lange, allein ohne daß die Brückenaufseher an die Erfüllung ihrer eingegangenen Verbindlichkeit dachten. Endlich war dieser erste Fond zerstreut und verloren, ohne daß man wußte: wie? und während dieser Zeit machten die päbstlichen Beamten mehrere Versuche, sich in den Besitz der Brücke und der Gerechtsame zu setzen. Am geschicktesten dazu schien ihnen die freywillige Uebernahme der daran nöthigen Ausbesserungen. Sie wollten von Zeit zu Zeit daran arbeiten; allein obschon das Conseil Sr Majestät gegen diesen anmaßenden Schritt nicht alles verfügte, was es sollte, so wurde den Unternehmern doch jedesmal widersprochen, und sie mit ihrem Gesuch ab- und zur Ruhe verwiesen. Lauter Beweise für das unläugbare Recht Sr Majestät.

Ich ließ zu Beendigung dieses ganzen Streits einen endlichen Beschluß abfassen, in Gemäßheit dessen die Rhone samt ihren Inseln, Furthen, Wasserzoll und Geleite, Gerechtsamen und Zubehörden einig und allein dem König seyn und verbleiben sollen, vermöge aller Hoheits- Domainen- und Eigenthumsrechte der Krone. Dem zu Folge ließ der König die Brückenverbesserung und die Untersuchungen zur Entdeckung des ersten verlornen Fonds anfangen, und so wurde diese Angelegenheit beendigt, welche beynahe so wichtig in Ansehung des Herzogs von Savoyen als des Pabsts war.

Der König brachte auch die Grafschaft St. Paul an sich, eins von den Gütern, womit der Herr Graf von Soissons abgefunden worden war. Da dieser Herr sich in einem Abgrund von Schulden sah, entschloß er sich diese Grafschaft zu verkaufen, um seine Gläubiger zu befriedigen, die ihn sehr drängten.

Er

Er hielt ohne Zweifel dafür, daß es sich, nachdem ihm seine Gemahlin einen Erben gebohren hatte, jetzt nicht mehr für ihn schicke, einen unordentlichen Lebenswandel fortzusetzen. Er empfieng mit seiner ernsten stoischen Miene das Glückwünschungskompliment des Königs wegen dieser Geburt, und schickte dann Guillouaire an ihn, um ihm seine Grafschaft St. Paul antragen zu lassen. Heinrich sah bey dieser Erwerbung zuerst auf seine Lust dazu, und dann auf die Unschicklichkeit in Ansehung der Huldigung, wenn sie in die Hände eines fremden Fürsten kommen sollte. Er nahm also den Antrag des Herrn Grafen wohl auf, und machte ihm darauf, um ihn mit seinen Gläubigern aus einander zu setzen, einen beträchtlichen Vorschuß, bis man wegen des Preises mit ihm übereingekommen seyn würde.

Da der König nachher der Sache ernstlicher nachdachte, so schrieb er, ohne mir bis dahin etwas von diesem Kauf gesagt zu haben, an den Herrn Grafen von Soissons, er möchte zu Caumartin und mir kommen, denen er die Sache übertragen habe. Mir schrieb er zu gleicher Zeit, und befragte mich um meine Meynung davon. Ich war nicht ganz gegen den Kauf, von dem mir Villeroy schrieb, daß er dem König sehr am Herzen liege; im Gegentheil diente ich dem Herrn Grafen so gut ich konnte. Allein ich fand, daß dabey in Ansehung der Form mancherley zu beobachten wäre. Da die Sache das Ansehen gewann, daß sie sobald nicht zu Ende kommen würde, trat ich unterdessen meine Reise nach Poitou an, während welcher Heinrich, der nur seiner Ungeduld folgte, überzeugt, daß dabey nie viel gewagt würde, den Handel durch die Herrn von Bellievre, Villeroy, Sillery und Maisses vornehmen ließ, welche durch einen

D 2

Tuisch-

Tauschkontrakt den Kauf mit dem Herrn Grafen abschlossen. Bey meiner Rückkunft sagte mir der König dieß, und ich bezeugte ihm mein Befremden, daß man so eilig in der Sache gewesen war. Er wollte meine Gründe wissen, und machte mir sogar eine Art von Vorwurf darüber, daß ich mich gegen die Erwerbung eines Guts erklärte, das aus den Händen meiner Ahnen an die Vorfahren des Herrn Grafen gekommen war. Aus eben diesem Grund hatte ich genauere Kenntniß davon als sonst jemand, und stellte dem König folgendes vor:

Zur Zeit als diese Grafschaft noch bey den Grafen dieses Namens war, waren große Streitigkeiten darüber entstanden, ob sie von der Grafschaft Boulogne oder Artois, d. h. von Frankreich oder Spanien zu Lehn gehe. Da dieß eine von den Sachen war, deren Auseinandersetzung nicht sehr leicht ist, so wurde in den letzten Verträgen Franz I und Heinrichs II mit Spanien ausgemacht, daß bis auf anderweite Uebereinkunft den Herrn von St. Paul freystehen solle, nach eignem Gefallen von einer der beyden Grafschaften die Lehn zu empfangen. Die folgenden Grafen von St. Paul zogen den Lehnhof der Grafschaft Artois vor, und gaben durch diesen Vorzug Spanien eine Art von Recht, worüber der Krieg wieder ausbrechen konnte, sobald der König von Frankreich als Besitzer dieses Lehns, erklärte, nur von der Grafschaft Boulogne, also bey ihm selbst, das Lehn zu empfangen, wie er doch ohne eine Art von Erniedrigung nicht anders konnte. Es war traurig, den Krieg über eine so unbedeutende Kleinigkeit wieder anzufangen, und schimpflich ihn dadurch zu vermeiden, daß man sich darein ergab, einer Krone zu huldigen, die selbst Frankreich

reich huldigen sollte. Der König gab zu, daß ich Recht habe. Der Ausweg, den man einschlug, war, daß man den ersten Kontrakt kassirte, und einen andern unter dem Namen eines dritten aufsetzte, und eine Erklärung verschob, bis die Sachen dahin gediehen seyn würden, daß man sie ohne Nachtheil zu befürchten machen könnte.

Die Sache wurde in Fontainebleau abgemacht, wo sich Heinrich in diesem Jahr lange aufhielt. Er ließ den Dauphin und seine andre Kinder von St. Germain dahin kommen. Erst sollte der Dauphin nicht über Paris kommen; allein ich ließ ihn seine Meynung ändern. Die französischen Prinzen übernachteten in St. Cloud, gingen mit ihrer Hofmeisterin, Madame de Montglot, durch Paris, und begaben sich über Savigny nach Fontainebleau.

Der König ließ denjenigen von seinen natürlichen Söhnen, welcher Alexander Monsieur hieß, in den Maltheser-Orden aufnehmen (17). — Von Fontainebleau aus ertheilte er seine Befehle für sein Bauwesen. Man verschwendete daran eben so viel als in den vorigen Jahren und noch mehr, weil jetzt die für die neuen Fabriken bestimmten Gebäude dazu kamen. Ich mußte gehorchen, und gehorchte ungern, ohne ein Wort zu sagen. Ich erinnre mich nur noch, daß, als zu eben der Zeit eine Menge geistlicher Orden in Frankreich eingeführt wurden (18), ich dem König in Ansehung der Einen das Beyspiel Karls des Großen, in Ansehung der Andern das der Römer anführte.

Da Mahomet III an der Pest gestorben war, so verjagte Achmet sein vierzehnjähriger Sohn und Nachfolger, seine Großmutter, um das Murren über die schlechte Regierung, woran sie Schuld war, zu stillen.

stillen. Sinan Bascha, der dieser Fürstin zum Rathgeber gedient hatte, wurde vorgeladen, um von seinen Betragen Rechenschaft zu geben, entfloh aber, statt zu erscheinen. — Persien, das mit dieser Macht im Krieg war, benutzte diese Verwirrung, um sich einiger Städte zu bemächtigen. — Unser Gesandter bey der Pforte war Herr von Salignac.

Zwanzigstes Buch.
1605.

In der beym Parlament anhängigen Rechtssache gegen die Grafen von Auvergne, Entragues und die Marquise von Verneuil erfolgte zu Anfang dieses Jahrs ein Endurtheil, wodurch den beyden Grafen das Schwert, der Marquise lebenslängliche Verwahrung in einem Kloster zuerkannt wurde. Die erste Nachricht davon erhielt ich aus dem Munde des Königs, der deswegen nach mir geschickt hatte. Er zog mich gegen den Balcon der ersten Gallerie im Louvre benseite, und fragte mich, was ich wohl glaube, daß diese Behandlung für einen Eindruck auf seine Geliebte machen werde? Ich fragte ihn dagegen, ob er bey dieser Frage wünsche, daß ich ihm frey die Wahrheit darauf sagen möchte. Ja, ja, antwortete Heinrich, fürchten Sie nicht, daß ich darüber verdrüßlich werde, ich bin nicht erst seit heute Ihre Freyheiten gewohnt. — Ich sagte ihm dann, daß er selbst sich besser als sonst jemand seine Frage beantworten könnte. Er sehe gewiß ein, daß die Marquise ihre

Zuflucht

Zuflucht zu Unterwerfungen, Bitten, Thränen nehmen werde, wenn Er ihr Ursache gegeben hätte, zu glauben, daß Er durch einen gerechten Unwillen von seiner Leidenschaft geheilt sey; daß sie hingegen nichts von ihrem ersten Trotz nachlassen werde, wenn sie muthmaßen könnte, daß Ihn bloß Verdruß und Empfindlichkeit eines Verliebten so habe handeln lassen.

Ich gestand ihm hierauf frey, ich sey überzeugt, die Frau von Verneuil möchte sich entschließen zu welchem von diesen beyden Wegen sie wollte, so würde es immer auf Eines hinauslaufen. Dieß aus verschiednen Gründen, unter denen mir seine natürliche Geneigtheit zum Vergeben und die Rücksicht auf die mit ihr gezeugten Kinder nur die geringsten schienen. Ich wünschte, sagte er, daß Sie zu ihr gingen, um zu sehen, was sie Ihnen sagen, und ob sie Sie nicht bitten wird, bey mir für sie Fürbitter zu werden. Ich bat Ihn inständigst und ernstlichst mich mit dem Besuch und mit der Fürbitte zu verschonen. Ich war wirklich müde, so oft eine immer unnütze Rolle zu spielen, und wollte es nicht vollends ganz mit der Königin verderben, welcher man mich, obschon ich jederzeit ihren Vortheil gegen ihre Nebenbuhlerin unterstützte, dennoch als einen verschmitzten Betrüger und schmeichlerischen feilen Kundschafter Heinrichs geschildert hatte. Ich hatte Beweise, daß man der Königin seit einem Monat solche Reden hinterbracht hatte. Ich sagte es dem König, und nannte ihm drey Personen, die sie geführt hatten. Dadurch machte ich ihm begreiflich, daß es nur noch eines solchen Schrittes bedürfe, wie der, welchen er von mir verlangte, um mir künftig alle Mittel zu benehmen, ihm bey dieser Dame in Gelegenheiten zu dienen, von denen er wisse, daß sie nur zu oft vorkämen. Wir stritten uns,

uns, Heinrich und ich; allein ich drang durch, und überließ einem andern, sich bey dem Herrn durch Mittel einzuschmeicheln, die zwar unfehlbar waren, gegen die ich aber stets Widerwillen empfunden hatte. Daß ich noch einigen Antheil an dieser Sache nahm, geschah bloß um zu verhüten, daß sie nicht so schimpflich für den König ausfallen möchte, als ich voraussah, daß es kommen dürfte.

Es fehlte Ihm nicht an Höflingen, die ihn nach seinem Geschmack bedienten. Die Hofsitte zeigte sich dabey in ihrem schönsten Lichte. Sobald man hier bemerkt hatte, daß der König sich weder von seiner Geliebten losmachen, noch über die Königin wegsetzen konnte, so mußte diese Rotte freywilliger Sklaven aller Begierden und Leidenschaften des Herrn ihre Schritte, Worte, selbst ihre Mienen darnach einzurichten. Niemand wagte, weder der Königin, noch der Marquisin zu widersprechen. Man gab sich alle Mühe, die eine oder die andre bey dem König zu entschuldigen, je nachdem der Auftrag beschaffen war, den man von ihm erhalten hatte. Man diente seinem Zorn nur halb, um von beyden Seiten auf alle Fälle eine Rechtfertigung bereit zu haben. Sigogne war von dem König an mich geschickt worden, um mir einen sehr strengen, in äußerst harten Ausdrücken abgefaßten, Befehl, die Marquisin betreffend, zu bringen. Er trug kein Bedenken, mir die Hälfte davon zu unterschlagen. Und, was das sonderbarste ist, Heinrich wußte dieß, sagte mir es selbst, und bediente sich nichts desto weniger solcher Personen. Wenn die Schwäche von seiner Seite weit ging, so wurde er auf der andern Seite durch die Schmeicheley seiner Höflinge noch weiter geführt. Nie konnte man besser sehen, bis zu welchem Grade diese sinnreich und zugleich kriechend, niederträchtig und armselig ist. —

Niemand

Niemand wurde durch das Verfahren Heinrichs gegen die Marquisin von Verneuil irre geführt. Man war aber darum nicht weniger darüber erstaunt, daß ihre Begnadigung sich auch auf die beyden Schuldigen erstreckte, die von der allgemeinen Stimme bereits zur Strafe des Marschalls von Biron verurtheilt waren. Die Strafe des Grafen von Auvergne (1) wurde in ein ewiges Gefängniß in der Bastille verwandelt, wo er freylich dießmal Zeit hatte, Langeweile zu empfinden (2). Die des Vaters der Dame war Verweisung auf seine Güter; sie selbst erhielt völlige Begnadigung und schrieb noch die Bedingungen dabey vor (3).

Dieser Prozeß konnte zwischen dem König und seiner Geliebten nicht abgethan werden, ohne einen andern zwischen ihm und seiner Gemahlin zu verursachen, welche in dieser neuen Gefälligkeit des Königs, ihres Gemahls, eine schöne Gelegenheit zu schreyen und sich zu entrüsten fand. Man mußte sie zu besänftigen suchen, und der König wußte abermals bey dieser Gelegenheit sich an mich zu wenden. Alle andren mühsamen Aufträge waren Spielwerk gegen einen solchen. Alle Augenblicke gab es dabey bald diese Reden zu rechtfertigen, bald jene Schritte von ihrer unschuldigsten Seite darzustellen, bald neue Vortheile zu vereinigen. Tag und Nacht, alles wurde dazu genommen. Kaum glaubte man die Ruhe hergestellt zu haben, so erhob sich plötzlich wieder ein Sturm, der alles niederriß. Ich fand bey meiner Zurückkunft von Limosin gegen das Ende des Jahrs mehr Zwist und Verwirrung in Fontainebleau als je. Was zu thun gegen ein unheilbares Uebel, als — es beweinen und schweigen? Dieß that ich. Ich nahm sogar alle Briefe beyseite, welche mir der König in dieser Angelegenheit geschrieben hatte, und ließ keinen in den Hänten meiner Sekretäre, vor denen ich auch, aller ihrer Bitten unerachtet, alles geheim hielt, was mir der König in diesem ganzen Zeitraum vertraut hatte. Einen von ihnen, den ich in mein kleines grünes Kabinet geschickt hatte, um mir einige Papiere zu holen, traf ich über einem solchen königlichen Brief, und zwar einem der wichtigsten an, den ich ihm wegriß. Ich verfahre jetzt in demselben Geist, indem ich dem Publikum die Kenntniß aller dieser Verworrenheiten entziehe. Was würde man auch daran sehen, als eine unnütze Aufzählung von Zuträgereyen und Vorwürfen, von Eifersucht und gewaltsamen Entwürfen? Alles Dinge, von denen ich glaube, daß der Leser ihrer herzlich müde seyn müsse.

So wie man den Grafen von Auvergne kennt, wird man leicht glauben, daß ihm der Aufenthalt in der Bastille nicht sehr behagt haben mag; eben so wenig dem Entragues die Muße, die man ihn wider seinen Willen genießen ließ. Man entdeckte sechs Monate darauf, daß der Graf von Auvergne mit seinem Stiefvater, der wahrscheinlich Mittel gefunden hatte, bis in sein Gefängniß zu dringen, Mittel zu seiner Flucht aus der Bastille verabredet hatte. Die Nachricht wurde durch den, welcher sie brachte, einen gewissen le Cordier, so genau gegeben, daß der Grand-Prevot wirklich in dem Holz von Malesherbes die Stricke, Rollen, und andre Werkzeuge zu einem Flaschenzug fand, dessen man sich dabey bedienen wollte. Man nahm nun den Entragues aufs neue gefangen, und verhörte ihn in seinem Hause. Dieser behauptete, daß er nicht schuldig sey, dem Grand-Prevot Rede zu stehen, und man mußte ihn dazu durch eine besondre Commission zwingen, welche ihm der König ferner her aus den Provinzen zuschickte, wo Er sich damals befand.

Entragues setzte unterdessen eine Art von Species Facti auf, eigenhändig geschrieben und unterzeichnet, um sein Betragen zu rechtfertigen, womit er für dießmal wegzukommen glaubte. Diese Schrift war ganz ihres Verfassers würdig. Die Wendung, der Anstrich, den er darin seinem Betragen gab, war fein und scheinbar; wiewohl es ihm bey aller Feinheit nicht so recht in Ansehung des Hauptpunkts gelingen wollte, der die im Malesherber Gehölz versteckte Stricke und Maschinen betraf. Noch viel schlechter aber fiel seine Verantwortung aus, als er sich, unerachtet dieser Schrift, dem Verhör unterwerfen mußte. Er behauptete fest, man könne ihm keine böse Absicht mit diesen Stricken und Rollen beweisen. Der Grand-Prevot unterließ dabey nichts, was seines Amts war. Er trug sogleich Sorge, die Leute des Entragues von einander absondern zu lassen, damit sie weder unter sich, noch mit ihrem Herrn etwas verabreden konnten. Allein unerachtet des Zorns, den Heinrich blicken ließ, blickt doch aus diesem ganzen Verfahren eine gewisse Begünstigung hervor, welche dem Schuldigen Muth einflößen mußte. Obschon Cordier alle nöthige Aufklärungen an die Hand gab, und unter andern einen gewissen Giez schwer beschuldigte, fand doch dieser Beklagte selbst, auf sein bloßes Wort, daß er von nichts wisse, mehr Glauben, und wurde sogar nicht einmal ins Gefängniß gesetzt. Ich schickte aus meiner Statthalterschaft, wo ich mich damals aufhielt, meinem Verweser in der Bastille Befehle zu, den Grafen von Auvergne noch fester zu verwahren. Und dieß war das Ende von dieser ganzen Geschichte.

An diese wollen wir den Ausgang einer andern Angelegenheit anreihen, die im vorhergehenden Jahr anfieng, und auch beynahe beendigt wurde, die gänzliche

liche Wiederherstellung der Jesuiten. Diese Väter glaubten, sie wäre bey allen Gnadenbezeugungen Sr Majestät immer noch unvollkommen, so lange die auf dem Hausplatz Chatels errichtete Spitzsäule stehen bliebe (4). Der König deswegen bestürmt, gebeten und verfolgt, bewilligte endlich, daß die Sache in seinem Conseil erwogen werden sollte. Ich, und mit mir viele andre, waren der Meynung, daß es just keine feindselige Begegnung gegen die Gesellschaft wäre, wenn man bloß beschlösse, die — freylich etwas starke Inschrift an dieser Säule auszulöschen. Sie hatte sich aber der Mehrheit im Staatsrath so gut zu versichern gewußt, daß sie einen Schluß ganz nach Wunsch erhielt.

Ich glaube nicht, daß mein Verhalten bey dieser Gelegenheit das ganze Gewicht des Unwillens der Jesuiten verdient habe; und doch schien ihnen, besonders den dreyen, welche die wichtigste Rolle bey Hof spielten, von Stund an mein Sturz für die Religion, die gemeine Sache und ihr besonderes Beste so wichtig, daß man ganz eifrig daran zu arbeiten beschloß. Den drey Jesuiten wurden eben so viele der vorzüglichsten Herrn vom Hofe, die ich eben so wenig nennen will, zugesellt, in denen man nur alte Ideen der Ligue wieder zu erwecken brauchte, deren Name zwar, nicht aber ihr Geist, und ihre Politik, vom Hof verbannt war. Es wurde ihnen nicht schwer, ihre Parten in kurzer Zeit beträchtlich zu verstärken, indem sie alle die wollüstigen Höflinge hineinzogen, deren weichliches und weibisches Leben ich nicht so wohl mit Unrecht, wie man zugeben mußte, als ohne Schonung und Vorsicht tadelte. Indem die Jesuiten ihren Verbündeten nützlich wurden, bedienten sie sich ihrer ebenfalls so gut zu ihrem Vortheil, daß sie in kurzem eine Menge ge Kollegien in mehrern Hauptstädten des Reichs anlegten, und mit beträchtlichen Einkünften ausstatteten.

Sie fanden jedoch die Ausführung ihres Vorhabens nicht überall gleich leicht. Die von Troyes, zum Beyspiel, Rheims und Langres nahmen die Diensterbietungen der Gesellschaft nicht günstig auf. Man mußte seine Zuflucht zu königlichen Schreiben nehmen. Die Väter Cotton und Gauthier bekamen den Auftrag den König darum zu bitten, welchem so viele Bittschriften nach einander doch bisweilen bedenklich wurden. Er antwortete ihnen, daß er von Herzen wünschte, ihnen in allem gnädig willfahren zu können, daß er aber fürchte, das königliche Ansehen möchte endlich dadurch sich aussetzen. Dabey berief er sich auf das Beyspiel von Poitiers (5) wo sie es, ungeachtet der von ihm ausgewirkten Befehle, dennoch in zwey Jahren noch nicht hätten dahin bringen können, ruhig aufgenommen zu werden, wie wohl ihm die Stadt zu gleicher Zeit um die Gründung eines königlichen Kollegiums anlag. Der Pater Cotton versetzte, daß der Vorgang zu Poitiers nicht auf andre Städte bezogen werden dürfte, weil sie nicht das Unglück haben würden, überall so mächtige angesehne und von Sr. Majestät selbst so sehr begünstigte Personen in ihrem Wege zu finden, wie bey der Sache zu Poitiers.

Der König brauchte hier eben nicht den ganzen Scharfblick, dessen er sich bisweilen rühmte, die Gedanken derer, mit denen er sprach, auf ihrer Stirne und in ihrem Gesicht zu lesen (6). Er antwortete dem Pater Cotton: Er verstehe alles, was er noch auf der Zunge habe, sey aber versichert, daß es bloße Verläumdung wäre, die sich von Seiten des Paters auf fremde Nachrichten gründe. Denn Er habe selbst
mit

mit mir davon gesprochen, und nicht nur die Gesinnungen nicht bey mir gefunden, die der Pater bey mir voraussetzte, sondern auch die Versicherung von mir erhalten, daß ich diese Sache nicht hintertreiben, sondern sogar fördern wolle. „Ach, Sire! sagte der Pater, Gott bewahre mich davor, Leute zu beleidigen, zu betrüben, oder in üblen Ruf zu bringen, welche Sie lieben, und von denen Sie glauben so gut bedient zu werden. Ich werde nie unterlassen sie zu ehren, und ihnen selbst zu dienen; allein wenn Ew Majestät sich die Wahrheit, mit guten Gründen unterstützt, darthun lassen wollten, so wäre nichts leichter, als Ihnen deutlich zu beweisen, daß alles, was ich die Gnade hatte, Ihnen zu sagen, ganz unverfälscht ist." Der König fragte ihn hierauf noch ernstlicher, ob er sich wirklich getraue, das zu beweisen, was er jetzt behauptet habe, und der Pater versicherte es von neuem. „Wohl dann, sagte der König, indem Er ihn beurlaubte, ich werde darauf denken." Auf der Stelle schickte Er nach mir.

Als ich in die Thuillerien kam, nahm mich Heinrich bey der Hand, und führte mich in die Orangerie, wo er mich im Spatzierengehen wie von ungefehr fragte, wie es mit dem Jesuiter-Kollegium in Poitiers stünde. Ich antwortete ihm: ich wisse nichts davon, indem ich mich aus Rücksichten, die ich ihm angegeben habe, nie mit dieser Angelegenheit befaßt hätte. „Sehen Sie wohl zu, was Sie sagen, sagte der König, denn man hat mich versichern wollen, daß Sie allein dieser Einrichtung hinderlich wären." — Ich betheuerte Ihm, daß ich mich weder mittelbar noch unmittelbar nur im geringsten dagegen gesetzt, nicht einmal den mindesten Widerwillen dagegen bezeugt hätte. „O gut, erwiederte Er, da dieß ist, so thun Sie nur

als

als wüßten Sie von nichts, und sagen Sie niemand etwas davon." Er ging wieder ins Louvre, nahm eben so den Pater Cotton besonders, und sagte zu ihm: "nun, Herr Pater, wer hat Ihnen denn dieß schöne "Mährchen von Herrn von Rosny erzählt? Denn "falsch ist doch alles, wie ich sogleich und immer ge= "dacht habe." — "Es wird sich nicht so befinden," antwortete Cotton, und um den König über die Wahr= heit seiner Reden keinen Zweifel übrig zu lassen, berief er sich deswegen auf Briefe, die ich an (Gottfried von St. Belin) den Bischoff von Poitiers, den Kronkas= sirer daselbst, an die Herrn St. Marthe und andre geschrieben hätte, über die ich, wie er sagte, alles ver= möge, und denen ich ausdrücklich befehle, sich der Einnehmung der Gesellschaft zu widersetzen. Er habe diese Briefe mit eignen Augen gesehen, und zwar in den Händen eines Mannes von Ehre und Rechtschaf= fenheit, der sie ihm zu lesen gegeben habe. "Wollten Sie wohl diese Briefe mir zeigen?" fragte der König. "Ja, Sire, antwortete der Jesuite, so bald es Ihnen gefällig ist." Der König, der bis jetzt noch zwischen dem Pater und mir unschlüssig gewesen war, konnte sich nun nicht mehr erwehren, ihm gegen mich zu glau= ben. "Ich will Morgen mit Ihnen sprechen, sagte Er, und Ihnen alle nöthige Befehle ertheilen.

Am folgenden Morgen gegen 8 Uhr kam ich noch einmal in die Thuillerien, indem der König sehr frühe nach mir geschickt hatte. Er sprach mit mir von den gewöhnlichen Depeschen, und den laufenden Geschäff= ten; dann führte Er mich, wie Tags zuvor, in die Orangerie wo ich schon an seiner Miene einen Theil dessen errieth, was Er mir zu sagen hätte. "Sie "wissen, Rosny, sagte Er zu mir, wie sehr ich Sie "liebe; wissen aber auch, wie sehr ich die Wahrheit
"liebe,

„liebe, und die Verstellung hasse. Und doch haben
„Sie sich diese gegen mich zu Schulden kommen lassen.
„Obschon ich kein Geheimniß vor Ihnen habe, haben
„Sie sich doch gegen mich verstellt, als ich Sie wegen
„den Angelegenheiten der Jesuiten befragte. Es ist
„nicht, als ob ich über die Sache an sich unwillig
„wäre. Da sie Ihnen nicht viel Freundschaft bewei-
„sen, bestemdet es mich nicht, daß Sie sich eben nicht
„viel Mühe geben, sie zu fördern. Allein es verdrüßt
„mich, daß Sie nicht offenherzig davon mit mir ge-
„sprochen haben, da Sie doch sonst so wahrhaft und
„aufrichtig seyn wollen."

Ganz erstaunt hörte ich den König an, ohne etwas
darauf erwiedern zu können. „Nun wahrhaftig, Sire,
sagte ich endlich, „das ist doch die schändlichste Betrü-
„gerey von der Welt. Ich erbitte mir von Ihnen
„nur die Gnade, daß Sie der Sache ganz auf den
„Grund nachspüren möchten. Befindet sich die Be-
„schuldigung der Jesuiten wahr, so verhängen Sie
„über mich jede Strafe, und ich will nicht darüber
„klagen. Ist sie aber falsch, so — ich flehe Sie
„darum an, Sire, — so erlauben Sie mir dann
„auch, mir exemplarische Genugthuung zu verschaffen,
„um für die Folge ähnliche Versuche zu verhüten.
„Denn sollte ich immer nur Apologien für mein Be-
„tragen zu machen haben, so würde mirs unmöglich,
„für alle die Staatsgeschäffte Zeit übrig zu behalten,
„deren Menge und Gewicht ohnehin schon jetzt meine
„Kräfte übersteigt." „Wie, unterbrach Er mich,
Sie hätten also nichts, an niemand, weder nahe noch
fern, gegen die Jesuiten geschrieben? — Besinnen
Sie sich wohl, um sich nicht zu etwas anheischig zu
machen, wovon man Ihnen dann doch das Gegentheil
darthun könnte!" — „Nein, Sire, antwortete ich,

ich

ich schwöre es Ihnen bey Gott und Seligkeit!"
„Wirklich?" sagte der König darauf mit steigendem
Unwillen. „Dieß sind doch teuflische Seelen, die nie
müde werden, die Tugend anzufeinden, und meine
getreuen Diener zu verfolgen! Lassen Sie mich nur
machen; ich will dieser Schelmerey auf den Grund
gehen, und Quelle und Urheber entdecken.

Er verließ mich, um bey den Kapuzinern zur
Messe zu gehen, wo er den Pater Cotton wußte. Er
rief ihn, und nachdem er das Gespräch wieder auf diesen Gegenstand gebracht hatte, fragte Er ihn nach den
Briefen, die er gesehen zu haben behauptet hätte.
„Sire, sagte der Pater, sie befinden sich in den Händen eines Mannes von Ehre, und ich stehe für die
Wahrheit dessen, was diese Person mir davon gesagt
und gezeigt hat." „Schon gut, versetzte der König,
aber gehen Sie doch hin und bringen Sie mir diese
Briefe, damit ich sie auch sehen kann. Ich kenne
seine Schrift und Hand wie meine eigne. Denn ich
habe in meinem Leben schon wohl über ein paar tausend
Briefe von ihm erhalten."

Das war nun freylich ein sehr ungelegener Befehl
für den Pater, welcher dadurch nicht wenig in Verlegenheit gesetzt wurde. Er suchte durch Berufung auf
seine Aufrichtigkeit und Wahrheitsliebe, die Sr Majestät selbst hinlänglich bekannt seyen, auszuweichen.
Allein der König sagte: „Ich will Ihnen wohl glauben, will aber auch andre durch den Augenschein davon
überzeugen. Ermangeln Sie daher, fuhr er fort, indem er in einem schneidenden Tone abbrach, ermang-
geln Sie daher nicht, sie mir zu bringen. Denn,
noch einmal; ich will sie sehen, und die, welche es verdienen, der Bosheit und des Betrugs überführen.
Gehn Sie, und kommen Sie sogleich wieder!" —

Da-

Dagegen ließ sich nun nichts mehr sagen. Der Herr Pater machte also seinen Bückling und entfernte sich. Der König aber wartete den ganzen Tag vergebens auf ihn, worüber er sich am folgenden Tag mit der Abwesenheit der Person entschuldigte, welche die Briefe in Verwahrung hätte. Doch man mußte noch eine andre Ausflucht haben, die dem Pater nicht so leicht wurde, dafür nehmlich, warum er die Briefe überhaupt nicht verschaffen konnte. Er sagte dem König: der Kammerdiener dieses Herrn habe unglücklicherweise diese Briefe mit andern unnützen Papieren ins Feuer geworfen. In deren Ermanglung nun brachte er tausend neue Versicherungen vor. Allein der König war nicht aufgelegt, sich mit solcher Münze bezahlen zu lassen. „Was, unterbrach Er ihn zornig, man hat diese Briefe verbrannt? Das ist nicht glaublich!" Und als Er sah, daß der Pater, der wohl merkte, daß die Sache schon zu weit hinein wäre, um nicht noch weiter getrieben zu werden, in seinen Antworten nichts als leere Ausflüchte machte, und zu wünschen schien, man möchte des Geschehenen nicht weiter gedenken, wendete Er sich unwillig von ihm, ging auf mich zu, zog mich beyseite, und sagte: „Sie wissen es nicht, Rosny, Ihre Briefe — sind verbrannt!

Ich kam nachher wieder zu Ihm, um Ihm eine Auskunft vorzuschlagen, die mir sehr geschickt schien, meinem Ankläger den Mund zu schließen. Der König sollte nehmlich an den Bischoff von Poitiers und die andern Beamten in dieser Stadt schreiben, und sich von ihnen alle Briefe vorlegen lassen, die sie von mir erhalten hätten. Ich selbst wollte ebenfalls auf die unverdächtigste Art dahin schreiben. Ich brachte alle Concepte zu diesen Briefen mit, woran der König nichts zu ändern fand. Er ließ sogleich diejenigen

schrei-

schreiben, die unter seinem Namen abgehen sollten, packte alle zusammen, und gab sie dem Eilboten Constant. Der Bischoff und die Beamten in der Stadt fertigten den Sieur de la Parisiere ab, um dem König befriedigende Auskunft über alles zu geben, was Er zu wissen verlangte. La Parisiere versicherte von mir, im Namen aller seiner Mitbürger, daß sie in meinen Briefen stets viel zuviele Vorliebe für die Jesuiten zu finden geglaubt hätten, und überreichte dabey dem König alle die, welche man hatte auftreiben können.

Es waren ihrer sehr viele, unter denen die meisten Angelegenheiten der Provinz betrafen. Nur in vieren davon war die Rede von den Jesuiten, und selbst von diesen vieren waren drey, an den Lieutenant-General Sainte Marthe, dessen Bruder und das Finanz-Büreau; bloß gleichlautende Abschriften von einander. Darin hieß es, nachdem von andern Dingen die Rede gewesen war: „Was das Jesuitenkollegium betrifft, so weiß ich nicht, warum ihr so viele Schwierigkeiten dagegen macht, und so oft euer Anhalten um das College royal wiederholt, von dem ihr mir geschrieben habt, da euch doch begreiflich seyn muß, was ich euch auch durch Herrn de la Parisiere wiederholt zu wissen gethan habe, daß ihr von dem König nie die nöthige Unterstützung zu dem letzten erhalten werdet, und daß er durchaus das erste verlangt. Es ist also eine Sache, klug zu seyn, und willig und zu Dank zu thun, was ihr am Ende dennoch auch wider euren Willen thun müßtet. Seyd nur darauf bedacht, solche Vorkehrungen bey Ihrer Aufnahme zu treffen, daß sie weder in der Stadt noch auf dem Lande die Ruhe stören, noch der Einigkeit und dem guten Vernehmen schaden können, welches zwischen den Bekennern beyder Religionen besteht,

besteht, damit der König von allen gleich gut bedient werde."

Der vierte von diesen Briefen, an den Herrn Bischoff von Poitiers, drückt sich noch stärker aus. Nach einigen Höflichkeiten und Geschäftspunkten kam darinn folgende Stelle vor: „Die Jesuiten betreffend, dachte ich immer gar wohl, daß sie nicht so viele Freunde in der That als mit Worten finden würden. Wenn die Provinz sie aufnehmen will, und sie gesonnen sind, dort friedlich zu leben, ohne die Gemüther zu erbittern und das gute Vernehmen unter den beyden Religionen zu stören; so bin ich für mich es wohl zufrieden, sie in meiner Statthalterschaft zu haben, und werde sie, wo ich kann, begünstigen. Sollten sie aber Zwietracht, Unruhe und Argwohn dahin mitbringen, so wollte ich lieber, daß sie sonstwo blieben."

Der Eilbote, der bey seiner Rückkunft den König, welcher nach Fontainebleau gegangen war, nicht mehr in Paris traf, gab die besondre Antwort des Herrn Bischoffs von Poitiers bey mir ab, welche besagte, daß der Pater Moussy, ein Jesuite, ihm einen Brief von dem Pater Cotton gebracht habe, worin dieser ihn auf die Nachricht von gewissen vorgeblich von mir an den Bischoff gegen die Aufnahme und Ehre der Gesellschaft geschriebenen Briefe und von Beschwerden vorbereiten zu wollen schien, welche Cotton, in der Voraussetzung, daß jene Briefe ächt seyen, gegen mich darüber bey dem König geführt habe. Er habe nach Durchlesung dieses Briefs dem Pater Moussy überzeugend vorgestellt: sein Confrater, Cotton, hätte sehr unrecht gethan, eine so wichtige Sache so leicht zu glauben, und sogar sie zu schreiben und dem König zu Ohren zu bringen. Dem Pater habe er dann alle seine Briefe von mir gezeigt, und
dieser

dieser nichts dergleichen darinn gefunden. Es habe derselbe deswegen auf sich genommen, dem Pater Cotton, als Augenzeuge, seinen Irthum zu benehmen.

Der Bischoff von Poitiers, der ganz treuherzig das Daseyn dieses vorgeblichen Klagebriefs über mich glaubte, welchen der Pater Cotton aus Poitiers erhalten haben wollte, und wahrscheinlich überzeugt, daß er mit der Entdeckung des Verfassers mir und Cotton einen gleich! großen Gefallen erzeigen könne, schrieb mir, daß er sich sorgfältig Mühe darum geben wolle, und daß er schon gestern gehört habe, die Unterschrift sey: Guillaume. Niemand könne übrigens die Sache besser wissen, als Cotton selbst, der zwar den Brief, wie er ihm schreibe, selbst ins Feuer geworfen habe, sich aber doch wohl noch auf die Unterschrift besinnen müsse.

Der Brief des Bischoffs ist vom 23. März 1605. Ich zeigte ihn Sillery, der nach Pansou abging, von wo er sich nach Fontainebleau begab, damit er dem König davon Bericht erstatten möchte. Dieser aber verlangte, daß ich ihn, nebst den Abschriften von denen, die mir von Poitiers zurückgeschickt worden waren, selbst nach Fontainebleau bringen sollte. Ich sah, daß der neue Beweis, den Er bey dieser Gelegenheit von meiner Aufrichtigkeit erhalten hatte, Seine Zuneigung zu mir erhöhte.

Er ließ am folgenden Tag Richelieu und Pont-Courlay holen, und fragte sie: ob sie nicht wüßten, wer den Pater Cotton die Beschwerden an die Hand gegeben hätte, die er über mich geführt habe, und ob nicht sie selbst einigen Antheil daben hätten? Sie antworteten, daß sie, weit entfernt, sich damit einzulassen, dem Pater Cotton sehr zugeredet hätten, dieser

Briefe, sie möchten nun erdichtet oder durch einen Betrüger untergeschoben seyn, nie gegen den König zu erwähnen. Denn wenn Er mir in Dingen traute, wo meine Religion mich verdächtig machen könnte, würde Er dieß um so mehr gegen solche unverbürgte Angaben thun. Heinrich antwortete: sie müßten suchen mich zu eben der Mäßigung zu vermögen, die sie dem Pater Cotton angerathen hätten, und, setzte er hinzu, „nur darauf sehen, alle Gelegenheit zu Mißverständnissen zwischen meinen guten getreuen Dienern in Staats- und Kirchensachen aus dem Wege zu räumen". Er erlaubte ihnen dabey, einen Theil der Schuld auf Ihn zu schieben, wenn sie unsre Aussöhnung nicht anders zu Stand bringen könnten.

Ich ließ mich zur Ausgleichung willig finden. Nachdem mir die beyden Agenten versichert hatten, daß der Pater Cotton nicht die Absicht gehabt habe mich zu beleidigen, baten sie mich zu erlauben, daß er selbst komme, und es mir mit einem Handkuß versichern dörfte. Auch dieß bewilligte ich, und sie brachten ihn am andern Tage zu mir. Hier sagte er mir: er habe sich zwar beschwert, daß er in der Angelegenheit, das Collegium zu Poitiers betreffend, einen heimlichen Gegner haben müsse, sey jedoch weit entfernt gewesen, mich dafür zu halten. Der König aber habe ihn falsch verstanden, und es auch mir so vorgetragen, so daß also die ganze Sache auf einem bloßen Mißverständniß beruhe, welches ihn übrigens zur Verzweiflung bringe, ihn aber auch um so dringender auffordre, mir seine unterthänige Dienstbeflissenheit zu beweisen. — So endigte sich diese Sache, die von beyden Seiten viele Schritte veranlaßt hatte.

Vielleicht ist es eine Folge dieser Aussöhnung, daß mir der Pater Richeome von Bordeaux gegen das Ende

Ende dieses Jahrs durch den Pater Cotton selbst eine seiner Schriften mit einer äußerst schmeichelhaften Zueignungsschrift überreichen ließ. Er sagte darinn: obschon dieß Buch unter meinen Religionsverwandten nicht sonderlichen Beyfall finden würde (es handelte von der Wallfarth nach Loretto), so habe er dennoch kein Bedenken getragen, es mir zu überreichen, und sogar nicht einmal gezweifelt, daß ich es günstig aufnehmen würde, indem er sich dabey auf meine Ergebenheit gegen den König verlassen habe, welcher darinn in den prächtigsten Ausdrücken gepriesen wurde. Zu diesem Grund setzte er einen andern, ganz von seiner eignen Erfindung; diesen nehmlich: daß ich, wie man ihm versichert habe, den Römischen Glauben anzunehmen, eine Neigung fühle, welche von Tag zu Tag neue Kräfte gewinne. Er erinnerte mich an ein andres ähnliches kleines Geschenk, das er mir im vorigen Jahr durch Uebersendung seiner Plainte apologétique des Jesuites, au roi (7), gemacht hatte. Ich sagte ihm in meiner Antwort: da ich mich stark genug fühle, selbst meine Feinde zu lieben, so könne seine Gesellschaft daraus um so mehr schließen, was ich für sie fühlen müsse, da sie sich meine Freunde nennten. Ich gab ihm Höflichkeit für Höflichkeit, Wünsche für Wünsche, und selbst Buch für Buch; denn ich schickte ihm die Reise nach Jerusalem für die nach Loretto.

Wenn jemand an der Aufrichtigkeit dieser Gesinnungen der Jesuiten gegen mich zweifeln sollte, so warte er ein wenig. Man wird bald sehen, was man davon zu halten hat.

Ich werde keinen Umstand von der Geschichte auslassen, die ich jetzt erzählen will, in der Voraussetzung, daß man sie nicht zu langweilig finden wird, da sie zwo am Hof so bekannte Personen betrifft,

betrifft, als der Herzog von Eperson und Grillon (8) Oberster beym Garden-Regiment, sind.

Dieser letzte hatte anfangs gegen mich eben solche Gesinnungen gehegt, wie beynahe alle Hofleute. So sehr er mich aber gehaßt hatte, so liebte er mich doch endlich noch stärker, nach einem kleinen Abentheuer, das wir mit einander in dem Savoyschen Krieg vor Charbonnieres gehabt hatten. Grillon war in Aiguebelle einquartiert worden, einem kleinen Städtchen unter dem Fort, wo er unser Fußvolk kommandirte. Er kam oft in den Artilleriepark herüber, wo ich war. Eines Tags befand er sich an meiner Seite auf einer Wiese, wo ich ein Ravelin rekognoscirte, das ich wegnehmen wollte, und wo wir, ich und meine Begleiter, auf Schußweite von einer Batterie waren, deren Feuer so stark und lebhaft zu werden anfieng, daß ich, um nicht unnützerweise das Leben so vieler Personen der Gefahr auszusetzen, was ich noch zu thun hatte, auf trübere Witterung verschieben wollte. „Was die Schwerenoth, Feldzeugmeister, sagte Grillon mit seinem bekannten Gesicht und Ton, „fürchten Sie diese „Pillen, wenn Grillon dabey ist? Gott straf mich, „wo ich bin, werden sie sich nicht unterstehen hinzu- „kommen. Frisch, vorwärts bis unter die Bäume „dort; wir werden da besser rekognosciren!" „Gut, gut, kommen Sie, antwortete ich ihm mit Lachen. „Wir gehen darauf aus, zu sehen, wer von uns der „tollste sey. Sie sind aber der älteste, ich will zei- „gen, daß Sie auch noch der vernünftigste sind." Ich hätte vielleicht besser gethan, wenn ich gar nicht auf ihn gehört hätte. Doch ich nahm ihn bey der Hand und führte ihn so weit, noch über seine Bäume hinaus, daß die Kugeln uns ganz toll um die Ohren zu pfeifen anfiengen. „Donner! sagte Grillon, die

Schelme

„Schelme da haben auch gar keinen Respekt vor dem
„Kommandostab und dem Heiligengeistkreuz, und
„könnten uns gar zu Krüppeln schießen. Lassen Sie
„uns diese Reihe von Bäumen und die Hecken gewin-
„nen, hinter denen wir besser gedeckt sind. Denn bey
„allen Teufeln, ich sehe nun schon, daß Sie ein gu-
„ter Geselle sind, und Feldzeugmeister zu seyn verdie-
„nen. Ich will all mein Lebtage Ihr Diener seyn,
„lassen Sie uns hier unzertrennliche Freundschaft ma-
„chen. Wollen Sie mirs versprechen?" Er bot
mir die Hand den Bund zu schließen, und ich schlug
ein. Von diesem Augenblick an hielt er getreulich bey
mir aus, wie noch bey niemand, selbst nicht beym
Könige, sagte man. Den Vorfall konnte er nicht
verschweigen, der uns so genau verbunden hatte.

Man hat auch gesehen, daß ich die Freundschaft
des Herzogs von Epernon wieder gewann. Er kam
beym Anfang des Jahrs zu mir, und bat mich, ihm
seinen Gehalt und seine Gelder, als Obersten vom
Gardenregiment, baar auszahlen zu lassen. Ich
wollte ihm begreiflich machen, daß ihm alles, was er
zu beziehen habe, in dem Sold dieses Regiments bezahlt worden sey; daß das, was er weiter fodre, nichts
als ein Besitz ohne Titel, oder eigentlicher eine Anmaßung sey, die er während seiner Gunst bey Heinrich III (wie ich erst entdeckt hatte) an sich gerissen
habe, und daß ich gesonnen wäre, sie ihm künftig nicht
mehr auszuzahlen, wenn er mir nicht einen Befehl
vom König brächte, daß ihm dieser Nachschuß als
Gnadengeschenk verabfolgt werden solle. Epernon
war empfindlich darüber, und beklagte sich deswegen
beym König, den er überreden wollte, daß ich sein
Feind worden sey. Um ihm diesen Irthum auszureden, erinnerte ihn der König an das Conseil von

Blois,

Blois, wo ich mich dem Antrag des Herrn Grafen von Soissons, ihn mit dem Marschall von Biron gefangen nehmen zu lassen, widersetzt hatte. Dieser Umstand, welcher Epernon bis jetzt unbekannt geblieben war, machte einen starken Eindruck auf ihn. „Wirklich, Sire, sagte er zu dem König, ist es gewiß, daß Herr von Rosny mir diesen wichtigen Dienst gethan hat?" — „Ja, antwortete dieser, ich versichre es Ihnen, und Sie können mir glauben; denn ich lüge nicht, besonders in Sachen von Wichtigkeit."

Epernon ging noch an demselben Tage von Fontainebleau nach Paris ab, mit Vorspann-Pferden, indem er welche von den seinigen zum Wechseln voraus nach Essonne geschickt hatte. Ich hatte eben dieß gethan, um von Paris nach Fontainebleau zu gehen, wohin mich der König jetzt verlangt hatte. Wir begegneten uns bey einer Kapelle über Essonne. Er ließ seinen Kutscher halten, und rief mir zu: er bäte mich, auf ein Wort. Wir stiegen aus. „Ich wollte Ihnen nur sagen, sagte er, daß ich allzulange Ihr großer Schuldner gewesen bin, ohne es zu wissen, und ohne Ihnen den gebührenden Dank dafür abstatten zu können." Hierauf erzählte er mir, was er so eben aus dem Munde des Königs gehört habe, und hingerissen von Dankbarkeit, gab er mir alle Arten von Lob und Versicherungen seiner Zuneigung. Ich antwortete ihm, wie ich dachte: der Umstand, dessen er gegen mich erwähne, verbinde ihn ganz zu nichts, indem ein rechtschaffener Mann ohne alle Rücksicht der Unschuld seine Stimme schuldig sey. Er werde aber künftig noch mehr Gelegenheit haben, zu sehen, daß ich es durchaus gut, und besser mit ihm meyne, als er wohl bisweilen geglaubt haben möge. Wir wurden dadurch so vollkommen wieder einig mit einander,

der, daß Epernon acht Tage darauf, als er eben nach Guyenne abreisen wollte, mich besuchte, um von mir eine jener Gefälligkeiten zu verlangen, die man seinen Freunden mit Vergnügen erzeigt.

Er hatte erfahren, daß Grillon stark angegangen wurde, seine Stelle als Mestre-de Camp niederzulegen, und zwar von Leuten, die ihn nicht liebten, für andre, die er eben so wenig Ursache hatte zu lieben. Da ihm nicht unbekannt war, daß ich alles von Grillon erhalten konnte, so wünschte er, daß Grillon die Abdankung wenigstens bis zu seiner Zurückkunft aus der Provinz anstehen lassen möchte. Dieß versprach ich ihm. Während Epernons Reise nach Guyenne aber brachte man dem König allerley Nachtheiliges von ihm vor, und bewog ihn zum Mestre de Camp einen Mann zu ernennen, welcher Epernon weniger ergeben war, als Grillon. An Grillon aber brachte man diese Sache vom Könige nicht auf diese Weise. Da er wirklich seinem Posten eben nicht sonderlich eifrig vorstand, und nächstens eine lange Reise nach Provence zu machen hatte, gab man ihm zu verstehen, daß der König aus diesen beyden Gründen wünschte, er möchte für seine Stelle Geld nehmen, und daß Er ihm einen guten Käufer dazu schaffen wollte.

Grillon, wunderlich und eigensinnig, wie nicht leicht jemand war, und schon ein wenig gegen den Hof eingenommen, that die drey erstenmale, als man ihm die Absicht des Königs vortrug, nichts, als daß er den Kopf schüttelte, ohne etwas zu antworten. Er bildete sich endlich ein, daß vielleicht ich es wäre, den der König dabey zu seinem Nachfolger bestimmt hätte, und fragte mich deswegen darum bey einem Abschiedsbesuch, den er mir machte, und bey welchem er mir
zugleich

zugleich seine guten Dienste anbot. Ich hatte Mühe, ihm diesen Einfall auszureden, und mußte ihm endlich sagen, daß ich die Stelle nicht annehmen würde, wenn man mir sie auch umsonst anböte. Was zum Teufel, fuhr er heraus, Sie halten die Stelle Grillons Ihrer nicht würdig? Schwerenoth, Herr Generalfeldzeugmeister, Sie sind ein Prahlhans; da ich sie einmal bekleidet habe, müssen Sie wissen, darf sich der hochnasigste Hofschranz ihrer nicht mehr schämen! — Ich weiß wohl, antwortete ich ihm, daß ein Grillon tausend Rosny aufwiegt; allein andre Gründe halten mich ab, daran zu denken. — Nun, das ist gut, sagte er, und gelobte ganz von selbst, sie nicht niederzulegen, ausser wenn ich es ihm rathen würde, und nur in Hände, die mir angenehm wären. Von nun an machte er sich nur über alle Vorschläge lustig, die man ihm ferner darüber machte.

Der König mußte endlich selbst mit ihm sprechen. Er ließ ihn kommen und wiederholte ihm dann alles wieder von der Unverträglichkeit seiner Stelle mit dem langen Aufenthalt in seinem Vaterland den er vorhätte, nur so daß Er ihm dabey noch eine Menge verbindliche und höfliche Dinge über seine Tapferkeit und gute Dienste sagte. Ich sehe wol, Sire, antwortete Grillon, Sie wollen daß ich Ihre Dienste verlasse und ganz päbstlich werde. Denn Sie wissen, ich bin ein gebohrner Unterthan des Pabsts. — Ach nein, Grillon, so ist es nicht gemeint, erwiederte der König, brachte aber doch wieder neue von der Beschaffenheit der Stelle Grillons hergenommene Gründe vor, so daß dieser endlich sagte: das heißt also, Sire, kurz und ohne Umschweife: Sie wollen ich soll meine Stelle niederlegen; und ich — hol mich der Teufel, weil Sie es wollen, so will ich es just nicht,

ausser

auſſer zum Vortheil deſſen, mit dem ich davon geſprochen habe. —

Dieſe Worte waren nicht ſehr klug überlegt. Er gieng ganz zornig fort. Der König, welcher ſeine Art kannte, lachte nur darüber, und nahm ſich ſogar vor, ihm nichts mehr darüber zu ſagen. So entfernt war er, von allem was den Schein von Zwang haben konnte, bey Leuten die ihm gut gedient hatten. Da Er aber dieſe Haſtigkeit Grillons vor Roquelaure, Zamet, Piles, Fortia, und einigen andern Hauptleuten vom Gardenregiment erzählte, ſagte einer: es gebe nur zwey Mittel, Grillon zu bereden, wenn man nehmlich Epernon dazu vermöge, und wenn man ihm ſagte, daß man ſeine Stelle für mich und in meinem Namen von ihm verlange. Der König ſagte, daß er nie nach der Bitte Epernons dieſe Stelle vergeben würde, und daß ich ihm eben ſo wenig Vergnügen machen würde, ſie anzunehmen. Er glaubte aber, ich würde Ihm nicht abſchlagen, Grillon zu bitten, daß er ſie demjenigen abtreten möchte, dem Er ſie zugedacht habe. Er nannte ihn nicht, ſondern ſagte nur, daß er es ſowol durch ſeine Fähigkeiten verdiene, als nach ſeinem Reichthum Grillon gut dafür zu bezahlen im Stande ſey, und Epernon die Stange halten könne. Er ſagte dann zu Zamet, Piles und Fortia: ſie ſollten mir dieß als eine Sache eröffnen, die Ihn ſehr angenehm wäre, ohne jedoch mir zu ſagen, daß ſie den Auftrag dazu von Ihm hätten.

Ich antwortete erſt dieſen Herren nichts, als daß ich Gründe habe, mich nicht in dieſe Sache zu miſchen, und da ſie in mich drangen, ſie ihnen zu ſagen, ſo eröffnete ich ihnen, mit meiner gewöhnlichen Aufrichtigkeit, daß ich dem Herzog von Epernon, gleichſam

sam zum Unterpfand unsrer Aussöhnung, mein Wort darüber gegeben habe. Als man dem König dieß hinterbrachte, fühlte er, wie er mir nachher erzählte, eine so heftige Anwandlung von Zorn über mich, daß er sich nicht erinnerte, jemals so entrüstet auf mich gewesen zu seyn. Man würde ohne Zweifel seine Veranlassung dazu sehr geringfügig finden, wenn ich nicht zugleich sagte, daß meine Feinde in diesem Jahr, und gerade um diese Zeit den gewaltigsten Streich gegen mich geführt hatten, der mich auch wirklich an den Rand meines Untergangs oder wenigstens meinem Falle nahe brachte. Und hierauf wollte ich eigentlich kommen. Pasquille, Briefe, Nachrichten, giftige Reden, schwarze Verläumdungen, alles schändliche und teuflische, was der Neid aufbringen konnte, war gegen mich in Bewegung gesetzt worden, und wurde es noch alle Tage. Ich werde alles dieß sogleich einzeln aus einandersetzen. Für jetzt mag es genug seyn, wenn ich sage: das Gift war so geschickt und fein zubereitet worden, daß der König, so sehr er auch schon seit langer Zeit auf die Schändlichkeit meiner Neider gefaßt seyn mußte, sich doch dessen nicht erwehren konnte, biß es ihm endlich durch die Ohren in das Herz drang.

Ich will hier nicht in den gewöhnlichen Ton derer verfallen, welche durch ähnliche Erfahrungen gegangen sind. Wenn sie so heftig über Ungerechtigkeit und Undank der Fürsten gegen sie schreyen, finde ich in diesem ganzen Geschrey nur Beweise ihrer Eitelkeit und ihres Mangels an Kenntniß des menschlichen Herzens. Wenn kein gegen Abwesende geführter Streich verloren gehen soll, darf man nur Mittel gefunden haben, dem Mißtrauen Eingang zu verschaffen. Und wie viele Gründe rechtfertigen nicht dieses Mißtrauen

trauen in denen, welche, da alles auf ihnen liegt, auch alles voraus zu erwarten und zu fürchten haben. Wie viele täuschend natürliche Larven giebt es nicht von Ehrlichkeit und Treue, so daß die Wahrheit selbst, so zu sagen, sich mit keinem andern Gesicht zeigen könnte, besonders Königen nicht, von denen man sagen möchte, daß sie sich ihnen gern unkenntlich mache? Und wie viele wirklich gutgesinnte Minister wurden dennoch Verräther? Zu allen diesen Betrachtungen kam bey Heinrich noch ein allzu besorgliches und allzu thätiges Hinschauen auf alles, was itzt oder künftig, einigermaßen für den Staat gefährlich werden konnte; bey mir hingegen meine wenige Geflissenheit, seinen Argwohn zu vermindern, welche weniger Folge von Gleichgültigkeit als vielmehr von einem reinen und vorwurffreyen Gewissen war. Man wird sich demnach nicht mehr so sehr wundern, daß die Kunstgriffe meiner Feinde so tiefen Eindruck auf das Gemüth Heinrichs machten. Ich will nun aber auch zugeben, und sogar als Grundsatz aufstellen, daß jeder Regent, der sich in den Kopf setzte, ein solches Benehmen könne sein Bestes und sein Ansehen unterstützen, eben dadurch auf den Umsturz beyder arbeite, indem er selbst die Achtung untergräbt, zu welcher Er seine Unterthanen gegen diejenige anhalten sollte, denen er jene anvertraut hat.

Als die drey, denen er die Angelegenheit Grillons aufgetragen hatte, ihm von mir das erzählt hatten, was ihn so sehr verdroß, begegnete er gerade Villeroy, Sillery, la Varenne und dem Pater Cotton, um sich diese drückende Bürde von der Brust zu schaffen. Auch dieß Zusammentreffen war keine Wirkung meines günstigen Gestirns. Er sprach mit ihnen von meinen Reden und seinen eigenen Gesinnungen in der heftig-

sten

sten Bewegung. Wie, sagte er endlich, da er sah,
daß sie nichts darauf antworteten: Ihr sagt nichts
dazu? Aber bey Gott sey es geschworen! dieß alles
läuft nicht gut ab. Denn da sich das Feuer und das
Wasser (er meynte Epernon und mich,) zusammen
verstanden haben, so müssen tiefere Plane dahinter
stecken, wenigstens von Einer Seite, als ich mir nie
hätte träumen lassen. Aber ich werde meine Maaßregeln zu nehmen wissen! — Es kam nur auf die vier
Anwesende an, zu verhüten, daß die Einbildungskraft dieses Herrn diesen Weg nicht nahm. Es hätte
vielleicht nur eines Worts von ihnen bedurft; allein
sie hüteten sich wohl, dieß Wort zu sprechen. Vielmehr, als der König erwähnte, wie nützlich ich ihm
gewesen wäre, so lang ich ihm und meiner Pflicht treu
war, und wie er mich auch itzt noch höchst ungern
verliere; als er ihnen also selbst die schönste Gelegenheit gab, ihn zu besänftigten, versuchten sie zwar dieß
aber nur zum Schein, und auf eine so hämische Art,
daß sie ihres Zwecks, ihn noch mehr gegen mich zu
reitzen, nicht verfehlen konnten. Sie fiengen um die
Wette an, meine Einsicht in die Geschäften, meinen thätigen Geist und unermüdeten Eifer, zu loben.
Sie kamen dann darauf, wie unentbehrlich ich mich
für alle Theile des Staats; wie abhängig ich diese dadurch von mir gemacht habe; auf den Credit, den ich
mir bey allen Ausländern zu erwerben gewußt hätte, und
auf meine Geschicklichkeit, alles in Bewegung zu setzen
ohne aus meinem Cabinet zu kommen. Lobsprüche
die ich weder in ihrem guten noch bösen Sinn verdiente. Nichts muß doch dem Neid zu sauer ankommen, da er sich selbst zum Lobe zwingen kann! Er
lobt nicht nur, was er innerlich verabscheut, sondern
könnte auch hierin der Schmeicheley selbst noch Unterricht ertheilen.

Die

Die vier Vertraute mußten sich dieses letzten Streichs, den sie mir gespielt hatten, wohl recht freuen, als sie sähen, daß sie in dem König den Aufwallungen des Zorns durch Beymischung von Unruhe, Eifersucht und Argwohn, statt sie ganz zu dämpfen, nur eine andre Richtung gegeben hatten. Sie erkannten dieß daran, daß Er sagte: wenn ich mich dem ehrsüchtigen Kitzel überließe, Haupt einer Partey seyn zu wollen, so hätte ich so viele Leute an mir, daß ich im Stand wäre, dem Staat noch mehr Nachtheil zuzufügen, als se der Admiral von Coligny. Sie glaubten, daß man nun diese schwarze Einbildungen der Gährung überlassen dürfe, nahmen Abschied von ihm, und ließen bey ihm den Stachel im Herzen zurück.

In dieser Stimmung war Heinrich keiner Verheimlichung und keiner Mäßigung fähig: Er sprach öffentlich von mir als einem Empörer, und der ganze Hof war unverzüglich von dem Gerücht meiner Ungnade und meines nahen Sturzes voll. Doch hatte ich auch meine Anhänger und Freunde, die lange schon, ehe die Sache so weit kam, mir von allem Nachricht gegeben hatten, was unter meinen Feinden gegen mich angesponnen war, und was von dem König gesagt wurde. Ich war unschlüssig, ob es nicht das kürzeste wäre, mich dabey wieder so, wie schon oft bey tausend ähnlichen kleinen Vorfällen zu verhalten, wo Heinrich jedesmal von selbst von seinem Verdacht wieder zu seiner natürlichen Denkungsart über mich zurückgekommen war. Es ist ein trauriges Geschäft für die Unschuld, wenn sie sich ohne Unterlaß selbst produciren und auspoſaunen muß. Ein Mann, der seine Erhebung einzig der Tugend zu danken glaubt, erröthet, wenn er daneben noch so manches andere ihrer unwürdige Mittel anwenden soll. Indessen findet er doch bey tausend Gelegenheiten, daß die Tugend allein ihn nicht vor dem Haß und selbst vor der öffentlichen Verachtung zu sichern vermag, wenn ihr nicht Zufall und kluge Thätigkeit die Hand bieten. Ich entschloß mich endlich, auf so mannichfaltiges Zureden, dem König einen Brief zu schreiben. Er hatte sich bisher noch auf keinem seiner Landhäuser lange aufgehalten, sondern die Monate Jenner und Hornung mit Reisen und kurzen Abstechern zu St. Germain, wo Er seine Kinder besuchte, nach Monceaux und Chantilly, wo er sich jetzt, am dreyzehnten März, von dem mein Brief datirt war, aufhielt. Ich will diesen Brief nicht hersetzen, da ich keinen Flecken aus meiner Ehre dadurch wegzuwischen habe, und er, da ich nicht einmal eine besondre Handlung zu rechtfertigen hatte, nur allgemeine Versicherungen meiner Unschuld, und ganz einfache Gründe enthält, welche aber darum nur desto überzeugender seyn mußten.

Ich stellte Ihm darin vor, daß ich in den drey und dreyßig Jahren, die ich in seinen Diensten sey, zwey und zwanzig Jahre lang, bey all dem beträchtlichen Aufwand, den ich dabey machen mußte, nichts von Ihm empfangen, und doch mich nicht von Ihm habe trennen wollen, wiewohl mir die mir dadurch verursachte Erschöpfung und der Grund, mein anständiges Auskommen sonstwo zu suchen, einen wenigstens scheinbaren Vorwand dazu gegeben hätten. Es sey demnach nicht glaublich, daß ich es jetzt thun wollte, da ich mich so freygebig von Ihm belohnt sähe, da mein Glück stets steigen müsse, und da mich so viele Wohlthaten, die ich jährlich von meinem gnädigen Könige ganz freywillig erhielt, nicht weniger an Ihn fesselten als meine Stellen und Aemter. Es wäre
nicht

nicht glaublich, daß ich mich der Gefahr aussetzen wollte, von diesem allem einen Theil durch die Hand, die mich damit überhäuft hätte, und das übrige durch Unfälle zu verlieren. Ich böte allen meinen Feinden Trotz, irgend etwas gegen mich aufzubringen, was ich nicht, sobald mirs der König vorhielte, durch ein einziges Wort zu zernichten vermöchte. Alles laufe auf bloße Möglichkeiten hinaus, und Er sey zu weise, jemand darauf hin verurtheilen zu wollen, man möge auch auf welchem Wege und unter welchen Farben man wolle, durch Entstellung, Wahrscheinlichkeit, Anschuldigung, Verläumdung, oder auch durch Lob, solche Dinge ihm beyzubringen wagen. Ich ließe dieß alles dahin gestellt seyn, und bitte Ihn nur, einzig auf wirkliche Beweise Rücksicht zu nehmen. Hier erwarte ich furchtlos meine Feinde, und werde mich ohne Widerstreben der ganzen Strenge des Gesetzes und allen Wirkungen seines Zorns unterwerfen, wenn man auf diesem Wege nur die mindeste Schuld auf mich bringen könnte. Denn ich sey fest versichert, wenn man mir bey der großen Menge von Geschäfften, die durch meine Hand gingen, auch nur einen einzigen einigermaßen gegründeten Vorwurf machen könnte, so würde er wenigstens zuverläßig nicht von der Art seyn, daß er Treu und Ehre betreffe. Er könne höchstens Schwäche oder Mangel an Einsicht zum Grund haben; und in Rücksicht auf dieß letztere dürfe der König, ohne mein Urtheil zu sprechen, nur ein Wort sagen, und ich sey bereit, sogleich alles in Seine Hände nieder zu legen, indem ich die Dunkelheit eines Privatlebens, mit Beybehaltung Seiner Gnade, allem Glanz der gesuchtesten Würden vorziehe, wenn das Unglück, mit Seinen Haß zuzuziehen, damit verbunden wäre.

Aus Seiner Antwort konnte ich leicht sehen, daß man mich nicht falsch berichtet hatte. Die Benennung Freund war weggefallen, und statt dessen hieß es nun: mein Vetter. So kurz der Brief war, war er doch nicht von seiner eignen Hand. Es herrschte darin eine sichtbare Vorsichtigkeit und Zurückhaltung, die ihm nicht gewöhnlich war. Kein Wort des Trostes. Der König begnügte sich mir kurz und kalt zu sagen: ich solle nur die Leute reden lassen, und fortfahren Ihm gut zu dienen. Ich stellte mich indessen, damit zufrieden zu seyn. Da ich gethan hatte, was ich zu thun schuldig war, sagte mir meine Unschuld, daß ich alles bänglich dringende vermeiden müsse. Uebrigens wartete ich, bis es dem König gefallen würde, mit mir davon zu reden, und fuhr in meiner gewöhnlichen Handlungsweise fort.

Nach sechs oder sieben Tagen verließ der König Chantilly, weil seine Gegenwart in Paris nöthig war. Er fing an Geschmack an diesem Schloß zu finden, von welchem aus Er mir noch zu wissen gethan hatte, daß Er sich wohl befinde, wie ich an seinem Gesicht sehen werde; daß Er gut esse und schlafe, und erst um sieben Uhr aufstehe, wenn Er sich gleich schon um zehn oder eilf Uhr niedergelegt habe. Ich erwartete, daß Er wenigstens von meinem Briefe mit mir reden würde, wenn Er nach Paris käme. Allein Er ließ auch nicht ein Wort davon fallen, ob Er gleich acht Tage da blieb, und ich während dieser acht Tage vier Morgen nach einander in den Thuillerien in allerley Geschäfften mit Ihm zu sprechen hatte. Freylich waren dabey Villeroy und Sillery anwesend. Er sagte uns seine Anweisung und Befehle, in allem was Ihm vorgetragen wurde, und ging dann nach Fontainebleau, wo er noch in allen Briefen, die er

mir

mir noch im März in allgemeinen und besondern Angelegenheiten schrieb, immer das gleiche Benehmen beobachtete.

Hier, wie ich erst bemerkt habe, war es, wo man vollends alles versuchte, den König zu meinem Verderben zu bestimmen; und da Er den ganzen April und May daselbst blieb, hatte man die erfoderliche Zeit dazu. Die Sachen wurden auf den Punkt getrieben, wo man sie eben gesehen hat. Sie konnten aber nicht länger so bleiben, ohne zu meinem oder meiner Gegner Unglück auszuschlagen. Die Verläumdung gleicht einem Feuer, das um so geschwinder erlischt, je heftiger es ist, wenn man nicht Sorge trägt es zu unterhalten; und es ist nicht so leicht, als man denken möchte, eine Verläumdung lange zu halten, besonders bey Fürsten nicht, die nach Grundsätzen handeln. Sind sie von lebhaftem aufbrausendem Geist, wie Heinrich, so reißt sie ihre rege Einbildungskraft erst fern vom Ziele; doch nicht so fern, daß sie die Stimme der zurückrufenden Vernunft nicht mehr vernehmen sollten. Hat man gleich von diesen das heftigste Ungestüm zu dulden, so darf man doch dagegen auch bey ihnen weder eigensinnige Beharrlichkeit auf ihrer vorgefaßten Meynung, noch ein unvollkommenes Ablassen von derselben, noch falsche Ruhe befürchten. Diese Ueberlegung machte, daß ich ruhiger als sonst den Ausgang einer so sehr verwickelten Sache erwartete, ohne etwas an meinem gewöhnlichen Betragen in Paris, noch an den kleinen Reisen zu ändern, die ich von Zeit zu Zeit, wie zuvor, nach Fontainebleau machte. Alle meine Freunde konnten sich nicht in diese Ruhe finden, deren sie selbst nicht fähig waren, so wenig sie auch durch mein vorgebliches Verbrechen beunruhigt wurden, indem jeder von ihnen sich für

F 3   mich

mich verbürgt hätte. Sie schienen über das Verfahren Sr Majestät gegen mich befremdet, und konnten dieß bey Hofe nicht verbergen. Vielleicht beschuldigten sie den König insgeheim der Ungerechtigkeit. Von dem Hause Lothringen erhielt ich bey dieser Gelegenheit alle Dienstleistungen wahrhafter Freunde und liebevoller Verwandten.

Endlich geschah was ich immer gehofft hatte. Da der König sah, daß sich von allem, was man gegen mich vorgebracht hatte, nichts bestätigte, fieng er an zu fürchten, er möchte wohl etwas zu hastig gewesen seyn. Nachdenkend verweilte er bey meinen geleisteten Diensten, meinem jetzigen Betragen, meinem Brief. Dieß alles ergriff ihn, und er wünschte wieder zurücknehmen zu können, was ihm entwischt war, da er nichts so billig fand, als meine Bitte: wenigstens genau zu prüfen, ehe er mich verurtheilte. Einst als ich zu Fontainebleau war, schickte er unter dem Vorwand einiger Geschäffte, la Varenne, Eseures und Beringhen zu mir, in der Erwartung, daß ich sie zu Vertrauten aller meiner Beschwerden machen würde. Allein außer Geschäfftssachen sprach ich kein Wort mit ihnen. Eben so kamen nachher Villeroy und Sillery eben daher in gleicher Absicht. Ich konnte dieß daran merken: daß sie nur von einer ganz unbedeutenden Angelegenheit mit mir zu sprechen hatten, welche die Mühe, die sie sich gaben, nicht werth war. Es war eine Depesche von Ancel, dem französischen Geschäfftsträger in Wien. Ich behandelte sie wie die erstern. Sie hatten Befehl, weiter zu gehen, und von mir, so gut sie könnten, das Geständniß meiner Empfindungen über die Behandlung des Königs, herauszulocken. Man wird sehen, ob sie sich ihres Auftrags rechtlich und als gute Vermittler entledigten.

Außer

Außer den Geschäfften lenkten sie die Unterhaltung auf die Schwierigkeit, es den Fürsten recht zu machen, auf die Verdrüßlichkeiten, deren man von Zeit zu Zeit ausgesetzt sey, und wie kränkend für einen Mann von Ehre die Verläumdung seyn müsse. Sie gaben dann noch deutlicher zu verstehen, daß ein Minister vor diesem allem bey dem regierenden König nicht sicher sey.

Ich sah wohl, daß die beyden Herrn mit diesen Reden wirklich dem Befehl nachkamen, den sie erhalten hätten; allein mit einer gewissen Beymischung von ihrer Seite, welche ein großes Verlangen bey ihnen verrieth, eine Gelegenheit zu finden, um mein vorgebliches Verbrechen durch ihren Bericht bey dem König bestätigen zu können. Mit ihnen einstimmen wäre Tollheit, und ganz schweigen, sträflicher Trotz gewesen. Ich antwortete ganz gelinde: ich zweifle nicht, daß es Prinzen gäbe, wie sie jetzt welche geschildert hätten. Unser König wäre aber ein zu guter und gerechter Fürst, um auf eine solche Art Diener zu behandeln, welche stets untadelhaft gelebt hätten, wie zum Beyspiel ich gethan zu haben glaubte. Ich sey davon so fest überzeugt, daß, wenn ich es selbst aus seinem eignen Mund gehört hätte, ich doch eher glauben würde: seine Zunge habe sein Herz betrogen. In diesen Reden lag manches, was nicht so recht in den Plan dieser übelgesinnten Abgeordneten passen mochte. Sie nahmen daher zu andern Wendungen ihre Zuflucht, um von mir ein Wort der Erbitterung und des Unwillens herauszulocken. Da sie aber sahen, daß sie ihre Absicht nicht erreichen würden, begaben sie sich weg, um Seiner Majestät zu hinterbringen, nicht was ich gesagt hatte, sondern daß ich gar nichts gesagt habe; ich sey so gut auf meiner Hut gewesen, daß trotz aller ihrer Versuche ganz gegen meine

Gewohnheit nicht ein Wort aus mir hervorzubringen gewesen wäre. Man urtheile hieraus, was diese beyden Herrn gesagt und gethan haben würden, wenn ich ihnen die mindeste Blöße gegeben hätte. Den Rest dieses Tages über, sah ich lauter solche Botschaften. Allein ich war fest entschlossen, mit dem König selbst nicht davon zu sprechen, wenn er nicht zuerst davon anfangen würde. Damit er keine Aenderung in meiner Handlungsweise bemerken möchte, rüstete ich mich am folgenden Morgen nach Paris zurückzugehen, wie ich ihm am Abend zuvor gesagt hatte.

Ich wartete ihm wie gewöhnlich auf, um seine Befehle zu vernehmen, und fand ihn umringt von seinen Höflingen, die Ihm beym Lever aufwarteten. Er ließ sich in seinem Cabinet die Stiefeln anziehen, um auf die Jagd zu gehen. Sobald er mich hereintreten sah, erhob er sich halb von seinem Sitz, an Einem Beine gestiefelt, hieß mich den Hut ablegen, und sagte zu mir: bon jour, und nannte mich Monsieur. Alles zweydeutige Zeichen von Unwillen oder Verlegenheit. Denn seine gewöhnlichen Ausdrücke waren sonst: mein Freund Rosny, oder: Feldzeugmeister. Allein die Zerstreuung, mit welcher ich ihn seine kleine Rouleau's von Elfenbein gegen einander schlagen sah, ließ mich nicht zweifeln, daß an seinem Betragen der Zorn keinen Antheil hätte. Ich machte ihm eine noch viel tiefere Verbeugung als sonst; was ihm, wie er mir nachher sagte, so sehr ans Herz griff, daß Er mir beynahe sogleich um den Hals gefallen wäre. Er blieb einige Augenblicke noch sinnend sitzen, und sagte dann zu Beringhen: das Wetter sey nicht schön genug zur Jagd, er solle ihm seine Stiefel wieder ausziehen. Beringhen, überrascht durch diese schnelle Sinnesänderung, hatte ihm etwas unvorsichtig geantwortet,

tet, daß es sehr schön sey, worauf Heinrich ungeduldig versetzte: „nicht wahr! es ist nicht schön, und ich will nicht ausreiten; zieh mir die Stiefel aus! — Nachdem dieß geschehen war, fieng Er an, bald mit diesem, bald mit jenem von Dingen zu reden, von denen er glaubte, daß sie mich veranlassen würden, darein zu sprechen. Als er aber sah, daß ich dieß nicht that, nahm Er Bellegarde bey der Hand und sagte: „Herr le Grand, lassen Sie uns spazieren gehn, ich will mit Ihnen reden, damit Sie heute noch nach Bourgogne abreisen können." — Es hatte ebenfalls zwischen ihnen, ich weiß nicht welchen kleinen Streit gegeben, woran Weiberklatschereyen und Mißverständnisse großen Antheil hatten.

In der Thüre der kleinen Treppe, welche in den Garten der Königin führt, rief Er l'Oserai und sagte zu ihm, wie ich von diesem selbst habe: er solle wohl Achtung geben, ob ich Ihm folgte, und es Ihm sogleich sagen, wenn ich einen andern Gang einschlüge. Ich blieb immer auf Einer Stelle, so lange der König den Herrn le Grand auf dem Wege, der nach dem Garten der Conciergerie führt, unterhielt, bemerkte aber wohl, daß Er sich von Zeit zu Zeit nach mir umsah. Nachdem sich Bellegarde von Ihm beurlaubt hatte, trat ich vor, und fragte, ob Se Majestät mir nichts anzubefehlen hätten. „Wohin gehen Sie denn?" fragte Er mich. „Nach Paris, Sire, antwortete ich, an die Geschäffte, von denen mir Ew Majestät vor zween Tagen gesagt haben." — „Wohl, sagte Er, gehen Sie, das ist recht gut. Ich empfehle Ihnen immer meine Angelegenheiten, und daß Sie mich lieben." Ich machte ihm meine Verbeugung. Er umarmte mich wie gewöhnlich, und ich machte mich auf den Weg nach meiner Wohnung, war aber noch nicht über dreyhundert Schritte weg, als ich mich rufen hörte. Da ich mich umsah, erblickte ich la Varenne, der mir nachlief und zurief: „der König verlangt Sie, mein Herr!" Als Er mich den Weg vom Chenil (Hundestall) herkommen sah, rief Er mir zu, ehe ich noch zu Ihm kam: „Kommen Sie her! Haben Sie mir denn gar nichts zu sagen?" „Für jetzt nichts, Sire," antwortete ich Ihm. — „Oh! aber ich wenigstens Ihnen," sagte Er schnell darauf. Bey diesen Worten nahm Er mich bey der Hand, und führte mich in die weiße Maulbeer-Allee, wo er beym Eingang der Canäle, welche diese Maulbeerbäume umgeben, zween Schweizer postiren ließ, die nicht französisch verstunden.

Er umarmte mich sogleich zweymal sehr innig, was die Höflinge, die sehr auf alle unsre Bewegungen spannten, wohl bemerken konnten, da wir noch sehr leicht zu sehen waren. Er bediente sich hierauf gegen mich wieder der Benennung Freund, nahm seine alte Vertraulichkeit wieder an, und sagte zu mir auf eine Art, die mir ans Herz griff: die frostige Zurückhaltung, die seit zween Monaten unter uns herrschte, müsse zween Männern, die seit drey und zwanzig Jahren gewohnt seyen, keine Geheimnisse vor einander zu haben, zu schwer fallen, als daß sie lange bestehen könnte. Es sey Zeit, denen, die sie verursacht hätten, eine Ursache zum Triumph zu entreißen, welche ihrem Haß gegen mich und ihrem Neid über seines Staats und sein eignes Wohl zu sehr schmeichle. Das Herz dieses guten Fürsten schloß sich im Fortsprechen immer schöner auf. Er fuhr fort: Er wolle, daß in keinem von uns beyden das geringste Andenken daran übrig bleiben möchte, und halte es deswegen für nöthig, mir nichts von allem dem vorzuenthalten,

was

was auf Seiner Seite vorgefallen sey; weder dieß, was ihm gegen mich hinterbracht worden sey, noch auch was für Wirkungen diese Nachrichten auf ihn gemacht haben, noch endlich, die Reden und Handlungen, wodurch er diese Eindrücke geäußert habe. Er hat mich, befahl mir und ließ mich versprechen, dem Beyspiel zu folgen, welches Er mir jetzt geben würde, und ihm eben so alle die verschiedene Gedanken zu entdecken, welche in mir über seine Begegnung und über die Sache selbst indeß aufgestiegen seyen, ohne etwas vor Ihm geheim oder zurück zu halten, so wenig als Er vor mir dieß thun werde. „Ich will, sagte Er zu mir, daß wir, Sie und ich, mit einem ganz argwohnlosen Herzen und mit einander zufrieden von hier gehen. Allein, noch einmal; so wie ich Ihnen mein Herz öffnen will, bitte ich Sie auch mir nichts zu verheimlichen, was in dem Ihrigen vorgeht."

Ich gab Ihm mein Ehrenwort darauf. Er fieng alsdann zuerst an, mir alle zu nennen, die mir bey dieser Gelegenheit mit Thaten oder Reden übel gedient hatten. Es waren darunter Leute von jedem Stand und Alter; einige davon so alte Diener Sr Majestät, als ich. Ich glaube, daß man sie füglich in sieben Classen abtheilen kann. In die erste setze ich die Prinzen und Kronbeamte. In die andre die Mätressen des Königs mit ihren Kindern und denen, die aus Verwandtschaft oder andrer Verbindung ihrem Vortheil und ihrer Leidenschaft fröhnten, wie Coeuvres, Fresnet, Forget, Puget, Placie, Wallon u. a. m. An der Spitze die Marquise von Verneuil. Der Aerger über die eingezogene Gratifikationen war es, was diese zwo Classen gegen mich aufbrachte. Die dritte bestand aus den Anhängern Spaniens und den Ueberbleibseln der alten Ligue, aus politischen Gründen

den und Regierungsgrundsätzen, welche denen des Königs und den meinigen zuwider liefen. Es befanden sich unter diesen mehrere Mitglieder des Staatsraths: Villeroy, Sillery, Fresnes, Forget, und andre, die mit den Jesuiten im Einverständniß waren. In der vierten begreife ich alle süße Herrn, Günstlinge des Hofs, müßige Pflastertreter, die unnütze Last von Paris. Diese wurden durch ihre Empfindlichkeit darüber, daß ich den König ihnen Geschenke und Gnadenbezeugungen zu machen abhielt, und durch die Verschiedenheit unsrer Lebens- und Handlungsweise bestimmt. Ihre Anzahl ist zu groß, und sie sind zu verächtlich, als daß ich das Papier mit ihren Namen beflecken möchte. In der fünften stehen alle Aufwiegler und Uebelgesinnten. Leute, denen der blühende Zustand des Reichs, die weise Haushaltung Heinrichs, und die Zurüstungen, wodurch Er ihnen furchtbar wurde, ein Dorn in den Augen waren, und sie auf meinen Untergang zu arbeiten anreizte. Leute vom Finanzfach, andre Geschäfftsmänner und Leute von der Feder machen die sechste Classe aus. Man kann es ihnen wohl eigentlich nicht verübeln, wenn sie mir sehr übel wollten. In die siebente Classe werfe ich endlich eine andre Art von Hofschmeichlern, die noch unter den schon genannten stehen. Zuträger, Ohrenbläser, die sich bey dem Herrn dadurch einzuschmeicheln suchten, daß sie ihm unaufhörlich neue Projekte, Geld aufzutreiben, aushecken. Leute, die sonst größtentheils angestellt gewesen waren, denen aber nun von den glänzenden Posten, auf denen sie gestanden hatten, nichts übrig geblieben war, als die elende Wissenschaft, das Volk auszusaugen, worin sie den König zu ihrem Vortheil und aus einer langen Gewohnheit Böses zu thun zu unterrichten suchten. Da sie sahen, daß dieß Gewerb

nicht

nicht mehr ergiebig für sie war, seit der König die Leitung seiner Finanzen mir allein übergeben hatte, brachten sie eine andre Geisteseigenschaft zur Anwendung, die im Grund so ziemlich dieselbe Denkungsart bezeichnete: Verläumdungen zu erfinnen, Lästerungen gehörig anzubringen, und feile Werkzeuge für alle zu seyn, welche nicht Herz oder Lust hatten, in den satyrischen Pasquillen, die den Hof überschwemmten, aufzutreten. Sie schmiedeten, verbreiteten und hoben diese elende Sudeleyen. Das gefährliche Talent des Witzes und Scherzes verschaffte ihnen Zutritt und Vertraulichkeit bey Heinrich, dem eine lebhafte, muntre Unterhaltung nicht mißfiel. Wenn Er gleich vielleicht gegen ihre giftige Pfeile auf der Hut war, so war es doch nicht möglich, daß er nicht endlich einen Streifschuß wenigstens, davon trug. Einige von denen, die Er anfangs verachtet und von sich abgehalten hatte, fanden endlich doch Mittel, sich Gehör bey ihm zu verschaffen. Man würde auf dieser Liste nichts als so dunkle Namen finden, daß sie nicht einmal aus ihrem Staub ans Licht gezogen zu werden verdienten, wie die eines Juvigny, Parasis, le Maine, Beaufort, Versot, Longuer, Chalange, Versenai, Santent u. s. w., wenn nicht Sancy, welcher noch an die Spitze dieser feinen Leute gesetzt zu werden verdiente, seiner Schande durch dieß verworfne Gewerbe vollends das Siegel aufgedrückt hätte, indem er dadurch seinen gänzlichen Verfall noch zu verzögern dachte, nachdem ihm seine Thorheit und seine Verschwendung keine andre Mittel mehr übrig gelassen hatten. Er war schon so weit, daß er seine Kostbarkeiten verkaufen mußte. Er bot sie dem König an, der, um sie nicht aus dem Reich zu lassen, mir sie zu kaufen befahl (10).

Nach

Nach den Namen der Urheber machte mich der König auch mit ihren Ränken bekannt. Alles was ein durch die Sucht zu schaden aufgereizter Geist zu ersinnen vermag, war von ihnen aufgeboten worden. Ueberall, wo der König hintrat, fand Er nichts als Nachrichten, Briefe, Pasquille, Zettel, und andre Schriften dieser Art, ohne die öffentlichen Staatsschriften zu rechnen, die man Ihm unter dem Deckmantel des Eifers für den Staat und der Liebe für Seine Person überreichte. Er fand deren unter seinem Tisch, unter dem Teppich in seinem Zimmer, unter seinen Kopfkissen im Bette. Man ließ sie Ihm durch unbekannte Leute übergeben, spielte sie Ihm in Gestalt von Bittschriften in die Hand, steckte Ihm die Aermel und Taschen davon voll. Ich wurde darin mit den gehässigsten Farben geschildert. Die ärgsten Beynamen wurden nicht gegen mich gespart, außer wo man so fein war, das tückische Lob, dessen ich schon erwähnte, an mich zu verschwenden, und daher übertriebene Vorstellungen von meiner Arbeitsamkeit, meiner Fähigkeit, meinem Verstande und der Veränderung machte, die in meinem Betragen vorgegangen seyn sollten, daß ich jetzt gegen jedermann zuvorkommend und gefällig sey, statt daß ich sonst trotzig und rauh gewesen wäre. Heinrich gestand mir sehr offenherzig, er habe sich durch alle diese Ränke so sehr verblenden lassen, daß er so weit gekommen sey, seine gute Meynung von mir ganz zu verlieren. Diese Elenden haben in Ihm die Begierde, alle ihre Erfindungen zu erfahren, so sehr angefacht, daß Er selbst, da Er dieses Schwalls von Pasquillen und Avisen müde schien, und sie ungelesen wegwarf, dennoch der Begierde nicht habe widerstehen können, sie nachher wieder aufzugreifen und sie sich lesen zu lassen.

Er

Er muß außerordentlich eingenommen gewesen seyn, da er nicht gewahr wurde, daß diese Schriften oft nicht minder beleidigend für Ihn als für mich waren; wenn Er zum Beyspiel darin lesen mußte: ich mache Ihn geizig und ungerecht gegen die, welche Ihm getreu gedient hätten, und denen Er nun, was ihnen von Rechtswegen zukäme, unter dem Vorwand von vorgeblicher Abrechnung an alten Schulden verweigere. Man gab Ihm auch noch eine unanständige Schüchternheit Schuld, da Er über alle dergleichen Dinge an mich schreibe. Ihm konnte sie sicher nicht zur Ehre gereichen, man mochte nun sie bey ihm als einen Schein des Geizes oder als Beweis von Abhängigkeit anführen. Mit solcherley Vorgeben machte man den Anfang, und so lange es dabey blieb, sah der König nichts darinn, als Ursachen, mit meiner Verwaltung zufrieden zu seyn, und ward über mich nicht unwillig. Das Einzige, was Er that, war, daß Er, um jenen Kritikern den Mund zu schließen, ihnen die Berechnungen von den Staatsschulden vorlegte, die ich abgetragen hatte. Ich selbst, so oft es Gelegenheit dazu gab, verwies es diesen allzufreyen Tadlern sehr strenge, daß sie unter dem Vorwand einer vorgeblichen Justizverweigerung, in ihrem Verdruß Reden führten, die Se Majestät beleidigen könnten. Allein bald ließ man so leichte Beschuldigungen fallen, um dagegen Geist und Herz in ihrem Innersten anzugreifen.

Um einigermaßen seine Leichtgläubigkeit bey so vielen Verläumdungen zu rechtfertigen, wollte Heinrich mich selbst nach den Schriften darüber urtheilen lassen, worinn sie enthalten waren. Sie alle zu lesen, wäre gar zu langweilig gewesen. Er schränkte es also selbst auf diejenige ein, welche Ihm Juvigny vor zwölf Tagen gezeigt, und die Er hatte bekannt werden lassen,

weil

weil man wirklich alles darinn aufgerafft und zusammengestellt hatte, was in mehreren anderen dergleichen einzeln zerstreut war. Sie wurde dadurch so vollständig als irgend ein Werk dieser Art seyn kann, was eben deswegen freylich auch etwas verwickelte, übrigens aber, was Schreibart und Vortrag betrifft, mit solchem Nachdruck geschrieben, daß der König leicht schließen könnte, sie rühre von einem Andern als von Juvigny her, dessen Kräfte sie überstieg. Er sagte mir dabey, indem Er sie aus der Tasche zog: Ich könne Ihm vielleicht, wenn ich sie nun durchlesen habe, zu Entdeckung des Verfassers behülflich seyn, dessen Namen Er gerne wissen möchte. Ich nahm sie aus Seinen Händen, und fieng an, sie in Seiner Gegenwart ganz laut von einem Ende bis zum andern herzulesen. Der Leser kann, wenn er will, dieser Vorlesung ebenfalls gewissermaßen beywohnen; denn mein Vortheil erfodert nicht, ihm etwas verborgen zu halten.

Der Verfasser, er sey nun wer er wolle, bemühet sich im Eingang jeden Verdacht von Neid oder Leidenschaft auf seiner Seite zu entfernen, eine Vorsicht, deren in der That nie eine Schrift mehr bedürfte als diese. Die großen Eigenschaften Heinrichs, das Glück Frankreichs unter seinem Scepter, und die vortheilhafte Lage seiner Angelegenheiten wären der Inhalt einer zwoten Einleitung, welche zur Vorempfehlung und noch mehr dazu diente, die Klage über mich, als ob ich mich übermüthig rühmte: dieser glückliche Zustand sey einzig mein Werk, auf eine ungezwungene Art herbeyzuführen. Auch die Bemerkung wurde dadurch auf eine geschickte Art eingeleitet: es sey bey solchen geschickten Ministern und mächtigen Günstlingen nur allzu gewöhnlich, daß sie verderblichen Anschlägen für Herrn und Land, Eingang bey sich gestatteten.

ten. Eine Menge mit Beredsamkeit ausgekramter Beyspiele schloß dieß Gemälde.

Von da ging der Verfasser darauf über, nicht meine Handlungen zu prüfen, was freylich der einzige statthafte Beweis gewesen wäre, sondern über mein Betragen zu kritteln. Er fand in der Freundlichkeit, die ich mit einemmal gegen alle, die mich angingen, angenommen habe, einen unwidersprechlichen Beweis von diesen so verderblichen Entwürfen. Auch sagte man, es sey unzählbar, wie viele von den Prinzen bis zum Pöbel hinab ich durch dieß studierte Aeußerliche bereits zu gewinnen gewußt habe. Man versuchte die Aufzählung davon, die freylich nicht anders als sehr beträchtlich ausfallen konnte, da die bloße äußerliche Höflichkeit, die man in Frankreich gegen jedermann beobachtet, alles war, worauf dieß vorgebliche Verbrechen gestützt wurde. Der Prinz von Conti und der Herzog von Montpensier führten den Reihen auf dieser Liste. Dann folgte das ganze Haus Lothringen und die andern französischen Großen; der Herzog von Epernon, dessen Aussöhnung und darauf gefolgte lebhafte Freundschaft hier unter dem Namen einer durch eine ungemeßne Ehrsucht gestifteten Union vorgestellt wurde; die Herrn von Montbazon, Ventadour, Fervaques, Ornano, Saint Geran, Praslin, Grammont, Auberterre, Montigny, Schomberg und andre, die ich durch die Auszeichnung, die ich ihnen wiederfahren lasse, durch die beständigen Dienste, die ich ihnen erzeige, und durch Auswendung der königlichen Schätze, mit denen ich gegen alle andre so karg sey, sehr fest an mich gezogen habe.

Da all dieß für die weitaussehenden Entwürfe, die mir der Verfasser andichtete, noch nicht hinreichte, setzte er noch die Verständnisse hinzu, die ich außer dem

dem Reich habe. Ein Wort, das der König von England wohl, nur aber als Kompliment gesagt haben konnte: der König sey glücklich einen Mann wie ich zu haben, mißbrauchte er, um darauf ohne Bedenken zu behaupten, daß ich die schuldige Treue gegen meinen Herrn verletzt habe. Nicht nur Se Britannische Majestät, sondern auch die Generalstaaten der vereinigten Provinzen, die Herzoge von Wirtemberg und Zweybrücken, der Landgraf von Hessen, der Fürst von Anhalt, die Markgrafen von Anspach, Baden und Durlach waren bereit, öffentlich und unbedingt auf meine Seite zu treten. Der geringste Dienst, den ich ihnen erzeigt hatte, ward ohne Schonung für sträfliches Verständniß angerechnet. So war mir der ganze protestantische Religionstheil in und außer Frankreich ganz ergeben, sowohl als der durch die regelmäßigen Auszahlungen und meine Freygebigkeit gewonnene Schweizerrath.

Nachdem sich der Verfasser auf diese Art an Dingen, denen sich wenigstens einiger Anstrich von Wahrscheinlichkeit geben ließ, gleichsam versucht hatte, und durch das Gefühl seiner Kräfte dreister worden war, wagte er nun mit schamloser Stirne ganz falsche und erdichtete hinzuwerfen. Wenn man ihm glauben wollte, war ich schon weiter als nur bey bloßen Verständnissen im Ausland. Durch Versendung königlicher Gelder nach England, den Niederlanden, Deutschland, der Schweiz legte ich daselbst für mich selbst unermeßliche Fonds an, um einst dahin meine Flucht nehmen, und bey guter Gelegenheit ansehnliche Werbungen für die reformirte Religion an Schweizern, Reitern und Lanzknechten machen zu können, denen ich nach dem Beyspiel des Admirals Coligny Frankreich preis geben würde. Der Verfasser, der

ohne

ohne Zweifel wußte, daß eine große Umständlichkeit das gewöhnliche Zeichen der Wahrheit und Aufrichtigkeit ist, zergliederte diese Ereignisse, als wenn sie bereits vor seinen Augen vorgegangen wären. Indem ich für die Magazine Sr Majestät, Waffen, Eisen, Kupfer, Bley, Kugeln und andern Kriegsvorrath aufkaufe, so lege ich ebenfalls für mich in den festesten protestantischen Städten meine besondern Magazine an, wo ich einen Theil von diesem allen unter meinem Namen niederlegen ließ, um mich dessen eines Tags zu bedienen. Ich glaube, daß alle diese Leute sehr ins Fäustchen gelacht haben würden, wenn sie durch diese List den König seine Zurüstungen einzustellen vermocht hätten. Man schloß dieß herrliche Stückchen mit dem guten Rath, den man dem König ertheilte, seine Kassen, sein ganzes Ansehen und alle seine Geschäffte nicht länger in den Händen eines Einzigen zu lassen, ohne mir wenigstens Leute zuzugeben, die alle meine Schritte in der Nähe beleuchten könnten.

Während dieser Vorlesung beobachtete mich Heinrich aufmerksam. Da er sah, daß ich den Aufsatz ganz so gelesen hatte, wie ich die gleichgültigste Schrift gelesen haben würde, ohne ein Wort zu sagen, ohne aus meiner Fassung zu kommen, selbst ohne die Farbe zu ändern, sagte Er: „Nun? was denken Sie davon?" — „Sie selbst, Sire, antwortete ich, was sagen Sie dazu, da Sie das Ding gelesen und wieder gelesen und so lange bey sich behalten haben. Denn ich für mich wundre mich nicht so sehr über alle diese Schriften, die im Grund nichts als Lappereyen von Dummköpfen und Schurken sind, als darüber, daß ein so großer, weiser, tapfrer und guter König, der mich so wohl kannte, die Geduld sie zu lesen und so lange zu behalten, haben konnte, ja sie sich sogar der Länge nach von mir vorlesen zu lassen, und alle die nehmlichen Reden, die darinn enthalten sind, anzuhören, ohne wenigstens durch seinen Zorn die Gewalt zu zeigen, die er sich anthun müßte, sie anzuhören, und ohne die Urheber aufsuchen zu lassen, um sie strenge für ihren Muthwillen zu züchtigen."

Nachdem ich dem König dieß gesagt hatte, überlegte ich, daß ich wohl mit besserem Erfolg daran arbeiten würde, Ihm Seine Ruhe wieder zu geben, und alle Seine vorigen Gesinnungen gegen mich wieder in Ihm zu erwecken, wenn ich Ihm geradezu und umständlich auf jede einzelne Beschuldigung meiner Feinde antwortete. Dazu hatte ich Ihm ohnehin mein Wort gegeben. Ich nahm zu dem Ende jeden Artikel in Juvignys Schrift, die ich noch in der Hand hatte, einzeln vor, und fieng mit der Bemerkung an: daß alle Verläumder, welche keinen geraden, offnen Anfall wagen, um nicht zur Beweisführung angehalten werden zu können, nichts als Verachtung verdienen. Den übermüthigen und unanständigen Reden, die ich über die Regierung geführt haben sollte, setzte ich die Worte entgegen, die ich so oft im Mund führte, und in denen ich den König als ein Muster von einem großen Fürsten und guten König anzugeben pflegte. Die Beyspiele von abtrünnigen Ministern und undankbaren Günstlingen, vermögen nichts, um darauf die Untreue eines Mannes zu behaupten, der, wie ich gethan zu haben glaube, auf diesem Posten dieß sein einziges Bestreben seyn ließ, die glücklichen Anlagen zu vervollkommnen, die ihm mit einem sattsam edlen Blut angeboren wurden. Ich foderte männiglich heraus, mir auch nur Einen zu nennen, es sey Freund oder Verwandter, der ohne rechtmäßige Ursache, und hauptsächlich ohne einen besondren Befehl Sr Majestät,

ſtät, ein außerordentliches Gnadengeſchenk von mir
erhalten hätte. Gegen die ſo ganz unverdiente Beſchuldigungen von Entwürfen zu Empörungen und
bürgerlichen Kriegen berief ich mich auf die Kenntniß
Heinrichs von meiner Vaterlandsliebe, meiner Anhänglichkeit an Ihn ſelbſt, von der Sorge für meine
Ehre und meinen guten Namen, und von den Hin-
derniſſen, die ich jederzeit den ſchändlichen Entwürfen
der Proteſtanten ſo eifrig in den Weg gewälzt hatte,
daß ich ihren ganzen Haß dadurch auf mich lud.

Allein, welchen Nutzen hätte ich denn auch von
dieſen eingebildeten Unternehmungen gehabt, den ich
nicht jetzt eben ſo gut in der höchſten ehrenvollſten
Stelle fände, zu der ein Unterthan ſeine Augen erheben kann? Was hätte ich für einen Zweck dabey
haben können? Mir ſelbſt die Krone aufzuſetzen?
Man beſchuldigte mich nicht, daß ich ſo ganz unver-
nünftig ſey. — Sie aus dem Königlichen Haus zu
verpflanzen? — Hätte es in meiner Macht geſtan-
den, ſie zu vergeben, wen anders hätte ich wählen
können, als eben den Herrn, dem ich alle meine Arbeit und meine Dienſte geweiht, dem ich dreyßig Jahre lang Blut und Leben geopfert hatte? — Warum,
wenn dieß wäre, beſchäfftigte mich auch jetzt noch einzig die Sorge für Seinen Ruhm in jenen edlen Entwürfen, wovon ich, wenn nicht Urheber, doch wenigſtens der einzige Theilhaber und Beförderer war?
Indem ich Ihm alle dieſe Bündniſſe mit England und
andern Europäiſchen Mächten verſchaffte, hätte ich
nicht geradezu gegen mich ſelbſt gehandelt, wenn ich
nachtheilige Abſichten auf Seine Krone oder Seine
Perſon gehabt hätte. — Auf welchem Wege haben
denn die Ehrſüchtigen jeder Zeiten an dem Verderben
der Staaten gearbeitet, und Umwälzungen bewirkt?

Nicht

Nicht wahr, dadurch, daß sie in dem Gemüth ihres Herrn den Hang zu Ueppigkeit, Wollüsten und Verschwendung nährten, ihn alle Gesetze unter die Füße treten, alle Ordnung aus den Augen setzen, und alle Theile der Staatsmaschine verwirren ließen? — Und Ich —? unterhielt den König unaufhörlich und überall von dem Stand seiner Angelegenheiten, zeigte Ihm den Gebrauch und die Bestimmung von allem, ließ Ihn Ordnung und Häuslichkeit so weit treiben, daß ich ihm über die kleinste unnöthige Ausgabe Vorwürfe machte; häufte Ihm Schätze auf; füllte Seine Magazine und Zeughäuser, und zeigte Ihm, wie gefürchtet von ganz Europa Ihn dieß alles machen würde. — Benimmt man sich so, wenn man, wie empörerische Unterthanen zu thun pflegen, unvermerkt alle Grundsäulen der Macht des Herrn untergraben will? — Das Betragen der Minister hat freylich immer auch seine zweydeutige Seiten. Ich darf aber sagen, daß das meinige durch nähere Beleuchtung gewinnen mußte.

Ich konnte leicht sehen, daß der König das ganze Gewicht meiner Gründe fühlte. Ich schloß mit der inständigsten Bitte, zu glauben, daß ich Ihm von allen Gefühlen meines Herzens keines verborgen oder bemäntelt habe, und bekräftigte Ihm mit fürchterlichen Eidschwüren, von denen Er wüßte, daß ich sie noch nie mißbraucht hatte, und mit den Benennungen, die jederzeit der ungeheuchelte Ausdruck meines Eifers und meiner Ergebenheit für Ihn gewesen waren. Ich wollte Seine Knie umarmen. Er gab es aber nicht zu, damit diejenigen, welche diese Stellung von ferne sehen möchten, nicht glauben könnten: ich habe dazu Zuflucht nehmen müssen, Begnadigung wegen eines wirklichen Verbrechens von Ihm zu erbetteln.

teln. Er sagte mir: zu meiner gänzlichen Rechtfertigung bey Ihm fehle nichts mehr. Er bereue lebhaft Seine Leichtgläubigkeit, und werde sich des ganzen Vorfalls nie erinnern, ohne ein um so innigeres Gefühl der Verbindlichkeit, mich desto mehr zu lieben. — Dieß ist der Verlauf einer zu unser beyder Beruhigung so nöthigen Unterredung.

Wer es weiß, was Hof heißt, wird leicht urtheilen können, welche Bewegungen das Herz der Hofleute, während einer vierstündigen Unterredung, bestürmt haben, mit welcher Spannung unsre Bewegungen und Gebehrden beobachtet worden seyn müssen. Denn, ob sie gleich unsre Reden nicht hörten, konnten sie doch leicht den Gegenstand davon errathen. Die Art, wie mich Heinrich früh empfangen, und wieder hatte zurückrufen lassen, Seine getroffene Vorsicht beym Anfang unsers Gesprächs, die hervorgezogenen Papiere, Seine Lebhaftigkeit und das Feuer, das in unserm Gang und allen unsern Stellungen sichtbar war, halfen es ihnen vollends errathen. Jeder sah mit klopfendem Herzen, in Furcht oder Hoffnung, dem Ausgang einer so wichtigen Aufklärung entgegen.

Heinrich wollte sie selbst davon benachrichtigen. Nachdem Er Seine Papiere, fest entschlossen, sie ins Feuer zu werfen, zusammen genommen hatte, ging Er, Hand in Hand mit mir, aus dem Maulbeergang hervor, und fragte diese ganze Versammlung, wie viel Uhr es wäre? Beynahe Ein Uhr nach Mittag, antwortete man, und: es habe sehr lange gewähret. „Ich „sehe wohl, — sagte Er, mit einem Ton, der gar manches Gesicht mit Blässe überzog, — „es giebt „hier welche, denen die Zeit wohl länger wurde, als „mir. Um sie zu trösten, will ich hiermit Euch al„len zu wissen thun, daß ich Rosny mehr als je liebe,

„und daß es unter uns auf Tod und Leben gilt! —
„Und Sie, Freund, fuhr Er gegen mich fort, gehen
„Sie und speisen Sie zu Mittag, und lieben Sie
„mich und dienen Sie mir ferner wie bisher; denn
„so gereicht es mir zum Wohlgefallen."

Manche andre würden nach diesem, an meiner
Stelle nur auf Rache an allen denen, gesonnen haben (12), welche mir der König als meine Feinde zu
erkennen gegeben hatte. Ich danke dem Himmel, daß
ich mir nicht einmal den Vorwurf zu machen habe,
auch nur daran gedacht zu haben. Ihre Namen
hielt ich sorgfältig vor meinen Geheimschreibern geheim, und man wird sie auch hier nicht finden. So
unterdrückte ich gleichfalls einen Theil dessen, was
zwischen dem König und mir gesprochen würde, und
eben nicht zu ihrem Vortheil gereicht. Das Beyspiel
vom Gegentheil, das sie mir gaben, wird meine Ueberzeugung nicht wankend machen: solche Rache sey für
ein großes Herz zu klein.

Um dem König ganz keine Unruhe mehr über den
Vorfall übrig zu lassen, von dem ich bey der umständlichen Darstellung dieser starken Mißhelligkeit aus-
ging, bediente ich mich meines Einflusses auf Grillon
so, daß er endlich für seine Stelle dreyßigtausend
Thaler von Crequy annahm, welchem der König, in
Rücksicht auf Lesdiguieres, Seine Genehmigung gegeben hatte (13). Ich verdiente mir Dank dadurch
bey dem Schwiegervater und Tochtermann. Crequy
kam persönlich, und machte mir tausend Versicherungen von Erkenntlichkeit und Ergebenheit. Lesdiguieres schrieb mir von Grenoble aus, und steigerte noch
die Ausdrücke, deren sich Crequy bedient hatte. Da
zu der Verwandtschaft, die ohnehin schon unter uns
bestand, noch dieser neue Grund hinzu kam, so denke
wohl

wohl jedermann, daß wir von nun an die unzertrennlichsten Freunde gewesen seyen. Und doch hat nach Heinrichs Tod keiner mich so leicht verlassen, hat keiner mir schlimmer mitgespielt, als eben diese zween Menschen! — Dankbarkeit ist keine Hoftugend! —

Da das Herz Heinrichs einmal angesteckt werden konnte, so war es nicht unmöglich, dieselbe Wunde wieder frisch zu machen. Der einzige Trost meiner Feinde in ihrer Verzweiflung über den Vorfall in Fontainebleau! Sie versäumten nicht, ihren Angriff zu erneuen, und, kaum wage ichs zu sagen — es fehlte wenig, so versetzten sie den König abermals in den Zustand, dem ich Ihn erst entrissen hatte (14). Allein die Sache kam, bey weitem, nicht so zum Ausbruch wie die erste, weil die Beleuchtung zu bald erfolgte. Es würde nur unnütze Wiederholung seyn. Deswegen halte ich mich nicht dabey auf. Wenn meine Neider von Zeit zu Zeit das Vergnügen genossen, sich schmeicheln zu können, daß ich unter ihren Streichen erliegen würde, so wurde doch bald mit Schaam und Wuth ihre Täuschung gestört. Und wenn ich der Mann gewesen wäre, mir auf solche Siege etwas zu Gute zu thun, so war dieser letzte eben so vollkommen als der erste. Am andern Morgen, nach dem Tag an dem er erfolgte (es war abermals in Fontainebleau) schickte der König sehr früh nach mir, nahm mich beym Eintritt in sein Zimmer bey der Hand, zog mich in das Fenster, welches auf den Garten der Königin geht, um mir etwas heimlich zu sagen, und sagte dabey ganz laut in Gegenwart des ganzen versammelten Hofs: „Sie können nicht „glauben, Freund, wie gut ich auf unsre Erklärung „und Herzenserleichterung diese Nacht in einem weg „geschlafen habe." Er fragte mich alsdann: ob ich nicht innerlich gleiche Beruhigung empfinde. Ich versicherte Ihm dieß, und daß Er stets dieselbe Treue bey mir finden würde.

Mitten unter diesen Unterbrechungen seiner Gunst sah ich doch, daß Heinrichs Herz immer für mich sprach, indem er, man mochte Ihn gegen mich gestimmt haben, wie man wollte, dennoch ununterbrochen die Wohlthaten fortsetzte, mit denen Er mich und die Meinigen zu überschütten gewohnt war. Selbst während der gedachten Stürme empfieng ich Beweise davon, aus Veranlassung meiner ältesten Tochter (15). Ich hatte denen Fervaques für den jungen Laval mein Wort gegeben, den mir der König, wie ich oben schon erwähnt, dem Herzog von Rohan vorzuziehen befohlen hatte, und die Sache war auf dem Punkt, vollzogen zu werden. Eines Tags als ich zu Anfang dieses Jahrs mit Ihm auf der Kapuziner-Terrasse spazieren ging, brachte Er mich wieder auf diese Angelegenheit, und sagte mir die Gründe, die Ihn bewogen hätten, den Herzog von Rohan dabey zurück zu setzen: weil nehmlich jener durch Seine Schwester der Herzogin von Rohan vorgeschlagen und von meiner Gemahlin, ohne Ihm etwas davon zu sagen, angenommen worden sey, und dann auch, weil Herr und Frau von Fervaques Ihn so sehr für Laval angegangen hätten. Sie haben Ihn endlich bewogen, mir lieber ihn, als den Herzog von Rohan zum Tochtermann zu geben, welcher wirklich auch lange nicht so reich wäre, aber die Ehre hätte, Ihm so nahe verwandt zu seyn, daß er, wenn Er ohne Kinder gestorben wäre, wie Seine Schwester, Sein Erbe in dem Königreich Navarra und den andern Gütern der Häuser Albret, Foix und Armagnac gewesen seyn würde. Er habe daher, aus andern Gründen, die

Er

Er mir sagen würde, Seinen Entschluß noch einmal geändert, und wolle nun, daß ich mit denen Fervaques, welche Er bereits dazu gestimmt habe, auf eine gute Art abbrechen möchte. Ich solle die Versprechungen und verabredeten Artikel zurücknehmen, so daß es schiene, ich habe eigentlich mit ihnen gebrochen, und sie nicht sagen könnten, sie hätten eine Verbindung mit meinem Hause ausgeschlagen. Er werde selbst den Herzog von Rohan zu mir bringen, um mir seine Aufwartung zu machen, nebst der Herzogin, seiner Mutter. Ich solle ihn als den empfangen, der in drey Tagen mein Tochtermann seyn werde, indem Er selbst bereits alle Anstalten dazu getroffen habe. Er werde den Contrakt in Seiner Gegenwart schließen lassen, und als Verwandter beyder Theile, selbst mit unterzeichnen.

Ich dankte dem König für den Antheil, den Er an meiner Familie zu nehmen geruhte, und für die mir erzeigte Ehre. Alles wurde auf schon gemeldete Art ausgeführt, und der König gab dem Bräutigam zum Hochzeitschmuck und Fest zehntausend Thaler, und eben so viel meiner Tochter. Im vorigen Jahr hatte ich die Tochter meiner Gemahlin, aus ihrer ersten Ehe, Fräulein von Marais, mit la Boulaye, dem Sohn dessen, den Heinrich so sehr geliebt hatte, vermählt. Sie durfte eigentlich von dem König kein andres Geschenk erwarten, als das, welches Er gewöhnlich allen Hoffräuleins der Königin unter dem Namen: Brautrock, machte, und das auf zweytausend Thaler festgesetzt war. Heinrich erhöhte es bey meiner Stieftochter auf fünftausend, und damit andre sich nicht auf diese Summe als observanzmäßig, berufen könnten, schrieb Er mir von St. Germain en Laye, daß man es in die geheime Rechnung bringen müsse.

Gewöhn-

Gewöhnlich, wenn der König mir die Rechnungen über das Festungs- und übriges Bauwesen abgenommen hatte, sagte Er zu mir, in Beyseyn der in diesen Fächern angestellten Beamten, die man dazu berief, um ihnen zu eröffnen, was im folgenden Jahr vorgenommen werden sollte: „Damit wäre denn „nun für das Bauwesen an meinen Festungen und „andern Gebäuden gesorgt; und was machen denn „nun Sie an Ihren Häusern?" Wenn ich nun gewöhnlich darauf zur Antwort gab, daß ich nichts daran machen ließe, weil ich kein Geld dazu hätte, so sagte Er: „nur her mit Ihren Planen; wollen sehen, „was Sie daran machen ließen, wenn Sie Geld hät„ten." — Er sah sie durch, sagte mir was Er daran zu verändern oder zuzusetzen fände, und schenkte mir dann so ein zwanzigtausend Livres zur Ausführung.

Nicht als ob ich nicht auch öfters eine abschlägige Antwort von Ihm bekommen hätte! Ich bin nicht so eitel, dich verheimlichen zu wollen. So verweigerte Er mir die Stelle des Baron von Lur, um die ich Ihn für meinen Bruder oder für la Curee bat. Er sagte mir: Er bestimme Béthune eine Stelle in Bretagne, die sich besser für ihn schicke; und was Curee betreffe, so könne Seiner Meynung nach diese Stelle nicht mit der Lieutenantstelle bey seiner Compagnie Chevaux legers und mit der Statthalterschaft von Chinon bestehen, die er schon habe. Die Wahrheit war: Er wollte sie lieber Ragny zuwenden, der Ihm mehr Dienste in der Provinz leisten konnte. Ich bat Ihn noch um zwo andre Gnaden, in Einem Brief; eine für meinen Neffen von Mélun, die andre für eben den la Boulaye. Für den letztern schlug Er mir es ab, weil ers noch nicht mit seinen Diensten verdient habe; die erstere gewährte Er mir, nehmlich die

so

so eben eröffnete Abtei Moreilles in Poitou. Eine
andre abschlägige Antwort erhielt ich aus Gelegenheit
des Herzogs von Rohan, meines Tochtermanns, wenn
anders dieß diesen Namen verdient. Die Sache verhielt sich so:

Der Herzog von Rohan war Befehlshaber in St.
Jean d'Angely, wo (Franz d'Alloue) des Ageaux
Stellvertreter des Königs (lieutenant-du-roi) war.
Diese Statthalterschaft konnte nicht, wie sie gewöhnlicher Weise sollte, von dem Statthalter der Provinz,
sondern nur unmittelbar vom König vergeben werden,
der durch verschiedene Umstände veranlaßt, für gut
fand, jenem dieß Recht zu nehmen, damit der Stellvertreter des Königs in dieser Stadt, die man bisher
in schwierigen Zeiten eine wichtige Rolle spielen sah,
gewissermaßen von dem Gouverneur unabhängig und
sogar im Stand wäre, dessen Gewalt daselbst zu entkräften, wenn er sie nicht zum Wohlgefallen des Königs und zum Besten des Staats anwendete. Hierdurch hatte der Lieutenant des Königs die Befehlshaberschaft in der That ganz, und dem Statthalter blieb
nichts als Titel und Schein. Der Herzog von Rohan hatte große Begierde, sich dieses Recht wieder
herstellen zu lassen, und bat mich das meinige dazu
beyzutragen. Die Zeitumstände waren dazu günstig.
Man schrieb ihm, Ageaux läge ohne Hoffnung krank.
So sehr ich wünschte, meinem Tochtermann einen
Dienst zu erzeigen, wagte ich es doch nicht, dem König geradezu es vorzutragen. Die Sache hieng zu
sehr mit der Abhängigkeit zusammen, in welche ich alle
protestantische Städte (16) gegen mich zu setzen gesucht haben sollte. Mehr hätte es nicht bedurft, um
den Argwohn wieder aufzuwecken. Ich wollte die
Sache erst nur von weitem ausspüren. Dieß führte
ich ziemlich gut aus, indem ich von der Krankheit des
Ageaux

des Ageaux Gelegenheit nahm, zu entdecken, was der König mit dieser Stelle vorhätte. Diesen Versuch machte ich schriftlich. Ich hütete mich aber wohl, weiter heraus zu rücken, nachdem ich Seine Antwort gelesen hatte. Er schrieb mir nehmlich: Er sey nicht gesonnen, dem Recht zu entsagen, den königlichen Stellvertreter zu St. Jean zu ernennen, weil weder Herr von Rohan noch ein Tochtermann von mir immer Befehlshaber in diesem Platz seyn würde. Ich sagte Ihm von dem Maire in dieser Stadt, Namens Pousou, den Er, auf mein Zeugniß, ferner in diesem Amte ließ. Uebrigens starb des-Ageaux dießmal nicht an seiner Krankheit.

Ehe ich diesen Abschnitt von Heurathen und Verwandtschaften schließe, will ich noch erzählen, was bey Hof in Ansehung meiner Nichte, des Fräuleins von Melun vorging, von deren Verheurathung zu der Zeit gleichfalls die Rede war. Da sie eine sehr reiche und ansehnliche Partie war, indem meine Tante, die Marquisin von Roubais, sie zu ihrer einzigen Erbin eingesetzt hatte, warfen die d'Estrees alle die Augen auf sie, um sie Coeuvres (17) zur Gemahlin zu geben. Sie zählten auf die Mitwirkung des Königs, oder hielten sich vielmehr derselben schon versichert. Coeuvres war Ihm sehr angenehm, und ging Ihn, durch Verwandtschaft mit Seinen Kindern von der verstorbenen Herzogin von Beaufort, sehr nahe an. Sie ließen Ihm die Sache durch Herrn von Vendome selbst vortragen, dem Er versprach, mit mir vor Seiner Abreise nach Chantilly davon zu reden. Es fiel Ihm aber erst Mittags zu Louvre-en-Parisis wieder ein, von wo Er mir so schrieb, daß ich sehen mußte, Er wünsche leidenschaftlich, die Sache durchzusetzen.

Ich

Ich schrieb an die Verwandte des Mädchens, lauter Flamänder. Allein da ihre Antwort nicht so ausfiel, wie man seinem Herrn schreiben kann oder darf, so antwortete ich Ihm gar nicht, und als Er mich um die Ursache fragte, sagte ich Ihm bloß, die Verwandte des Fräuleins von Melun haben diese Verbindung nicht gut gefunden. Der König gerieth auf die Gedanken, als ob ich sie so reden lasse, und ihnen vielleicht noch gar nicht geschrieben hätte. Ich war daher genöthigt, Ihm die Briefe der Marquisin von Roubais, des Fürsten und der Fürstin von Ligne, der Fürstin von Epinoy, der Gräfin von Barlaymont, der Grafen von Fontenay und Buquoy zu zeigen, welche alle mir davon geschrieben hatten. Heinrich sah, was ich Ihm nicht hatte sagen wollen: wie sehr sie das Haus Etrees, unerachtet der Ehre, die Er ihm erzeigt hatte, unter sich hielten (18). „Ich sehe wohl, — sagte Er, halb zornig, — daß ich den Gedanken „aufgeben muß, da ich es mit allen diesen hochtraben- „den Narren von Flamändern zu thun habe, die „Sie mir da hergenannt haben." Wirklich ging auch die Sache nicht durch, da sich der König nicht weiter damit befassen wollte.

Ein

Ein und zwanzigstes Buch.
1605.

Alle diese Unannehmlichkeiten, die ich zu bekämpfen hatte, kosteten mich einen Theil der Zeit, die ich der Finanzverwaltung ganz zu widmen gewohnt war, erkälteten aber darum nicht den Eifer in mir, alle dahin gehörige Geschäffte zu verrichten. Ich arbeitete in diesem Jahr daran, die Veräußerungen und anmaßliche Besitznehmungen der Krongüter in Ordnung zu bringen, und alle auf Salz- und Vermögensteuer, Zehnden, Tranksteuer und andre Theile angewiesene Renten, so wie auch alle andre so wohl auf den König, als auf Städte, Ländereyen und Gemeinheiten aufgenommene Schulden ins Reine zu bringen. Ich berechnete, daß diese Veräußerungen, Renten und Schulden dem Reich seit ihrer Entstehung bis auf das laufende Jahr bereits über hundert und funfzig Millionen kosteten (1). Noch auffallender war es, daß alle diese Gelder, womit sich der Staat, ohne daß er einen sichtbaren Nutzen davon gehabt hätte, belastet sah, wirklich größtentheils von denen, die man anfangs sie bestätigen zu lassen brauchte, an sich gerissen, oder an andre vertheilt, verkauft und veräußert worden waren. Der König konnte es nicht glauben. Ich machte Ihm aber die Sache vermittelst zweyer Urkunden, die ich erst aufgetrieben hatte, ganz deutlich. Eine davon ist ein Staat der Personen, welche während der Pachtung Champignys und Noels de Here beym Salz mit angestanden hatten. Es waren ihrer zwanzig, von Paris, vom Hof, selbst vom Staatsrath, und die Theile stiegen von funfzigtausend Livres bis auf

hundert

hundertfunfzigtausend Thaler. Das Ganze belief sich auf neun Millionen siebenmalhundert und acht und dreyßigtausend Livres. Das andre Beweisstück, datirt vom 27 Oft. 1585 ist eine Association des Oberaufsehers von O mit den Salzpachtern, auf ein Fünftel. Er verbürgt sich darinn bis auf den Betrag dieses Fünftels für Anton Faschon, Notar, der ihm seinen Namen lieh, gegen die genannten zween Pächter.

Ein ähnliches Verfahren macht, daß dem König ebenfalls von der Tranksteuer, und den außergewöhnlichen (unständigen) Gefällen beynahe nichts eingekommen war. Gondy im Verständniß und Theilnehmer mit d'Incarville und den andern Mitgliedern des Staatsraths hatte sich darauf an Zahlungsstatt für vorgebliche Schulden, die er an den König zu fodern hätte, anweisen lassen. So viel Schwierigkeiten auch mit der Entdeckung dieser ersten Unterschleife und Nachsichtigkeiten verbunden waren, spürte ich doch so sorgfältig nach, daß ich bereits für drey Millionen aufgefunden hatte, welche jetzt mehr in den königlichen Schatz kamen. Da meine Absicht, indem ich so von Zeit zu Zeit den unrechtmäßigen Besitzern Güter wieder abnahm, die ihnen nicht gehörten, keine andre war, als das Volk zu erleichtern, so verordnete ich nach Maßgabe dieser Entdeckungen jedesmal im Namen Sr Majestät beträchtlichen Nachlaß an der Vermögensteuer, welches nach ihrer Vertheilung und Erhebung eine Hauptquelle von Mißbräuchen und Bedrückungen jeder Art war. Es ist sehr zu wünschen, aber schwerlich zu hoffen, daß man einst die ganze Grundanlage dieses Theils der königlichen Einkünfte umändern möchte (2).

Die Salzsteuer setze ich in Eine Reihe mit der Vermögensteuer. Nie habe ich etwas so widersinnig tyrannisch gefunden, als einen Privatmann mehr Salz, als er will und brauchen kann, kaufen zu lassen, und ihm dann noch zu verbieten, was er zu viel hat, wieder zu verkaufen. So erklärte ich mich einst gegen den König darüber, als wir mit einander davon sprachen. Er verlangte einen ausführlichen Aufsatz über diesen ganzen Gegenstand: was das Salz auf den Salzwerken im Ankauf koste; von den Kosten, die man vom Ankauf bis zur Losschlagung darauf zu wenden habe; von der Vertheilung auf die Salzspeicher, und von andern Fragen, die sich hierüber aufwerfen lassen. Er sagte mir nicht, wozu Er diesen Aufsatz haben wolle. Ich eilte ihn auszufertigen, so gut ich konnte, und so genau es sich thun ließ, weil man, aus Gründen, die ich darinn anführte, den wahren Werth nicht ganz bestimmt angeben kann. Es erfolgte aber nichts darauf, und alles blieb hierin beym Alten. So schwer hält es, die Fehler, welche die vorgeblich unfehlbaren Alten aus Uebereilung, Unwissenheit und Mangel an Einsicht bey den ersten Einrichtungen begangen haben, selbst dann wieder zu verbessern, wenn andre, vernünftigere Auflagen, wie der Zehende und der Einfuhrzoll so deutlich die Mittel zu zeigen und die Bahn zu ebnen scheinen (3).

Die auf die Provinzen, Rathhäuser und Gemeinheiten aufgenommenen Schulden waren eben so nachtheilig für den König als seine eignen. Ich lag Ihm daher unaufhörlich an, zu erlauben, daß man über sie eben dieselbe Untersuchung und Operation vornehmen könnte, wie bey den andern, um wenigstens ihre Menge zu verringern. Ich erhielt es endlich, und Er stellte die Wahl der Mittel dazu in mein Gutfinden. Ich fing

fieng damit an, daß ich dazu Bevollmächtigte ernann=
te, die ich aus den Personen wählte, die mir als die
arbeitsamsten und getreusten in den hohen Gerichts=
höfen, dem Kollegium der Requetenmeister, der Kaf=
siere und andrer Beamten bekannt waren. Allein da
diese Arbeit nicht so geschwind vor sich gehen konnte,
so verschiebe ich die genauere Angaben davon, bis da=
hin, wo ich von den Wirkungen reden werde, die sie
hervorbrachte.

Ich kann mich nicht enthalten, die, übrigens sehr
gemeine, Bemerkung zu machen, daß Ordnung und
Häuslichkeit unerschöpfliche Quellen sind; wenn ich be=
denke, daß unerachtet der gewöhnlichen Staatsausga=
ben, und derer, welche der König außerordentlich
machte, unerachtet drey bis vier Millionen, die jähr=
lich ins Ausland giengen, unerachtet des erschöpften
und zerrütteten Zustandes, worinn der König bey
Seiner Thronbesteigung das Reich, seine Finanzen
und seine Schatzkammern gefunden hatte; daß, sage
ich, unerachtet aller beynahe unübersteiglichen Hinder=
nisse und Schwierigkeiten die Regierung dennoch be=
reits ein Ansehen von Wohlhabenheit gewonnen hatte,
welche den ersten Mangel selbst beynahe bis auf die
Rückerinnerung vertilgte. Hätte man sich zehn Jahre
zuvor vorstellen können, daß der König im Jahr 1605
so reich seyn würde, als er es jetzt war, wenn man
ernstlich erwogen hätte, daß die Summen, die man
Ihm abfoderte, als Er im ruhigen Besitz der Krone
anerkannt werden sollte, und die, mit denen Er Sei=
ne Kammer verschuldet fand, nebst allen Zinsen und
Rückständen von diesen Summen, sich auf nicht we=
niger als dreyhundert und dreyßig Millionen beliefen?
Wer, sage ich, hätte sich wohl vorstellen können, daß
alles, was von dieser fürchterlichen Summe bezahlt
werden konnte, nebst allen reinen und einfachen Schul=

H 2   den,

den, auch wirklich bezahlt seyn würde, und daß bereits die nöthigen Vorkehrungen für alle übrigen getroffen seyn könnte, ohne daß der königliche Schatz erschöpft oder noch belastet war? — Und doch ist dieß alles wirklich so geschehn, und eine allgemeine Angabe der besondern Summen, welche diese Hauptsumme ausmachten, ist vielleicht das interessanteste Stück, was ich meinen Lesern in diesen Denkwürdigkeiten vorlegen kann.

Der Königin Elisabeth von England war man bey ihrem Hintritt schuldig an baarem Geld für Heinrich zu seinen Bedürfnissen, an Vorschuß für die teutschen und ihre eignen nach Bretagne geschickten Völker, und an andern Summen, zu denen die Unterhaltung aller der Englischen Hülfsleistungen an Mannschaft, Schiffen, Provisionen für den König zur Belagerung von Dieppe, Rouen, und während der ganzen Zeit der Ligue, in Geld angeschlagen worden war . . . . . . 7,370,800 Livres

Den Schweizerkantons so wohl für ihre Dienste als an Gehalt, mit Inbegriff der Zinsen
35,823,477 Liv. 6 S.

Den Generalstaaten an Darlehn, Sold, Unterhaltung der Schiffe, an Pulver, Lebensmitteln, Kriegsvorrath ꝛc., ebenfalls während der Ligue
9,275,400 Liv.

Verschiedenen französischen Herrn, Obristen und Offizieren für Dienste, Sold, Pensionen, Gehalt ꝛc. während der bürgerlichen Kriege   6,547,000 Liv.

Den Theilhabern jeder Art von Pachtungen, den Prinzen, Städten, Gemeinheiten und andern Privatpersonen, mit Inbegriff der Gagen, der Zwischengehalte, und Pensionen der königlichen Hausofficianten,

ten, Justiz- Polizey- und Finanzbedienten nach ein-
gereichten Verzeichnissen . 28,450,360 Liv.

Verschiedenen Privatpersonen besage ihrer Zeddel,
Anweisungen, Kammerquittungen, Assignationen,
offnen Empfangscheine ꝛc. beynahe alle aus der Regierung Heinrichs III . . 12,236,000 Liv.

Verpfändungen der Krongüter, Bestimmung von
Renten aus einem übermäßigen Capital, wie sie durch
die Gläubiger selbst moderirt, oder durch Se Majestät
heruntergesetzt war . . 150,000,000 Liv.

Verträge zu Aufhebung der Ligue, die ich oben einzeln berechnet habe . . 33,150,981 Liv. (4)

282,854,018 Liv.

Es ist wahr, wie ich auch schon angemerkt habe,
daß sich nach näherer Untersuchung dieser Theile mehrere darunter fanden, die als unrechtmäßige Foderungen ganz niedergeschlagen wurden, andre, über die
man sich mit dem Gläubigern verglich, andre, deren
man sich durch verschiedne Auskunftsmittel zu entledigen mußte, wie z. B. derer, die auf Steuern und
Krongütern hafteten. Man wird aber leicht begreifen,
daß noch viele, mit denen es seine Richtigkeit hatte,
zu bezahlen übrig blieben. Ich bemerke hier voraus,
um zu zeigen, wie unwirksam gute Beyspiele sind,
daß nach Heinrichs Tod die neuen Direktoren ihre
Verwaltung damit anfiengen, daß sie einen Theil dieser guten Einrichtung aufhoben und die aufgestellten
Verordnungen einzogen. Diese Operation, welche
unter dem Schein von Gelindigkeit und falschem Mit-
leid ein wahrer Beweis von Mangel an Ordnung ist,
läßt mich sehr fürchten, die Staatsschulden möchten
unter der neuen Einrichtung statt abzunehmen, nur
noch mehr anwachsen. Doch, wir wollen den Tod
dieses

dieses Herrn nicht zu früh nennen, und uns begnügen, als ewiges Denkmal seines Ruhms den Zustand zu zeichnen, worein die Weisheit seiner Regierung Frankreich schon in diesem Jahr gesetzt hatte. Die Zahlungen außer und in dem Reich geschahen auf den Punkt, ohne den mindesten Aufschub, weder bey ihnen noch in den laufenden Ausgaben, und ohne daß der König deswegen unterlassen hätte, noch andre sehr beträchtliche Ausgaben zu machen, um die königlichen Häuser auszubessern, zu meubliren und zu verschönern; die festen Plätze zu repariren und neue aufzubauen; öffentliche Gebäude aufzuführen (5), Kirchen, Spitäler und Klöster wieder aufbauen zu lassen, Pflaster, Dämme, Brücken und Straßen zu unterhalten, eine sehr große Menge von Galeeren an dem mittelländischen Meer zimmern zu lassen, die Magazine und Zeughäuser zu füllen, die Kronkleinodien wieder aufzukaufen oder einzulösen, und sie mit neuen zu vermehren. Bey diesem allem blieb am Ende des Jahrs noch ein beträchtlicher Ueberschuß für den Schatz in der Bastille (6).

Was ich noch höher anschlage, als alle diese Schätze, ist, daß Heinrich sie erwarb, nicht nur ohne das Volk noch elender zu machen, sondern selbst mit beträchtlicher Erleichterung der demselben schon aufgeladenen Bürden, wie man dieß in diesen Memoiren gesehen hat. Er bedauerte stets, daß die jetzige Lage der Dinge ihm nicht erlaubte, seine Zärtlichkeit gegen seine Unterthanen noch weiter auszudehnen. Wenn auch die Feinde Seiner Regierung dieß nicht zugaben, wenn sie sogar das Gegentheil aussprengten, so ist es doch nicht minder wahr, daß Ueberfluß durch das ganze Reich sichtbar zu werden anfieng, und daß der Landmann, erlöst von dem Joch seiner Tyrannen, der

Finanz-

Finanzleute, des Adels und der Söldner, in Ruhe und Sicherheit säete und ärndete (7); der Handwerksmann sich mit seiner Profession bereicherte; der kleinste Handelsmann sich des Gewinns von seinem Gewerbe erfreute, und der Edelmann selbst seine Einkünfte besser nutzen konnte.

Der Friede wurde durch einige Beyspiele von Strenge, welche der König gab, nicht nur nicht gestört, sondern vielmehr befestiget und schätzbarer. Die Einschränkung der Zügellosigkeit bey den Soldaten war Gewinn für das Volk und die Kriegszucht zugleich, ohne Nachtheil für die Person des Soldaten und Officiers, welche ihren Sold richtig erhielten, überdieß nach Verhältniß ihrer Dienste belohnt, und nach ihren Fähigkeiten oder ihrer Tapferkeit geschätzt wurden. Die Schaumünzen, die ich wie gewöhnlich dießmal dem König zum neuen Jahr überreichte, zeigten eine Lilie, von welcher sich auf zwo Seiten gegen zween Polarsterne hin ein Blumenstengel ausstreckte, mit der Umschrift: Hi fines (dieß die Gränzen!).

Durch solche Handlungen kann ein König auf den Ruhm Anspruch machen, dieß Sinnbild erfüllt zu haben.

Ich will nicht wiederholen, was ich in Ansehung der Briefe Heinrichs gesagt habe. Ich finde deren von diesem Jahr eine so große Menge, über alle Arten von Gegenständen, Finanzen, Handlung, Politik, daß ich sie hier nicht beybringen will. Ich merke verschiedene Geschenke daraus an. Dreyßigtausend Livres der Königin, zum Neujahrsgeschenk; Neuntausend der Gräfin von Moret (8); funfzehnhundert den Kammerfrauen der Königin, und eben so viel zur Vertheilung unter die Ammen seiner Kinder bey verschiedeschiedenen Gelegenheiten durch Frau von Montglat; viertausend den Kindern des Commandeur de Chastes; zwölfhundert an Pralin, eben so viel an Merens; dreytausend dem Grafen von St. Aignan, zum Ersatz der Kosten, die er für die Compagnie seines Stiefvaters Montigny aufgewendet hatte; zweytausend vierhundert an verschiedene Pensionairs in Bourgogne durch die Hand Hectors le Breton, seines Bevollmächtigten in dieser Provinz; viertausend als Pension für Lognac (9), reformirten Capitain, zur Belohnung seiner Dienste; vierzigtausend, welche Er an Villars als Ersatz schuldig zu seyn glaubte, indem Er sagte, diese Summe habe dieser Familie über sechstausend Livres an Zinsen geschadet, seit man ihr sie schuldig geblieben sey; fünfhundert dem Herzog von Ventadour, der sie in kleinen Auslagen vorgeschossen hatte; zum Beweis, sagte der König, daß man nichts dabey verliere, wenn man Ihm diene. Der Sieur de Canisy empfieng eine gleiche Wiedererstattung; und siebenzehntausend hundert acht und dreyßig Livres sein Apotheker, la Livre. Der König war Schuldner dieses Mannes seit 1592, und hatte zum Theil den Verfall seiner Umstände verursacht, indem ihn seine Gläubiger hatten gefangen nehmen und setzen lassen. Er entschädigte ihn dafür. — Neuntausend fünfhundert ein und vierzig Livres für Johan Sellier, Kaufmann in Troyes, der für Se Majestät die Errichtung eines gewissen öffentlichen Gebäudes übernommen hatte.

Ich sage nichts von hundertfunfzigtausend Livres, welche der Herr Graf von Soissons erhielt; von dem Edikt über die Kanzleytaxe, und einem andern, welches eine ganz geringe Abgabe, zu Gunsten des Herzogs von Mayenne, auf das Salz legte; noch von einer Menge andrer Gnadengeschenke und rechtmäßi-
ger

ger Abzahlungen. Zamet erhielt vom König die beyden Einnehmerstellen von Rouen, jede für zweytausend Thaler. Heinrich ließ Seinen Forst de l' Aigle gerichtlich zwischen sich und dem Connetable abtheilen, kaufte aber, um Streitigkeiten zu verhüten, den andern Antheil, und machte selbst eine Holzordnung. Er verwies an Sein Conseil das Anerbieten von zwölfmalhunderttausend Livres für ein Arret die Quarts Deniers (Viertelspfennige) betreffend. Er schickte Margonne mit seiner Compagnie, den Thurm von Bouc zu besetzen, der ihm sehr wichtig schien. Es fanden sich aber Schwierigkeiten von Seiten des Herzogs von Mercoeur, dem er gehörte, welche Se Majestät bewogen, mit ihm darüber einen Tausch- oder Kaufkontrakt zu schließen.

Ein großer Theil Seiner Briefe betraf auch Seine Gebäude, besonders die für die neuen Seidenmanufakturen, welche er stets mit gleichem Eifer betreiben ließ. Für die Seidenbrut, die man Ihm aus Spanien geschickt hatte, bestimmte Er Seine Orangerie in den Thuillerien, wo Er die Zurichtung dazu sehr beschleunigte (10). Ich ließ auf Seinen Befehl die Grundsteine zu neuen Gebäuden, für Seine Tapetenfabrik auf dem Pferdemarkt, legen. Man konnte diesen Gebäuden nicht die ganz erfoderliche Weite geben, ohne ein wenig in den Garten Montmagnys hinein zu rücken, der sich dagegen setzte. Heinrich wollte, daß ihm alles bezahlt werden sollte, was er dafür fodern würde, bemerkte jedoch dabey: daß, wenn von dem allgemeinen Besten die Rede ist, ein Privatmann sich bey dem Ausspruch der dazu ernannten Sachverständigen beruhigen müsse. Er ließ aus dem Ausland die Comans und la Planche kommen, um ihnen die Sorge und Aufsicht über diese Manufakturen

ren anzuvertrauen. Sie fiengen aber bald an, sich zu beklagen; es sey nun, daß der Gewinn ihren Erwartungen nicht entsprach, oder daß sie es zu schwer fanden, ihren beträchtlichen Verlag wieder herauszuziehen. Der König, dem sie deswegen lästig waren, schickte sie mir auf den Hals, und befahl mir, es so einzurichten, daß sie sich nicht darüber zu Grund richten, aber auch dabey nicht zu sehr bereichern möchten.

Seine Aufmerksamkeit, in gutem Vernehmen mit allen Mächten zu bleiben, die einst an Seinen großen Entwürfen Theil nehmen möchten, leuchtet auch aus Seinen Briefen, so wie aus Seinem ganzen Betragen, hervor, so wohl in der Pünktlichkeit, alle Pflichten der Höflichkeit oder des bloßen Ceremoniels zu erfüllen, als in der Art ihre Gesandten und Bothschafter zu behandeln, sie durch gut angebrachten Aufwand und Geschenke zu gewinnen, und, was ein noch wichtigerer Dienst ist, sie unter einander zu versöhnen, indem Er ihre Streitigkeiten beylegte, und zugleich in Rücksicht auf sie das Amt eines Schiedsrichters von Europa ausübte. Er schickte mir einen Brief voll von Complimenten an die Herzogin von Zweybrücken, mit dem Befehl, ihn durch einen meiner Edelleute nebst einem Geschenk von wenigstens zwölf bis fünfzehnhundert Thalern zu übersenden. Diese Fürstin bezeugte sich darüber in ihrem Danksagungsschreiben sehr gerührt. Da Ihn der Herzog von Bar über sein Vorhaben zur Vermählung mit der Prinzeßin von Mantua zu Rath gezogen hatte, die noch lange geheim gehalten wurde; so übernahm Er es, dem Herzog von Mantua den Antrag deswegen zu machen, und fertigte sogleich einen außerordentlichen Eilboten an ihn ab, wiewohl Er in diesem Stück die Sparsamkeit sonst so weit trieb, daß Er Seinem Gesandten

sandten zu Rom eine Art von Vorwurf darüber machte, weil er Ihm zu oft Eilboten schicke, was er nicht
mehr thun solle. Als der Gesandte der Republik
Venedig im November Abschied von Ihm nahm,
empfieng er durch mich ein ansehnliches Geschenk, und
ich machte sogar seinen Sekretär eines. Der Envoyé
des Herzogs von Holstein, Gunterot, kehrte nicht weniger vergnügt zurück. Ich zeigte ihm das Zeughaus und alle Magazine des Königs, und damit er
das Andenken daran besser erhalten möchte, machte
ich ihm, nach dem Willen des Königs, ein Geschenk
mit ein paar Seiner schönsten Waffenrüstungen für
den Fürsten, seinen Herrn.

Der Tod Clemens VIII (11) erfolgte in der
Nacht vom dritten auf den vierten März, und wurde
sogleich nach Frankreich durch einen Eilboten berichtet,
den mein Bruder an den König schickte, welcher sich
damals zu Chantilly aufhielt. Auch durch Briefe,
welche zu gleicher Zeit die französischen Kardinäle
schrieben, die der König im vorigen Jahr nach Rom
geschickt hatte, und denen am Ende desselben Jahrs
noch der Kardinal du Perron dahin gefolgt war.

Die Verbindung, in der ich jederzeit mit diesem
Kardinal gestanden hatte, veranlaßte einen ununter-
brochenen Briefwechsel unter uns, seit er jenseits des
Gebürgs war. Er benachrichtigte mich von seiner
Ankunft durch einen Brief vom 28. Dec. 1604, und
schrieb mir einen andern vom folgenden 6. Februar.
Seinen Versicherungen zu Folge hatte ich die Freund-
schaft des ganzen Römischen Consistoriums gewonnen,
welches nicht müde würde, mein Benehmen gegen die
Geistlichkeit und in allem, was die Kirche beträfe,
zu rühmen. Besonders hatte ich an dem Kardinal
Busalo,

Busalo, seit unsrer mit einander gehabten Verhandlung, einen eifrigen Lobredner zu Rom. Ich hatte ihm seit seiner Abreise von Paris einen ziemlich langen Brief geschrieben, den er jedermann vorzeigte, um sich aus seinen Gesinnungen gegen mich öffentlich eine Ehre zu machen. Ich will nicht alle schmeichelhaften Dinge hier anführen, wovon der Brief des Kardinals du Perron voll ist. Ich hatte bey dem so eben angeführten nichts zur Absicht, als zu zeigen, daß ich mich, Gott sey Dank, nie von dem bittern und ungestümmen Eifer hinreißen ließ, den sonst wohl Religionsverschiedenheit einflößt. Die Aenderung meiner Religion war ein Gegenstand, von dem die Kardinäle unaufhörlich mit Perron sprachen, indem sie alle mit gleichem Eifer dieselbe wünschten. Der Kardinal Aldobrandini sagte öfters zu ihm: er könne nie Messe halten, ohne sich meiner bey dem Memento zu erinnern. Der Pabst sagte ihn ungefehr dasselbe, als er durch Bethune bey ihm zur Audienz eingeführt wurde. Er unterhielt ihn lange von mir, und besonders von den Mitteln, meine Bekehrung zu bewirken, wie er es nach der Römischen Sprache nannte. Es ist sonderbar genug, daß einem Minister die Gerechtigkeit, welche seiner Uneigennützigkeit und der Geradheit seiner Absichten von seinen eigenen Landsleuten versagt wurde, von Ausländern widerfahren mußte, die eine so wichtige Ursache hatten, ihn zu hassen. Indem mir Perron dieß so von den Kardinälen erzählte, bezeugte auch er mir das Verlangen, das er für sich selbst trüge, daß ich noch diesen letzten übrigen Schritt thun möchte, um meine Verbindung mit denen vollkommen zu machen, die mir schon jetzt so sehr wohl wollten; „indem Sie, setzte er hinzu, nicht mehr Freunde in „Genf haben können, als Sie zu Rom haben."

Nicht minder gerührt war ich über das Zeugniß, das er meinem Bruder gab: er habe das Herz der Ultramontaner so sehr zu gewinnen gewußt, daß kein Franzose seit hundert Jahren sich in ganz Italien in solche Achtung gesetzt habe (12). Seine Ausdrücke waren voll von Lobeserhebungen und Dankbarkeit, als er auf die Höflichkeit Bethune's zu reden kam, daß dieser ihm bey seiner Annäherung gegen Rom neun Meilen weit mit dem ehrenvollsten Gefolge von Französischem und Römischem Adel entgegen gezogen sey.

Der König hatte Seinen Kardinälen vorzüglich aufgegeben, bey der bevorstehenden Pabstwahl den Vortheil der Nation nicht aus den Augen zu verlieren. (13). Diese Aufgabe wurde wiederholt, als man aus den Briefen, die ein zweyter Eilbote, der am 28. März in Paris ankam, von Rom vernahm, daß allem Anschein nach das bevorstehende Conclave wegen der großen Anzahl von Mitbewerbern um die dreyfache Krone, die man noch dazu wirklich alle derselben würdig fände, ein wenig stürmisch werden würde. Indessen wurde diese Schwierigkeit so leicht und so geschwind gehoben, daß der heilige Stuhl zween Tage nach der Ankunft dieses Eilboten, nehmlich Freytags den ersten April Abends um acht Uhr wieder mit dem Kardinal von Medicis, sonst Kardinal von Florenz genannt, besetzt wurde, der den Namen Leo XI annahm. Die Wahl eines Verwandten der Königin, welcher gleichen Namen mit ihr führte, zeigt hinlänglich, daß Se allerchristlichste Majestät von der Italiänischen Nation gute Dienste erhielt 14). Er bezeugte daher auch Seine Freude darüber öffentlich, als die Nachricht davon nach Paris kam, und wollte, daß jederman Theil daran nehmen sollte. Er schrieb mir: ich sollte Sein Geschütz dabey nicht schonen, und die

nöthigen

nöthigen Befehle ertheilen, damit das Beyspiel, das
ich in Paris geben würde, auch in meiner Statthalterschaft und im ganzen Reich befolgt werden möchte.
Der Bischoff und der Gouverneur von Paris, der
Präsident von Bellievre und die königlichen Parla-
mentsräthe, die Bischöffe und andre öffentliche Personen erhielten durch das ganze Reich und nach ihren
verschiedenen Aemtern Befehl, das Te Deum singen,
Freudenfeuer anbrennen zu lassen, und dgl. Man
kann sagen, daß noch nie die Erhebung eines Pabstes
mit größern Ehrenbezeugungen gefeyert wurde. Indessen waren sie doch nicht im Stand, die Dauer des
Pabsthums Leo des XI auch nur um einen Augenblick zu verlängern, welche nur noch wenige Tage
lebte, und vielleicht bereits todt war, als man sie ihm
zur Ehre in Frankreich veranstaltete (15).

Der ihm zum Nachfolger gegebene tröstete einigermaßen den König. Paul V., zuvor Kardinal von
Borghese wurde es, weil zween Umstände sich zu
seiner Wahl vereinigten, die Gewogenheit, welche ihm
die französische Nation durch ihre Kardinäle öffentlich
bezeugte, und sein persönliches Verdienst, das ihm
diese Auszeichnung erwarb, welche man durch eine
glückliche und würdige Regierung vergolten zu sehen
hoffte. Zween Päbste nach einander, so zu sagen,
von der Hand des allerchristlichsten Königs auf den
heiligen Stuhl gesetzt, ließen vor ganz Europa den
Credit nicht zweifelhaft, in welchen Er sich bey den
Italiänern gesetzt hatte. Er urtheilte eben so davon,
und bezeugte eine lebhafte Freude darüber. Er legte
sie dadurch an den Tag, daß Er sogleich nach dem
Empfang der Nachricht von der neuen Wahl, die am
25. May Abends um 10 Uhr einlief, eben dieselben
Befehle deswegen ausfertigen ließ, wie bey der Wahl

Leo

Leo XI, nur die Freudenfeuer ausgenommen. Hievon gab Er selbst den Grund bey denen an, welche diese Besonderheit hätten übel auslegen können: daß nehmlich diese Ehrenbezeugung dem Kardinal von Florenz nur in Rücksicht auf seine Verwandtschaft mit dem königlichen Haus erwiesen worden sey. Uebrigens wurde nichts unterlassen, und der König wohnte selbst dem Te Deum bey, das Er zu Fontainebleau singen ließ. Ich empfieng bey dieser Gelegenheit drey Briefe von demselben Datum von dem König, bloß in Ceremonielsachen wegen meiner verschiednen Aemter, und als einer öffentlichen Person schickte Er mir sowohl, als dem Kanzler und Sillery einen Aufsatz in Form einer Relation von allem, was in dem Conclave vorgefallen war.

Paul V täuschte die Erwartungen nicht, die man sich von seiner Regierung gemacht hatte. Der Römische Staatsrath schien durchaus dieselben Grundsätze zu befolgen, wie unter Clemens dem Achten. Man schrieb Barberini, der als Nuntius nach Frankreich geschickt wurde, nichts über das vor, was der Kardinal Bufalo gethan hätte, und es wurde ihm durch den Kardinal Aldobrandini und von Sr Heiligkeit selbst befohlen, sich in allem, was er zu thun oder zu suchen hätte, an niemand als an mich zu wenden. Ich weiß nicht, was der Kardinal Bufalo vortheilhaftes von mir gesagt haben mochte. Nur Er konnte diesen Rath gegeben haben, sich immer nur allein an mich zu wenden, und so viele Personen vorbeyzugehen, welche die Ergebenheit gegen den heiligen Stuhl bis zum Knechtischen trieben. Mein Bruder schrieb mir: ich könne nicht zu erkenntlich gegen diesen Kardinal seyn, noch seine Freundschaft gegen mich zu sehr erwiedern.

Dieser

Dieser Brief von Bethune ist vom 12 November. Denn er war um diese Zeit noch zu Rom, wiewohl er darauf gerechnet hatte, nach der Einsetzung des neuen Pabstes sogleich nach Frankreich zurückkehren zu können. Neue Befehle hatten ihn zurückgehalten, und er reiste erst einige Tage nach diesem Briefe ab. Der Pabst verlor ihn so ungern, daß Bethune ihn bitten mußte, er möchte seinen Vorsatz nicht ausführen, an den König zu schreiben, daß man ihn noch einige Zeit bey ihm lassen möchte. Er hatte das zurückhaltende, schüchterne und vielleicht ein wenig zu kalte Wesen abgelegt, das er bey dem Anfang seiner Unterhandlung hatte blicken lassen. Sobald er sich erst an die Römische Hofmanier gewöhnt hatte, verwandelte sich jenes in eine zuversichtliche Weisheit, die ihm in seinen Geschäfften den günstigsten Erfolg sicherte, den er sich wünschen konnte. Der Pabst fuhr fort, ihm die größten Ehrenbezeugungen machen zu lassen, und befahl, daß ihn alle Städte des Kirchenstaats, durch die er kommen mußte, mit der ausgezeichnetsten Achtung empfangen und behandeln sollten. Ich erzähle dieß alles, — wiewohl nach einem Brief des Kardinals du Perron, meines Freundes, den er mir von der Abreise meines Bruders schreiben zu müssen glaubte, — doch noch um so zuversichtlicher, da dieser Kardinal es in denselben Ausdrücken an den König schreibt, und Ihm vorstellt, daß Er nicht besser thun könnte, als wenn Er Bethune eine Stelle in dem Departement der auswärtigen, und zwar besonders der Italiänischen Angelegenheiten gäbe, weil Er dazu niemand bekommen würde, der genauere Kenntniß davon besäße (16).

Du Perron dankte mir in diesem Brief dafür, daß ich ihn bey dem König gegen diejenige vertreten hatte, welche

welche ihn um die versprochene Groß-Almosenierstelle zu bringen gesucht hatten; auch für einige andre kleine Dienste, die ich seinem Bruder erzeigt hatte. Noch ein andrer Artikel betraf la Fin. Dieser Mensch, von welchem in dem Proceß des Marschalls von Biron so oft die Rede gewesen ist, hatte nach seinem natürlichen Leichtsinn Frankreich verlassen, und die protestantische Religion angenommen. Der König, der ihn beobachtete, wie man das gegen alle, welche einmal Mißtrauen erregt hatten, thut, ließ ihn in Italien arretiren, und auf den Thurm von Ronne gefangen setzen. La Fin hatte sich an den Kardinal du Perron, einen ehemaligen Freund, gewendet, um durch ihn wenigstens die Vergünstigung zur Rückkehr nach Frankreich zu erhalten, damit man ihm da seinen Proceß machte, wenn man ihn schuldig fände, oder ihn freispräche. Dafür bat mich nun du Perron, mich bey dem König für la Fin zu verwenden.

Der merkwürdigste Brief, den ich über die Apenninen erhielt, ist der, welchen der Pabst selbst an mich zu schreiben geruhte. Ich will bloß einen gedrängten Auszug aus diesem Breve geben, weil es sehr lang ist. Da es den Schein haben sollte, als schriebe mir der heilige Vater in Beziehung auf meinen Bruder, so begann er mit den stärksten Lobsprüchen auf dessen Betragen, Frömmigkeit, Klugheit, und die achtungsvolle Höflichkeit, welche er gegen alle Kardinäle und Ihn selbst, als Er noch mit dieser Würde bekleidet gewesen sey, gezeigt habe. Von da kamen Se Heiligkeit auf Ihr Bedauern, daß die Hindernisse, die ich meiner Bekehrung in den Weg lege, Sie verhinderten, sich so offen, als Sie gewünscht hätten, Ihrer Freundschaft gegen mich zu überlassen, indem Ihnen Ihre Frömmigkeit und Ihr Religionseifer tausend Be-

weggründe an die Hand gäbe, mich zu der Religionsänderung zu bereden. Sie versicherten mich, wenn
Ihre Stelle Sie nicht zurückgehalten hätte, so hätten
Sie sich geneigt gefühlt, ohne Bedenken nach Frankreich zu kommen, um hier selbst daran zu arbeiten.
Er hielt mir das Beyspiel der alten Grafen von Flandern, meiner Verwandten, vor, namentlich Saint-
Alpins von Bethune, für den ich, wie man Ihm gesagt habe, eine vorzügliche Verehrung hegte. Dazu
fügte Er noch das Exempel der ersten Heiligen Frankreichs, und dessen berühmtester Könige; was natürlich
auf das Lob Sr jetztregierenden Majestät führte. Damit hing das Lob Clemens des VIII zusammen, aus
Gelegenheit aller der Dienste, welche ich diesem Pabst
erwiesen hätte, wofür Er mir, so wie für alle Gefälligkeiten, durch welche ich mir Seine und Seiner
Vorgänger Legaten und apostolische Nuntien verbindlich gemacht hätte, sehr gnädig dankte. Dieß Breve,
ganz voll von pathetischen Ermahnungen, schließt mit
sehr feurigen Gebeten und Segenswünschen.

Meine Antwort war, wie sie auf ein so verbindliches Schreiben seyn mußte. Ohne den Artikel, die
Religionsveränderung betreffend, zu berühren, begnügte ich mich, die Tugenden und große Eigenschaften Sr Heiligkeit zu preisen, Ihn meines Gehorsams, meiner Dienstbeflissenheit und meines lebhaften Wunsches Ihm nützlich zu werden, zu versichern.
Die Danksagungen für die bezeugte Gesinnungen, und
die Wünsche, eines ununterbrochenen Wohlergehens
füllten den Rest meines Briefs, worinn ich, ohne meiner Religion, wie ich glaube, zu nahe zu treten, nichts
unterlassen hatte, was man dem Charakter gesalbter
Häupter, besonders dem, welchen eine ganze Kirche
dem Pabst beylegt, schuldig ist. Ich machte also
keine

keine Schwierigkeit mich des Ausdrucks zu bedienen: ich küsse Ew Heiligkeit die Füsse; der ohne Zweifel meinen Mitbrüdern nicht gefallen hätte. Paul V sagte aber auch laut, als Er meine Antwort erhielt: sie gewähre Ihm eines der größten Vergnügen seit seiner Thronbesteigung. Er las sie dreymal nach einander, und rief dabey aus: ich thue Ihm zu viel Ehre. Er lobte über alles die Schreibart, die Wendungen und alle Ausdrücke, und sagte dabey: meine Lobsprüche rauben Ihm einige von denen, die Er mir zugedacht gehabt hätte. Er war ganz entschlossen mir durch ein zweytes Breve zu danken, und du Perron selbst mußte sich diesem Uebermaaß von Zärtlichkeit widersetzen, weil es von üblen Folgen seyn könnte. Dieser Kardinal war von allen Bewegungen des heiligen Vaters Zeuge, weil er herbeygerufen wurde, den — französisch geschriebenen — Brief zu übersetzen.

Du Perron blieb noch einige Zeit zu Rom, wo ihm sein Aufenthalt großen Aufwand verursachte. Er schrieb mir, daß er seit einem Jahr über zwanzigtausend Thaler zu Reisekosten bey den beyden Conclave, zu Meublen und Kleidung für sich und sein Haus gebraucht habe. Bey der Erschöpfung die ihm diese Ausgaben verursacht hatten, bat er mich ihm zur Bezahlung von den Pächtern seiner Abtey von Lire zu verhelfen, die ihm seine Pachtgelder, unter dem Vorwand eines Arret vom Staatsrath, seine Rechte auf gewisse Holzungen betreffend, versagten.

Das ganze übrige Italien fieng an, sich den günstigen Gesinnungen zu nähern, welche der heilige Stuhl für Frankreich hegte; den Herzog von Savoyen ausgenommen, der sich noch nicht von der Spanischen Politik loswinden konnte, wie die neuen Versuche

suche zeigen, welche in diesem Jahr ein gewisser Chevalier von Seiten dieses Herzogs machte. Gegen Spanien blieb Frankreich wie bisher auf dem Fuß eines Friedens voll Mißtrauen und wechselseitiger Klagen.

Da die zwischen diesem Hof und den vereinigten Provinzen angefangene Unterhandlungen ohne Erfolg blieben, nahmen die Feindseligkeiten wieder ihren Anfang, sobald die Jahrszeit erlaubte, ins Feld zu rücken. Der König von Spanien ließ bey den Schweizern um einen Durchzug durch ihr Gebiet für die Truppen, die er nach Flandern schickte, ansuchen, damit sie nicht über die Brücke von Gresins einen Umweg machen müßten. Er erbot sich, die zweytausend Mann, wozu nachher noch ein andres Tausend kam, nur in kleinen Truppen zu zwanzig Mann marschiren zu lassen. Beym Empfang dieser Nachricht von Caumartin bildete sich der König ein, da Spinola, ihr Befehlshaber, denselben Weg nehmen würde, wäre es nicht unmöglich, daß Prinz Moritz mit einer Partey französischer Renner, wenn er seine Zeit gut absähe, diesen General aufheben könnte, was, wie Heinrich sagte, so gut als eine gewonnene Schlacht gewesen wäre. Er schrieb mir: ich sollte diesen Gedanken Aersens mittheilen, und ihn durch diesen dem Prinzen von Oranien beybringen lassen. Man erfuhr aber zu gleicher Zeit durch einen Spanischen Eilboten, der zu Ende des März über Paris nach Flandern ging, daß Spinola seinen Reiseplan geändert habe, und in drey oder vier Tagen in Paris eintreffen werde. Dieß veränderte die Sache so sehr, daß der König sich nun im Gegentheil verbunden glaubte, ihm so lang er auf französischen Boden reiste, sichres Geleite zu geben. Da Spinola sich die Ehre ausgebeten hatte, dem König aufzuwarten, so bildete sich dieser ein: er würde.

de den Auftrag haben, Ihm einige neue Anträge zu
thun. Ich konnte diese Folge nicht einsehen, und
antwortete Heinrich, als Er mir davon sagte: Spinola werde es, da er einmal den Weg über Paris
als den kürzesten und sichersten nehmen zu müssen
glaubte, für seine Schuldigkeit gehalten haben, Sr
Majestät seinen Respekt zu bezeugen, und werde sicher
nur von allgemeinen Dingen mit Ihm sprechen, wiewohl er vielleicht das Gegentheil in Flandern auszu-
breiten suchen würde. Der Erfolg zeigte, daß ich
richtig geurtheilt hatte.

Spinola theilte seine Armee. Eine Colonne übergab er (Karl von Longuevel Grafen von) Buquoy, den
er zwischen Cölln und Bonn über den Rhein gehen,
und dann dort Verschanzungen aufwerfen ließ, um
andern Völkern diesen Uebergang zu verwehren. Was
auch die Absicht der Spanier bey dieser Unternehmung
seyn mochte, so mußte es doch die deutschen Fürsten
endlich aus ihrer Schlafsucht erwecken. Seine Colonne führte Spinola von Friesland her, wo ihm die
alliirte Armee lange zur Seite blieb. Das Gerücht
von seinem Tod, das sich im Julius verbreitete, bestätigte sich so wenig, als das im September, daß er
geschlagen worden sey. Man sah, daß seine Absicht
auf Lingen ging, wiewohl dieser Platz sehr gut war.
Er ging wirklich auch darauf los, und griff es an.
Durch einen Teich aber, den Moritz durchstach, sah
sich Spinola gleichsam in seinem eigenen Lager belagert,
und seine Laufgräben so überschwemmt, daß man glaubte, er würde seine Unternehmung aufgeben müssen.
Auf diesen Fall hatte der Prinz im Sinn, das Fort
Patience zu belagern und wegzunehmen. Allein Lingen mußte sich doch noch im September ergeben. Dieß
war alles, was in diesem Feldzug geschah. Spinola
war

war am drey und zwanzigsten September noch vor seinem eroberten Platz, und nur darauf bedacht, ihn zu sichern. Auf beyden Seiten waren die Truppen sehr geschmolzen. Der Prinz von Oranien dagegen sorgte für die Forts Covoerden und Breton, welche Friesland deckten. Du Terrail hatte unterdessen mit einer Verstärkung von Spinola Bergen op Zoem angefallen und überrumpelt, ward aber mit einigem Verlust zurückgeschlagen.

Du Terrail war ein französischer Officier von der aufrührischen Cabale, der für gut gefunden hatte, sich nach Antwerpen zu retiriren, und den Erzherzogen seine Dienste anzubieten. Wiewohl er dem König ausdrücklich in einem Brief versprochen hatte, nichts pflichtwidriges zu unternehmen, so war dieser doch über sein eigenes Betragen, noch mehr aber darüber unwillig, daß er Ihm Dunnes, den jungen Rangis und Chef-Boutonne verführt hatte, von welchen man sagte, daß sie im Begriff seyen, mit einer ganzen Compagnie überzugehn. Man fing nachher einen Bedienten des du Terrail auf, der nach Auvergne ging, und Briefschaften bey sich hatte, die aber alle sehr unbedeutend waren. Er suchte seine Frau zu vermögen, nach Antwerpen zu gehen, indem er sehr die gute Behandlung herausstrich, die er dort erhalten. Dieß Beyspiel war im vorigen Jahr durch Saint-Denis-Mailloc und einige andre Edelleute gegeben worden, welche den Erzherzogen ihre Dienste angeboten hatten, worin sie sicher weder als gute Politiker, noch als gute Unterthanen handelten.

Dieß ist nur der kleinste Grund, den der König hatte, über Spanien zu klagen. Die Unterstützung, die es den aufrührischen Franzosen gewährte, der Antheil, den es an ihren Versammlungen in Limoges

und

und Perigord genommen hatte, die Unternehmungen, die es im Einverständniß mit ihnen auf die Städte und Küsten von Provence vorhatte, waren weit wichtigere Beschwerden. Allein alles wohl erwogen, hielt Heinrich dafür, Er müsse sich die Mühe ersparen, unnüße Vorwürfe zu machen, indem Er gegen sich selbst über die Gegenbeschuldigungen gerecht war, welche Er den Spaniern gegeben hatte. Er zeigte sich so gar gewissenhafter, als vielleicht diese nicht erwartet hätten, und ließ die letzten mit ihnen abgeschlossenen Handelsverträge genau erfüllen. Der Capitain Yvon Baudeleonis brachte nach Rochelle ein Spanisches Schiff, das sich für flamändisch und dem Prinzen von Oranien zugehörig bekannte. Die von Rochelle glaubten den König davon benachrichtigen zu müssen, der ihnen antwortete, ihr Benehmen lobte, ihnen den Artikel des Vertrags, welcher klar entschied, anführte, und nach diesem Spanien eben die Genugthuung geben ließ, welche es durch seine Gesandten je hätte verlangen können.

Der Staatsrath von Madrid wußte nicht recht, auf welchen Ton er sich gegen uns stimmen sollte — bestürmt von einer Seite durch seinen natürlichen Stolz, von der andern durch das Gefühl seiner Unmacht und unsrer Unentbehrlichkeit für ihn zurückgehalten. Dieser Geist lenkte die Spanier bey allen ihren Schritten, und ließ sie abwechselnd versuchen, ob sie uns von dem Interesse der Staaten trennen könnten. Sie klagten bitterlich darüber, daß wir unter dem Schein friedlicher Gesinnungen gegen sie, in der That doch als wirkliche Feinde uns betrügen. Sie affektirten eine enge Verbindung mit England. Allein keiner von diesen Ränken wollte seine Wirkung thun. Der König, für sich durch das Bewußtseyn seiner Macht gesichert, spottete

ihrer

ihrer Drohungen; und ich besonders war zu gut mit dem Geist und der Stimmung des Königs von England bekannt, um zu glauben, daß er je mehr für sie thun würde, als er für uns hatte thun wollen.

Sie benahmen sich übrigens auch so ungeschickt in Ansehung des Königs von England, daß sie nicht einmal diesen Schein der Freundschaft lange beybehalten konnten. Da es ihnen nicht möglich war, lange in einem Land zu seyn, ohne bald Spuren von dem Geist der Cabale zu hinterlassen, den sie durch ganz Europa gezeigt hatten; so erhielt auch Jakob von einigen heimlichen Verständnissen Nachricht, die sie in seinen Staaten anspönnen. Dieß entrüstete ihn aufs heftigste gegen sie. Weniger bedurfte es aber auch nicht, um diesen Herrn zu seinen ersten Verbindungen zurückzubringen, die er mit mir eingegangen, und denen er doch das Jahr darauf bereits wieder aus einem übeln Hang seines friedliebenden Geistes, wovon ich gesprochen habe, oder vielmehr aus wahrer Furchtsamkeit zuwider gehandelt hatte. Beaumont, dessen Gesandtschaft zu Ende ging, war nicht wenig befremdet, als ihn Jakob aus eigner Veranlassung auf diese Materie brachte, und in ganz andern Ausdrücken als gewöhnlich davon sprach. Er gab ihm Briefe an Heinrich und mich, verständigte ihn, wovon darin die Rede sey, und trug ihm noch mündlich auf, bey dem König von Frankreich, wenn er Ihm von seinen Geschäffte Rechenschaft ablegte, besonders den Artikel zu unterstützen, welcher die Thronfolge im Reich beträfe. Darüber verbreitete sich Jakob auch am meisten in seinem Brief an Heinrich. Er ermahnte ihn, sich mit ihm zu vereinigen, um sogleich Maßregeln zu ergreifen, damit die Churfürsten noch vor dem Tode des regierenden Kaisers wieder in den Besitz der

Wahl-

Wahlfreyheit und ihrer andern Gerechtsame gesetzt
würden, und davon Gebrauch machen könnten, um
jeden Sohn, Bruder oder auch nur entfernten Verwandten Sr kaiserlichen Majestät vom Kaiserthron
auszuschließen; Maßregeln also, um zu verhüten, daß
keiner zum Römischen König gewählt würde, und
endlich um beschließen zu lassen, daß der designirte
Nachfolger sich aller Ansprüche auf das Königreich
Böheim begeben müsse.

Beaumont sagte, indem er sich bey seiner Rückkunft nach Paris des Auftrags von Sr Britannischen
Majestät entledigte, zum König: er habe einen Brief
von diesem Herrn an mich; den ihm dann der König
abfoderte und erbrach, weil ich damals zu Chatelleraut
war. Er wollte nun versuchen, ob diese neue Politik
Eingang an seinen Hof finden möchte, und öffnete sich
daher gegen einige seiner Minister über diese Idee des
Königs Jakob, das Kaiserthum betreffend; doch nicht
ganz, sondern bloß in Form der Berathschlagung.
Viel weniger also gab er ihnen das mindeste von seinen großen Entwürfen zu muthmaßen. Heinrich fand
bey dieser Gelegenheit keine Schmeichler. Nicht Einer war, der Ihm nicht bezeugte: er wisse auf diese
Idee gar nichts zu antworten. So schief und ver-
nunftwidrig scheine sie ihnen. Er hütete sich wohl,
weiter zu gehen, und erwartete meine Rückkunft, um
mit mir davon zu sprechen. Allein da diese Unterredung zum Theil mehrere Besonderheiten betraf, welche
dem König so wichtig schienen, daß Er mir einen Eid
abnahm, sie geheim zu halten, so verschließt mir dieser
Eid auch jetzt den Mund (17).

Indem mir Heinrich das Schreiben des Königs
Jakob an mich zustellte, las Er mir es selbst vor.
Se Brittische Majestät gab mir darin Nachricht von

der

der Eröffnung, die Er Beaumont an den König aufgetragen hatte. Er stellte mir das Interesse, das ich dabey hätte, sie zu unterstützen, auf eine Art vor, die, so sehr sie sich im Allgemeinen hielt, dennoch eine so gerade Beziehung auf die Bemerkungen verrieth, zu denen ich Jakob veranlaßt hatte, daß ich nicht zweifeln konnte, mein ihm vorgezeichneter Entwurf müsse von Zeit zu Zeit wieder starke Eindrücke auf ihn gemacht haben. Ich sage nichts von den Versicherungen von Freundschaft und Gewogenheit, wovon dieser Brief voll war. Beaumont hatte mir noch mehr mündlich zu überbringen. Er selbst war eben so wenig in dem Brief vergessen. Sein persönliches Verdienst und seine Einsicht in Geschäffte erhielten darin ein Zeugniß, das ihm von dem König sehr hoch angerechnet wurde. Hätte dieser Herr noch nicht den ganzen Umfang des Vertrauens gekannt, das der König Jakob in mich setzte, so konnte ihn dieser Brief sehr gut davon überzeugen. Er schien sehr erfreut darüber, und befahl mir, es sorgsam beyzubehalten; ein Befehl, den ich mit Vergnügen empfieng.

Deutschland ausgenommen, sieht man in dem bisherigen die politische Lage von beynahe ganz Europa. Ich hätte vielleicht noch einige Bemerkungen über die verschiedenen deutschen Länder. Allein das Wenige, was davon in Rücksicht auf die Französischen Angelegenheiten wissenswerth ist, wird ohnehin in das verflochten, was ich noch von der Aufrührercabale in Frankreich zu sagen habe. Dieser Artikel wird eine ziemlich umständliche Auseinandersetzung herbeyführen, weil er meine Reise in diesem Jahr nach Poitou, und die des Königs nach Limosin veranlaßte, welche die vier schönsten Monate desselben wegnahmen.

Man

Man macht ohne Zweifel hier eine sehr natürliche Bemerkung über das Sonderbare einer Verbindung, die dem Staat so viele Unruhe verursachte. Eine Gesellschaft, die ohne Unterschied aus Römischkatholischen und Hugenotten, und zwar Spanischen Katholiken und Französischen Hugenotten besteht; eine von so entgegengesetzten Vortheilen beseelte Partey, die man sich in einer unaufhörlichen gewaltsamen Anstrengung denken muß, um sich zu vereinigen; ein Körper, wovon der Herzog von Bouillon das Haupt, Spanien die Seele ist — dieser Anblick allein hat etwas so Sonderbares und Ungeheures, daß er hinreichend seyn wird, viele über die Folgen einer so übel gewählten Verbindung zu beruhigen. So dachte jederzeit ich davon. Allein da jede Partey, die sich in einem fortgesetzten Ungehorsam gegen den Regenten behauptet, dem Staat nothwendig sehr nachtheilig werden muß, gesetzt auch, daß sie ihren Hauptzweck nicht erreichte, so wird man nicht in Abrede seyn, daß eine gesunde Politik durch alle Arten von Mitteln ihre Entstehung zu verhindern, oder sie, wenn sie schon aufgeschossen ist, zu zerstören fordert. In diesem Fall befanden sich die Empörer. Es war weder Klugheit in ihren Entschlüssen, noch sonderlicher Anschein, daß sie je etwas sehr gefährliches zu bewirken vermögen würden. Da man indessen ähnliche Unternehmungen nicht ungestraft versuchen lassen darf, vernachläßigte der König keine der Nachrichten, die Er davon erhielt. Vom Anfang dieses Jahrs fiengen diese wieder an, noch viel stärker einzulaufen, als zuvor. Murat, Generalstatthalter von Riom, schrieb mir in den ersten Tagen des März: man habe ihm jetzt gerade so wichtige Dinge hinterbracht, daß er, ob er schon die Wahrheit davon nicht verbürgen könnte, sich dennoch verpflichtet glaube, sie mir zu melden. Damit ich desto besser im

Stand

Stand seyn möchte, sie zu beurtheilen, so habe er den Menschen selbst, von dem er sie habe, zum Ueberbringer seines Briefs gewählt.

Ich fieng an, diesem Menschen vorläufig auf den Zahn zu fühlen, und sah sogleich auf die ersten Fragen: seine Angabe betreffe eine so große Anzahl von Personen, und zwar von den vornehmsten Hofleuten, daß ich, ohne weiter zu gehen, diese Aussage für wichtig genug hielt, um in Gegenwart Sr Majestät selbst vernommen zu werden. Ich schrieb Ihm nach St. Germain, wo Er sich damals aufhielt, und zeigte Ihm dabey in Ihm allein bekannten Ziffern die Namen der Personen an, die es betraf. Der König ging unverzüglich ab, um den Angeber selbst in Paris zu verhören, welcher versicherte, daß alle diese Personen, die er Ihm nannte, in den vornehmsten Seestädten von Provence und Languedoc Verständnisse unterhielten. Er gab namentlich Toulon, Marseille, Narbonne, Bayon, Blaye, und einige andre an. Der Graf von Auvergne sey in Begriff einen Versuch mit dem Complot zu machen, welches er zu St. Flour gehabt habe, als er gefänglich eingezogen wurde. Alle diese Meutereyen geschähen mit Theilnahme Spaniens, und mittelst des in dieser Absicht von diesem verspendeten Geldes. Wenn er Wahrheit sagte, so hatten die Verschwornen bereits mehrere tausend Pistolen von dem katholischen König empfangen, erwarteten noch viel mehr, und verließen sich sogar auf Hülfe von Mannschaft, welche ihnen die Spanier, doch nicht eher bewilligen wollten, bis sie sich durch Angriff der genannten Plätze und verschiedner anderer Seefesten öffentlich als Feinde des Staats erklärt haben würden.

Die Redlichkeit des Angebers wurde sehr zweifelhaft, aus einem Grund, der wahrscheinlich Murat auch

auch nicht entgangen war: Er war in Calvairacs (18) Diensten geweſen, bey dem er freylich von dieſem allein reden gehört haben konnte. Allein, gab er nicht vielleicht das für Wirklichkeiten aus, wovon er als von bloßen Möglichkeiten gehört hatte? Er hatte einige ſchlimme Behandlungen bey ſeinem Herrn erfahren; ohne Zweifel miſchte ſich alſo hier Rachſucht ins Spiel. Was vermag dieſer Grund nicht, vereinigt mit der Hoffnung einer Belohnung, die man ſich um ſo größer verſprach, je wichtiger Sr Majeſtät die Entdeckungen ſcheinen mußten, die man zu machen hatte. Es bedarf nicht einmal ſo viel, um die Gegenſtände noch übertriebener zu vergrößern.

Für ungleich zuverläßiger kann man das angeben, was in den Synoden und andern Partikularverſammlungen der Reformirten vorging, welche in Poitou, Saintonge, Angouleme und den benachbarten Provinzen gehalten wurden. Geiſt des Friedens war es nicht, was man in alle dieſe Conventikeln mitbrachte. Unter andern ſehr kühnen Berathſchlagungen, die ich hier übergehe, war durch Stimmenmehrheit der Vorſchlag durchgegangen: den König um die Erlaubniß zur Zuſammenberufung einer allgemeinen Religionsverſammlung der Proteſtanten zu bitten, ohne ihm ihren Gegenſtand noch die Gründe dazu zu entdecken. Der König, dem die Bittſchrift deswegen auch wirklich überreicht worden war, hatte ihnen ihr Geſuch nicht abgeſchlagen. Allein vermöge des Rechts, das er hiezu hatte, verlangte er, ihnen Ort, Gegenſtand und Form dieſer Verſammlung vorzuſchreiben, und einen Beyſitzer in ſeinem Namen dazu abzuſchicken. Chatelleraut wurde zum Ort der Zuſammenkunft ernannt, und ich als der, welcher dabey erſcheinen ſollte, um das Intereſſe Sr Majeſtät zu wahren. Die

Prote-

Protestanten, ich meyne die, welche diesen Körper in Bewegung setzten, hätten, glaube ich, lieber eine abschlägige Antwort von dem König, als eine solche Gewährung gesehen. Sie sagten unter sich, wenn ich mit meiner Statthalterstelle noch den Titel eines königlichen Abgeordneten (homme du roi) in der Provinz verbände, wo die Versammlung gehalten werden sollte, so würde nichts im Stande seyn, sie gegen das Ansehen zu sichern, das ich mir ohne Zweifel dabey anmaßen würde. Man kann sich leicht vorstellen, daß ich dabey von meinen Glaubensgenossen weniger geschont wurde, als der verhaßteste Papiste.

Die Partie, welche die Aufrührer unter diesen Umständen ergriffen, war: eine neue von wenigstens zwey bis dreyhundert Personen unterschriebene Bittschrift einzureichen, und dem König darinn zu erklären, daß sie auf anderweite reifliche Erwägung der Sache nun für besser fänden, Se Majestät um Aufschub der erst gebetenen Versammlung zu ersuchen. Sobald Heinrich von dieser Gesinnung der Reformirten Nachricht bekommen hatte, wollte er, in Erwartung der neuen Bittschrift, von mir hören, was ich wohl dächte, daß er bey dieser Gelegenheit zu thun haben möchte. Er schrieb mir von Fontainebleau den 30 März darüber. Ich hatte ebenfalls schon alle diese Nachrichten erhalten, und mich daher um so mehr auf alle Weise bemüht, mich von der wahren Lage der Sachen zu unterrichten, wobey mir meine vorjährige Reise nach Poitou sehr gut zu statten kam. Ich konnte nichts ganz bestimmtes entdecken, außer daß die oftermähnten drey oder vier Rädelsführer der Partei starke Bewegungen gemacht hatten, aber so fruchtlos, daß es mir schien, wir hätten von allen diesen eitlen Bemühungen, die von selbst in ihr Nichts

zerfto-

zerstoben, nichts zu fürchten. Ich will nicht geradezu
sagen, daß meine Briefe und mündliche Aeußerungen
bey den am wenigsten voreingenommenen Personen
nebst meinen übrigen Besorgungen viel dazu beyge-
tragen hätten, die Sache auf diesen Fuß zu setzen.
Nach dieser Ansicht fiel auch mein Rath in meiner Antwort an den König aus.

So viel ist wenigstens gewiß, daß es von dieser
zwoten Bittschrift, von welcher man so vielen Lärm
gemacht hatte, wieder ganz still wurde, und daraus
konnten Se Majestät schließen, was überhaupt von
der Sache zu halten seyn mochte. Allein zu Anfang
des Aprils lief wieder eine solche Menge dringender
und anscheinend sicherer Nachrichten ein, daß sich der
König vom Strom hinreißen ließ. Die Protestanten, sagte man, und zwar der erste Präsident von
Toulouse und tausend andre Personen von Guyenne,
hätten in Guyenne und Languedoc, die zügellosesten
Reden gegen den König geführt, sie hatten, setzte
man hinzu, beschlossen einen Ausschuß abzuordnen,
um die Absagung der nach Chatelleraut angesagten
Versammlung zu verlangen. Dieß veranlaßte den
König, mir am Grünen Donnerstag den 7 April wieder zu schreiben, daß ich sogleich nach den Osterfeyer-
tagen kommen, und ihm einen Entschluß über diese
neue Nachrichten zu fassen helfen sollte, auch um zugleich bey dem Empfang der Hugenottischen Abgeordneten gegenwärtig zu seyn, und ihnen den Willen des
Königs in dem Ton zu erklären, welcher Sr Majestät
gegen Unterthanen zieme, die, um Ihm gewissermaßen
Gesetze vorzuschreiben aufträten. Es ist wahr, daß Er,
wenn Er auch wollte, es doch nicht selbst hätte thun
können, indem Seine Gesundheit diesen ganzen Monat hindurch von verschiedenen kleinen Anfällen des
Podagra

Podagra gelitten hatte, die Ihn nöthigten zu einem Hülfsmittel Zuflucht zu nehmen, das Ihm noch jedesmal gute Dienste gethan hatte, nehmlich zur genauen Diät, die Er die ersten Tage des Mays hindurch sehr streng beobachtete. Von Seinem ganzen Conseil hatte Er nur Sillery bey sich, den Er einer solchen Rolle nicht gewachsen fand.

Ich nehme dieß alles aus Seinem Briefe, worin Er mir am Ende sagte: Er würde mich nicht länger als bis diese Sache abgethan wäre, aufhalten. In meiner Antwort, die ich Ihm einsweilen bis zum angesetzten Tag meiner Abreise schrieb, stellte ich Ihm zwey Dinge vor, die, wie mich dünkte, unwiderlegbar waren. Wenn Er nehmlich nicht glauben wollte, daß das, was man ihm auf so geheimnißvolle Art oder auch mit so viel Auffheben hinterbracht, nichts als leeres Geschrey von ausdrücklich dazu in den Provinzen erkauften Leute sey — wie es doch wirklich so wäre — so würde Er doch sehr Unrecht thun, wenn Er Seine Ruhe dadurch stören ließe, da Er doch Mittel, die Empörer zum Stillschweigen zu bringen, in den Händen hätte.

In diesem Zwischenraum gerade war es, daß meine Feinde mir den ernsthaften Handel mit dem König zuzogen, dessen ich im vorigen Buch erwähnt habe. Man kann sich leicht vorstellen, daß Er, so lange dieß Verhältniß währte, eben nicht Lust haben mochte, mich zu Seinem Vertrauten, oder zum Unterhändler mit den Protestanten zu machen. Nachdem ich aber auf die beschriebene Art wieder in Seine Gunst gekommen war, sagte Er zu mir: Er glaube durch nichts besser zeigen zu können, daß Er von Seinem ganzen Argwohn völlig geheilt sey, als wenn man sähe, daß Er mir das erst zugedachte Geschäfft nun dennoch wirklich über-

übertrüge. Ich bat Ihn, die Führung Seines Ansehens zu Chatelleraut jemand anders aufzutragen, weil ich befürchten müsse, der Verläumdung auch unwissend neuen Stoff zu geben. Heinrich urtheilte aber ganz anders. Er hielt dafür, nach dem Vorgefallenen sey Er es mir, andern, und auch sich selbst schuldig, mich öffentlich in einem Posten auftreten zu lassen, auf dem sich meine Unschuld — durch eine Aufopferung aller meinem Herzen theuersten Rücksichten für Sein Bestes, wie Er sich derselben gewiß zu mir versehe — vollends in ihrem schönsten Glanze zeigen könnte. Auch sagte Er mir voll Güte: da Ihn meine Feinde nun dahin gebracht hätten, daß Er gegen sie auf der Hut wäre, so habe ich nichts zu fürchten. Nachdem Er mich zweymal umarmt und mit Seinen gewöhnlichen Liebkosungen überhäuft hatte, ließ Er mich wieder nach Paris abgehen, um dort den Gang der Geschäffte für meine Abwesenheit einzurichten, Bemerkungen über alles das aufzusetzen, was Bezug auf meine Commission hätte, und selbst die Instruktionen zu entwerfen, die ich schriftlich und eigenhändig von Ihm und auf Gutachten Seines Staatsraths zu empfangen hatte.

Er kam um diese Zeit auf einige Wochen im Junius nach St. Germain. In den ersten Tagen dieses Monats hatte Er einen Fluß am Fuße (19), den Er durch Bewegung auf der Jagd, wobey Er die Vorsicht brauchte, den Stiefel an der kranken Stelle durchschneiden zu lassen, zu zertheilen hoffte. Allein Er hatte noch keine halbe Meile zurückgelegt, als Ihn ausnehmende Schmerzen umzukehren nöthigten. Er konnte, so lange sie anhielten, keinem Geschäffte abwarten; wenns auch, schrieb Er mir, die Hälfte Seines Königreichs gegolten hätte. Als Er Linderung spürte,

spürte, kam Er nach Paris zurück, von wo Er nach Monceaux gehen wollte, wenn Er erst alles Nöthige zu meiner Abreise vorgekehrt haben würde.

Ich schrieb mir alle Fragen auf, über die ich Befehl wünschte, indem sie auf verschiedene Punkte meiner Verrichtung als königlicher Abgeordneter Beziehung hatten, und ihre Beantwortung die Grundlage meiner Instruktion ausmachen mußte, über welche ich jetzt mit Sr Majestät überein gekommen war. Diese Schrift schickte ich dann an Villeroy und Fresne, welche mir sie zween Tage darauf nebst der Antwort wieder zuschickten, und mir dabey sagten: ich sollte zusehen, ob sie durchaus befriedigend wäre, und sie dann in eine mir selbst beliebige schickliche Form bringen. Ich wollte zwo haben, eine etwas allgemeiner, und die andre in Form eines besondern Aufsatzes, der ersten beygebogen. Diese zwey Stücke dienten mir zur Vorschrift bey dem, was ich mit den Protestanten zu thun und zu reden hatte. Man wird dieß nun sogleich selbst sehen.

Der Gegenstand der Versammlung zu Chatelleraut schien auf den ersten Blick nicht so wichtig, als er es doch in der That für den König sowohl als für den ganzen reformirten Religionstheil war. Sie schien nur verlangt worden zu seyn, um die Abgeordneten zu vernehmen, die ihre Aemter bey dem König niederlegten, diese ihnen abzunehmen, und andren dafür zu geben, wozu nicht just eine so feyerliche Versammlung, wie die angesetzte, nöthig war. Allein die Sache genauer betrachtet, zeigte es sich, daß der eigentliche Zweck einiger Häupter der Religionspartey dahin ging, sich dieser Versammlung zu bedienen, um ihre Rechte zu erweitern, und neue Vorrechte und Gnaden zu verlangen. Dagegen konnte der König nichts Besseres

seres thun, als daß Er sich ebenfalls diese Gelegenheit
zu Nutzen machte, um sie auf eine feyerlichere Art
unter die alten Verordnungen zurück zu rufen, deren
Nützlichkeit und Weisheit durch ihre hervorgebrachten
Früchte erprobt war, und um diesen, weit entfernt
ihnen im mindesten zu nahe zu treten, vielmehr neuen
Nachdruck mitzutheilen. So mußte denn der reformirte Religionskörper in Frankreich, überzeugt von
der Geradheit der Gesinnungen des Königs, und von
seiner festen Entschlossenheit, seine Rechte zu behaupten, endlich ein für allemal sich bestimmen, entweder
dem königlichen Ansehen zu trotzen, oder aufrichtig zu
seiner Pflicht zurückzukehren. Dieß war der Hauptpunkt meines Auftrags.

Zu diesem Ende nun sollte ich ihre Aufmerksamkeit
vorzüglich auf das Pacifikationsedikt von Nantes,
als auf eine Grundlage richten, die ihnen zum Maßstab so wohl bey der Beurtheilung ihres eignen Betragens gegen den König, als des Verfahrens Sr.
Majestät gegen sie, dienen könnte. Ich sollte ihnen
begreiflich machen: da dieß Edikt, das so vielen Wi-
dersprüchen ausgesetzt war, die Grundlage ihrer Freyheit sey, so könnten sie ihre Treue, ihren Eifer für
das gemeine Beste, und selbst die Gesinnungen, die
ihnen ihre Religion einflößen müßte, nicht besser als
durch die Genauigkeit erproben, mit der sie sich sorgfältig und ohne zur Rechten oder zur Linken abzuweichen,
in den ihnen durch dieß Edikt abgesteckten Schranken
verhielten; gerade so wie Heinrich selbst seiner Seits
sich so sorgfältig darinn gehalten habe, daß ihn ganz
kein Vorwurf darüber von ihnen treffen könnte. Die
freye Religionsübung, der ruhige Genuß ihrer Güter
und Stellen, die Gelindigkeit der Regierung, der ruhige, gründliche und sich täglich mehr befestigende Zustand

stand der Staatsangelegenheiten; die Zuverlässigkeit der Zusagen des Königs, erprobt durch eine lange Reihe von Erfüllungen, und zuletzt noch durch Seine befriedigende Antwort auf alles, was ihre Bittschriften Erhebliches enthielten; — dieß alles waren eben so viele Versicherungen von einer Seite, denen die Protestanten ihrer Seits durch den Gehorsam und die Dankbarkeit entsprechen mußten, die ein wohlthätiger Fürst von seinen Unterthanen zu erwarten berechtigt ist. Ueberdieß rieth ihnen auch ihr eigener Vortheil dieß Benehmen, weil, alles wohl erwogen, die Gefahren vom Gegentheil nur sie betreffen konnten.

Die Folgerung, die man in der Instruktion aus diesen Beweggründen zog, und die ich der Versammlung vorzustellen Auftrag hatte, war: daß sie sich weit entfernt von jeder Foderung zeigen sollten, welche auf irgend eine Aenderung des Edikts von Nantes abzweckte, wie z. B. die, sich inner- oder außerhalb des Reichs ein andres Oberhaupt zu erwählen, als den König selbst, welcher diese Eigenschaft aus so vielen Rücksichten um sie verdiente. Da man nicht wohl alle andre Bitten voraussehen konnte, welche die Protestanten sich vielleicht beygehen lassen könnten, so überließ man mir die Wahl der besten Mittel sie abzuschlagen oder ihnen auszuweichen. Nur ward mir befohlen, ihnen noch ausdrücklich zu bedeuten, daß sie fürs künftige nie wieder eine solche allgemeine Versammlung zu gewarten hätten, und daß die gegenwärtige, die ihnen Se. Majestät zu erlauben geruht hätten, damit sie sich unter einander von ihren Pflichten überzeugen und zu deren Erfüllung ermuntern möchten, die Stelle derjenigen vertreten sollte, um die sie in ihrer neulichen Synode zu Gap Se Majestät zu bitten beschlossen hätten.

Die

Die Gründe, auf diese Art allen außerordentlichen Versammlungen ein Ende zu machen, waren handgreiflich. Der Gegenstand derselben betrifft entweder die Kirchenzucht, oder ein Justiz- und Polizeygeschäfft, oder endlich eine Gnade, die man von dem König erbitten will. Für den ersten Fall haben die Protestanten ihre Provinzialsynoden, denen Se Majestät durch Abstellung der außerordentlichen Versammlungen nicht zu nahe treten will. Alles was Er, und gewiß aller Billigkeit gemäß, in Ansehung dieser Synoden verlangt, ist: daß man sich dabey einzig mit dem beschäfftigen soll, was zur Zucht und Lehre gehört, statt daß man darinn oft unter diesem Vorwand von bloß bürgerlichen Dingen handelte. Wenn der Zweck dieser Versammlungen Justiz- und Polizeysachen betreffen soll, so können sie auf keinerley Weise eine Ausnahme von der allgemeinen Regel verlangen, welche jedes streitige Geschäfft aus diesen beyden Fächern an die Richter und gewöhnliche Obrigkeiten verweißt. Bloße Gnadensachen endlich müssen den Weg der Requeten und Suppliken gehen. Dazu kömmt noch, daß nichts unnützer und unnöthiger ist, als die Bewegungen und große Unkosten, die eine außerordentliche Versammlung oft wegen solcher an sich höchst unbedeutender Geschäffte verursacht.

Noch war endlich auch ein andrer Grund gegen diese Versammlungen, den ich nicht ganz verheimlichen, wohl aber mildern darf. Sie veranlassen oft unvortheilhafte Urtheile von den Protestanten, weil weise Entwürfe viel eher als die Bestrebungen der Uebelgesinnten vergessen werden, welche bey diesen lärmenden Versammlungen doch immer mit den billigdenkendern vermischt bleiben, und die letztern überschreyen. Wenn sie zu Chatelleraut über diese oder

andre

andre ähnliche Artikel ein. Streit ergeben sollte, so sollte es meinem Gutdünken überlassen seyn, nach Befinden die besten Mittel zur Beendigung vorzukehren, und zwar so, daß es mir freystünde, mich bey ihnen als meinen Glaubensgenossen unsrer gemeinschaftlichen Religion zu bedienen, um ihr Vertrauen und ihre Stimmen zu gewinnen. Bloß in dem Fall der Halsstarrigkeit und förmlicher Unbothmäßigkeit sollte ich an Se Majestät berichten, und bis zu Einholung Seiner Befehle nicht weiter in der Sache verfahren, auch verhindern, daß die Versammlung ohne Seinen Urlaub auseinander ginge.

Was die Religionsdeputirte betrifft, so muß man wissen, daß es bey den Protestanten gebräuchlich war, bey dem König zween Männer aus ihrem Mittel zu halten, einen für den geistlichen, den andern für den weltlichen Stand. Diese waren am Hof, um bey den Ministern oder auch bey dem Herrn selbst die Angelegenheiten zu verhandeln, die vor Ihn gebracht werden mußten, und endlich unmittelbar Seine Befehle und Verfügungen zu vernehmen. Diese Abgeordneten erhielten ihre Stelle und legten sie wieder nieder nach einer neuen Wahl, die alle drey Jahre vorgenommen wurde. Bis zum Ursprung dieser Gewohnheit hinauf läßt sich nirgends ein rechtsbeständiger Titel für dieß vorgebliche Recht auffinden, dergleichen Abgeordnete zu ernennen, und am Hoflager zu halten, so viel Aufhebens auch die Reformirten davon machen. Es ist eine bloß geduldete Gewohnheit, entstanden aus Veranlassung der Weigerung einiger Parlamenter, das Edikt von Nantes zu registriren; es sollte also auch nur bis zur wirklich erfolgten Registrirung fortdauren. In den Edikten steht nichts davon, nicht einmal in den Urkunden, funden, welche die geheimen Artikel enthalten, die man bisweilen von den Verträgen absondert. Doch waren Se Majestät nicht gemeynt, den Protestanten dieß Vorrecht wieder zu entziehen. Der König wollte nur, und dieß war einer der Hauptpunkte meines Auftrags, daß sie sich in Ansehung der Ernennung dieser Abgeordneten an eins der beyden Mittel halten sollten, welche Er selbst ihnen durch ihre eignen Abgeordnete, bey ihrer Bitte um Zusammenberufung der Versammlung, vorgeschrieben hätte, und zwar, wo möglich, an das zweyte: daß sie ihm nehmlich sechs von ihnen selbst erwählte Personen vorschlagen sollten, aus denen er dann die zween erwählen wollte, welche ihm am besten gefielen.

Es konnte sich finden, daß die Häupter der Partey, in der Absicht den Verfügungen auszuweichen, welche der König durch die Versammlung eingeführt wissen wollte, sich bey dieser einzigen Frage aufzuhalten suchten; auch dieß sollte ich also verhindern. Die Oranische Angelegenheit betreffend, welche unfehlbar aufs Tapet gebracht werden würde, — man wird bald hören, was dieß war — sollte ich vorstellen, daß Heinrich ohne Erfolg daran gearbeitet habe, zu bewirken, daß der Prinz von Oranien diese Stadt den französischen Reformirten überlassen möchte; Er könne nun ihre Zurückgabe diesem Fürsten nicht verweigern, und alles, was Er bey dieser Gelegenheit thun könnte, wäre dieß: es bey Moritz dahin zu bringen, daß er an die Stelle des Blaccons, welcher Befehlshaber darin war, und selbst wegverlangte, keinen andern als einen Reformirten zum Statthalter darinn ernennen möchte, welcher Sr Majestät den Eid des Gehorsams schwören sollte. In der Folge werde ich noch mehr von dieser Sache reden. — Dieß nun war

war meine Generalinstruktion; datirt vom 3. Jul. 1605, und unterzeichnet: Heinrich und Forget.

Was das besondre Memoire, das der Generalinstruktion beygefügt war, davon Verschiednes hatte, besteht darinn: daß es sich, ohne sich auf den bekannten Zweck der Versammlung einzulassen, auf einige andre Fragen einschränkte, welche dort in Anregung kommen könnten. Es zweckte darauf ab, die Entwürfe zu vereiteln, für welche, wie man vermuthete, die Häupter der Cabale die Menge gewinnen wollten. Dieß schickte sich nicht für die erste Schrift, weil es sehr unnöthig seyn konnte. Indessen konnte ich es doch nicht wohl entbehren. Und deswegen war ich darauf verfallen, die Materien auf diese Art abzusondern.

Dieß Memoire besagte demnach: ich sollte verhindern, daß weder mündlich noch schriftlich etwas Beleidigendes gegen den Pabst vorgebracht würde, noch der verrufene Lehrsatz vom Antichrist, diese würdige Geburt der Synode von Gap, zur Sprache käme; daß niemand als Abgeordneter irgend einer Privatperson, wär es auch von Lesdiguieres selbst, Sitz und Stimme in der Versammlung habe; daß man darinn nicht, wie in der gedachten Synode geschehen war, Schreiben von auswärtigen Fürsten, besonders nicht von dem Herzog von Bouillon, annähme. Es schien Sr Majestät von Wichtigkeit, daß ein undankbarer, treuloser Unterthan, wie Bouillon, öffentlich dafür bekannt werde, wie sehr er sich jeder guten Begegnung von seinem Herrn unwürdig gemacht habe. Auch mein Benehmen gegen die andern, die in diese Classe gesetzt werden konnten, sollte sich nach der Art richten, wie sie sich in der Versammlung betrügen.

Wenn

Wenn die Eigenschaft eines Vorsitzers der Versammlung, von welcher der König sehr wünschte, daß sie mir übertragen werden möchte, und die ich auf diesem Fall mit Seiner Genehmigung annehmen sollte, mir etwa noch nicht hinreichend Gehör und Eingang verschaffte, so sollte ich auch noch mein Ansehn als Befehlshaber der Provinz zu Hülfe nehmen. Ich konnte nach Befinden der Umstände und Gemüthsstimmungen zu verstehen geben, daß dem Könige keiner der Entwürfe der aufrührischen Protestanten verborgen wäre; doch so, daß man nicht schließen könnte: Er habe Seine Nachrichten von den Quellen selbst geschöpft.

Es war um so mehr Wahrscheinlichkeit vorhanden, daß der Punkt, die in die Hände der Protestanten gegebene Sicherheitsplätze betreffend, zur Sprache kommen würde, da der Verlängerungstermin, den der König für die Innebehaltung dieser Plätze bewilligt hatte, zu Ende ging. Auf diesen Fall sollte ich entweder der ganzen Versammlung überhaupt oder einzelnen Abgeordneten besonders, zu verstehen geben: Se Majestät würden sich gern zu einer zwoten Verlängerung, und zwar ohne Ausschließung der bloßen Privatpersonen gehörigen Plätze, verstehen, wenn Sie nur Willfährigkeit in Ansehung Ihrer Forderungen fänden. Ich hatte Befehl, diese Versicherung nur als eine noch nicht erlangte Sache zu ertheilen, die ich mir aber wohl bey Sr Majestät auszuwirken getraute, wiewohl ich die Bewilligung dieser Verlängerung bereits ausgefertigt bey mir führte. Ich hatte dem König versprechen müssen, sie geheim zu halten, bis ich auf Seinen Befehl Gebrauch davon machen dürfte.

Diejenigen Plätze, welche dem Herzog von Bouillon gehörten, und von nun an keinen Theil mehr an dem

dem Fond hatte, den der König zu ihrer Unterhaltung bestimmte, sollten auf immer für ausgeschlossen davon und aller Hoffnung auf die im Edikt von Nantes zur Unterhaltung der Garnisonen versprochene Summe verlustig erklärt werden. Diese Summe belief sich damals auf 573,192 Livres, wovon man schon zuvor 90,000 abgeschnitten hatte. Sie durften nicht einmal hoffen, diese Fonds, die ihnen angewiesen gewesen waren, wieder ersetzt zu sehen. Ich hatte bereits einige Bittschriften über diese verschiedene Einziehungen erhalten, auf die ich jedesmal geantwortet hatte, daß ich dieß Verfahren Sr Majestät nicht anders als gerecht finden könne. Nun hatte ich auch den Auftrag, die Gerechtigkeit derselben mehr und mehr begreiflich zu machen. — Endlich machte ich mich in dieser Schrift anheischig, nichts ohne Rücksprache mit dem Könige zu thun, mit dem ich dann sogleich einen regelmäßigen Briefwechsel anfieng, wobey die meisten Briefe sehr lang ausfielen, einige in Ziffern geschrieben waren. Dieß Memoire ist vom 4. Jul. datirt, unterzeichnet von Sr Majestät und kontrasignirt: Villeroy. Zween Tage darauf reiste ich ab.

Die Königin Margarethe, welche ihr Aufenthalt auf dem Schlosse Usson in den Stand setzte, oft von den Empörern reden zu hören, hatte nicht sobald gehört, daß ich mich nach Poitou reisefertig mache, als sie sich für verbunden hielt, mir alle die Nachrichten mitzutheilen, die zu ihrer Wissenschaft gekommen waren. Sie hatte auch noch in eignen Angelegenheiten mit mir zu sprechen. Um aber nicht eins ins andre zu werfen, werde ich auf diese zurückkommen, so bald ich von denen gesprochen haben werde, die auf den Gegenstand meiner Reise Beziehung haben. Die Fürstin kam von Usson nach Toury, von wo sie dem
König

König den Beweggrund ihrer Reise schrieb, und ihr heißes Verlangen bezeugte, mich auf meiner Reise sprechen zu können. Ich war nicht mehr in Paris als dieser Brief an den König nebst einem andern ebendaher an mich, ankam. Schon zween Tage vorher war ich über Rosny und Lavieville abgereist. Da Heinrich aus seinem und meinem Brief sah, was die Königin von ihm wünschte, schickte Er mir am 9. Jul. la Varenne mit einem Briefe nach, worin Er mir schrieb: daß es Ihm lieb wäre, wenn ich unterwegs der Königin Margarethe aufwartete, wenn ich auch darum von dem Weg nach Chatelleraut abgehen und einen Umweg bis Orleans machen sollte. Er schickte mir dabey nebst seinem Brief zugleich den von Margarethe, ebenfalls vom 7. Jul., woraus ich ersah, daß sie mich zwischen Paris und Orleans zu sprechen erwartete. Um mich nicht zu verfehlen, schickte sie mir ihren Stallmeister Rodelle, der mich bat, wenn ich sie nicht früher auf diesem Wege träfe, bis Orleans zu gehen. Sie ersparte mir aber einen Theil des Wegs, und ich erfuhr bey meiner Ankunft zu Cercote, daß sie eben auch daselbst angelangt sey. Ich hielt für gut, meine Gemahlin, die mit mir nach Rosny und Lavieville gegangen war, auch hieher mit mir zu nehmen, damit sie bey dieser Gelegenheit dieser Fürstin ihre Aufwartung machen könnte.

Es war noch so früh, als ich in Cercote ankam, daß die Königin Margarethe noch nicht außer Bett. Dessen ungeachtet ließ sie mich in ihr Zimmer, wo ich die Ehre hatte, sie eine gute Stunde Lever zu unterhalten. Dieß setzten wir fort, sie sich hatte ankleiden lassen, und hielten so einen Tag über Conferenz. Ich übergehe alles mit Stillschweigen, was sie mir Höfliches und Verbindliches

bindliches sagte. Was mir überhaupt und im Allgemeinen durch Murat von den bürgerlichen Faktionen gesagt worden war, wurde mir nun im Einzelnen sehr umständlich durch Sie und Rodelle dargelegt. Sie bezeichneten mir namentlich eine Menge Personen vom ersten Range aus Provence und Languedoc, selbst aus der Verwandtschaft des Herrn Herzogs von Montpensier und des Kardinals von Joyeuse, welche Antheil daran hätten. Ein Theil dieser Personen war unter den Rathgebern des Marschalls von Biron gewesen, und hatte sich nachher zu denen gehalten, welche sie desselben Entwürfe zu verfolgen entschlossen sahen. Die Rache dieses Marschalls war, wie man sagte, zum Theil darinn begriffen. Sie brachten dieselben Mittel in Bewegung, deren sie sich einst bedient hatten, das Volk zu empören. Man setzte noch Bezieres, Narbonne und Leucate zu den andern oben genannten Städten, welche die Verschwornen zu überrumpeln suchten, und erbot sich von diesem allem zu Beweisen, welche keinen Zweifel mehr übrig lassen sollten. Ich benachrichtigte dem König davon in einem Brief vom 14 Jul. aus Cercote, und schickte ihm die Liste der Namen, die mir angezeigt worden waren; bestand aber immer auf meiner ersten Meynung, und sah in allem, was man mir sagte, nichts, das mich sie zu ändern hätte bewegen können.

Nicht, als ob ich nicht die möglichste Aufrichtigkeit bey diesen so umständlichen Nachrichten gesehen hätte! Denn Rodelle war ja selbst von der Partie gewesen, und hatte sich nur aus Ueberzeugung der Unbesonnenheit aller ihrer Schritte davon gezogen. Er sagte mir: daß la-Chapelle-B.. an.. 6 über dreyßig Edelleute aus seiner Bekanntschaft ebenfalls den Entschluß gefaßt hätten, sich zurückzuziehen,

zu

zu dem König zu gehen, Ihm alles zu entdecken, und
Ihn um Verzeihung zu bitten, wenn sie anders versichert seyn könnten, begnadigt zu werden. Sie hätten sich an ihn, Rodelle, gewendet, um diesen Schritt
zu ihren Gunsten zu thun. Dieß belegte er mit den
Briefen, die sie deswegen an ihn geschrieben hatten.
Er setzte hinzu: alle diese Personen hätten einen starken Verdacht, meine Reise nach Poitou möchte wohl
nur einer ihnen zugedachten Ueberrumpelung zum Vorwand dienen. Sie hätten die Königin Margarethe
ersucht, mir ihre Gesinnungen und ihr Verlangen,
ihren Fehler durch gute Dienste zu verbessern, zu eröffnen. Dieß alles nun ist freylich ganz zuverläßig.
Allein vergebens suchte man mir beyzubringen: das
ganze Reich stehe in Flammen, wo ich doch nichts als
eine kleine Zahl von Hitzköpfen erblickte, die der König leicht zu seinen Füßen legen konnte, so bald es
Ihm einfiel, Entwürfe, die nichts als Verachtung
und Spott verdienten, als eine ernsthafte Sache zu
behandeln. So oft ich übrigens diesen so ernstlichen
und wohlgegründeten Nachrichten auf den Grund gehen wollte, fand ich jedesmal, daß das Falsche daran
das Wahre weit überstieg.

Hierin waren wir, Heinrich und ich, entgegenge-
setzter Meynung. Ueberzeugt, daß man seine ganze
Aufmerksamkeit auch auf die kleinsten bürgerlichen Bewegungen richten müsse, — weil die Franzosen, wie
Er sagte, gar emsig hinter Neuigkeiten her sind —
unterließ Er nichts, was Ihm vollständiges Licht über
alle diese Dinge geben könnte. Er beklagte sich bisweilen in Seinen Antworten gegen mich, daß einige
Seiner Minister nebst mir nicht die ächte Idee von
dem gegenwärtigen Uebel hätten, und bestärkte sich
noch mehr in Seinen Gedanken, als Ihm ein Memoire

moire von Vivant in die Hände fiel, welches ganz mit den durch die Königin Margarethe und Rodelle gegebenen Nachrichten übereinstimmte. Er ließ auf der Stelle an Vivant schreiben: er solle Ihm die Person schicken, von welcher er seine Nachrichten habe; und an mich: ich solle nach meiner Ankunft in Chatelleraut, mit Vivant vereint, die genauesten Nachforschungen anstellen. Vivant war einer der Protestantischen Abgeordneten zur Versammlung. Diese Eigenschaft konnte mich ihm verdächtig machen. Der König hatte dafür gesorgt und ihm geschrieben, daß er mir ganz trauen könne. Dieß that Er in einem Briefe, den Er durch meine Hände gehen ließ, mit der Vorsicht, daß Vivant bey dieser ganzen Sache nicht genannt werden sollte, damit er nicht, mit seinem Credit, zugleich die Mittel verlöre, Sr Majestät bey den Protestanten zu dienen.

In Ansehung Rodelle's und der andern schon gedachten Edelleute billigte Heinrich den Entschluß, den ich mit Margarethen gefaßt hatte, sie Ihm zuzuschikken. Nachdem Er sie angehört hatte gab Er ihnen Seine Befehle, und schickte sie zurück, um an Ort und Stelle das Beste Seines Dienstes zu besorgen. Er bereute keine der Auslagen, die Ihm die Emissare und Avisengeber verursachten.

Man hatte die Abschrift eines Briefs aufgefangen, der an den Herzog von Bouillon von einem seiner Vertrauten, muthmaßlich von Saint-Germain-de Clan geschrieben war. Dieser Umstand verdoppelte vielleicht noch die Thätigkeit des Königs, dem man diese Abschrift gebracht hatte. Ich will den Inhalt davon hier vorlegen, um den Leser urtheilen zu lassen, ob die Folgen, die man zu Monceaur daraus zog,

sehr

sehr richtig waren. Er lag mit in dem Paquet, das mir Heinrich von da zuschickte.

Saint Germain, oder der Correspondent Bouillons, er sey wer er wolle, ging vorzüglich darauf aus, ihn in diesem Briefe zu bereden, daß er jemand in seinen Namen zu der Versammlung zu Chatelleraut abordnen müsse, welcher dort für ihn spräche. Wenigstens müsse er einen Brief schreiben, den seine Freunde dort übergeben könnten. Die Rolle, welche der Herzog unter seiner Partey spielte, die Nothwendigkeit seine Unschuld zu zeigen, der Nutzen, welcher von einer Vorstellung, was er für die gemeine Sache leide, zu erwarten sey, der Vortheil der ganzen Religionspartie, sein eigner im Ausland zu erhaltender Credit, die Feyerlichkeit dieser Versammlung, das Beyspiel der von Gap — waren die im Eingang des Briefs ausgekramten Beweggründe, um Bouillon zu erschüttern.

Was nun weiter folgte, war nichts als ein Gewirre von Muthmaßungen, Urtheilen und Vorsichtsregeln aus Veranlassung dieser Versammlung. Alles, um dem Herzog zu beweisen, daß die Hoffnung der reformirten Partey einzig auf seinen Bemühungen beruhe. Der Verfasser setzte voraus: Heinrich habe alle seine alten Versprechungen aus den Augen gesetzt, und opfre die Protestanten geradezu ihren erbittertsten Feinden auf. Als Beweise führte er an: die Verbindungen des königlichen Conseils mit dem Römischen, die unermeßlichen Summen, die man darauf verwendet habe, einen Pabst zu machen, die Freudenfeyer bey dieser Wahl, die durch Zerstörung der Piramide gezeigte Gunst für die Jesuiten. Er untersuchte dann, welches unter den gegenwärtigen Umständen der Ausschlag der Versammlung seyn möchte, und prophezeihe davon

davon nichts als lauter unangenehme Dinge, sowohl wegen der Schüchternheit seiner Partey, als wegen der Ränke, die der König dabey anzuwenden wissen würde.

Hier nun erschien ich auf dem Schauplatz, und man erräth leicht, welche Rolle man mich dabey spielen ließ. Ich hatte, wie er muthmaßte, Vorschläge zu thun, welche jedes Hinderniß niederschmettern würden; unter andern Vorschläge zur Prolongation der Sicherheitsplätze. Dennoch rechnete Saint-Germain, — der gegen seine Hoffnungen hoffte, oder vielmehr Bouillon sicher zu machen suchte, — darauf, daß alle meine Feinheiten an dem Artikel, die Wahl der Abgeordneten betreffend, scheitern sollten. Nach dem Kampf, den er bey mir voraussetzte, zwischen meinem Gewissen, das sich nicht der Politik des Staatsraths dahin geben könnte, und — meiner Ehrsucht, die mir nicht gestattete, mir den Päbst und die Papisten zu Feinden zu machen, schloß er nach seiner Manier, und sah bisweilen keine Wahrscheinlichkeit, daß ich mich mit einem Geschäffte beladen sollte, das ich nicht zum Wohlgefallen des Königs ausführen könnte, ohne an meiner Religion zum Verräther zu werden, und bey welchem ich doch dieser, nicht zu dienen geringe, ohne mich einer gewissen Ungnade auszusetzen. Er sah auch sonst überall nichts als unübersteigliche Hindernisse und Schwierigkeiten für mich in einem solchen Auftrag. Da er nicht wußte, daß der König, indem er den Protestanten überhaupt die allgemeinen Sicherheitsplätze ließ, dabey zugleich bewilligen würde, daß auch die Privatpersonen unter ihnen ebenfalls diejenige behalten dürften, in deren Besitz sie waren, und da er diesen Umstand für geschickt hielt, die Gemüther auf immer zu entzweyen; so triumphirte er zum voraus über meine Verlegenheit und Bestürzung hierüber.

Er

Er gab von dem Könige vor, daß Er gesagt habe: der, den Er in Seinen Namen zur Versammlung schicken würde, werde dabey nichts zu thun haben, als Seinen Willen zu erklären. Darauf hin behauptete er kühn, ich würde mich lieber dieser Reise zu entziehen suchen, als mich an einem Ort in meiner Befehlshaberschaft befinden wollen, wo man mir nicht alle Ehrenbezeugungen erwiese, die ich zu verdienen glaubte. Auf den schlimmsten Fall aber verbürgte sich Saint-Germain dem Herzog von Bouillon, daß mein ganzes Ansehen nicht hinreichen sollte, zu verhindern, daß sein Schreiber oder sein Abgeordneter wohl und ehrenvoll aufgenommen würden.

Unglücklicherweise war die Schwachheit der Anhänger dieses Herzogs ein so allgemein bekannter Umstand, daß sein Freund, unerachtet aller dieser ausgehängten Zuversichtlichkeit und Prahlerey, sich dennoch genöthigt sah, über diesen Punkt leicht wegzueilen. Er gestand ein, daß die Provinzen etwas lau seyen, und daß die ganze Partey etwas nachläßig in allem sey, was ihn betreffe. Nachdem er durch diese gemäßigten Ausdrücke dem Herzog die Beschämung erspart hatte, billigte er die von dem Herzog selbst zuerst vorgeschlagene Mäßigung, deren man sich bedienen sollte, wenn von ihm die Rede sey; nehmlich, keine auch nur der mindesten Schwierigkeit ausgesetzte Bitte in seinem Namen persönlich zu thun, sondern sich darauf einzuschränken, daß man den ganzen Religionstheil Vorstellungen wegen Zurücksetzung seiner Plätze, Verweigerung der Gerechtigkeit, und wegen seiner Verbannung und Verfolgung machen lassen solle, welcher er wegen seiner Religionsliebe sich ausgesetzt sehen müsse. Er wirft die Frage auf, was bey einem solchen so an die Versammlung geschriebenen Briefe Gewagtes wäre?

17. Denkwürdigk. V. B.   L   Nach-

Nachdem er nichts dergleichen dabey sehen konnte,
selbst auf den Fall, daß man nicht darauf Rücksicht
nehmen, und ihn, das Schlimmste gesetzt, dem König
aufopfern würde, so ermahnt er den Herzog von
Bouillon sehr, zu schreiben, und räth ihm nur, den
Brief nicht sogleich public zu machen, damit er, wenn
er dann plötzlich vorgelesen würde, nicht den Vortheil
der ersten Regung des Mitleids verlöre. Er hielt es
für sehr vortheilhaft für den Herzog, wenn der Brief,
anstatt der Versammlung durch eine einzige Person
übergeben zu werden, durch die Abgeordneten von
Ober- und NiederGuyenne, wo seine Plätze lagen,
dahin gebracht würden, es sey nun, daß sie es bloß
für sich zu thun schienen, oder, daß sie, was freylich
besser wäre, der Sache den Anstrich gäben, wie wenn
sie den Auftrag dazu von ihrer ganzen Provinz hätten.

Dieß war der Brief, von dem man bey Hof so
viel Lärm machte, daß Sillery bey Uebersendung des
Paquets von Sr Majestät nöthig fand, einen eignen
Brief bloß dieser Sache wegen beyzulegen. Sillery
war derjenige, den Heinrich bey sich behalten hatte,
weil er damals mit der Ausgleichung des heftigen
Zwists zwischen dem Prinzen Conti und Grafen von
Soissons, und der Angelegenheit wegen Orange beschäfftigt war, welche, nach dem was Lesdiguieres und
andre dem König davon schrieben, eine sehr schlimme
Wendung nahm. Es schien mir, nachdem ich die
Abschrift des Briefs an den Herzog von Bouillon gelesen hatte, daß man sich am Hof durch einen blinden
Lärm aufschrecken lasse. Ich konnte nichts entdecken,
das mich nicht in meiner Meynung bestärkte, daß die
aufrührische Partey unbedeutend, schwankend, von
allem entblößt, und weit entfernt sey, etwas Beträcht-
licheres zu unternehmen; und daß Bouillon, erfahrner

als

als die andern, sich nicht mit so unbestimmten Ideen, die man ihm eine nach der andern ohne Zusammenhang und Beziehung auf einen festen Zweck vorlegte, befassen werde, weil sich nichts als Verwirrung davon erwarten ließe. Mit Einem Wort, durch eine falsche von großem Eigendünkel eingeflößte Sicherheit hindurch, und unerachtet dieser Affektation von feiner Politik glaubte ich doch deutlich die Uneinigkeit der Glieder und die Muthlosigkeit des Haupts zu erblicken. Noch änderte ich daher meine Sprache in meiner Antwort nach Monceaux nicht, wiewohl ich vielleicht dadurch meine Aufrichtigkeit verdächtig machte. Ich beruhigte mich hierüber mit der Aussicht, daß dieß doch nur höchstens bis zu dem Aufschluß währen könnte, welchen dieß alles durch die Versammlung von Chatelleraut erhalten mußte.

Uebrigens kann ich versichern, daß ich nie etwas von der peinigenden Gemüthsunruhe empfunden habe, in welcher mich der Verfasser dieses Briefs und viele andre mit ihm, bey der Wahl zwischen dem Dienst meines Königs und dem meines Gottes vermutheten, indem ich wirklich in dieser Sache keinen Grund zur Alternative sah. Das gemeine Vorurtheil in allen Religionen will, daß man den nicht für gut gesinnt gegen die Seinige halten soll, der sie nicht, selbst wo sie am auffallendsten Unrecht hat, behauptet und unterstützt. Nach diesem Maßstab, gestehe ich gern, konnte mir die Partie, die ich zu ergreifen entschlossen war, freylich bey dem Verfasser des Briefs, und bey denen, welche in eben dem Geschmack denken, die Namen eines falschen Bruders, Ueberläufers, und, wenn man will, sogar eines Verräthers zuziehen. Auch war es nicht solcher Leute Beyfall, den ich zu erhalten strebte, sondern der von Personen, welche

alles,

alles, von welcher Partey und Religion sie seyn mochten, auf der Waage der Billigkeit und Uneigennützigkeit abzuwägen geneigt waren. Wenn die Religion die Hülfe der Politik annimmt, so darf dieß nur eine so einfache, gerade und reine Politik seyn, wie sie selbst ist. Jede andre scheint ihr nur zu dienen, dient ihr aber nicht wirklich, und muß sie, bald oder spät, zerstören.

Fest entschlossen, keinen andern Grundsatz bey meinem Benehmen in der Versammlung zu befolgen als diesen, glaubte ich Affektation und Verstellung nicht zu weit von mir entfernen zu können, um dem Geist der Cabale und dem unvernünftigen Eifer jede Hoffnung, mich je gewinnen oder verführen zu können, abzuschneiden. Von Anfang an zeigte ich mich eifersüchtig darauf, bey dieser Gelegenheit den Charakter zu behaupten, in dem ich mich bey allen andern vor ganz Frankreich gezeigt hatte, d. h. den eines Mannes, welcher ein eben so aufrichtiger Anhänger der wahren Grundsätze der Reformation, als weit entfernt von falschen Consequenzen ist, und die regellosen Schritte vieler Reformirten haßt. Die Rede, die ich bey Eröffnung der Versammlung hielt, war ganz im Geist dieses Grundsatzes, und ohne mich darum zu bekümmern, ob sie dem großen Haufen gefiele oder nicht, dauerte sie eine halbe Stunde.

Ich fieng mit der Vorstellung an, daß der König unter so vielen Seinem Willen blindlings ergebenen Personen, bey einer Gelegenheit, wo es darauf ankäme, mit ihnen zu verhandeln, Seine Augen nicht auf einen Mann von bekannter unerschütterlicher Festigkeit in seinem Glauben geworfen haben würde, wenn Er mehr darauf bedacht wäre, Seine Rechte zu behaupten oder zu erweitern, als ihre Herzen zu gewinnen.

Ich

Ich suchte sie zu überzeugen, daß dieser Grund hinreichen müsse, ihnen ein unbeschränktes Vertrauen in alle meine Handlungen und Reden einzuflößen, weil ich sicher nicht erst diesen Augenblick abgewartet haben würde, um an meiner Religion schändlich zum Verräther zu werden. Ich erklärte ihnen aber auch zugleich, daß sie erwarten müßten, bey mir gleichen Eifer für die Vortheile meines Herrn zu sehen, wo sie meinen Pflichten gegen die Religion und das allgemeine Beste nicht zuwider liefen, weil ich die Wahl des Königs bey Ihm selbst zu rechtfertigen, und im Angesicht des ganzen Reichs den guten Ruf eines klugen und rechtschaffenen Ministers, in dem ich mir zu stehen schmeichelte, zu behaupten hätte. Ich lud sie ein, diese Ehre mit mir zu theilen, indem ich sie bemerken ließ, daß hier Ehre und gute Politik Eines seyn müssen. Dieser Punkt ging ihnen am schwersten ein, und als sie die Behauptung hörten, daß ihre Sicherheitsplätze keinen Wall als ihren guten Willen hätten, so wollten sie diese Aeußerung, statt sie, wie sie doch sollten, für buchstäblich wahr zu halten, für nichts als ein Paradoxon oder eine rednerische Figur ansehen.

Indessen war doch nichts gewisser. Um den Protestanten zu zeigen, daß der erste Grund ihrer Politik falsch auslaufe, hielt ich mich bey der Auseinandersetzung dieses Hauptpunkts auf, nehmlich der Bewahrung ihrer Städte, worein sie den größten Theil ihrer Stärke setzten, und weswegen sie, wie man mir gesagt hatte, so weit waren, dem König gleich starke und kühne Vorstellungen zu machen. Ich zeigte ihnen, daß diese Menge von unhaltbaren Plätzen, die sie unter jenem Titel unterhielten, weit entfernt ihnen vortheilhaft zu seyn, nur ihren Untergang beschleunigen müsse, wenn es einmal einem König von Frankreich, sich an sie zu machen, einfallen sollte, besonders wenn es der jetztregierende wäre, dem eine große Anzahl von ihren Offizieren ergeben sey. Da kein Platz so schlecht und kein Befehlshaber so gering wäre, der nicht auf die Ehre des Widerstands Anspruch machte, so würden die zehn höchstens zwölf mittelmäßigen Plätze, die sie etwa noch hätten, unter dieser unnützen Vertheilung ihrer Soldaten und Munition leiden, und in kurzem alles in die Hände ihrer Feinde fallen. Selbst Lesdiguieres, ihren Achill, nahm ich nicht aus (=o), wenn er ja auch noch dieses Aeußerste abwarten sollte, ehe er sich von ihnen trennte. Wirklich konnte man auch, ohne sein Urtheil von diesem Offizier zu übereilen, behaupten, daß die einzige ihn verbindende Religion diejenige seyn mußte, die ihm am besten behülflich wäre, den Besitz seiner Reichthümer und des Ansehens beyzubehalten, das er jederzeit in seiner ganzen Provinz behauptet hatte. Andrer Beweise nicht zu gedenken, durch die man darthun konnte, daß er nur schwach an der Lehre der Reformirten hange. So entlarvte ich Lesdiguieres, weil es ein Theil meines Auftrags war, sehen zu lassen, daß mir auch die geheimsten Gesinnungen der Partey nicht verborgen seyen.

Ganz verschieden war das Manoeuvre des du Plessis, aber auch noch viel armseliger. Dieser Mensch, bey dem ein Feuereifer für seine Partey die Stelle der Erfahrung und kriegrischer Tugenden vertrat, hatte sich in den Kopf gesetzt, sein Schloß Saumur zu befestigen, und diesen Gedanken so ausgeführt, daß Saumur künftig eine Besatzung von mehr als achttausend Mann und alles andre verhältnißmäßig zur Vertheidigung erforderte. Ich fragte, woher du Plessis im Fall eines unversehenen Angriffs dieß alles nehmen würde? Ich setzte hinzu: alles was ich ihnen

nen da sagte, soll weder Warnung noch Wink seyn,
da mir wohl bekannt sey, daß sie durch das Resultat
ihrer Provinzialberathschlagungen dazu verdammt
seyen, diese Wahrheit nur mit ihrem Schaden zu lernen. Es sey nur, um ihnen zu zeigen, daß der königliche Staatsrath ihre Lage ziemlich richtig zu beurtheilen wisse, und daß sie, wenn man sie unerachtet
dieser Kenntniß ungestört ihre Ruhe genießen lasse,
darum nur ihrem Herrn und Wohlthäter desto mehr
Dank und Liebe schuldig wären.

Ich ging darauf über, den Abgeordneten auf
eine Art, die weder Verdrehungen noch Doppelsinn
zuließ, den Willen des Königs zu erklären: daß sie
künftig nie wieder, in ihren Synoden oder Gemeindehäu-
sern, weder Abgeordnete noch Briefe von fremden Fürsten, Städten, Gemeinheiten und französischen Herrn,
wer sie auch seyn möchten, namentlich von den Herrn
von Rohan, Bouillon, Lesdiguieres, de la Force,
Chatillon, und du Plessis annehmen sollten, weil der
König nicht zugeben könne, daß in dem Umfang seines Reichs auf irgend eine Art ohne sein Vorwissen
Verhandlungen gepflogen würden. Sie hätten auch aus
keinerley Grund und Vorwand mehr eine solche Versammlung zu halten; sondern, wenn sie ein Anbringen an Se Majestät habe, sich des Wegs durch ihre
ihnen zu dem Ende gestattete Abgeordnete am Hof
zu bedienen, und es in das Schreiben ihrer Proving
einfließen zu lassen. Ich erklärte ihnen, wenn sie sich
beygehen ließen, in der Versammlung Schlüsse zu
fassen, welche diesen Absichten entgegen wären, so würde ich mich, außer den andern unangenehmen Folgen,
die sie sich dadurch zuzögen, auch der ganzen mit meiner Commission verbundenen Gewalt, und zugleich
des ganzen, einem Befehlshaber in seiner Provinz zu-

kommen-

kommenden, Ansehens gegen sie bedienen, unr diejenigen, die sich von ihrer Pflicht entfernten, dazu zurück zu führen.

Dieß ungefehr ist der Inhalt meiner freylich ausführlichern Rede. Die Frage von den Deputirten und den Sicherheitsplätzen ließ ich zur Erörterung zu ihrer Zeit ausgesetzt.

Diese Reden, besonders die Erklärung, mit der ich geendigt hatte, mißfielen einer Menge von Abgeordneten in der Versammlung. Sie war der Gegenstand sehr lebhafter Streitigkeiten, als sie darüber unter sich zu Rath gingen; und veranlaßte vier oder fünf Deputationen an mich. Diejenige, welche dabey interessirt waren, daß die Versammlung nichts den Grund der Sachen betreffendes vornehmen möchte, verlangte nichts mehr, als daß die Zeit mit solchen Präliminarfragen hingebracht würde, und verlängerten sie vorsätzlich. Allein mit ein wenig Thätigkeit und Geschicklichkeit machte ich diesem unnützen Eingang ein Ende.

Der König nahm es sehr übel auf, daß man mir den Vorsitz in der Versammlung nicht angeboten hatte; wiewohl Er Seine Meynung hierin geändert, und mir hernach selbst angerathen hatte, es nicht anzunehmen. Er fand, daß ich drey oder vier Titel hätte, welche zu fordern schienen, daß man mir diese Ehre übertrüge. Er sagte öffentlich und sehr unzufrieden: die Protestanten hätten bey dieser Gelegenheit einen gleich starken Beweis von ihrer Abneigung gegen das gemeine Beste und von ihrer Eifersucht gegen mich, abgelegt. Allein es ist auch wahr, daß ich der erste und einzige war, welcher es verhinderte (21), und dieß aus Gründen, von denen ich dem König schrieb, daß ich sie Ihm mündlich sagen und Er damit zufrieden seyn würde.

Zwey

Zwey und zwanzigstes Buch.
1605.

Die allgemeine Versammlung der Protestanten zu Chatelleraut war bereits eröffnet, als der König von dem Herzog von Bouillon einen Brief aus Deutschland durch einen gewissen Ruſſy erhielt. Bouillon gab darinn Sr. Majeſtät Nachricht, daß gegenwärtig ein deutſcher Fürſtenbund gegen das Haus Oeſtreich im Werk ſey, und daß dieſe Fürſten, von denen keiner in dem Brief genannt wurde, ſich durch die Macht und den Beyſtand Sr. Majeſtät zu verſtärken wünſchten. Sie hätten daher die Augen auf ihn geworfen, um ihn zum Unterhändler zwiſchen dem König und ihnen zu machen. Für ihren Theil verſprach er dem König und dem Königreich eine völlige Garantie, und für ſich erbot er ſich mit ſtrömendem Erguß der nobelſten Geſinnungen, dabey mit ſeiner Perſon und allen ſeinen Kräften zu dienen. Er ſchien entzückt, nun endlich die Gelegenheit gefunden zu haben, von der ihn Montluct ſo oft unterhalten hätte, als er ihm, in ſeinen Briefen von wegen des Königs, geſchrieben habe: nur durch wirkliche und ſolide Dienſte, nicht durch leere Worte, würde er dieſen Herrn von der Reinigkeit ſeiner Abſichten überzeugen können.

Heinrich fühlte ſich beym Empfang dieſes Briefs weder ſehr zu Gunſten des Herzogs von Bouillon bewegt, noch für das vorgebliche Projekt eingenommen. Weit entfernt ein für Seine Entwürfe ſo vortheilhaft ſcheinendes Projekt anzunehmen, fürchtete Er durch zu ſchnelle Betreibung unüberſteigliche Hinderniſſe für dieſelbe

dieselbe zu verursachen. Ueberdieß war auch die Schlinge, die Ihm der Herzog von Bouillon legte, zu grob, als daß Er sich hätte darinn fangen lassen können. Es war nicht wahrscheinlich, daß die Fürsten Deutschlands dem Herzog von Bouillon die Rolle eines Vermittlers auftragen sollten; ihm, von dem jedermann wußte, daß er selbst die Rolle eines Beklagten vor dem französischen Staatsrath auf sich hätte. Heinrich gab deswegen Ruffy auch nur zur Antwort: die Nachricht sey nicht ausführlich genug, und komme überhaupt auch zu spät. — Bouillon würde sich sicher nichts von diesem Spiel versprochen haben, wenn er gewußt hätte, daß dem König zu gleicher Zeit ein anderer Brief von ihm an die versammelten Protestanten in Chatelleraut in die Hände gefallen war, den ich hier ebenfalls beybringen muß.

Er ist eine Art von Antwort auf den letztgedachten, den er erhalten hatte, und an den Verfasser desselben, nehmlich an Saint Germain de Clan, gerichtet. Dieß erfuhr man, wiewohl er in dem Briefe selbst von Saint Germain als einer dritten Person spricht. Man wird dadurch noch besser überzeugt werden, daß jener andre aus Deutschland geschriebene Brief wahrscheinlich nichts anders zum Zweck hatte, als den König zu einer günstigern Behandlung Bouillons auf der Versammlung zu vermögen, oder Ihm die Augen über dessen Benehmen zu verblenden.

Der Herzog vergaß in diesem Briefe nicht seine Eigenschaft als Haupt der Parten; denn er war so abgefaßt, als wenn er den Operationen der Versammlung zur Richtschnur dienen sollte. Die Ernennung der Deputirten ist der Artikel, auf den er sich zuerst und hauptsächlich einläßt. Er erklärt seine Meynung von jedem, der auf diese Stelle Anspruch machen konnte,

sich mit ihm zu setzen, und werde ihm in dieser Absicht unverweilt Parabere oder Montluet schicken. Um jeden Verdacht einer Täuschung hierin zu ersticken, belegt es ihm Bouillon mit einem Brief, den ihm Montluet geschrieben habe, um ihn einzuladen, daß er einige Personen auslesen möchte, die Heinrich und ihn einander wieder näher bringen könnten. Aus diesem allem zieht Bouillon tausend Folgerungen, in Hinsicht auf die Achtung, die man für ihn in Deutschland habe, auf seine Wichtigkeit für die Protestantische Partey, und auf die Furcht, in die sein Name den König und das Conseil setzte. Da nun seine Mitbrüder befürchten dürften, er möchte wohl noch endlich den Vorschlägen des Königs Gehör geben; so beruhigt er sie darüber durch die Vorstellung: er für sich sey überzeugt, daß diese Vorschläge nichts als eine Schlinge seyen, ihn um das Ansehen zu bringen, das er sich bey dem Volke erworben habe. Er spricht dann von der Absendung eines Bevollmächtigten von ihm zur Versammlung als einer Sache, welche Schwierigkeiten unterworfen sey, die ihn darüber noch unschlüssig hielten, und worüber Lesdiguieres, du Plessis und Saint Germain zu Rath gezogen werden müßten.

Er verbreitet sich dann mit Emphase über die glänzende Assembleen, die bey ihm von allem was Deutschland Großes und Vorzügliches habe, gehalten würden; woraus, seinem Vorgeben nach, der Religion ein unabsehbarer Vortheil erwachsen müsse. Aus der Hitze, mit der er hierbey gegen Lesdiguieres loszieht, ist leicht zu schließen, daß dieser seine Meynung von diesen so gerühmten Assembleen etwas frey geäußert haben mochte. Um einen angemeßnen Begriff davon zu machen, versichert der Herzog, daß der bloße Gedanke an das, was darinn ausgemacht worden seyn möchte,

mehr

mehr als hinreichend sey, Heinrich schlaflose Nächte zu machen, und Ihn zu allen möglichen Versuchen zu vermögen, um ihn wieder zu gewinnen. Er sagt sogar: er habe verschiedentlich Vorwürfe von denen hören müssen, welche diese Assembleen ausmachten, daß er sich am französischen Hof nicht genug geltend zu machen wisse. Man habe sich erboten, diese Mühe für ihn zu übernehmen. Er hätte sich aber ihrem Eifer mit Erfolg widersetzt, und ihnen (ein sonderbarer Zug von seiner Bescheidenheit!) vorgestellt, da die bloße Eifersucht, welche Heinrich auf ihn geworfen habe, der wahre Grund sey, der sie beyde entzweye; so würde ihre Verwendung nur dazu dienen, jene noch mehr anzufachen, ihnen aber Schaden bringen, ohne ihm zu nützen. Das einzige wahre, auch von ihm und dieser Versammlung von Freunden für das Beste gehaltene Mittel, Heinrich zur Vernunft zu bringen, bestünde darinn, daß man ihn durch Furcht und Nothwendigkeit vermöge, alles mit ihnen einzugehen.

Die einzige Aufmerksamkeit, welche dieser wirklich sonderbare Brief verdienen konnte, — gesetzt daß er irgend welche verdiente — bestund darinn: daß man sich desselben hätte bedienen können, um dadurch einigen Forderungen zuvor zu kommen, die vielleicht in der Versammlung gemacht werden konnten. Denn wen denkt im Grund Bouillon eigentlich durch diesen selbstgenügsamen und prahlerischen Ton hinter das Licht zu führen? Nirgends anders als von diesen unausstehlichen Großsprechereyen brauche ich meinen Beweis herzunehmen, daß die Aufrührer noch mit keiner Zurüstung weder von innen noch außen fertig waren; daß sie noch nicht einmal so weit waren, sich unter einander selbst zu verstehen, noch sich über ihren gemeinschaftlichen Vortheil zu verständigen. Was diesen

diesen neuen vorgeblichen Bund zum Besten der Religion betrifft, so kann man wohl daran denken, wie Lesdiguieres, und ohne Umstände behaupten, daß es bloß ein Stückchen von der Erfindung des Herrn Herzogs war. Caumartin sagt nichts davon in seinen Briefen an den König, unerachtet er mit den Landgrafen von Hessen von allem gesprochen hatte, was auf Bouillon Beziehung haben konnte. Der Landgraf hatte ihn bloß gefragt: ob es wahr sey, daß der König von Frankreich sich Montluets zu den Reisen bedient habe, die Er hätte nach Sedan machen lassen. Der Grund dieser Frage, der einzigen, welche der Landgraf in Ansehung Bouillons zu thun hatte, kommt von den Gerücht, das in Deutschland umherlief: der allerchristlichste König suche Sedan zu überrumpeln und die reformirte Religion darinn abzuschaffen. Man sieht leicht, daß auch dieses Gerücht nur von Bouillon selbst herrühren konnte, welcher, indem er dadurch nur seinen Haß gegen den König zu befriedigen suchte, zu gleicher Zeit zu verstehen gab, Heinrich halte seinen Platz für so fest, daß er sich nicht anders als durch Ueberrumplung dessen zu bemächtigen getraue. Das heißt doch recht die feine Kunst besitzen, Einbildung, Niederträchtigkeit und Falschheit in sich zu vereinigen! Alle Talente Bouillons schienen sich in eine große Fruchtbarkeit und eine starke Fertigkeit, nachtheilige Gerüchte gegen seine Feinde zu erfinden und in Umlauf zu bringen, zusammengezogen zu haben. Die Sage von einem, den Vortheilen Frankreichs so sehr zuwiderlaufenden vorgeblichen Schluß der zu Baden versammelten Schweizer, war Waare aus derselben Bude. Man war in Frankreich einige Zeit um so mehr darüber in Unruhe, da die im vorigen Jahr erwähnte Sache der Graubündter noch nicht zu Ende war. Allein, da man sah, daß Caumartin,

der

der nicht unterlaſſen hätte Sr Majeſtät ſogleich Bericht davon zu erſtatten, deſſen nicht gedachte, ſo iſt leicht zu errathen, daß es eine Erfindung von denen war, welche Vortheil davon hatten, wenn man in der Meynung ſtand, daß unſre Angelegenheiten von dieſer Seite ſchlecht ſtehen.

Ich hätte ſehr gewünſcht, der König möchte gleiche Verachtung mit mir gegen alle Nachrichten dieſer feilen Wohldiener fühlen, welche ſich ſo ſehr zu vermehren anfiengen, daß ſie wirklich zur Laſt fielen. Frey heraus; mich dauerte alles das Geld ſehr, welches zu Bezahlung dieſer Art von Dienſten aufging, welche mir ſehr verdächtig ſchienen, weil die, welche ſie leiſteten, immer beſondern Vortheil darunter ſuchten, entweder für ſich ſelbſt, oder um eine Verſtärkung der Beſatzung in einer Stadt zu bewirken, oder um ihr eine beträchtliche Gratifikation zu verſchaffen u. ſ. w. Ein gewiſſer Quidam gab Nachricht von einer Verſammlung, die zu Puylaurens in Oberlanguedoc gehalten worden ſey, überreichte einen Aufſatz von dem was dabey vorgegangen ſeyn ſolle, und verſicherte überdieß, daß er ſich ſelbſt dabey befunden habe. Ein andrer Offizier oder Soldat von Guercy ließ ſich durch Vivant dem König ſchicken, weil er ſagte, einer ſeiner Cameraden, von Sarlat, habe ihm ſehr angelegen, Domme in Perigord wegzunehmen. Er gab diejenigen an, welche mit beyden geſprochen hätten. Dieß veranlaßte den König Themines an Ort und Stelle zu ſchicken, um ſich ihrer Perſonen zu verſichern. Alle dieſe Angaben fanden ſich meiſtens entweder falſch oder äußerſt übertrieben. Meine Meynung war nicht, daß man alle Vorſicht bey Seite ſetzen ſollte. Ich war vielmehr der erſte, welcher dem König rieth, in Perigord und Guercy einige ſichre Männer zu halten; welches

welches Ihm große Unruhe verursachte, weil Er mich so reden zu hören nicht gewohnt war. Ich mußte Ihm deswegen heilig versichern, daß mir aus diesen zwo Provinzen keine unangenehme Nachrichten zugekommen seyen.

Allein der Weg, den ich als den kürzesten und sichersten allen diesen kleinlichen Untersuchungen vorgezogen wünschte, war: daß man von Zeit zu Zeit, und gehörigen Orts durch eine strenge Züchtigung so ein Beyspiel geben sollte, wie durch das Arret gegen die Luquisses, Adliche aus Provence. Es war im Zeughaus, vor meiner Abreise, beschlossen worden, sich ihrer wo möglich zu bemächtigen. Der König bediente sich hiezu Ranchins, des Arzts des Herrn Connetable, welcher diese unruhigen Köpfe so gut hinzuhalten wußte, daß der Chevalier von Montmorency auf Einmal neun bis zehn von dieser Rotte mit den beyden Rädelsführern einfing, und diese dummen Teufel von Verschwornen, welche in der erstern Bestürzung sich selbst sträflicher Verständnisse mit Spanien schuldig angaben, zu Aiguesmortes ins Gefängniß werfen ließ. Heinrich, fest entschlossen, sie zu bestrafen, schickte den Chevalier von Montmorency und Ranchin, da sie von dieser Expedition zurückkamen, nach Chantilly, um dem Connetable zu sagen, daß Er am andern Tag kommen würde, um ihren Prozeß anfangen zu lassen. Der Befehlshaber von Aiguesmortes und der Sieur de Saint Genies thaten bey dieser Gelegenheit nützliche persönliche Dienste.

Dieß Complot erweckte in dem König wieder den Gedanken, in diesem Jahr eine Reise nach Provence zu machen. Ein andrer Beweggrund zu dieser Reise war das Gerücht von einer Galeerenausrüstung, welche die Spanier zu Neapel vornähmen, wobey ich
übrigens

übrigens dießmal nicht mehr Grund zu einem Verdacht sehen konnte, als sonst jedesmal, indem die Spanier ihrer levantischen Handlung wegen, ungefehr eben dasselbe alle Jahre thun.

Man überschrieb dem König auch noch die Nachricht, daß einige der vorzüglichsten Häupter der Versammlung nur die Zeit unnütz hinzuziehen suchten, damit mich entweder die Langeweile davon treiben möchte, oder daß wenigstens die öffentlichen Geschäffte auf der andern Seite durch meine Abwesenheit leiden müßten. In dieser Absicht habe man beschlossen sich verschiedener Wendungen zu bedienen, z. B. Abgeordnete unmittelbar an den König zu schicken, um ihm ihr Verlangen vorzutragen, oder um Ihm zu danken; wie wenn man die Versammlung selbst für unnütz gehalten hätte. Heinrich gab Parabere, welcher von Hof wieder in seine Befehlshaberschaft abging, den Auftrag, mit mir darüber zu konferiren, indem Er sich in Ansehung der Sorge für geschwinde und doch vollständige Expedition der Angelegenheiten in der Versammlung auf meine Thätigkeit verließ. Ich hatte hiezu bereits auf ein Mittel gedacht, von dem ich mir um so mehr versprach, je mehr es der Eitelkeit aller Deputirten schmeichelte. Der König gab Parabere auch noch auf, mir aus allen Kräften zu Entdeckung der Urheber dieser Ränke behülflich zu seyn. Uebrigens aber getraute Er sich nicht, ihm die wichtigern Geheimnisse anzuvertrauen, und hatte mir sogar einen gewissen Aufsatz, nach welchem er vereint mit mir zu Werk gehen sollte, auf einem andern Weg zugehen lassen, damit ich Zeit ihn zu prüfen und meine Maßregeln noch vor Parabere's Ankunft zu machen haben möchte. Nicht als ob Heinrich ihn gerade einer Treulosigkeit fähig gehalten hätte; sondern weil Parabere einen

Fehler hatte, der freylich nur für die Politik Fehler ist, daß er nie Böses von jemand glauben konnte; und noch einen andern, welcher gewöhnlich zum ersten hinzu kömmt: daß er zu leicht mit Leuten aller Arten, mit übeldenkenden wie mit gutgesinnten, Freundschaft knüpfte. Es rührte ihn nichts von allem, was man ihm von den Aufrührern sagte, und der König konnte nie vor ihm von dem Herzog von Bouillon sprechen, ohne daß er ihn aufs Beste zu entschuldigen suchte, und alles, was man ihm zur Last legte, der Bosheit seiner Feinde zuschrieb.

Der König ließ deswegen zwar vor ihm Seine ganze Unfriedenheit mit dem Herzog von Bouillon blicken, gründete sie aber nur auf alte Beschwerden, ohne ihn etwas von den neuern Beweisen merken zu lassen. Ich hatte nach dieser Kenntniß mein Verhalten gegen Parabere ebenfalls einzurichten.

Doch, lassen wir alles, was man den König hinterbrachte, und sehen, was wirklich in der Versammlung vorging. Der Anfang davon war ganz so stürmisch, wie ich vermuthet hatte. Die Empörer machten es sich zum Geschäfft, die Gemüther zum Aufruhr und zur Erbitterung zu bringen, in der Ueberzeugung, daß es nachher weit schwerer halten würde, die Köpfe zu erhitzen, wenn sie erst die Versammlung einen ruhigen Gang gehen ließen. Sie brachten ihre gewöhnlichen Kunstgriffe zur Anwendung, und unterstützten aus aller Macht das falsche von ihnen selbst ausgesprengte Gerücht, daß der König im Begriff sey, ihre Privilegien einzuziehen, ihre Synoden aufzuheben, und sich der gegenwärtigen Versammlung dazu zu bedienen, um alles, was er bisher den Dienern der Religion habe zufließen lassen, künftighin von seinem Finanzetat abgeschnitten zu erklären. Heinrich sagte

bis-

bisweilen, wenn Er sich über die Abneigung der Protestanten gegen Ihn und alle, deren Er sich in den Geschäfften bediente, beklagte: sie hätten wohl verdient, daß Er ihnen Pensionen, Stellen und Befehlshaberschaften abnähme. Diese Aeußerung wurde also hier der Versammlung als fester Entschluß und positive Erklärung hinterbracht.

Da mir nicht unbekannt war, aus welcher Quelle alle diese vergifteten Angaben flossen, so stellte ich ihren ganzen Ungrund vor, und widersetzte mich ernstlich, daß in der Versammlung nichts unter dem Namen oder von Seiten Bouillons, Lesdiguieres und du Plessis vorgetragen werden durfte, gab auch nicht zu, daß jemand darinn das Wort führte, wer nicht in der Eigenschaft eines Abgeordneten aus einer Provinz dazu berechtigt war. Ich ließ unter der Hand du Plessis die Wahl frey geben, sich freywillig von Chatelleraut entfernt zu halten, oder nur als bloßer Zuschauer dahin zu kommen, ohne einen andern Rang als den eines Privatmannes zu genießen. Dieß verdroß ihn sehr, und er wählte das erste; es sey nun, daß er am günstigen Erfolg verzweifelte, und sich den Schimpf ersparen wollte, einen allen seinen Entwürfen zuwider laufenden Sluß in seiner Gegenwart gefaßt zu sehen; oder daß er sich den Trost oder selbst die Rache versprach, in der Versammlung einen Aufstand seinetwegen zu verursachen. Wirklich hetzte er auch die Abgeordneten aus Dauphiné so auf, daß sie schrieen, man müsse nichts ohne ihn vornehmen. Doch ich richtete alles so ein, daß man du Plessis so gut als Bouillon entbehren konnte. Von du Plessis war ich dieses Beweises seiner Empfindlichkeit gewärtig. Daß aber auch Lesdiguieres sich so weit erniedrigen konnte, durch Emissäre die Rolle eines Lärmmachers zum Besten eines

eines bey dem König mit Recht gebrandmarkten Menschen zu spielen — Lesdiguieres, der erst kürzlich eine ausgezeichnete Gnade für seinen Tochtermann Crequy erhalten hatte; dieß kann ich ihm kaum vergeben. Ich sah bey allen diesen Gelegenheiten, wie nützlich es war, daß ich lange vor der Versammlung Anstalten, um mich des besten Theils der Stimmen zu versichern getroffen hatte.

So wie ich sah, daß sich mein Anhang verstärkte, erhob ich die Stimme mehr. Ich schnitt alle leere und verfängliche Fragen kurz ab, und verlangte, daß man vorrücken und vor allem andern, daß man alles, was das königliche Ansehen betraf, als geheiligt ansehen sollte. Von dieser Seite hatte Heinrich stets am meisten befürchtet, und, die Wahrheit zu sagen, seine Besorgnisse waren nicht ungegründet. Es bleibt eine unauslöschliche Schande für den Herzog von Bouillon, für du Plessis, d'Aubigne', Constant, Saint Germain und einige andre, vorzüglich aber, ich sag es noch einmal, für Lesdiguieres, daß sie einen Aufsatz unterschrieben haben, dessen Daseyn nur zu gut erwiesen wurde, und worin man den Grund zu einer freyen vom König ganz unabhängigen Calvinistischen Republik mitten in Frankreich legte. Freylich finden sich diese Ausdrücke nicht in dem Entwurf, wo man sie vielmehr mit einer auffallend gesuchten Sorgfalt vermieden hat. Allein auf Worte kommt es auch nicht an, wo die Sache selbst spricht, und ich will alle diese Leute selbst urtheilen lassen, was man unter der Einrichtung einer Gesellschaft verstehen soll, deren Häupter so eng unter einander verbunden, als fern von andern abgesondert sind, und von Provinzialräthen, welche das Ansehen eines obersten allgemeinen Raths annehmen? was diese Unterstützung bedeuten soll, die man darinn bey Ausländern sucht? die Verbindlichkeit, die man

man darinn allen Befehlshabern und Beamten auflegt, gewisse Eide zu leisten? und endlich die darinn festgesetzte Ausschließung jedes römischkatholischen und jedes dem König besonders ergebenen Offiziers von den Aemtern, Würden und Geschäfften der neuen Parten? Du Plessis, der wahrscheinlich seine Gründe hatte, zu fürchten, ich möchte dem König den Antheil zu wissen thun, den er an diesem Aufsatz gehabt hatte, hielt, als der Ausschlag der Versammlung das Vorhaben selbst vereitelt hatte, für rathsam, sich nicht der Gefahr auszusetzen, die vom Verschweigen zu fürchten war. Er schickte dem König nebst seinen Entschuldigungen wegen seines Nichterscheinens bey der Versammlung, eine förmliche Lossagung von allem, was in dem Aufsatz enthalten sey.

Dieser war eines jener Stücke, deren Wirkung man hemmen muß, ohne Geräusch davon zu machen. Da ich demnach sehen wollte, ob ein großer Theil der Protestanten davon gewußt und sich darauf eingelassen habe, so sprach ich nur im Allgemeinen mit den Abgeordneten davon, und unter den Benennungen von Associationen, von Zurückhaltung und Mißtrauen, wovon ich jedoch zu verstehen gab, daß sie immer nicht vorwurfsfrey seyen. Die Antwort, welche ich erhielt, war folgende: Wenn Heinrich unsterblich wäre, so würden sich die Protestanten mit seinem Wort in allem, was sie beträfe, beruhigt und augenblicklich jeder andern Sicherheit entsagt, ihre Sicherheitsplätze abgegeben, jede Unterstützung von außen verworfen und alle besondre Verfügungen zur Erhaltung ihrer Gesellschaft als unnöthig betrachtet haben. Allein die Furcht in einem seiner Nachfolger ganz verschiedne Gesinnungen zu finden, nöthige sie, die Maßregeln beyzubehalten, die man sie zu ihrer Sicherheit zu nehmen vermocht hab-

habe. — Dieß Geständniß machte mir weit mehr Vergnügen, als jede andre gemäßigtere Antwort. Wenn die Versammlung sich auf das gedachte Projekt eingelassen hätte, würde sie sich nicht so bloß an der Schaale meiner Aeußerung aufgehalten, sondern durch jede Art von Protestation und durch eine förmliche Abläugnung diesen Vorwurf hartnäckig abgelehnt haben.

Ich halte mich daher versichert, daß sich die Seuche der schlechten Reden und des bösen Beyspiels noch nicht weiter als auf die genannten sechs bis sieben Personen verbreitet hatte. Es war mir aber nicht so leicht, auch Heinrich davon zu überzeugen, oder ihn wegen der Besorgniß zu beruhigen, daß das Uebel bald weiter um sich greifen möchte. Ihn beunruhigte zu sehr die Vorstellung von dem blinden Leichtsinn des großen Haufens, sich durch die Eindrücke derer leiten zu lassen, die er als seine Häupter und Beschützer betrachtet, und von den schlimmen Folgen, die nicht ausbleiben würden, wenn Frankreich das Unglück hätte, daß Er bey Seinem Tod den Dauphin noch in einem sehr zarten Alter hinterließe. Er sagte mir einigemal, daß mein besonderer Vortheil hier genau mit dem allgemeinen Besten verbunden sey, da ich einer der vornehmsten Kronbedienten wäre, und Lieutenant der Compagnie seines zweyten Sohns werden sollte, wenn Ihm Gott einen schenkte; wie dieß auch geschah. — Allein überhaupt, was sollte ein irrender und verachteter Herzog von Bouillon, ein du Plessis mit seiner Feder, du Constant und d'Aubigne mit ihrer Zunge gegen ein so festgegründetes Ansehen auszurichten vermögen, als das ist, welches Heinrich nun im Stand war seinem Prinzen zu hinterlassen? Die Ungewißheit wegen eines Thronerben hatte mir jederzeit gewissermaßen

sermaßen die einzige wahre Gefahr geschienen, die man zu befürchten hätte.

Diese Materie wurde zwischen den Abgeordneten der Versammlung und mir nur gelegenheitlich abgethan; ohne der ersten und hauptsächlichsten Abbruch zu thun, nehmlich der Ernennung der besondern Deputirten, die ich zuerst aufs Tapet gebracht hatte. Die Protestanten behaupteten, diese Ernennung gehe Sé Majestät nichts an, und dürfe nur von ihnen allein geschehen. Ich widerlegte dieß Vorurtheil, und zeigte, daß der König als König den vorzüglichsten Antheil an einer Sache haben müsse, die auf die gute Ordnung einen so nothwendigen Einfluß und einen so sichtbaren Zusammenhang mit der Polizey habe, daß von dem schlechten oder guten Charakter der erwählten Deputirten großentheils das gute oder schlechte Vernehmen zwischen beyden Religionen abhange. Dieses unterstützte ich mit einem Beyspiel aus der Sache selbst, nehmlich dem von dem ränke- und trugvollen Benehmen eines gewissen — der ehmals diese Stelle bekleidet hatte.

Um diesen Streit verschiedener Meynungen beyzulegen, machte ich den Vorschlag: die Versammlung sollte sich über eine gewisse Anzahl von Männern, die zu dieser Stelle geschickt seyen, vereinigen, aus denen der König dann die zwey zu wählen hätte, welche ihm anständig wären. Unerachtet der Widersetzlichkeit, die ich auch noch bey diesem Auskunftsmittel fand, verlor ich doch die Hoffnung nicht, es durchzusetzen, indem ich über gute Gratifikationen für diejenigen zu disponiren hatte, welche sich nach den Absichten Sr Majestät fügen würden. Und doch hätte Heinrich beynahe selbst, ohne daran zu denken, ein Hinderniß dagegen verursacht. Er hatte nehmlich aus der allgemeinen

Wider-

Widersetzung der Versammlung geschlossen, daß sie nie ihre Einwilligung hiezu geben würde. Daher schrieb Er mir, ich sollte damit zufrieden seyn, wenn der Vorschlag und die Wahl der zween Deputirten gemeinschaftlich von Ihm und den Protestanten vorgenommen werden sollte. Dieß machte die Versammlung noch viel beharrlicher bey ihrer Meynung. Denn, es sey nun, daß der König selbst öffentlich von dem Inhalt seiner Briefe gesprochen hatte, oder daß die, denen Er sie anvertraute, das Geheimniß schlecht bewahrten — alle Absichten dieses Herrn wurden so früh und so vollständig in der Versammlung bekannt, als im Conseil selbst. Villeroy benachrichtigte mich davon, und ich wußte es besser als er. Deswegen verlangte ich von ihm und Sillery, daß sie mir jederzeit eigenhändig schreiben sollten, was ich ebenfalls that, und wovon ich bisweilen so müde wurde, daß ich sie beyde oft auf meine Briefe an den König verweisen mußte, die man nachher jedesmal verbrannte. Indessen drang doch mein Vorhaben in der Versammlung durch. Der König erhielt das Recht, aus sechs Vorgeschlagenen zween zu wählen, und ich fand auch noch Mittel, daß unter diesen sechsen keiner seyn sollte, welcher öffentlich Beweise von Unbothmäßigkeit oder Meuterey gegeben hatte. Heinrich betrachtete diesen Erfolg als einen der wichtigsten Dienste von mir.

Einige Abgeordnete machten einen Versuch mit dem Verlangen, daß man einen dritten Deputirten machen möchte, der jederzeit ein Protestantischer Geistlicher seyn sollte. Der Pfarrer Berault hatte sich starke Hoffnung gemacht, wie man sagte, dazu zu kommen, und sollte deswegen zur Versammlung kommen, wiewohl er keiner von den Provinzdeputirten war. Er hatte noch, wie man versicherte, verschiedne andre

Projekte,

Projekte, besonders zu Gunsten Bouillons, und er war es, der in der Versammlung von Mauvesin (in Armagnac) es dahin gebracht hatte, daß man an den Herzog schreiben sollte, um ihm zu bezeugen, daß die Protestanten in Frankreich auf seine Person und sein Bestes immer gleiche Rücksicht nähmen. Bey aller seiner Dreistigkeit wagte er aber dießmal doch nicht, sich zu zeigen, und der Antrag wurde durchaus verworfen, so wie auch der von drey bis vier Personen hingeworfene: daß die Reformirten, nicht beym König, sondern in einigen Orten der Hauptprovinzen im Reich, eben so viele von ihnen allein erwählte Deputirte halten sollten, um unmittelbar mit den Generaldeputirten am Hof zu communiciren. Wäre dieß Vorhaben ausgeführet worden, so hätte man nöthig gehabt, die Aufmerksamkeit auf das Betragen aller dieser Unterdeputirten zu verdoppeln. Es war aber nur ein kleiner Uebergang, den ich leicht zerstreute.

In Ansehung der Eigenschaft der Deputirten schlug der König keinen aus, wenn er nur im Ruf der Rechtschaffenheit und Friedfertigkeit stünde. Er vermied sorgfältig alles, was auch nur den entferntesten Schein von Gewaltsamkeit haben konnte. Dieß zeigte sich bey der Gelegenheit, als der König auf die in Anregung gekommene Frage, ob die Befehlshaber in den Plätzen zur Deputation ernannt werden könnten, den verneinenden Gründen der Versammlung nachgab; auch ein andermal bey la Noue und du Coudray, welche die Reformirten nicht auf die Liste setzen wollten, und zum Grund davon, beym ersten seine Abwesenheit, beym andern sein Amt anführten. Jedermann kam hernach doch wieder auf la Noue. Ich meiner Seits gab gegen Saint Germain eine ausschließende Stimme, unerachtet man ein starkes Ver-

langen

langen bezeugte, ihn dabey zu bestätigen, und ihm
Bellujon beyzugeben. Der König selbst war nicht
für diesem eingenommen, so wenig als für Cou=
bray. Allein weil Er glaubte, Lesdiguieres etwas
gefälliges thun zu müssen, dachte Er die Wahl auf
den Deputirten von Dauphiné fallen zu lassen. Man
sprach auch noch von Des Bordes und Marabat. Der
König hatte diesem letztern lange wohlgewollt, wiewohl
ich ihn Ihm als eine der Creaturen Bouillons be=
schrieb. Er kam aber von dieser Gesinnung zurück,
als Ihn die unvorsichtige Kühnheit Marabats, dem
Herzog von Bouillon seine zwey Kinder zu schicken,
nicht länger zweifeln ließ, daß das, was ich Ihm ge=
sagt hatte, wahr sey. Dieß allein bewirkte gegen ihn
die Ausschließung. Es ward keiner genannt, der so
sehr verdient hätte, alle Stimmen zu bekommen, als
ein Advokat von Castres, la Devese. Nur der Ruf
eines tugendhaften Mannes und Feinds aller Partey=
lichkeit, den er sich erworben hatte, stand ihm bey sei=
nen Glaubensbrüdern im Licht. Er gewann dabey
nichts als die Ehre, das Zutrauen seines Königs ver=
dient zu haben, welcher an ihn zu schreiben geruhte.
Ich stellte ihm den Brief so heimlich zu als nöthig
war, um seinem Credit bey den Protestanten nicht zu
schaden, und als ich ihn besser kennen lernte, betrach=
tete ich ihn als einen Mann, der in jeder Rücksicht es
verdiente, daß ich mich seiner Einsichten bediente.
Der ganze Julius ging vollends auf diese Art mit
Vorschlägen, Deliberiren, Verwerfen oder Annehmen
verschiedener Gegenstände vorbey.

Die Frage von den Deputirten ward mit gleicher
Wärme noch in den ersten Tagen des folgenden Mo=
nats fortgesetzt. Die Versammlung kam noch einmal
auf Saint Germain, und mehrere andre, denen Hein=
rich

rich den Marabat noch vorgezogen haben würde. Da aber die näheren Umstände davon nicht interessant genug sind, um sich lange dabey aufzuhalten, so will ich die Sache kurz abthun, indem ich sage, daß la Noue, nachdem er dem König durch mich und Roquelauren hatte versprechen lassen, daß er mit dem Herzog von Bouillon brechen, und seine Kinder von Sedan zurücknehmen wolle, von dem König aus den drey vorgeschlagenen vom Adel, zum Deputirten gewählt wurde, und daß unter den Gelehrten Seine Wahl auf du Cros fiel, welcher durch Lesdiguieres für sich hatte sollicitiren lassen. Dieser Ausgang der Sache, welcher Heinrich sehr angenehm war, und von Seinen Ministern selbst sehr gelobt wurde, kam mir sehr gut zu statten, um einigen Verläumdern den Mund zu schließen, welche aussprengten: der König habe seit kurzem einen Brief von mir erhalten, auf welchen man Ihn äußerst erzürnt gesehen habe, so daß es nur davon hergerührt haben könne, weil seine Absichten unter meinen Händen wahrscheinlich nicht den erwünschten Fortgang hätten. Ein schlechter kleiner Brief war das Mittel, dessen man sich bediente, dieß Gerücht in Umlauf zu bringen. Villeroy schickte mir eine Abschrift davon, worauf ich ihm zurückschrieb, niemand werde diesem Gerücht weniger Glauben beymessen, als eben die, welche es verbreiteten.

In Ansehung des Erfolgs, wovon man den Ruhm mir zurechnete, will ich, ohne mich hier mit falscher Bescheidenheit zu zieren, nur sagen, daß es mich weiter nichts kostete, als den größern Theil der Protestanten zu überreden, sie könnten sich in Ansehung ihrer Erhaltung und ihres Besten mit aller möglichen Zuversicht auf die Denkungsart Heinrichs verlassen. Die kleine Anzahl aber von strengen Handlungen, worüber sie

sie sich beschwerten, sey noch lange nicht mit den Vergehungen in gleichem Verhältniß, welche sie sich gegen Ihn hätten zu Schulden kommen lassen. Man darf übrigens nicht glauben, daß ich bey solchen Reden die Reformirte den geringsten Strahl von denen für sie günstigen Entwürfen Heinrichs habe erblicken lassen. Es heißt seinen Herrn verrathen, wenn man ihm auf Kosten seines Geheimnisses dient. Ich blieb hierüber auch selbst gegen die Minister des Königs äußerst zurückhaltend. Und ich wüßte nicht, daß ich je etwas davon in allen den Briefen hätte einfließen lassen, die ich an Heinrich selbst von Chatelleraut schrieb, außer in einem einzigen, worin ich ihn an die Gesandtschaft in England erinnerte, die bey der Sache, welche ich im Werk hatte, nöthig war. Auch bat ich Ihn angelegentlichst, diesen Brief zu verbrennen, weil ich fürchtete, es möchte damit wieder wie mit einigen andern gehen, wovon Er wohl wisse.

Die gerechteste Ursache zum Mißvergnügen, die man dem König in der Sache wegen der Deputirten gab, war folgende. Nachdem Seine Absicht sie selbst zu ernennen der Versammlung kund gethan worden war, vereinigten sich sieben Protestantische Provinzen, und schickten, um du Plessis darüber um Rath zu fragen, jemand ab. Heinrich hielt sich deswegen mit gutem Grund an Constant und d'Aubigné. — Die letzte Forderung der Reformirten wegen dieser Sache war, daß die Dienstzeit der beyden Deputirten bey dem König nach ihrem Gefallen bestimmt, und daß dieß in dem Wahldekret des Königs oder wenigstens in der Ernennungsakte angegeben werden sollte. Auf diese Art hätten sie immer Ursache behalten, diese Ceremonie alljährlich zu erneuern, und dazu eine Versammlung zu verlangen. Eben deswegen schlug ihnen der

König

König ihr Gesuch ab. Ich hatte sie darauf vorbereitet. Sie erhielten endlich die Bestallung in der bisherigen Form ausgefertigt, nachdem sie zuvor ihre Versuche dagegen noch verschiedenemal fruchtlos erneuert hatten.

Nun folgte die Sache wegen der Sicherheitsplätze. Obschon die Frist von acht Jahren, die in der dem Edikt von Nantes gemäß abgefaßten Ausfertigung vom letzten August 1598 festgesetzt war, erst aufs künftige Jahr ablief, so war es doch erforderlich, diese Sache aufs Tapet zu bringen, wenn man den Protestanten nicht einen Vorwand übrig lassen wollte, sich dann sogleich wieder zu versammeln. Es ist zuverläßig, daß sie zu Chatelleraut nicht anders zur Sprache gekommen wäre, als um sie ganz dem Willen Sr Majestät heimzustellen, ohne daß von drey- oder vierjähriger Verlängerung, noch von einem neuen Verleihungsbrief des Königs die Rede gewesen wäre; wenn man in der Versammlung nicht durch den oben gedachten Weg bereits gewußt hätte, daß sie nicht nur alles von Heinrich erwarten dürfte, sondern auch, daß ich bereits eine doppelte Bestallung, eine auf drey, die andre auf vier Jahre ganz ausgefertigt bey mir führe. Dieß verursachte, daß sich der König genöthigt sah, ihnen die Verlängerung auf vier Jahre zuzugestehen. Man wird sagen, auf ein Jahr mehr oder weniger komme nicht viel an; und Heinrich hatte auch wirklich keine andre Absicht dabey, als sie zu gewöhnen, daß sie nicht alles erhalten müssen, was ihnen zu verlangen in den Kopf käme, und daß ihnen an den Gnadenbezeugungen genügen müsse, die Er ihnen zu erzeigen für gut fände. Uebrigens konnte nichts wahrer seyn, als was ich ihnen in meiner Eröffnungsrede von diesen Plätzen gesagt hatte. Heinrich erlaubte mir,

den

den Deputirten zu zeigen, daß er ihnen die ganze
Gnade nur auf meine Verwendung zugestanden habe.

Nach Erledigung dieser zween Hauptpunkte konnte die Versammlung so gut als beendigt angesehen
werden. Allein da in denen mir aufgegebenen
Gnadenbriefen noch etwas zu ändern war, und da der
König aus besondrer Gnade noch einen neuen hinzu-
fügen wollte, vermöge dessen die ersten acht Jahre erst
von der Einregistrirung des Edikts von Nantes an
laufen sollten, so mußte man bis zu deren Ausfertigung
und Ueberbringung nach Chatelleraut noch einige Zeit
verziehen.

Die Sache von Orange machte unterdessen Aufsehen genug, um die Köpfe zu beschäfftigen. Um diesen Platz auf obgedachte Art dem Fürsten von Oranien,
seinem rechtmäßigen Herrn, wieder zuzustellen, kam
es darauf an, den (Hector de la Foret de) Blaccons
herauszubringen, welcher ihn für die Protestanten inne
hatte. Der König warf die Augen auf Lesdiguieres,
so zur Unzeit, daß ich glaube, dieß sey der einzige Fall
gewesen, durch welchen die Sache in Schwierigkeiten
verwickelt werden konnte. Jeder andre als Lesdiguieres, welchen Blaccons als seinen Todfeind anzusehen
hatte, würde die Sache ganz leicht ins Werk gesetzt
haben. Ich rede davon aus genauer Sachkenntniß.
Blaccons, der sich schon lange darauf gefaßt gehalten
hatte, aus Orange abzuziehen, hatte mir geschrieben:
nichts halte ihn von unverweigerter Folgeleistung der
königlichen Befehle ab, als der Verdruß und Schimpf,
den er davon hätte, den Platz in die Hände eines
Menschen übergeben zu müssen, welcher sich mit dieser
Ceremonie als einem Triumph brüsten würde. In
meiner Antwort hierauf glaubte ich ihn hoffen lassen
zu dürfen, daß der König ihm die Bitterkeit dieses

Schritts

Schritts versüßen würde. Und ich schmeichle mir wirklich, daß die Sache anders gegangen wäre, wenn ich zur Stelle gewesen wäre. Allein Heinrich schrieb mir nur um mir zu sagen, daß Er jetzt Bullion und Bellujon mit seinen Befehlen an Lesdiguieres abgeschickt habe, und daß ich die nöthigen Vorkehrungen treffen sollte, um Geschütz gegen Orange vorrücken zu lassen. Ich sah nun beym Empfang dieses Briefes wohl, was vorgegangen seyn mußte, und schrieb dem König unverzüglich alles, was mir von Blaccons Gesinnungen bekannt war. Ich rieth Ihm, bat Ihn sogar, nach Orange nichts als einen bloßen Gefreyten von seiner Wache zu schicken, ohne Lesdiguieres auf solche Art seinem Feind gegenüber zu stellen.

Diese Bemerkung kam zu spät. Lesdiguieres machte von der Gewalt Gebrauch, die ihm der König verlieh, gab nur seinem Haß gegen Blaccons Gehör, und ließ diesem Befehlshaber und den Einwohnern in einem sehr herrischen Ton den Befehl Sr Majestät bekannt machen, daß ihm der Platz eingeräumt werden sollte. Für sich setzte er noch hinzu, daß er, wenn sie zu gehorchen anständen, an Se Majestät Bericht davon erstatten würde. Unterdessen schrieb er am 24. Jul. dem König: Er möchte ganz unbesorgt seyn, indem er den Befehlshaber in Orange wohl zur Raison zu bringen gedenke, ohne daß etwa in der Provinz Unruhen darüber entstehen sollten. Möchte man nicht sagen, Lesdiguieres befürchtete nicht Widerstand genug zu finden? Blaccons, der sich dieses Angriffs gar nicht versehen hatte, schickte unverzüglich zween Eilboten nach einander an den König, um Ihn zu versichern, daß er bereit sey, seinen Platz zu übergeben, an wen es Sr Majestät gefiele, wenn es auch ein Katholike wäre. Dieser Schritt sollte durch Hülfe derer,

von

von denen Blaccons wußte, daß sie ihn bey dem König unterstützen mußten, den König vermögen, Sein Absehen auf Lesdiguieres zu ändern, und den Marsch des letztern, von dem er wohl wußte, daß er mit nächstem anrücken würde, aufzuhalten. Allein Blaccons hatte viel mehr Feinde als Freunde am Hof. Sie fanden in seiner Handlung einen eben so starken Hang zur Unbothmäßigkeit als Furcht, und stellten sie auch dem König in diesem Lichte vor. Dieß war sehr einseitig von ihnen gehandelt!

Der König wollte indessen doch, unerachtet aller der heftigen Anschläge, die man Ihm einblies, nicht so plötzlich zum Aeußersten gegen Blaccons schreiten. Seine Antwort an ihn bestund darinn, daß Er ihm durch einen protestantischen Gefreyten von Seiner Wache nebst drey bis vier Büchsenschützen, die Er ihm zuschickte, sagen ließ: bis auf weitern Bescheid solle er seinen Platz als Sequester in die Hände des Gefreyten übergeben, und zu dem Könige kommen, von welchem er jeder Genugthuung und der ehrenvollsten Behandlung gewärtig seyn könne. Zu gleicher Zeit ließ Heinrich durch Bullion den Lesdiguieres wissen: wenn Blaccons diesem letzten Befehl Folge leistete, sollte er ruhig zu Grenoble bleiben, und nicht zur Gewalt schreiten, außer wenn jener den Gehorsam verweigerte. Auf diesen Fall schickte Er ihn Vollmacht, zehn Compagnien zu zweyhundert Mann zu errichten, die fünf Compagnien vom Regiment du Bourg, die von der bisherigen Zahl von sechzig, ebenfalls auf zweyhundert Mann gesetzt würden, an sich zu ziehn, und verhältnißmäßig Geschütz aufzuführen. Denn die Höflinge hatten dem König beygebracht, Blaccons würde sich auf Seinen Antrag nicht ergeben. Lesdiguieres, der Ihm schon berichtet hatte, daß die Canonen

nen seiner Provinz Dauphiné nicht mit Lavetten versehen seyen, verlangte, daß man ihm bald möglichst welche schicken, und zwar, weil es sonst zu lange währen möchte, aus dem Zeughaus von Lyon verabfolgen und so leichter die Rhone herab gehen lassen sollte. Er hatte wahrscheinlich nicht Lust seine Plätze zu entblößen. Deswegen mußte der König noch einmal an mich schreiben, daß ich dem Lieutenant-General der Artillerie im Lyonischen und in Dauphiné die gehörigen Befehle nach dem Verlangen Lesdiguieres zugehen lassen sollte. Ich gestand, daß der Strenge nach der König Maßregeln genug ergriff, um den Protestanten Gerechtigkeit und selbst Mäßigung auf Seiner Seite zu zeigen. Allein weder diese außerordentliche Zurüstungen, noch dieser neue unnütze Aufwand wollte mir in den Kopf. Ich respektirte daher zwar nach Schuldigkeit die Befehle Sr Majestät, glaubte aber doch mich dem Verlangen Lesdiguires, besonders in Ansehung des Lyoner Geschützes, widersetzen zu müssen, das ich in dieser Stadt ungleich besser fand, als in irgend einer in Dauphiné.

Ich weiß nicht, wie Heinrich so lange übersehen konnte, daß Lesdiguieres nichts suchte, als sich Macht und Ansehen genug zu verschaffen, um einen Menschen, dem er übel wollte, aufs bitterste zu verfolgen. Sobald er es mit einigem Anstrich von Gerechtigkeit thun zu können glaubte, that er dazu noch verschiedne Schritte auf seine eigne Faust, welche verursachten, daß die Sache eine ziemlich andre Gestalt gewonnen hatte, ehe noch die Eilboten Sr Majestät an den Ort ihrer Bestimmung gelangten. Er war bereits an der Spitze eines Corps zwo Meilen von Orange, von wo aus er Blaccons, ihn in die Stadt einzunehmen, trotzig auffordern ließ. Bullion suchte bey seiner Rückkunft

von Dauphiné dieſen übereilten Schritt Lesdiguieres
— der gelindeſte Name, den man ihm geben kann —
mit dem Vorgeben zu entſchuldigen, daß er ihn nur
in der Abſicht gethan habe, einſtweilen die Berichtigung der Angelegenheiten des Schloſſes anzufangen,
eine Reforme in der Garniſon zu machen, und einige
Kriegsleute zu entfernen, welche durch die Offiziere
des Fürſten von Oranien ausgehoben worden ſeyen.
Da Lesdiguieres auf dieſe Art ſeine Vollmacht über-
ſchritt, ſo darf es gar nicht befremden, daß Blaccons
in ihm nichts weiter als einen Feind ſah, welcher ſeine
Privatrache verfolge. Er antwortete ihm ſo, daß er
ſich genöthigt ſah, in ziemlicher Verwirrung ſich bis
Montelimart zurück zu ziehen. In der Empfindlichkeit über dieſen Rückzug nun ſchrieb Lesdiguieres an
den König einen Bericht von allem was vorgefallen
war, beobachtete gar keine Mäßigung mehr, und gab
Blaccons alles Schuld, was ihm nur einfiel. Dieſer
ließ ſeine Beſchwerden durch ſeinen Eilboten überbringen. Er legte Lesdiguieres zur Laſt, daß er ſchon
lange geſucht habe, ſich von Orange mittelſt eines
Verſtändniſſes mit einem Prediger, Moriz, Meiſter
zu machen. Die Anhänger des Lesdiguieres am Hof
retorquirten dieſen Vorwurf gegen Blaccons durch die
Ausſage, daß man durch einen Brief an ſeinen Schwa-
ger belegen könne, wie ſehr derſelbe, während er dem
König ſeinen Gehorſam verſichre, und Lesdiguieres ſo
höflich zu entbiete, daß er nach Orange kommen
könne, für ſich anders geſinnt ſey. Ich kann weder
die eine noch die andre Beſchuldigung verbürgen.

Während übrigens dieſe Zänkerey die Beendigung
der Sache von Orange aufhielt, lief die Verſammlung
zu Chatelleraut zu Ende. Mit Vergnügen ſah man
daſelbſt die Ankunft der zweyen Gnadenbriefe, welche

mir

mir zu schicken, der König Fresne aufgetragen hatte. Sie sind datirt vom 4. August 1605. Der König macht darin die Wendung, daß Er sie den Protestanten als eine Gnade zugestehe, welche sie in der schuldigen Achtung und Dankbarkeit gegen Ihn bestärken solle. Indem ich sie der Versammlung zustellte, erklärte ich: der Wille Sr Majestät wäre, daß sie nun aus einander gehen sollten, nachdem sie zuvor aus meinem Munde die letzte Willensmeynung Sr Majestät vernommen hätten. Die Gemüther in den Provinzen dürften nicht länger in der Ungewißheit gelassen werden, wo sie, wie ich wüßte, durch die verschiedenen Gerüchte von dem Ausschlag der Versammlung in einer eben so unruhigen Spannung erhalten würden, wie zween Gegner, die auf dem Punkt gegen einander loszubrechen stehen. Ich machte es den Deputirten zur Pflicht, bey ihrer Zurückkunft in ihren Provinzen eine aufrichtige Vorstellung von der Art zu machen, mit welcher der König und seine Minister mit ihnen gehandelt hätten, und sich vor dem unehrerbietigen, verläumderischen Benehmen wohl zu hüten, welches man sich nach der Versammlung von Gap habe zu Schulden kommen lassen. Ich machte eine Art von rechtfertigender Recapitulation von allen Befehlen und Anforderungen des Königs. Ich hinderte, daß bey der Trennung nicht irgend ein neues Verzeichniß von Anforderungen gemacht würde. Ich verbot ihnen ausdrücklich im Namen des Königs, irgend eine allgemeine Versammlung eigenmächtig zusammen zu berufen, und sagte ihnen dabey: daß Se Majestät sie ihnen nicht verweigern würde, so oft der Gegenstand sie erforderte, gab ihnen aber zugleich zu verstehen, daß sie künftig beträchtlich seltner werden dürften als bisher. Ich vergaß nicht hinzu zu setzen, daß Heinrich dadurch nicht gesonnen sey, auf irgend eine Art die Haltung ihrer

ihrer Colloquien und gewöhnlichen Synoden zu beeinträchtigen, in so fern sie sich auf bloß kirchliche Gegenstände einschränkten. Endlich schloß ich mit Wiederholung des Verbots, mit allen denen Personen, welche Se Majestät für verdächtig hielte, irgend eine Verbindung zu unterhalten. Ich war mit den Gesinnungen zufrieden, welche ich in aller Herzen bemerkte. Und was mich glauben läßt, daß ich mich nicht betrogen habe, ist der Umstand, daß die Versammlung über einen Ausschuß berathschlagte, den man hinschicken wollte, um dem König für Seine Wohlgewogenheit zu danken, und Ihn ihrer unverlöschlichen Ehrfurcht zu versichern. Man erkundigte sich erst, ob Se Majestät diesen Schritt genehmigten, und nachdem die Antwort nach Wunsch ausgefallen war, gingen die dazu ernannten Abgeordneten ab, um sich dieser Pflicht zu entledigen.

Ich selbst reise am eigentlichen Tag des Schlusses der Versammlung ab, da mir der König durch Sillery hatte sagen lassen, daß ich es thun könne, und weil Er mir mehr als Einmal bezeugt hatte, wie nothwendig meine Gegenwart für die Geschäffte in Seinem Staatsrath sey. Er geruhte sogar mir einen eignen Brief bloß zu meinem Lob zu schreiben, um mir für den Dienst zu danken, den ich Ihm bey dieser Gelegenheit geleistet hätte. So dringend Er zu wünschen schien, mich wieder bey Sich zu sehen, ertheilte Er mir dennoch die Erlaubniß, über meine Güter in Berry zu gehen, wovon ich aber nicht Gebrauch zu machen für gut fand, um nicht mehr Geschäffte sich anhäufen zu lassen, als ich abzuthun vermöchte. —

Dieß war der Ausgang einer Versammlung, auf welche die Augen der ganzen Welt gerichtet waren.
Nach

Nach sorgfältiger Prüfung meiner Gesinnungen fand ich, daß die Hoffnungslosigkeit, welche sie bey einer sehr kleinen Anzahl meiner Glaubensbrüder verursacht, meine Zufriedenheit darüber nicht störte, und auch nicht stören durfte, weil ich mich nicht anders überzeugen konnte, als daß ich durch Mäßigung und Friedliebe meiner Religion und ihnen selbst besser gedient habe, als ihr blinder ungestümer Eifer sicher nie vermocht haben würde. Du Plessis konnte diese Gründe in dem Brief finden, den ich ihm schrieb; wiewohl mein Hauptzweck dabey war, ihm einen großen Theil seiner Fehler zu erkennen zu geben. Er rechtfertigte sich bey mir durch eine sehr studierte Antwort, die er ebenfalls nebst meinem Brief an den König schicken zu müssen glaubte, als wenn er dadurch zeigen wollte: er habe keine der Hauptbeschuldigungen auf sich sitzen lassen.

Ich legte dem König von meiner Verrichtung Rechenschaft ab. Er war nach seiner Abreise von Monceaux, wo Er einige leichte Anfälle vom Podagra gehabt hatte, zu Ende des Julius nach Paris zurück gekommen, von wo Er auf die ersten acht Tage im August, nach Saint Germain ging. Dort wurde Er von einem Fluß auf der Wange und an den Zähnen geplagt; war aber bald davon wieder geheilt, da Er in dem Mund einen Einschnitt gegen die Geschwulst hatte machen lassen. Dieser Zufall nöthigte Ihn, wieder den Brunnen zu trinken, welcher nebst der Diät Sein Universalmittel war. Ich fand Ihn zu Fontainebleau, wohin Er von Saint Germain gegangen war. Mit tausend Liebkosungen umarmte Er mich zweymal, ließ alle meine Sekretäre und mein ganzes Gefolge vor sich, und führte mich dann nach einer abermaligen sehr innigen Umarmung, in die lange Gallerie im Fichtengarten, wo wir uns zwo Stunden lang mit einander unterhielten.

Er fieng damit an, daß Er mir alle auswärtige interessante Neuigkeiten und hernach das erzählte, was während meiner Abwesenheit sowohl im Staatsrath in Ansehung der Finanzen als am Hof vorgefallen war, wo die häuslichen Zänkereyen, die wieder sehr stark erwacht waren, mehr als zwanzigmal den Wunsch nach mir in Ihm erweckt hätten. Er fragte mich dagegen auch nach verschiedenen besondern Umständen von meiner Reise, besonders nach den Gesinnungen, die ich bey den Protestantischen Kirchen und einigen Häuptern der Parten, die Er mir nannte, bemerkt hätte. Freude überströmte Ihn bey meinen Beweisen einer freywilligen Unterwerfung von jenen, welche Ihm von diesen wenigstens einen gezwungenen Gehorsam versicherte. Ich ließ es Ihn mit Händen greifen, daß Lesdiguieres, — dieser Privatmann, dessen Macht, Geld, Plätze und Fähigkeit Er so hoch ansetzte, und welcher durch die Furcht, seine zweydeutigen Schritte möchten sich endlich mit einer erklärten Untreue endigen, die Ruhe seines Herrn so sehr störte, — dennoch in jeder Rücksicht so schwach sey, daß Er ihn, wenn Er nur mit sechstausend Mann geradezu auf ihn losgehen würde, ohne sich bey den festen Plätzen aufzuhalten, sogleich bis in seine letzte Verschanzung würde zurücktreiben können, wo ihn nichts aus Seinen Händen zu retten vermöge. Dazu wäre nun freylich gegenwärtig nicht die rechte Zeit, da Lesdiguieres jetzt keine hinreichende Ursache dazu gegeben hätte. Dagegen bewies ich Ihm, daß es Zeit, und von der äußersten Wichtigkeit für die Austilgung der Empörung sey, diesen Schritt gegen den Herzog von Bouillon zu unternehmen; nur mit der einzigen Vor-

Vorsicht, an die Stelle der Statthalter, die man aus seinen Städten herauswerfen würde, wieder andre Protestanten zu setzen. Ich verbürgte mich, daß man vor keinem dieser Plätze Geschütz aufzuführen nöthig haben würde.

Diese Betrachtungen bestimmten endlich Heinrich, obwohl immer noch mit einiger Schwierigkeit, die schon gedachte Reise in die mittägliche Provinzen Frankreichs nicht länger zu verschieben. Die beyden Zwecke, die Er sich dabey vorsetzte, und die Ihn bestimmten, Seine Reise auf Auvergne und Limosin zu nehmen, waren: sich aller Plätze des Herzogs von Bouillon zu bemächtigen, und so fürchterliche Beyspiele von Gerechtigkeit an denjenigen zu statuiren, die einer vorgehabten Verrätherey gegen den Staat überwiesen würden, daß dadurch alle Keime der Empörung für die Zukunft erstickt werden müßten. Für das erste ließ Er dem Herzog von Epernon Aufträge schicken, bis dreytausend Mann Fußvolk anzuwerben. Er vermehrte Sein Garderegiment bis auf die gleiche Anzahl, und bestimmte zu Seiner Begleitung eine Schwadron von acht bis neunhundert Pferden von regulirten Compagnien, sowohl Gens d'armes als Chevaux legers. Für das andere nahm Er sich vor, höchste Gerichtstage (Grands jours) zu halten, und deren Schlüsse durch eine Gerichtskammer, die Er mit sich führen wollte, bestimmen und vollziehen zu lassen, damit der Lauf Seiner Gerechtigkeit durch nichts gehemmt werden möchte. Diese Zurüstung war in der That unumgänglich nothwendig in Provinzen, wo die Pestluft der bürgerlichen Uneinigkeiten sich dichter zusammengezogen zu haben schien, je mehr sie sonst überall weichen mußte. Die Sache von Orange forderte ebenfalls diesen Schritt, den man

über-

überhaupt zu keiner günstigern Zeit thun konnte, da die Flandrischen und Englischen Angelegenheiten in diesem Jahr eine Gelegenheit darboten, die man bald ergreifen mußte, weil sie nicht lange dauren konnte.

Ich ließ den König bemerken, daß diese Reise noch vor dem Ende des Oktobers beendigt werden müsse, und also keinen Augenblick länger Aufschub leide. Heinrich fand zwar noch einmal, daß ich Ihn zu sehr pressire, endlich aber entschloß Er sich zu allem. Wir trafen Abrede mit einander, daß Er mit seinem Fußvolk und Seiner Reuterey über die Loire gehen sollte, während ich mit einem Artillerietrain von zwo Kanonen, zwo Feldschlangen und zwo Batarden den kürzesten Weg über Montrond nehmen würde. Ich ließ Heinrich sich mit dem beschäfftigen, was die Kriegsleute betraf, und ging nach Paris, um mit möglichster Geschwindigkeit die Angelegenheiten in Ordnung zu bringen, und die Mitglieder des hohen Gerichtshofs zu ernennen, welche man zuerst abreisen lassen mußte.

Bey Hof und im Staatsrath bildete man sich ein: es würde mit dieser Reise wie mit der im vorigen Jahr nach Provence, gehen. Der Befehl zu einer so nahen Reise und in einer noch spätern Jahrszeit gab den Weichlingen und Trägen tausend neue Entschuldigungsgründe an die Hand. Als man sah, daß Heinrich unwandelbar beharrte, rüstete man sich, Ihm zu folgen, und verwünschte dabey oft genug den, welchen man beschuldigte, daß er Ihm diesen Rath gegeben habe. Eine wahre Bestürzung aber fuhr unter die Anhänger des Herzogs von Bouillon, die noch, wie man sich leicht vorstellen kann, nicht das mindeste angewendet hatten, um den Sturm abzuwenden. Le-Chapelle-Biron und Giversec (1), die darunter

oben

oben an stunden, da sie am meisten von dem Spanischen Geld bekommen hatten, baten den Sieur de Foussac (2), mit ihnen Sr. Majestät zu versichern, daß sie alle nur verlangte Zeichen ihres Gehorsams zu geben bereit seyen. Nur die von Turenne machten einigermaßen Miene, sich vertheidigen zu wollen. Rinac (3) und Bassignac warfen sich in diesen Platz. Man zog daselbst Munition zusammen, und pflanzte die ganze Artillerie auf. Diese Nachricht erhielt man durch den nehmlichen Foussac, und durch Baumevielle, welcher an Se. Majestät den Seneschall von Brive abschickte. Allein alles dieß geschah so sehr im Schrecken, daß der König, welcher Epernon und Roissi (4) mit Seinen Truppen immer von dieser Seite vor Sich her marschieren ließ, nicht für rathsam hielt, das Garderegiment zu ihnen stoßen zu lassen, das Er anfangs ebenfalls sie zu begleiten bestimmt hatte.

Foussac gab auch noch einige andre Nachrichten, welche dem, was Rondelle von dem Zustand der Empörung in den Provinzen Limosin, Perigord und Guercy gesagt hatten, entsprachen. Man erfuhr durch ihn, der Grund, warum eine große Anzahl von Adlichen aus diesen Provinzen, welche sich Sr. Majestät zu Füßen zu werfen hätten kommen sollen, dieß unterlassen hätte, sey dieser: daß Aubagnac es ihnen, da er von Sedan gekommen sey, wiederrathen habe; und daß mehrere derselben noch ganz neuerlich Geld von Spanien durch Guyenne bekommen haben. Der Herzog von Bouillon, unter dessen Namen dieß Geld gegeben worden sey, habe ihnen dabey sagen lassen: sie sollten ruhig bleiben, und den Muth nicht verlieren; denn er verspreche ihnen noch vor Anfang des Oktobers ganz andre Dinge für sie zu thun. Seine Freunde, — dieß waren seine Ausdrücke, — würden ihn

ihn eher sehen, als sie hofften, und seine Feinde eher als sie wünschten. Er betrog sie durch solche prächtigklingende Reden. Foussac versicherte indessen doch, daß aus Spanien nicht über 10 bis 12000 Thaler gekommen seyen. Allein Bouillon, der in Ermanglung klingender Münze immer mit Unverschämtheit bezahlte, hätte ihnen nach großer Herren Art zu verstehen gegeben: diese mittelmäßige Summe sey ihnen nur geschickt worden, um unter ihre subalternen Freunde ausgetheilt zu werden; sie selbst würden eine weit stärkere erhalten. Sie wären einfältig genug gewesen, dieß zu glauben, und hätten darauf nicht mehr davon gesprochen, daß sie Vergebung suchen wollten. Der König ließ Foussac zweyhundert Thaler Reisekosten auszahlen, und schickte ihn wieder zurück.

Er selbst ging am 15. oder 16. Sept. von Paris ab, unter Bedeckung des Garderegiments, und der gedachten Schwadron. Er zog sich gegen Orleans hinab, während ich den verabredeten Weg nahm. Er war noch nicht weiter als bis Hallier, als Er bereits Früchte von Seiner Reise sah. Zween Adlichen von Guercy, Causse und Brigantin, kamen dahin, um Ihn für hundert und zwanzig andre Edelleute um Vergebung zu bitten. Um sie zu verdienen, erboten sie sich alles gerichtlich auszusagen, was sie von den Schritten Bouillons wüßten, und die Wahrheit mit der Spitze ihres Degens zu behaupten, und mit ihrem Blut zu besiegeln. Diese zween Abgeordneten entdeckten ebenfalls, was durch Rignac und Bassignac für den Herzog von Bouillon complotirt worden war; unter andern das Vorhaben, Villeneuve in Agenois wegzunehmen, welches sicher durch keinen Vorwand von Bouillon beschönigt werden kann. Da der König auch hier die erste Nachricht von den Versuchen

erhielt,

erhielt, welche Entragues machte, den Grafen von Auvergne aus der Bastille zu retten, wovon ich an ihrem Ort gesprochen habe, so bestimmte Er mir eine Zusammenkunft zu Orleans, wo Er am dritten Tag, Sonnabends den 24. September eintreffen wollte, und rieth mir, unterdessen das Geschütz nach Argenton zu schicken, wo Er durchkommen mußte. Dieß ward aber nicht ausgeführt, weil es mir unmöglich war, mich nach Orleans zu begeben. Er billigte die Gründe, die ich Ihm deswegen anführte. Ich unterließ nicht, Ihm schriftlich den Rath zu geben, den Er von mir verlangte, und welcher nicht von dem Benehmen verschieden war, das ich Ihm oft gegen Entragues angerathen hatte.

Heinrich langte am bestimmten Tag zu Orleans an, und ging Montags den 26. Sept. wieder ab. Er vermied den Weg von Berry und Sologne, wegen Mangels an Lebensmitteln, in dieser unfruchtbaren Gegend, und wegen der Krankheiten, wovon sie, wie man Ihm sagte, ganz voll seyn sollte. Er wendete sich gegen Blois, und da Er von hier durch Montrichard mußte, bestimmte Er mir abermals eine Zusammenkunft zu Loches, und bezeugte ein außerordentliches Verlangen, mündlich mit mir über die gegenwärtige Angelegenheiten zu sprechen. Bis jetzt hatte Er noch nichts von Bouillon gesehen noch erhalten; im Gegentheil bestärkte sich der Widerstand Rignacs und Bassignacs in Turenne und Sincerai. Man schrieb sogar von Metz aus, daß Bouillon wohl sonst woher unterstützt werden könnte. Der Churfürst von der Pfalz habe seine Obersten und Hauptleute auf das Gerücht von der Expedition des Königs zusammen kommen lassen; der Befehlshaber von Luxemburg mache Zurüstungen, und ziehe Mannschaft zusammen.
Epernon

auch niemand genauere Kenntniſſe von der ganzen Partey hatte, — dieſer Blanchard erſchien eben ſo wenig.
Daher hielt der König dafür, daß Ihm dieß nicht abhalten dürfe, Seinen Zug wenigſtens bis Limoges
fortzuſetzen, um zu ſehen, wie weit die Statthalter
Bouillons die Unbotmäßigkeit treiben würden. Indeſſen kam Blanchard nach Blois, ehe der König noch
von da abgegangen war, und, was Ihm noch mehr
Vergnügen machte, war, daß er von ſelbſt und in der
Abſicht, durch ſeine Aufrichtigkeit Verzeihung zu erhalten, dahin kam.

Blanchard enthüllte in der That das ganze Geheimniß der Intrigue. Er geſtand, indem er aus
allen Kräften die ſchlechten Abſichten ſeines Herrn, des
Herzogs, unterſtützt habe, ſey er immer zu der Liſt
gezwungen geweſen, Thatſachen anzuhäufen, Gegenſtände zu vergrößern und tauſendmal größere Ver-
ſprechungen zu machen, als ſie halten zu können ſelbſt
gewußt hätten. Die Ausführung ſey ſtets ſo weit
entfernt geweſen, als man ſie für nahe und vorgerückt
auszugeben geſucht habe. Dieſe Ausſage Blanchards
ſchien dem König ſo wichtig, daß Er ſie ſich ſchriftlich
geben ließ. Er fieng endlich an, ſich von der Richtigkeit meiner Meynung überzeugt zu fühlen, die Er
ſo lange nicht hatte glauben wollen, daß die Partie
Bouillons nur darum ſo viel Lärm mache, weil ſie
nichts als Lärm machen könne. Heinrich wollte auch
hierauf ſich noch nicht aufhalten, oder die Waffen niederlegen, um Seinen Willen in nichts abgeändert zu
zeigen. Es fiel Ihm wieder ein, daß man unter den
Proteſtanten ſagte: die Plätze des Herzogs von Bouillon gehören ihm nicht mehr an, als dem ganzen Religionstheil, da ſie zu Sicherheitsplätzen gegeben, und
auch als ſolche mit Offizieren ihrer Religion beſetzt worden

den seyen. Dieser Vorwand konnte eine Weigerung verbergen. Es schien Ihm daher sicherer, Seine Truppen und Seine Transporte nicht eher zu verabschieden, bis Villepion, den Er dazu ernannt hatte, in Seinem Namen von Turenne Besitz zu nehmen, in dieser Hauptstadt des Herzogs von Bouillon aufgenommen seyn würde. Ich hatte an la Callaudiere geschrieben, daß er seine Reuterey verabschieden könne. Der König hieß mich diese Ordre widerrufen, und ging zu Anfang des Oktobers von Blois ab, um sich nach Tours zu begeben; denn der Zug durch Montrichard und Loches war abermals abgeändert worden.

Die Bequemlichkeit des Flusses und des Schlosses du Plessis bestimmte auch die Königin, welche mit Sr Majestät nach Blois gekommen war, bis Tours mit zu gehen. Als mir der König diese neue Abänderung eröffnete, schrieb Er mir zugleich: sobald Seine Gemahlin sich von Ihm getrennt haben werde, um wieder nach Paris zu gehen, würde Er seine Reise durch la Haye bis Chatelleraut fortsetzen, wo ich bey Ihm eintreffen könnte, wie ich Ihm geschrieben hatte. Alles dieß geschah auch wirklich. So wie der König vorrückte, ebnete sich alles vor Ihm. Villepion wurde in Turenne ohne die mindeste Schwierigkeit eingelassen, und ehe Heinrich noch nach Limoges kam, wurden alle andere Plätze des Herzogs von Bouillon ebenfalls den Offiziers übergeben, welche der König in Seinem Namen dahin schickte. — Dieß geschah, um das Beyspiel des Herzogs zu befolgen, welcher fortfuhr laut zu sagen: er habe nie an den Unruhen der Provinz Theil gehabt, und man habe ihn dessen nur aus Verläumdung beschuldigt. Bassignac zeichnete sich durch seine Hartnäckigkeit aus. Er ließ sich
den

den Bart abschneiden, und entfloh verkleidet durch Genf nach Sedan.

Da es jetzt für die Waffen nichts mehr zu thun gab, fieng die Kammer der Grands Jours ihre Verrichtungen an. Der König wartete aber das Ende davon nicht ab. Er hatte Langeweile zu Limoges, und ging deswegen nach einem Aufenthalt von acht Tagen, das heißt, in der Mitte des Oktobers, mit Postpferden nach Paris zurück. Er hinterließ mich in dieser Provinz mit Seinem ganzen Ansehen, sowohl zu Abdankung der Truppen als für die peinlichen Sachen, versehen. Dieß hielt mich zehn Tage nach Ihm daselbst auf. Man verfolgte die Empörung bis zu ihrer Quelle, und suchte die ersten Anführer derselben, und zwar mit solchem Erfolg, daß in der Folge alles ruhig blieb. Es schien hinreichend, wenn man zehn bis zwölf der hitzigsten Köpfe abschlüge. Die hauptsächlichsten waren die zween Luquisse, Adliche aus Languedoc, deren schon gedacht worden ist, und Meirargues, ein Anverwandter der Joyeuse. Dieser hatte den Spaniern Marseille, jene Narbonne in die Hände liefern wollen. — Ich zweifle nicht, daß hierauf der Haß der Protestanten gegen mich aufs höchste gestiegen seyn mag, und kann nichts, als diese Gesinnung beklagen, die jedoch nicht auf alle sich ausbreitete. Der Beyfall und die Stimme des einzigen Theodor Beza mußten mich trösten, und mir so viel als tausend andre werth seyn.

Dieser ehrwürdige Greis, welcher das Predigtamt in Genf bekleidete, wurde gegen das Ende dieses Jahrs krank. Er stand in seinem sieben und achtzigsten Jahr. Zur Zeit der großen Sonnenfinsterniß, welche dieß Jahr merkwürdig machte, verschlimmerte sich seine Krankheit, die bisher nur sehr unbeträchtlich gewe-

gewesen war, so sehr, daß er nur noch wenige Tage lebte, nachdem er bis auf den letzten Augenblick seine ganze Geistesstärke in einem abgezehrten und beynahe ganz abgestorbenen Körper beybehalten hatte. Er ließ sich aufheben, um die heißesten Gebete zu Gott zu thun, und an die Umstehenden die rührendsten Ermahnungen zu richten. Hierauf legte er sich wieder nieder und entschlief ohne Schmerz aus bloßer Erschöpfung der Natur. Auch in diesen Augenblicken gedachte er meiner, und da er mir einige Verbindlichkeit für den Besuch schuldig zu seyn glaubte, den ich ihm in Genf gemacht, und für den Dienst, den ich ihm erzeigt hatte, indem ich ihn an der Spitze der andern Abgeordneten dieser Stadt Sr Majestät vorgestellt hatte; so bat er Deodati, mir in seinem Namen sein Buch, trésor de pieté, zu überreichen. Es war das neue Testament, nach seiner Art übersetzt, mit Anmerkungen, welche, verbunden mit andern alten und neuen Uebersetzungen, ein vollendetes Werk ausmachten. In der Zueignung, die er dem Werke vorsetzte, hatte er sich seinen Empfindungen gegen mich überlassen. Deodati, um diesen letzten Willen Beza's zu erfüllen, schickte mir im November das Buch nebst einem Brief, aus dem ich diese Umstände genommen habe.

Meinen Bericht von der Reise schließe ich mit einem Zwist, den ich mit dem Herrn Grafen von Soissons gehabt hatte, und einem andern mit dem Herzog von Epernon. Da der Herr Graf über den König, als er von Paris abreiste, unwillig war, verfiel er darauf, es mich entgelten zu lassen. Ich ließ meinen Zug von Geschütz den geraden Weg nach Limoges nehmen, um auf obgedachte Art den König zu Chatelleraut zu treffen. Der Herr Graf gab seinem Furier Befehl, mit den Quartiermeistern, welche damals

mals zu thun hatten, um den König ein Quartier aus-
zumachen, zu ihm zu kommen, um nach dem für mich
aufgehobenen Quartiere sich zu erkundigen, und es
alles Widerstands ungeachtet, für ihn auszuzeichnen.
Dieß war leichter gesagt, als gethan. Eine große
Anzahl von Adlichen aus der Provinz, welche eben
so gut als ich, die Rechte des Statthalters kannten,
befanden sich anwesend, als der Fourier des Herrn
Grafen seinen Befehl vollziehen wollte, und verhinderten ihn, ohne daß ich es wußte. Der Herr Graf ermangelte nicht, sich sogleich beym König darüber zu
beschweren, und setzte, um eine Beleidigung, durch die
er seine Ehre angegriffen vorgab, noch zu vergrößern,
hinzu: ich hätte seine Furiers prügeln lassen.

Der König kannte seine Art, und achtete deswegen
wenig darauf. Allein der Herr Graf machte so viel
Lärm, und behauptete die Sache so zuversichtlich, daß
Heinrich Escures zu mir schickte, um sich zu erkundigen, was an der Sache wäre. Ich konnte ihm nichts
anders sagen, als daß über funfzig von Adel aus Poitou, die sich vor meinem Quartier befanden, alle ihre
Stimmen erhoben, aber dem Furier des Herrn Grafen
höchstens nur gedroht hätten, wenn er weiter gehen
wollte. Der Herr Graf von Soissons bestand darauf:
ich sollte ihn beschimpft haben, und der König ihm dafür Genugthuung verschaffen. Er fand niemand auf
seiner Seite. Heinrich suchte ihm durch alle Arten
von Vernunftgründen den Ungrund seiner Beschwerde
begreiflich zu machen. Er sagte ihm, außer dem gewöhnlichen Recht, nach welchem ein Statthalter in
seiner Provinz nur dem König selbst nachsteht, hätte
ich auch noch als Feldzeugmeister das Recht, mir das
erste Quartier nach dem König anweisen zu lassen,
wenn dieser mit der Armee marschire. Noch mehr,

da mein Quartier im ganzen ersten Viertel seyn könne, das dem Feldzeugmeister zu Gebot steht, so könne sonst niemand ohne meine Bewilligung eins darinn verlangen, noch sich auszeichnen lassen. Endlich, da die Quartiermeister Sr Majestät an mein Quartier das gewöhnliche Zeichen gemacht hätten, daß es dem König vorbehalten sey, — en la main du Roi sind die eigenthümlichen Worte — so hätte sich der Furier des Herrn Grafen, Hand daran zu legen, aus Respekt enthalten sollen.

Keiner dieser Gründe gefiel dem Herrn Grafen, und Heinrich mußte auf ein Auskunftsmittel sinnen, das uns beyde zufrieden stellen könnte. Dieß bestand darinn: daß ich, wenn ich wie gewöhnlich käme, Sr Majestät die Hand zu küssen, alsdann hingehen sollte, bey dem Herrn Grafen ein gleiches zu thun, und Ihm aus bloßer Höflichkeit mein Quartier anzubieten; der Herr Graf sollte aber eben so höflich seyn, es nicht anzunehmen. Alles dieß geschah so; aber nur auf meiner Seite. Der Herr Graf, der sich einer niedrigen List bediente, mit welcher er sich nachher noch elender breit machte, ließ mich alles thun, ohne darauf zu antworten, und setzte sich im Besitz meines Quartiers, weil ich mein Wort nicht mehr mit Anstand zurück nehmen konnte. Allein seine Freude und sein Witz über die Sache währten nur bis auf den folgenden Tag.

Als er nur mit zween oder drey Edelleuten — denn er wollte mit dem König auf die Jagd — durch die Straße ritt, wo ich mich einquartirt hatte, fand er da zweyhundert von Adel, die mich ebenfalls zu Pferd erwarteten, sich, sobald sie ihn in der Ferne erblickten, wie in einem Spiel unter einander mischten, und dadurch den Durchgang so gut verrennten,

rennten, daß ihm sein Stallmeister nicht durchhelfen konnte. Er hatte gut schreyen: Platz, meine Herrn, Platz für den Herrn Grafen! Man that, als hörte man ihn nicht, und machte einen noch verwirrteren Lärm unter einander. Einige erinnerten an den gestrigen Vorfall und murmelten durch die Zähne: es sey nicht Manier einen Befehlshaber einer Provinz da, wo er des Königs Stelle verträte, aus seiner Wohnung zu vertreiben. Der Herr Graf mußte über eine Viertelstunde warten, ehe er frey durchkommen konnte, und hatte noch den Verdruß, daß nicht Einer von diesen Adlichen den Hut vor ihm abnahm. Er führte darüber neue Klagen bey dem König, der ihm aber dießmal sagte: Er könne weiter nichts als sehr verdrüßlich darüber seyn, und werde nicht ihm zu gefallen unnütze Untersuchungen unter vier bis fünfhundert Edelleuten anstellen, von denen er Ihm keinen angeben könne, und welche übrigens in der Meynung gestanden hätten, daß sie hier Rache für einen Streich, durch den sie sich alle für beleidigt hielten, nehmen könnten.

Der Herr Graf fand niemand, als den Herzog von Epernon, der seine Empfindlichkeit mit ihm getheilt hätte, weil dieser selbst sehr gegen mich aufgebracht war. Die Veranlassung dazu war folgende. Da die von Rochelle sahen, daß der König nicht fern von ihrer Stadt vorüber zöge, schickten sie eine Deputation von ihren angesehensten Bürgern an Ihn, um Ihm ihre Dankbarkeit und Unterthänigkeit zu beweisen. Der König befahl mir, sie bey Ihm zur Audienz zu führen, weil sie sich an mich gewendet hatten. Sie wurde ihnen in Gegenwart des ganzen Hofs gegeben. Sie sagten: sie kämen Se Majestät zu bitten, nicht so nahe an ihrer Stadt vorbey zu reisen, ohne ihnen die Ehre eines Zuspruchs zu erzeigen. Sie versicherten, wiewohl Er sich an der Spitze eines Heers von Katholiken befände, würde Er darum doch nicht mit minderm Respekt und mindrer Unterwürfigkeit empfangen werden, als ehmals, da Er an der Spitze reformirter Truppen gekommen sey. Wenn ihre Thore nicht groß genug wären, wollten sie dreyhundert Klaftern von ihren Mauern niederreißen, zu deren Wiederaufbauung ihnen Seine Freygebigkeit jederzeit Mittel gäbe. Sie überreichten Ihm die Schlüssel mit einer so natürlichen Aeußerung redlicher Freude, daß der König bis zu Thränen gerührt ward, und sie dreymal umarmte. Nachdem Er sich hierauf traulich mit ihnen von den alten Zeiten unterhalten hatte, versicherte Er sie mit einer ganz bezaubernden Herzlichkeit: sie könnten darauf zählen, daß sie an Ihm einen Beschützer ihrer Freyheit und einen eifrigen Erhalter aller ihrer Gerechtsame hätten.

Als ich von dieser Ceremonie wegging, begegnete ich dem Herzog von Epernon, der zum König hinein wollte, und beantwortete ihm ohne Arges zu denken, seine Frage: was vorgegangen sey? erstaunte aber um so mehr, als ich ihn bey dieser Erzählung eine ärgerliche, zornige Miene annehmen sah. Er fragte mich trotzig: ob ich mir denn beygehen lasse, daß Rochelle unter meine Befehlshaberschaft gehöre? und: in welcher Eigenschaft ich es übernommen habe, dem Könige die Abgeordneten dieser Stadt vorzustellen? — Ich bin nie der Meynung gewesen, daß es erniedrigend sey, seinen Freunden eine Erläuterung zu geben, und antwortete ihm daher: daß ich dieß als alter Freund der Stadt, und in Gemäßheit des Befehls von Sr Majestät gethan habe. Er versetzte darauf mit derselben Lebhaftigkeit: da Rochelle in seiner Befehlshabers-Bestallung stehe, so hätten der König, die

Rocheller

Rocheller und ich gleich unrecht. Ich konnte mich nicht enthalten, ihm zu sagen, daß ich glaube, die von Rochelle würden seine Behauptung sonderbar finden; daß er aber übrigens bey ihnen oder vielmehr bey dem König, keineswegs aber bey mir eine Erklärung darüber hätte verlangen sollen; indem ich nur auf Sr Majestät Befehl, und ohne alle Absicht in fremde Rechte einzugreifen, gehandelt hätte.

Ich verließ ihn hierauf kalt, und er ging, um mit Heinrich von seiner Unzufriedenheit zu reden. Da ging er noch unzufriedner weg. Es blieb ihm nun weiter nichts übrig, als mit dem Herrn Grafen in Gesellschaft zu klagen. Die Beweise, die ich von allen ihren unanständigen Reden über mich erhielt, machten, daß ich in einer Streitigkeit, die während der Anwesenheit des Königs in Limoges, zwischen Epernon und Ornano vorfiel, auf der Seite des letztern war. Der Zorn Epernons entflammte darüber noch mehr, und ein drittes Mißvergnügen brachte ihn aufs Aeusserste. Er verlangte Anweisungen zu seinem Vortheil von mir zur Bezahlung des Commisbrods, welches die Städte und große Flecken für die Leute hergegeben hatten, die er geworben hatte. Ich glaubte ihm keine geben zu dürfen, ohne erst mit dem König davon zu reden. Dieser verbot es mir, indem Er so gut als ich wußte, daß dieß Geld in Epernons Beutel bleiben würde, statt an die bezahlt zu werden, denen es gehörte. An solchen Klippen scheiterten diese Aussöhnungen, diese Vereinigungen, diese Schwüre, durch die sich der König hatte täuschen lassen.

Nach meiner Rückkunft von Limoges legte ich dem König von dem Gebrauch Rechnung ab, den ich von dem mir anvertrauten Ansehen gemacht hatte.

Ich

Ich hatte eine noch längere Unterredung mit Ihm als nach meiner Rückkunft von Chatelleraut, und zwar über eben dieselben Gegenstände, nehmlich Politische und Hofzänkereyen. Ich fand Ihn ebenfalls wieder zu Fontainebleau, wo Er das Ende des Oktobers und die erste Hälfte vom November zubringen wollte. Die Königin hatte sich auch dahin begeben. Sie begegneten sich vor dem Hof, Sie in Ihrer Sänfte, Er auf einem Postpferd. — Er verlor daselbst Lariviere, Seinen ersten Leibarzt, dessen Verlust Er sehr bedauerte. Er gab dessen Stelle an du Laurens (8), der bereits erster Leibarzt der Königin war, und suchte einen andern für Sie. — Ich verweilte nicht zu Fontainebleau. Tausend Geschäffte warteten auf mich in Paris, wo mich Heinrich in dieser Rücksicht ließ, ohne mich in langer Zeit zu sich zu rufen.

Ich habe nur einen Theil von dem gesagt, was mir die Königin Margarethe, bey unsrer Zusammenkunft zu Cercote eröffnet hatte. Da sie Willens war, ihr Schloß Usson zu verlassen und nach Paris zu ziehen, verlangte sie meinen Rath hierüber, und wollte wissen, ob sie sich bey Hof eine gute Aufnahme versprechen dürfte, wo sie erscheinen müßte, um zu zeigen, daß sie nichts ohne Bewilligung Sr Majestät vornähme. Ich versicherte sie, daß sie dort von Ihren Majestäten sehr gern gesehen werden würde. Denn mir waren Ihre Gesinnungen gegen sie bekannt. Eine bloße Versicherung war ihr nicht hinlänglich, sondern sie verlangte mein Wort darauf, das ich ihr auch ohne Bedenken gab. Sie ihrer Seits versprach, in allem meinem Rath zu folgen, damit ich ihr keinen Vorwurf zu machen, noch einen ihrenwegen zu befürchten hätte. Nach diesen wechselseitigen Zusagen schieden wir von einander;

einander; ich ging nach Chatellerault, und Margarethe auf das Schloß Madrid, wo sie abstieg.

Außer der Zufriedenstellung dieser Dame, welche wohl verdiente, daß man dazu beytrug, hatte der König auch noch einen andern Grund, darein zu willigen, daß sie ihren Aufenthalt zu Usson verließ (9). Er wünschte nehmlich sich selbst in den Besitz dieses alten Schlosses zu setzen, das durch seine Lage in einer sehr verdächtigen Landschaft einst ein Aufenthalt für Aufwiegler werden konnte, wie das von Carlat gewesen war. Er wollte es alsdann wie das letzte zerstören, vorausgesetzt, daß es der Mühe, es zu erhalten, nicht lohnte. In dieser Absicht schickte mir der König den Befehl zu: ich sollte, nach Margarethens Abreise, einen verständigen, treuen Commissär dahin schicken, und Ihm genauen Bericht von der wirklichen Beschaffenheit des Schlosses Usson erstatten lassen, ohne daß dieser daselbst merken ließe: in welcher Absicht er dahin gekommen sey. Allein da la Varenne, der erst kürzlich von dieser Dame zurück gekommen war, Heinrich bezeugte, daß es ihr unangenehm seyn würde, wenn Usson, wenigstens so kurz nach ihrem Abgang daraus, zerstört werden sollte; so schrieb Er mir und ließ mir auch durch Villeroy schreiben: ich sollte die Abreise des Commissärs einstellen, bis Er die Königin Margarethe gesprochen hätte. Dieser zweyte Befehl würde zu spät gekommen seyn, wenn nicht glücklicherweise die Person, auf die ich die Augen geworfen hatte, — einer der besten Ingenieurs im ganzen Artilleriecorps — einer Krankheit wegen, seine Reise hätte um einige Tage aufschieben müssen.

Die Ankunft der Königin Margarethe und die günstige Aufnahme, die sie, wie man wußte, bey Heinrich erwartete, gaben Anlaß zu einigen jener

schlecht

schlecht überlegten Reden, welche des dummen Haufens Sache sind. Da es das Kürzeste war, nicht darauf zu achten, so änderte der König nichts an der ehrenvollen und ausgezeichneten Aufnahme, die Er ihr zugedacht hatte. Sobald Er ihre Ankunft zu Paris erfuhr, ließ Er ihr durch Herrn von Vendome und Roquelaure in Seinem Namen die erste Visite machen, bis Er selbst dahin kommen konnte. Denn Er selbst war noch zu Monceaux, und reiste wirklich deswegen von da ab. Die Königin erzeigte ihr gleiche Höflichkeit durch Chateauvieux. Heinrich selbst machte ihr am 26. Jul. persönlich einen Besuch in Bois de Boulogne (10), wo sie sich niedergelassen hatte. Denn sie war zu Paris nur durchgereist. Er ging um sieben Uhr Abends ab, und kam um zehn Uhr zurück. Alles geschah zu gleicher Zufriedenheit beyder Theile. Der König sprach mit ihr von Usson; sie willigte in Seinen Vorschlag, und alles was hierin vorgenommen wurde, geschah jedesmal mit eingeholter Bewilligung der Königin Margarethe. Sie kam ebenfalls am 28. nach Paris, um die Königin zu besuchen, welche sie im Louvre erwartete und empfieng. Darauf ging sie am 4. August nach Saint Germain, um gleiche Schuldigkeit gegen den Herrn Dauphin zu beobachten, und blieb sogar vier oder fünf Tage mit Ihren Majestäten daselbst, da Heinrich kein größeres Vergnügen fand, als Seine Kinder zu sehen, wie Seine öftern Reisen nach Saint Germain zeigen. Endlich ging sie am 11. nach Bois de Boulogne zurück, gerührt von dem ganzen liebreichen Benehmen Ihrer Majestäten gegen sie.

Auf ihre Befehle, die sie ihren in Usson zurückgelassenen Dienern schickte, fand Varenton, den der König zur Besichtigung dahin schickte, ganz keinen Widerstand. Sie machten ihn sogleich zum Herrn vom Schloß;

Schloß; er machte seinen Anschlag davon, und brachte
ihn dem König. Dieser blieb bey seinem Vorsatz, die
Ringmauern niederreißen zu lassen, und befahl mir,
dazu aufs bäldeste einen Ingenieur oder einen Artille-
riecommissar dahin abgehen zu lassen. Ich bekam von
Ihm den Auftrag, Margarethen für die Gutherzigkeit
zu danken, womit sie Ihm dieß Opfer gebracht hätte,
und richtig den Werth alles dessen, was sich an Munition zu Usson befände, und was Margarethe zur
Bezahlung der Besatzung, die sie darinn hielt, bestimmte, zu bezahlen, wenn sie nicht lieber ihren
Kriegsleuten diese Kriegs- und Mundprovisionen in
Natura überlassen wollte.

Ich schließe die Denkwürdigkeiten von diesem Jahr
mit einem Artikel, für den ich mich schon zum voraus
des Beyfalls und Danks aller rechtschaffenen und ge-
fühlvollen Herzen versichert halte. In allen beträchtlichen Städten des Reichs, besonders in denen, wo
Zeughäuser und Academien waren, hielt man auch für
die adeliche Jugend Schulen, für alle Arten von Spielen und Leibesübungen, sowohl die kriegerischen, als
die bloß zur Erwerbung von Gewandtheit nützlichen.
Nirgends cultivirte man sie mit mehr Sorgfalt als zu
Paris, wo die dazu bestimmten Höfe des Zeughauses
beynahe zu jeder Tagsstunde voll waren. Ich war
hierin jederzeit der Meynung Heinrichs, daß hier mehr
als irgendwo der festeste Grund nicht nur zur Kriegszucht und andern kriegerischen Tugenden, sondern auch
zu diesem Adel der Gesinnungen und zu dieser Größe
des Herzens gelegt wird, welche eine Nation über alle
andern erheben. — Ich war selbst dabey, so oft ich
den Geschäfften einen Augenblick abbrechen konnte,
sowohl aus Neigung, als weil ich glaubte, daß meine
Gegenwart den Wetteifer mehr beleben könnte.

O 5

An

An einem Nachmittag zur Carnavalszeit, der günstigsten für diese Spiele, war ich aus meinem Cabinet getreten, um mich dieser ganzen versammelten Jugend zu zeigen. Ich kam sehr zu rechter Zeit, um die Folge von zwo Streitigkeiten zu verhüten, welche jener falsche Ehrenpunkt, zu dessen Sklaven man sich in Frankreich gemacht hat, beynahe sehr tragisch gemacht hätte. Sie waren über ein Nichts entstanden, wie der größte Theil derer, von denen man doch so blutige Catastrophen sieht. Allein der König, — es thut mir wehe, dieß sagen zu müssen, — hielt selbst so schlecht über den Edikten, welche einige Seiner Vorgänger gegen die barbarische Gewohnheit des Zweykampfs hatten ergehen lassen, daß man täglich viel Blut um ganz unbedeutender Ursachen willen vergießen sah.

Ich glaubte diesen jungen Leuten, die sich um mich her versammelten, vorstellen zu müssen, daß sie ganz irrige Begriffe von der wahren Tapferkeit hätten. Im Krieg und bey Handlungen, wo es auf den Dienst des Vaterlands ankömmt, ist es der Herzhaftigkeit erlaubt, sich zu zeigen. Diejenige aber, mit der man sich trotz aller göttlichen, natürlichen und menschlichen Gesetze gegen Freunde und Landsleute waffnet, ist nur Brutalität, Unsinn und wahre Schwachheit. Ich sah, daß die Moral, die ich predigte, diesen jungen durch die Aufwallungen des Bluts und ihres Alters erhitzten Köpfen sehr fremd vorkam. Einer von ihnen, der sich wahrscheinlich bey seinen Kameraden dadurch das Ansehen von Tüchtigkeit und Herzhaftigkeit geben wollte, nahm das Wort, und antwortete mir: da die Fürsten zu allen Zeiten den Zweykampf erlaubt und selbst berechtigt hätten, so wäre er dadurch zu einer Gewohnheit worden, welche Gesetzkraft hätte.

Ich

Ich begnügte mich für jetzt den Ausbruch zu verhüten und den jungen Menschen fühlen zu lassen, daß seine Gründe auf der Waage der Vernunft falsch und irrig seyen. Allein nachdem ich wieder in meinem Cabinet war, und mich allen meinen Betrachtungen über das Sonderbare eines bey den gesittetsten und zugleich beherztesten Nationen unbekannten Mißbrauchs überlassen hatte, machten sie, als ich sie zu Papier gebracht hatte, eine Art von Aufsatz aus, den ich mich dem König zu zeigen für verbunden hielt.

„Es ist wahr, daß die Zweykämpfe in Frankreich sehr alt sind, so wie in Europa überhaupt; jedoch nur in dem Theile von Europa, wo die Ueberschwemmung von Barbaren, welche in dieser verhaßten Gewohnheit Epoche machten, zugleich ihre verächtliche Quelle beweist. Wenn die Geschichtschreiber der entferntesten Zeiten, wie die von Kaiser Otto dem Ersten und von Lothar, Beyspiele davon liefern, so kann man ihnen auch nicht minder alte Verbote, sowohl kirchliche — wie von dem Concilium zu Valencia vom Jahr 855 — als weltliche entgegen setzen. Wir haben in Frankreich eine sehr alte königliche Verordnung, welche sie in allen bürgerlichen Sachen untersagt, und nur auf peinliche einschränkte, und zwar nur auf fünf Fälle: Hochverrath, Straßenraub, Mordbrennerey, Meuchelmord und Nachtdiebstahl (11). Ludwig der Heilige hob in der Folge auch diese ausgenommene Fälle auf, und als sein Enkel Philipp der Schöne sie 1303 in Anklagen auf Staatsverbrechen, Nothzüchtigung und Brand, worauf er sie einschränkte, wieder einzuführen schien, hatte er dabey keinen andern als den zugleich lobens- und tadelnswürdigen Vorsatz zum Grund: diese mörderische Gewohnheit, welche zu seiner Zeit aufs neue überhand genommen hatte, unmerklich

merklich dadurch abzuschaffen, daß er sie auf seltnere in einem bestimmten Gesetz ausgedrückte Fälle einschränkte. Dieß wird ganz außer Zweifel gesetzt, weil er männiglich verbot, sie durch Annahme von Ausforderungen, die man gages de bataille nannte, einzugehen, und dieß Recht der Annahme sich allein vorbehielt.

Es läßt sich durch den Unterschied zwischen den Zweykämpfen zu dieser Zeit und denen, die man in unsern Tagen sieht, desto auffallender zeigen, daß sich in eine Sache, die selbst von ihrem ersten Ursprung an bloßer Mißbrauch ist, noch viele andre Mißgeburten von Gewohnheiten eingeschlichen haben, so daß man nicht mehr weiß, welchen Namen man diesem Ungeheuer geben soll. Hiezu wird eine bloße Darstellung der Umstände und Förmlichkeiten, die sonst dabey beobachtet werden mußten, hinreichen.

Fürs erste konnte niemand, welche Beleidigungen man ihm auch angethan haben mochte, eigenmächtig, und so, wie man es heutzutage sieht, nach der ersten Regung der Einbildung und des Zorns Rache dafür suchen; noch weniger aus eitlem Trotz, was meines Erachtens mehr als irgend etwas den Gesetzen der Gesellschaft zuwider läuft. Sie hatten ihre Richter, vor denen der, welcher sich an seiner Ehre verletzt hielt, seine Beschwerde anbrachte und um Erlaubniß bat, durch die Waffen zu zeigen, daß er seinen Feind nicht verläumde. Es scheint, daß Schande darauf ruhte, wenn man selbst für vergossenes Blut wieder Blut suchte. Dieser Richter, welcher gewöhnlich der Herr des Orts war, ermangelte nicht, auch den Beklagten kommen zu lassen, und ließ diesen Beweis durch die Waffen, wozu die Ausforderung durch einen zur Erde geworfnen Handschuh oder ein andres Pfand geschah,

nicht

nicht eher zu, als auf den Fall, wenn er nicht auf einem andern Weg einen Beweis vom Verbrechen oder von der Unschuld erhalten konnte.

Wenn der Handschuh aufgenommen war, verschob der Richter die Entscheidung der Streitigkeit noch auf zween Monate. Im ersten derselben waren die zween Widersacher ihren Freunden übergeben, welche dafür haften mußten, daß sie sich stellen würden. Diese nun bemühten sich auf alle Art, den Schuldigen zu entdecken, und ihm die Ungerechtigkeit vorzustellen, wenn er eine Unwahrheit behaupte, wovon er nichts als Ehrlosigkeit, den Verlust seiner Seele und seines Lebens erwarten könne. Sie waren nehmlich fest überzeugt, daß der Himmel jederzeit der gerechten Sache den Sieg verleihe. Daher wurde in ihrer Vorstellung die Handlung des Zweykampfs eine Sache, woran der Mensch keinen Theil mehr hätte. Nach Ablauf der zween Monate setzte man die zween Kämpfer in ein verschlossenes Gefängniß, wo man aber die Geistlichen über sie schickte, welche nichts unterließen, was sie für fähig hielten, sie von ihrem Vorhaben abzubringen. Wenn sie, dessen unerachtet, darauf bestanden, setzte man endlich einen Tag, an dem sie ihre Sache ausmachen sollten, fest.

Sobald dieser gekommen war, führte man die zween Kämpfer früh wieder vor denselben Richter, der sie noch einmal beyde eidlich erhärten ließ: daß sie die Wahrheit sagten. Darauf gab man ihnen zu essen; sie wapneten sich in seinem Beyseyn, und auch die Art der Waffen war bestimmt. Vier mit gleichen Ceremonien gewählte Kampfrichter ließen sie entkleiden, am ganzen Leibe salben, und Bart und Haare beschneiden. Sie wurden in einen verschlossenen mit Gewaffneten besetzten Plan geführt, nachdem man ihnen noch
zum

zum letztenmal ihre Reden und Anklagen vorgehalten hatte, um zu sehen, ob sie darauf bestünden, und nichts daran zu ändern fänden. Selbst in diesem Augenblick verließ man sie nicht. Die Kampfrichter blieben neben ihnen an den beyden Enden des Felds einer andern Ceremonie wegen, die schon allein fähig gewesen wäre, ihnen, besonders wenn sie zuvor in einem freundschaftlichen Verhältniß mit einander gestanden hatten, die Waffen aus den Händen zu winden. Sie mußten nehmlich hier vor einander niederknien, und nahmen einander bey den Händen. Diese legten sie mit durchflochtenen Fingern zusammen, heischten dann das Recht von einander, und beschworen sich: keine Unwahrheit zu behaupten; versicherten, daß sie mit aller möglichen Redlichkeit handelten, und schwuren sich zu, den Sieg weder durch Betrug noch Zauberey zu suchen. Die Kampfrichter untersuchten ihre Waffen Stück für Stück, um zu sehen, ob alles seine Richtigkeit hätte, führten sie dann an die beyden Enden des Plans, und ließen sie auf den Knien ihr Gebet und ihre Beichte verrichten. Endlich, nachdem sie sie gefragt hatten, ob sie ihrem Gegner nichts mehr zu sagen hätten, ließ man sie zum Handgemenge. Dieß begannen sie auf ein Signal des Herolds, welcher dreymal über die Schranken rief: laßt die wackern Kämpfer angehn! Jetzt freylich schlug man sich ohne Schonung, und den Ueberwundenen, tod oder lebendig, traf die ganze Schmach des Verbrechens und der Strafe. Er ward im Hemde auf den Richtplatz geschleift, gehangen oder verbrannt, während der andre geehrt im Triumph zurückkehrte, und einen Richterspruch erhielt, welcher ihm gewonnene Sache und jede andre Art von Genugthuung gab.

In dieser ganzen Ceremonie liegt etwas wunderliches und lächerliches. Allein Religion, Ansehn und

Klugheit

Klugheit, werden doch dabey — wiewohl ganz mißverstanden, — wenigstens gehört. Statt dessen ist, in dem Verfahren zweyer jungen Herrn, welche sich heimlich auf die Wiese schleichen, und, getrieben von gleichem Instinkt, wie zwey reißende Thiere, einer die Hände mit des andern Blut besudeln, alles verdreht und entstaltet. Wenn man sich dazu noch mit eben dem kalten Blut stellte, wie sonst, sicher würde nicht der hunderte Theil von Zweykämpfen vorfallen. Man hat aber beliebt, von der ernsthaftesten Sache von der Welt alle Ueberlegung zu verbannen. Die einen stürzen sich blindlings hinein, die andern wissen sich viel damit, zur Zerstörung von ihres gleichen geboren zu seyn, erneuern das schändliche Gewerbe der Gladiatoren, und sind in der That verächtlicher sowohl als fürchterlicher wie die, welche ehmals diesen Namen geführt haben.

Die sonst in Deutschland beobachtete Form des Zweykämpfs war in nichts wesentlich von der so eben beschriebenen französischen verschieden, die auch in Spanien und England angenommen war. Nur wurde, wer sich seinem Widersacher auf eine bloße Wunde ergab, rechtlos, und durfte weder seinen Bart abschneiden, noch Würden bekleiden, noch Waffen führen, noch ein Roß besteigen; da hingegen, wer sich nach einer tapfern Gegenwehr erschlagen ließ, ehrenvoll begraben wurde. Eine andre Besonderheit, welche der Allgemeinheit des Zweykampfs in Deutschland hinderlich war, bestand darinn: daß nur an drey Oertern erlaubt war sich zu schlagen, zu Witzburg (Würzburg) in Franken, zu Uspach (Anspach), und zu Hall in Schwaben."

Ich konnte die Rückkunft des Königs nach Paris nicht abwarten, um Ihm den jetztgedachten Aufsatz vor-

vorzulegen, und Ihm von dem Vorfall Bericht zu erstatten, welcher mich dazu veranlaßt hatte, mit der Bitte, einem Uebel zu begegnen, das durch Seine Nachsicht nur immer weiter um sich griff. Ich bat Ihn: Er möchte den Rath, den ich Ihm zu geben mich unterstünde, einiger Aufmerksamkeit würdigen, die Edikte gegen den Zweykampf zu erneuern, seine Strafe beträchtlich zu schärfen, und streng darüber zu halten; auch zu verbieten, daß man keine Wort- oder Thatbeleidigung anders als gerichtlich verfolge, dann aber auch solche Verfügungen zu treffen, daß durch geschwinde und gute Gerechtigkeitspflege der Kläger zufrieden gestellt und der Störer gestraft werde. Endlich solle er diese neue Verordnung mit jedem neuen Jahr an den Höfen, im Louvre, im Palast, Zeughaus und an den ändern gangbarsten Oertern anschlagen lassen (12). Es ist sicher, daß ein so entschiedner Ruhm von Seiten der persönlichen Tapferkeit, als der, in welchem dieser Herr stund, seinen Verboten gegen den Zweykampf doppelt so viel Gewicht zu geben im Stande war, als sonst der Wille eines Königes hat. Allein der Wille des Herrn der Könige hatte die Ausrottung dieses Mißbrauchs nicht der Regierung Heinrichs des Großen vorbehalten.

Ohne dadurch diesen Herrn ganz rechtfertigen zu wollen, kann man sagen, daß Seine Nachsicht gegen den Zweykampf von Seiner Gewohnheit herkam, unerschüttert Blut vergießen zu sehen. Dieß hieng Ihm von Seinen langen Kriegen her an; Er war in Ansehung Seines eigenen Lebens nicht weniger gleichgültig. Der Gedanke an den letzten Augenblick machte stets nur wenig Eindruck auf Ihn, was Er sich selbst unter dem Namen Ergebung in die Hand Gottes auf eine christliche Weise beybrachte. Ich erhielt um

diese

diese Zeit von Rom aus Nachricht von einer Verschwörung gegen den Staat, und von einem Attentat auf die Person des Königs. Wiewohl mir die Sache nur Verachtung zu verdienen schien, wie es denn Heinrich auch so behandelte; so glaubte ich doch sie Ihm nicht verbergen zu dürfen. Er sagte mir bey dieser Gelegenheit: Er habe sich endlich überzeugt, es sey zu dem Glück Seines Lebens durchaus nothwendig, daß Er gar nicht auf ähnliche Nachrichten achte (13), um sich nicht Sein Leben schrecklicher als den Tod zu machen. Die Horoscopensteller hätten Ihn genug bedroht, einige, daß Er durch den Degen, andre, daß Er durch einen Wagen umkommen werde; keiner aber hätte Ihm etwas von Gift gesagt, was Seines Erachtens die leichteste Art wäre, Ihn aus dem Wege zu räumen, da Er viel Früchte, und ohne Untersuchung von allen esse, die man Ihm brächte. Er stelle übrigens überhaupt alles dem Herrn über Seinen Tod und Leben anheim.

Es ist nicht unmöglich, daß Heinrich, indem Er so sprach, ohne es selbst vielleicht zu wissen, ein wenig auf das Glück rechnete, das Ihn bisher nie, weder in Gefahren, die Seine eigne Person bedrohten (14), noch in solchen, die Seinen Staat und Seine Wohlfahrt betrafen, verlassen hatte. Er bemerkte, daß ein günstiges Gestirn Ihn bereits von den sechs beträchtlichsten unter acht Personen befreyt habe, von denen Er in dieser letzten Rücksicht am meisten zu befürchten gehabt hätte. Einer war auf dem Blutgerüste, zween andre an Krankheiten gestorben; der vierte war jetzt im Gefängniß, der fünfte hatte sich freywillig verbannt, und der sechste war dahin gebracht, dem schmeicheln zu müssen, welchen er sonst hatte zu Grund richten wollen. Von der ersten Art von Glück hat man

Beyspiele in Seiner ganzen Geschichte gesehen. Aber
ach! es war nicht vollständig. Ein für Frankreich
sowohl als für diesen Herrn allzu unglücklicher Augenblick hat diese ganze Vorstellung von Glück nur allzu
traurig widerlegt! —

Drey und zwanzigstes Buch.
1606.

Da der König und die Königin sich am Neuen
Jahr zu Paris befanden, ging ich früh ins
Louvre, um Ihnen die schuldige Aufwartung zu machen, und die gewöhnlichen Geschenke zu überreichen.
Ich fand den König nicht in Seinem Zimmer. L'O-
serai und Armagnac sagten mir: Er hätte bey der
Königin auf ihrem Zimmer geschlafen, und beyde würden wahrscheinlich noch im Schlaf liegen, weil die
Unpäßlichkeit der Königin sie beynahe die ganze Nacht
wach gehalten hätte. Ich ging daher nach den Zimmern der Königin, um mich bey la Renouillere und
Catharine Selvage nach dem Befinden Ihrer Majestäten zu erkundigen. Ich pochte so sachte als möglich
an, um sie nicht aufzuwecken. Mehrere Stimmen,
die zugleich ein: Wer da? hören ließen, und die ich
für die von Roquelaure, Frontenac und Beringhen
erkannte, waren mir ein Zeichen, daß schon Leute da
wären. Nachdem ich mich genannt hatte, hörte ich,
daß man zum König sagte: Sire, es ist der Herr
Feldzeugmeister. — „Herein herein, Rosny, rief mir
der König entgegen, kommen Sie her. Sie werden
sagen,

sagen, daß ich ein Langschläfer sey, werden aber anders denken, wenn Sie wissen, was uns so lang im Bett hält. Meine Frau da, welche im achten Monat zu gehen glaubt, hatte beym Schlafengehen einige Leibschmerzen, weswegen ich glaubte, daß es ihr unrichtig gehen würde. Gegen Mitternacht aber lief endlich alles auf Winde hinaus, so daß wir dann einschliefen und erst gegen sechs Uhr erwachten, und zwar sie mit großem Aechzen, Seüfzern und Thränen, von denen sie eingebildete Ursachen angiebt, die ich Ihnen, wenn nicht mehr so viele Leute hier sind, sagen will. Denn Sie werden uns Ihr Gutachten darüber sagen, und ich denke, Ihr Rath soll uns dabey so gut zu statten kommen, als sonst bey ähnlichen Gelegenheiten. Unterdessen aber, bis die zu vielen Leute hinaus seyn werden, wollen wir ein wenig sehen, was Sie uns alles zum Neujahrsgeschenk mitbringen. Denn ich sehe, daß Sie da drey von Ihren Sekretären mit Sammtsäcken bey sich haben."

„Das ist wahr, Sire, antwortete ich. Ich erinnere mich, daß, als ich Sie und die Königin das letztemal beysammen sah, beyde sehr wohl aufgeräumt waren. Da ich glaubte, daß ich Sie wieder so finden würde, in der Hoffnung, einen zweyten Sohn zu bekommen, habe ich Ihnen hier mehrere Neujahrsgeschenke mitgebracht, welche Ihnen dadurch wenigstens Vergnügen machen sulen, daß andre welches darüber empfinden werden, an die ich sie in Ihrem Namen austheilen lassen will. Deswegen wünschte ich, daß es in Ihrer und der Königin Gegenwart geschehen möchte."

„Wiewohl sie Ihnen noch nichts gesagt hat, wie sie sonst wohl zu thun pflegt, — antwortete Er — und wiewohl sie sich stellt als ob sie schlafe; so weiß ich doch wohl, daß sie darum nicht schläft. Sie ist aber auf mich und Sie zornig. Doch, davon wollen wir reden, wenn niemand mehr hier ist als Sie, la Renouillere, Beringhen und Catharine. Denn die wissen etwas davon. — Aber zeigen Sie Ihre Neujahrsgeschenke."

„Es ist, sagte ich zu Sr Majestät, eben keines Feldzeugmeisters Aufzug, auch sind es nicht Geschenke, würdig des Schatzmeisters eines reichen und mächtigen Königs. Allein so gering sie auch sind, werden sie doch sicher denen, die sie bekommen, mehr Freude machen, und Ihnen mehr Dank, Ruhm und Lob erwerben, als alle die übertriebenen Geschenke, welche Sie an Personen machen, von denen Sie, wie ich weiß, nichts als undankbare Klagen dafür haben."

„Ich verstehe Sie aufs halbe Wort, sagte Heinrich, so wie Sie bisweilen mich. Aber lassen Sie uns nun einmal wissen, was zu Ihren Geschenken ist, ohne weiter davon zu reden, was Sie verstehen."

Ich ließ hierauf die drey von meinen Sekretären vortreten, welche sie trugen, und sagte: „Der ältere Arnaud hier, Sire, hat in meinem Sack, worin ich die Papiere vom Conseil trage, drey Beutel mit goldnen Schaumünzen." Ich zeigte sie Ihm, und erklärte Ihm das Sinnbild, das die Liebe der Völker zu Sr Majestät vorstellte. „Einer von diesen Beuteln, fuhr ich fort, ist für Sie, Sire, der andre für die Königin, und der dritte für den Herrn Dauphin, d. h. für Mamanga (1), wenn die Königin ihn, wie immer, nicht behalten will. In denselben Sack sind noch acht Beutel mit Silbermünzen von gleichem Gepräge; zween für Sie, zween für die Königin, und vier für la Renouillere, Catharine Salvage, und eine andre, welche

welche Ihnen beliebt, die in dem Zimmer der Königin liegt. Der jüngere Arnaud trägt einen andern Sack, worin fünfundzwanzig Beutel mit silbernen Schaumünzen sind, zum Vertheilen an den Herrn Dauphin, Madame Montglat, Madame de Drou, und Fräulein de Piolant, die Ammen und andre Kammerfrauen Ihrer Kinder, und an die Hoffräulein der Königin.— In dem dritten Sack, welchen le Gendre trägt, sind wieder dreyßig Säcke, jeder zu hundert Thalern, in ganz neuen halben Franken, auf dem Triebstock gemacht, und so groß, daß man sie für ganze ansieht, zu Neujahrsgeschenken für alle Kammerfräulein und Frauen der Königin und der königlichen Kinder, nach Ihrem Befehl. Auch habe ich noch unten in meinem Wagen, unter der Aufsicht eines meiner Leute, zwey große Säcke voll ganz neuer Zwölfer gelassen, jeden zu hundert Thalern, welche zwölftausend Sous ausmachen, und unter die armen Invaliden vertheilt werden sollen, die sich auf den Aussteigeplätzen des Flusses beym Louvre befinden werden. Diese sind, wie man mir sagt, beynahe alle schon ganz betäubt davon. Ich habe zwölf der wohlthätigsten Männer bey der Stadt dahin geschickt, um sie in Ordnung stellen, und das Geld gewissenhaft unter sie austheilen zu lassen. Alle diese armen Leute, und die Hoffräulein und Kammerfrauen der Königin, bezeugen mehr Freude als Sie glauben können, über diese kleinen ländlichen Neujahrsgeschenke in neuer kleiner Münze. Sie sagen alle, es sey nicht sowohl um den Werth des Geschenks als deswegen, weil sie daran erkennen, daß Sie auch an sie denken, und sie lieben, besonders die Fräulein der Königin. Diese sagen, was man ihnen zur Kleidung gebe, werde ihnen bestimmt vorgeschrieben, wozu sie es verwenden müssen. Allein für diese

diese hundert Thaler können sie sich tausend Kleinigkeiten kaufen, wie sie sie gern hätten.

„Aber, Rosny, sagte Se Majestät, werden Sie den Mädchen wohl ihre Neujahrsgeschenke geben, ohne sich Mäulchen dafür zu bedingen?"

„Warlich, Sire, seit Sie es ihnen einmal befahlen, brauche ich sie gar nicht mehr darum zu bitten. Sie kommen wohl von selbst und küssen mich, und die andächtige Frau von Drou lacht nur dazu."

„Nun, Rosny, — fuhr Er in demselben Ton fort — beichten Sie mir einmal die Wahrheit: welche küssen Sie denn am liebsten, und welche gefällt Ihnen am besten?"

„Meiner Treu, Sire, da fragen Sie mich zu früh. Denn ich habe wohl gar andre Dinge zu thun, als an Liebessachen zu denken, und mir den Kopf darüber zu zerbrechen, welche die schönste sey. Ich glaube auch, die guten Kinder denken eben so wenig an meine schöne Nase als ich an die ihrige. Ich küsse sie, wie man Reliquien küßt; indem ich meine Gabe darreiche."

Der König konnte sich nicht enthalten, laut auf zu lachen, und sagte, indem Er sich an alle Anwesende im Zimmer wendete: „Das laßt mir doch einen ver-
„schwendrischen Finanzaufseher seyn, der von dem
„Gut seines Herrn so reiche Geschenke um einen Kuß
„macht!" — Nachdem Er noch eine Weile über diesen Gedanken gescherzt hatte, sagte Er zu den Höflingen: „geht nun alle hin zum Frühstück, und laßt uns
„ein wenig über andre wichtigere Dinge mit einander
„reden."

Da niemand mehr im Zimmer war, als la Renouillere und Catherine, stieß der König die Königin ganz sanft an, und sagte zu ihr: „Wach auf, Schläferin, komm her und küsse mich und maule nicht mehr. Denn auf meiner Seite ist all der kleine Unwille schon verflogen, aus Furcht, daß es Ihrer Schwangerschaft schädlich werden möchte. — Sie glauben, Rosny schmeichle mir bey den kleinen Zänkereyen, die wir mit einander haben. Sie würden aber ganz anders denken, wenn Sie wüßten, was für Freyheiten er sich alle herausnimmt, mir meine Wahrheiten zu sagen. Wiewohl ich bisweilen darüber in Zorn gerathe, nehme ich es ihm darum doch nicht übel. Ich würde vielmehr glauben, daß er mich nicht mehr liebte, wenn er aufhörte mir vorzustellen, was er für die Ehre und den Ruhm meiner Person, die Wohlfahrt meines Reichs und die Erleichterung meiner Unterthanen nöthig glaubt. — Denn sehen Sie, meine Liebe; es giebt kein so festes rechtschaffnes Gemüth, das nicht in Gefahr käme ganz zu fallen, wenn ihm nicht der gute Rath getreuer Diener und verständiger Freunde zu Hülfe käme, wo es zu straucheln anfängt. Damit Sie sehen, daß es wahr ist, was ich sage; so sollen Sie wissen, daß er mir seit vierzehn Tagen unaufhörlich vorpredigt: er glaube, Sie gehen im achten Monate, und ich müsse mich deswegen in Acht nehmen, nichts zu thun oder zu sagen, was Ihnen mißfällig seyn könnte, damit es Ihrem Sohn nicht schade. Denn er will immer, daß es einer seyn müsse (2)."

Dieser gute Herr ward hierauf noch einschmeichelnder gegen sie, und bat sie dann, Ihm zu sagen: warum sie diese Nacht mit Seufzen und Weinen erwacht sey? — Sie wendete sich endlich gegen Ihn und sagte: ihre Betrübniß sey von einem Traum hergekommen,

men, der ihr eine vor drey Tagen erhaltene Nachricht zu bestätigen geschienen hätte. Sie hätte sich aber durch Thränen erleichtert. Sie bat dagegen den König ebenfalls, ihr solche Verdrußlichkeiten, wenigstens während ihrer Schwangerschaft, zu ersparen, und von Reden abzustehen, „welche — sagte sie — mich und andere glauben machen, daß Sie lieber in der Gesellschaft gewisser Personen seyen, als in der meinigen; und noch dazu, welcher Personen? von denen ich mit Zuverläßigkeit weiß, daß sie Ihnen nichts weniger als treu sind, Sie sogar im Herzen hassen. Ich weiß wohl, warum? Allein hierüber berufe ich mich auf die Gesinnung des Herrn von Rosny, und werde ihm darinn glauben."

Ich lehnte diese Erklärung ab, indem ich ganz allgemein antwortete: daß ich eine aufrichtige Freude empfinde, Ihre Majestäten sich mit so vieler Herzlichkeit über Ihre kleine Streitigkeiten erklären zu hören. Ich fände, daß es Ihnen nicht schwer werden würde, sich solche Auftritte künftig ganz zu ersparen, wenn Sie sich dazu ernstlich der Mittel bedienen wollten, welche diejenigen in dieser Absicht anwenden würden, die mehr darauf beflissen wären, Ihrem wahren Besten als Ihrem Mißmuth zu dienen. — Diese Eröffnung wurde sogleich und von beyden einstimmig ergriffen, und man nöthigte mich, diese Mittel vorzuschlagen. Die Königin sagte: daß sie entschlossen sey, sich derselben zu bedienen; und der König: sie würden auf allen Fall Seines Beyfalls gewiß seyn. Nachdem ich sie beyde zu dem Geständniß gebracht hatte, daß jedes andre Mittel auf weiter nichts als eben so fruchtlose Reden und Handlungen wie die bisherigen hinauslaufen würde, erklärte ich frey heraus: es bliebe Ihnen nur noch Eines zu thun übrig, um sich endlich ein für
allemal

allemal aller Ursachen dieser Uneinigkeiten zu entledigen. Da Sie nehmlich, und zwar mit Grund, in Ihre Festigkeit, Entschlüsse zu fassen und auszuführen, ein Mißtrauen setzten, so müßten Sie Ihre Zuflucht zu einem Mann nehmen, den Sie für fähiger dazu hielten, und diesem alle Ihre Rechte übertragen, sich selbst alles eigne Interesse dabey verbergen, kurz, es über sich zu gewinnen suchen, während und nach der Entscheidung so zu handeln als wenn sie wirklich aufgehört hätten, irgend einen Antheil daran zu nehmen. Ich rieth Ihnen, einen Mann dazu zu wählen, welcher fest genug wäre, um sich nicht durch irgend eine Rücksicht wankend machen zu lassen, und der zugleich eine völlig reine und uneigennützige Anhänglichkeit an Ihre Personen besäße, um davon, wenn es seyn müßte, selbst mit Gewalt, gegen Ihre Neigung, einen Gebrauch von seiner Vollmacht zu wagen.

Ich zeigte mich weit entfernt, dieß Amt für mich zu suchen, das in der That nicht sehr angenehm war. Doch erklärte ich Ihren Majestäten: auf den Fall, daß Sie dabey Ihre Augen auf mich werfen sollten, müßten Sie damit anfangen, daß Sie die Augen ganz über alle Mittel verschlössen, die ich etwa anwenden möchte. Auch müßten Sie sich, damit ich sicher seyn könnte, mein mühsames Werk werde nicht wieder durch einen Rückfall von Schwäche zerstört werden, — aufs kräftigste, und selbst mit einem uneingeschränkten Befehl, verbindlich machen, nichts, was ich unternehmen würde, zu verhindern, und keine Empfindlichkeit darüber zu hegen, im Fall, daß sich ein oder vielleicht beyde Theile einige Gewalt beym Gebrauch des Mittels anthun müßten, dessen ich mich bedienen würde.

P 5   Man

Man wird, denke ich, ohne Mühe errathen, worin dieß Mittel bestehen sollte (3), und ich kann sagen, daß mich in diesem Fall keine menschliche Rücksicht hätte davon abhalten sollen. Ich konnte aber wohl denken, daß man mich nicht so weit kommen lassen würde. Doch antwortete der König: Er sey bereit, sich dazu schriftlich anheischig zu machen, und mich mit dem ganzen dazu nöthigen Ansehen zu bekleiden. Allein die Königin, da sie sich gedrängt sah, wagte den Schritt nicht. Sie sagte: sie wollte es reiflicher überlegen; oder ich sollte ihr vorher ein wenig sagen, was ich denn vorzunehmen gedächte. Sie merkte wohl, worauf es hinauslaufen würde, so gut als der König, ängstete sich aber mit den Folgen von einem solchen Compromiß. Nun geschah weiter nichts mehr in der Sache, als daß wir darüber in den Wind redeten. So nenne ich es, wenn man diese windigen so oft schon erschöpften Hofprojekte ernstlich behandelt. Nur aus bloßer Gefälligkeit gegen Ihre Majestäten gab ich mich dazu her, wenn sie diese neuen Schritte von mir verlangten. Ich begab mich weg, als die Königin Ihr Hemd forderte, und der König den Kammerdiener rief, um Sich ankleiden zu lassen.

Der König und die Königin erwiederten mein Neujahrsgeschenk durch beträchtliche Geschenke für meine Gemahlin und mich. Wir erhielten auch welche von der Königin Margarethe. Am Neujahrstag, am Dreykönigsfest, und die ganze Zeit, während sich Se Majestät zu Paris aufhielt, wurden Festins, Maskeraden und Lustbarkeiten aller Art gegeben. Am zehnten Jenner, einem sehr schönen Tag, kam der König ins Zeughaus, um einem Ringelrennen zuzusehen, wozu große Zurüstungen gemacht worden waren.

Nachdem

Nachdem es geendigt war, führte Er mich in die große Allee der Gärten, stand bey der Mauer am Balcon stille, und fieng, zu meinem großen Vergnügen, an, mich ganz ernstlich von Seinen politischen Entwürfen zu unterhalten. Die Gelegenheit dazu gaben Ihm meine Schaumünzen, deren Devise, wie Er sagte, Ihm sehr gefallen hätte. Ich hatte schon seit einiger Zeit bemerkt, daß Heinrich immer mehr und mehr die Nothwendigkeit und Wichtigkeit dieser politischen Ausführung einsah, und daß Ihm jeder Tag eine neue Schwierigkeit hob. Er sagte mir oft: Philipp III habe sich den weisen Rath seines Vaters, Philipps II gar nicht zu Nutz gemacht, den prächtigen Gedanken einer Universalmonarchie, den sich seine Vorfahren in den Kopf gesetzt hatten, als ein bloßes Luftschloß anzusehen. Alle Proceduren dieses Herrn zeigten wohl, daß er ihn noch nicht aufgegeben habe, und daß kein Herr in der Christenheit vor Beleidigungen von ihm sicher wäre, bis man diese übermüthige Monarchie ihre ganze Unmacht hätte fühlen lassen. Zu dem Ende nun müsse man mit dem großen Schlag losschlagen, von dem Er mir gestand, daß der Gedanke davon, den ich in Ihm erweckt und auch dem König von England mitgetheilt hätte, nicht immer den ganz verdienten Eindruck auf Ihn gemacht habe. Was am meisten zur Hervorbringung dieser Wirkung beytrug, waren wohl die Proceduren der Chambre des Grandjours im vorigen Jahr, welche, durch Entdekkung aller der heimlichen Ränke Spaniens, die natürliche Abneigung Heinrichs gegen diese Krone beträchtlich erhöht hatte.

Ich darf aber auch sagen, daß die Entschlossenheit, worin ich diesen Herrn sah, großentheils die Frucht unsrer öftern Unterredungen über diesen Gegenstand

genstand war. Und — wo wäre denn auch der
Fürst, welcher, wär er auch noch so unempfindlich gegen
seinen Ruhm — sich nicht von Unwillen durchdrungen
fühlte, bey dem Blick auf das, was der unersättliche
Geiz und die unermeßliche Herrschsucht des
Hauses Oestreich in diesen letzten Jahren sich alles
erlaubte! Dieser Rudolf von Habsburg, dessen edelste
Beschäfftigungen, als man ihm seine Wahl zum
Kaiserthron ankündigte, darin bestand: daß er in dem
Zeitalter der Sterner (Sterngesellschaft) und der Psitticher
(Papageygesellschaft) einige Fähnlein in die Gegend
von Basel führte, dieser Rudolf ruhte nicht bis
er das Elsas mit der Stadt Strasburg getheilt, und
sein kleines Erbgut mit den Herzogthümern Oestreich,
Steyermark, Kärnthen, und den andern Erbländern
vermehrt hatte, welche heut zu Tage das Haus Oestreich
in Deutschland besitzt. Seit dem Anfang des
vierzehnten Jahrhunderts, wo dieß vorging, bis auf
unsre Tage . . . . . wie viele Staaten, welche unermeßliche
Strecke Lands hat es nicht verschlungen!
Alle Spanischen Königreiche, die von Neapel und Sicilien
in Italien, nebst den Inseln Sardinien, Majorka
und Minorka, Böhmen und Ungarn in Deutschland,
Burgund, Flandern und alle Niederlande.
Dazu rechne man noch alle die Besitzungen, die es
sich in den orientalischen Inseln und in der neuen
Welt verschafft hat, und welche an Ausdehnung allem,
was wir von den drey andern Theilen der Welt kennen,
beynahe gleich sind. Kann man alsdann noch
zweifeln, daß Karl der Fünfte, — der es auf eine so
hohe Stuffe der Macht gehoben hat — aufgeblasen
über so viele glückliche Erfolge, in vollem Ernst im
Sinn hatte, den Rest von Europa, Asien und Afrika
vollends zu verschlingen?

Daß

Daß er wirklich dieß eitle Projekt einer Universalmonarchie hatte, braucht wohl keines andern Beweises, als die Zernichtung der Protestanten in Deutschland, der Ueberfall von Tunis und Algier, und den durch den Einbruch in Provence und die berüchtigte Belagerung von Metz so deutlich erklärten Angrif Frankreichs; lauter zu gleicher Zeit von diesem stolzen Monarchen veranstaltete Unternehmungen. Und, wenn wir dieß Projekt scheitern sahen, wem anders ist dieß zuzuschreiben, als den verschiedenen Umständen und Hindernissen, welche ein siegtrunkenes Herz, das nirgends mehr Unmöglichkeiten erblickt, durch zu große Hastigkeit seinem eignen Glück in den Weg wälzt? — Karl der Fünfte unternimmt allzu viele Dinge auf Einmal, und Dinge, denen er gar nicht gewachsen ist. Er stürzt sich ohne Vorsicht und beynahe ganz unbereitet hinein; trotzt Erde, Meer, Elementen und Jahrszeiten. Soliman, der ihm in Europa, Asien und Afrika die Spitze bietet; Franz I, Heinrich VIII, der Pabst, die Könige von Navarra, Tunis, Algier, und eigentlich alle Fürsten der Christenheit, die er genöthigt hat, die Waffen gegen ihn zu ergreifen, sind ihm lauter Feinde, auf die er hoch herabsieht, und sie beynahe gar nicht gewahr wird. Nicht einmal die einzigen Hülfsquellen, auf die er sich verlassen muß, weiß er mit Schonung und Klugheit zu behandeln. Seine eigenen Unterthanen empören sich gegen ihn in Spanien, Flandern, Sicilien. Als ihm dann endlich die Augen über seinen Irrthum aufgehen, kennt er kein andres Mittel, als sich durch einen Desperationsstreich aus der Sache zu ziehen. — Er läßt alles stehn, und sperrt sich in ein Kloster! —

Nie zeichnete ich Heinrich dieß Gemälde vor, ohne hinzu zu setzen: Phlilipp II, eben so ehrsüchtig, aber

viel

viel politischer als sein Vater, habe gleichfalls alle
diese Entwürfe aufgefaßt, und würde sie wahrscheinlich durchgesetzt haben, wenn seine besondern Absichten
auf Frankreich, England und Irland nicht durch den
glücklichsten Streich des Zufalls durchkreutzt worden
wären, welcher zween so starke Köpfe, als Heinrich
und Elisabeth zusammengeführt hatte (4). —

Ich hatte jederzeit die Wirkung von den Eingebungen der Höflinge und den Reden der Königin gefürchtet. Diese Dame unterhielt den König, Ihren
Gemahl, unaufhörlich von den Vortheilen einer Doppelheurath mit Spanien, und stellte Ihm immer diese
Verbindung Frankreichs mit Rom und den beyden
Linien des Hauses Oestreich als ein Mittel vor, alle
Arten von Faktionen in Europa zu ersticken. Zugleich
seyen sie der gesunden Politik so gemäß als der Religion selbst. Er gestand mir, daß diese Reden, von
denen seit einiger Zeit der ganze Hof ertönte, Ihn
nicht mehr rührten; und wenn man auch bisweilen
sehe, daß er sie anhörte, und wie ein Mensch, der
durch vernünftige Einwürfe sich überzeugen zu wollen
scheint, darauf antworte, so thue er dieß nur in der
Absicht, um diese Leute alle nicht in sein Geheimniß
dringen zu lassen, und sie vielmehr mit der Hoffnung,
daß Er noch zu gewinnen seyn möchte, hinzuhalten,
bis der Augenblick erschiene, die Maske abzunehmen.
Wir stimmten mit einander überein, daß die Sachen
noch nicht so weit wären, und schlossen diese Unterredung, wie einige andre über diesen Gegenstand, damit: daß wir gestanden, es sey bis jetzt nichts besseres
zu thun, als sich zu dieser Verbindung noch weiter
der Deutschen und Italiänischen Fürsten, besonders des
Churfürsten von Bayern und des Herzogs von Savoyen zu versichern; den ersten, durch Vorhaltung der
Kai-

Kaiserkrone zu gewinnen, und diesen durch Hoffnung auf die Lombardie und die Königswürde, die ihm in Rücksicht auf die Vermählung seines ältesten Sohns mit der ersten Prinzessin des Königs zu Theil werden sollte.

Um das Hinderniß zu heben, dessen der König von Seiten des Herzogs von Bouillon gewärtig seyn mußte, war kein anderes Mittel abzusehen, als ihn durch Wegnehmung seiner Stadt Sedan zur Raison zu bringen. Heinrich verfiel selbst darauf, und blieb um so lieber dabey stehen, als diese Expedition ausführbar schien, ohne für das Uebrige von nachtheiligen Folgen zu seyn. Und dieß war denn noch die wirksamste Folge unsrer Unterredung. Der König befahl mir, unverzüglich einen Zug Geschütz in Stand zu setzen, mehr dem Ruf dieses Platzes als seiner innern Stärke gemäß, die Er nicht so vollkommen kannte, als ich. Er erklärte mir: sein Vorhaben wäre, selbst mit dahin zu rücken, wenn Er anders nicht vom Podagra oder einer andern Unpäßlichkeit zurückgehalten würde, in welchem Fall Er die Leitung dieser Unternehmung mir auftragen würde. Damit ich nun dazu die einer so hervorstechenden Verrichtung angemessene Würde und Ansehen vereinigen möchte, bot Er mir — und ich kann wohl sagen: mit dem Befehl es anzunehmen, — den Rang und Stand eines Herzogs und Pairs an, und sagte mir: ich solle Ihm dasjenige von meinen Gütern nennen, auf welches ich diesen Titel gelegt wünschte, damit Er sogleich die Ausfertigungen darüber durch Villeroy machen lassen könnte.

Ich hatte diese Würde bereits einmal ausgeschlagen, da mich der König als Gesandten nach England schickte. Weil aber unter dieser Zeit die Freygebigkeit dieses großmüthigen Herrn das Hinderniß gehoben hatte,

hatte, das mich damals abhielt, von Seinem guten Willen Gebrauch zu machen, und da ich übrigens sah, daß Er es beynahe eben so sehr Seines eignen als meines Vortheils wegen wünschte, so nahm ich dankbar diese neue Gnadenbezeugung an. Ich nannte Ihm Sully. Die Urkunden darüber wurden am 12. Februar unterzeichnet, wenige Tage darauf gesiegelt, und am letzten desselben Monats einregistrirt. (5). Unter allen Herrn am Hof, und überhaupt beynahe unter allen Großen des Königreichs war keiner, der mir nicht die Ehre erzeigte mich zu begleiten, als ich vor dem Parlament wegen der Ceremonie meiner Aufnahme erschien. Sie wurde noch ehrenvoller durch die Gegenwart aller Prinzen vom Geblüt, außer dem Herrn Grafen von Soissons. Das große Audienzzimmer, der Saal, alle Galerien, die Höfe sogar waren so gedrängt voll, daß man Mühe hatte, wieder heraus zu kommen. Ich nahm beym Herausgehen sechzig der vornehmsten mit mir ins Zeughaus, wo sie eine wohlbesetzte Tafel erwartete, an welcher ich nichts gespart hatte. Eine glückliche Ueberraschung für mich war es, Se Majestät, den König selbst, da zu finden. Er hatte sich während der Ceremonie dahin verfügt, ohne mich es zuvor wissen zu lassen. „Herr Feldzeugmeister! — rief Er mir entgegen, so weit Er mich erblicken konnte — ich bin ungebeten zum Festin gekommen; werde ich übel abgespeist werden?" — „Das könnte wohl kommen, Sire, — antwortete ich — denn ich hatte mich so großer Ehre nicht versehen." — „Das weiß ich wohl besser, — unterbrach Er meine Danksagungen — Denn ich habe unterdessen Ihre Küchen visitirt, und da den schönsten Fisch gesehen, den man sehen kann, auch eine Menge Ragouts nach meiner Mode. Ich habe sogar, weil Sie für meinen Appetit zu lange ausblieben, von Ihren

kleinen

kleinen noch ganz frischen Schaal-Austern gegessen, und von Ihrem Arboier getrunken, dem besten, der noch je über meine Zunge lief." — Die Munterkeit des Königs würzte das Vergnügen der Tafel, und der Tag wurde für alle Gäste vergnügt hingebracht.

Am folgenden Tag früh schickte der König nach mir, und fragte mich dann im Beyseyn aller Hofleute: ob ich Ihm den Aufsatz von der zum Angriff Sedans nöthigen Geschützrüstung, wovon Er mir gesagt hätte, bald machen würde? — Er war schon fertig, und ich hatte ihn beygesteckt, als ich aus meinem Kabinet ging. Ich überreichte ihn also dem König, der ihn sich laut vorlesen ließ. Dadurch erfuhr der Hof das neue Vorhaben des Königs, welcher alsdann im Scherz sagte: der Herzog von Bouillon, obschon jetzt naturalisirter Deutscher, werde vielleicht doch noch nicht vergessen haben, wie man in Frankreich spreche, und allenfalls könnte man es ihn auf diese Art in kurzem wieder lehren. Da der König meine Meynung über diesen Krieg zu vernehmen erwartete, so nahm ich das Wort, und sagte: ich hielte den Herzog von Bouillon nicht für so unklug, daß er das Mißverhältniß zwischen den Kräften Sr Majestät und den seinigen nicht fühlen, und es erst auf die Probe davon ankommen lassen sollte. Ich hätte ihm schon lange vorgestellt, sein Platz tauge nichts gegen grobes Geschütz. Da auch er selbst ihn besser als sonst jemand kenne, so geschähen alle diese anscheinenden Zurüstungen zum Widerstand, die man ihn machen sehe, bloß in der Hoffnung, unterdessen mit Nutzen die Künste der Unterhandlung in Anwendung zu bringen. Uebrigens wollte ich es dennoch wagen, Sr Majestät zu rathen, wenn ich mich dieses Ausdrucks bedienen dürfte, dem Herzog von Bouillon noch zum letztenmal entbieten zu lassen: jetzt könne er noch ganz sicher kommen, sich Sr Majestät zu Füßen zu werfen, und sich versichert halten, daß diese Unterwerfung und mehr Genauigkeit in Haltung seines Worts ihm Verzeihung und gleiche Behandlung, wie zuvor, erwerben würde. Wenn er aber diese letzte Gnade nicht ergriffe, so dürfe er nie wieder erwarten, durch irgend einen Vergleich wieder aufgenommen zu werden. — Ich fuhr fort, dem König von meinen Zurüstungen Rechenschaft zu geben. Er billigte meinen Einfall, von Paris nur das grobe Geschütz ausrücken zu lassen, die Munition aber und die andern nöthigen Provisionen erst von den nächsten Orten um Sedan zusammen zu bringen, um die Transportkosten und das Fuhrlohn zu ersparen.

Diese Sache ging bey weitem nicht so geschwind, als ich es erwartet hatte. Denn bey Hof wurden eine Menge Einwendungen dagegen gemacht, wo überhaupt, wie es schien, die mindeste Kriegsrüstung beynahe so viel Unruhe erregte, als bey dem Feind selbst. Man machte da allgemeines Aufheben von den Schwierigkeiten, die man vor einem Platz finden würde, dessen Lage und Werke jedermann gegen Heinrich vergrößerte, und von den schlimmen Folgen, die eine so lange Belagerung, als diese werden sollte, unausbleiblich haben würde. Man hätte, aus diesen Reden zu schließen, denken sollen, Himmel und Erde müßte für Bouillon und seine Stadt in Bewegung gerathen. Man ließ hierüber Sr Majestät ein Memoire, in Form eines Briefs, in die Hände fallen, voll nicht nur von Ungereimtheiten, sondern auch von Unverschämtheit. Der König glaubte darinn die Schreibart des Herzogs selbst zu finden, vermischt mit der des du Plessis und Tilenus. Daß die besondern Freunde des Herzogs von Bouillon, oder auch die

Pro-

Protestanten, welche bey dieser Sache ihren ganzen Religionskörper interessirt glauben konnten, wie Montluet, la Noue, und die beyden Germains, eine solche Sprache führten, kann freylich nicht befremden. Wohl aber dieß, daß Personen, welche in ganz keiner Verbindung mit dem Herzog standen, und andre, die sogar Leute vom Handwerk waren, wie der Ingenieur Erard, nie von diesem Projekt sprachen, ohne eine ganz unbedingte Unmöglichkeit desselben zu behaupten. Ich kann nicht behaupten: daß alle diese Leute für das Beste der Sache gut gesinnt waren.

Der König selbst verfiel in eine Unschlüssigkeit, die ich nicht begreifen konnte. Ich stellte Ihm, einigemal ohne Erfolg, vor: daß Er dadurch Leuten gewonnen Spiel gebe, welche weder Waffen, noch Muth noch Hände hätten, und daher einzig auf dieß Rettungsmittel rechneten. Und wahr ists: der Herzog von Bouillon ließ bloß darum die Sache aufs Aeußerste ankommen, weil er sich aus dem Bericht derer, die ihm am Hof dienten, und ihn von den Gesinnungen Sr Majestät benachrichtigten, überzeugt hielt, daß es nicht zur Exekution kommen würde. Ein andres Mittel, das man zur Anwendung brachte, bestand darinn: daß man dem König hören ließ, der Herzog denke an nichts weniger als Ihm sich zu widersetzen. Nur könne er sich nicht entschließen, vor Personen feig und kriechend zu erscheinen, welche, anstatt ihm getreulich die Absichten Sr Majestät zu hinterbringen, nur darauf auszugehen schienen, ihn durch einen herrischen drohenden Ton noch mehr zu erbittern. Würde man ihm also statt dieser Personen (worunter ich verstanden war) andre gegenüber stellen, die fähig wären, ihm Vertrauen abzugewinnen, so würde der König bald davon überzeugt werden. Montluet (6) und

und la Noue unter andern behaupteten: es würde ihnen leicht werden, ihn zu seiner Pflicht zurück zu bringen. Der König glaubte nicht besser thun zu können, als wenn Er sie an ihn abordnete. Sie brachten nichts zurück, als allgemeine weitsinnige Erklärungen, welche jedoch Heinrich die Augen noch nicht öffneten, weil sie ihm auf der andern Seite Sedan, nach den neuen daran vorgenommenen Arbeiten, als unbezwinglich vorstellten; es sey nun, daß sie wirklich in diesem falschen Wahn standen, oder sich nur so stellten. Dem sey übrigens wie ihm wolle, statt auf die Antwort Bouillons vorzurücken, bezeugte Heinrich nur noch mehr, daß ihm der Erfolg sehr zweifelhaft scheine.

Ich meiner Seits hatte denn auch so meine Betrachtungen über die Stimmung, in welcher ich den König erblickte, und fieng an zu fürchten, wenn ich Ihn nun endlich nach aller Anstrengung gegen das allgemeine Geschrey und Seine eigene Besorglichkeit mit Mühe in Bewegung gesetzt hätte, und es ergäbe sich dann vielleicht irgend eine unversehene Schwierigkeit, so möchte man dem ohnehin schon übel eingenommenen Könige so lange und so mächtig anliegen, daß Er Seine Unternehmung nach vielem Aufsehn und Aufwand wieder schimpflich aufgäbe, oder in einen Vergleich mit dem Herzog willigte, unter Bedingungen, die Seiner Person und Seiner Würde unanständig seyn möchten; auf welchen Fall es freylich besser gewesen seyn würde, die Sache lieber gar nicht anzufangen, und — so lange es noch Zeit wäre — ein anderes Mittel ausfindig zu machen, um die Ehre Sr Majestät zu retten. Der Vorwurf, zu einem blinden Lärm geblasen zu haben, würde, wie ich voraussah, doch nur auf mich zurückfallen. Man würde mich beschuldigen, zu viel oder zu wenig gethan zu haben.

haben. Und ich war sicher, daß ich alle, selbst die widersprechendsten Beschuldigungen von denselben Personen bey Hof auszuhalten haben würde. Ich beschloß deswegen, Heinrich sich selbst bestimmen zu lassen, und wollte sehen, wohin Ihn Seine eignen Ueberlegungen führen würden.

Ich fieng daher an, kälter und seltner mit Ihm von der Unternehmung gegen Sedan zu reden, und beobachtete ein gleiches Benehmen auch öffentlich. Der König war unter den ersten, welche diese Veränderung wahrnahmen, und da Er weit entfernt war, den Grund zu errathen, der mich so handeln ließ, und sich eben so wenig einbilden konnte, daß ich meine Meynung von Bouillon und Sedan geändert haben sollte, so suchte Er es sich auf folgende Art zu erklären. Ich hätte, dachte Er, den Rath, den ich Ihm gegeben, ernstlicher überdacht, wahrscheinlich meine erste Meynung im Stillen zurück genommen, und überlegt, daß der Streich, den ich auf eins der Häupter der Religionsparteyen zu führen im Begriff wäre, in der Folge wohl den Religionskörper selbst treffen könnte, indem ich dadurch die Bahn dazu öffnete, einen nach dem andern von denen zu unterdrücken, die seine Stützen in Frankreich wären. Von diesem Gedanken, den Er schon als unzweifelhaft ansah, kam Er leicht auf den Glauben: ich müsse Seiner Billigkeit nicht viel Gutes zutrauen, oder meine Anhänglichkeit an meine Religion führe mich zu weit. Er eröffnete diesen Verdacht einigen Personen, die Er als meine Freunde kannte, und um mit mir selbst darüber zur Sprache zu kommen, kam Er ins Zeughaus, wo ich wegen meiner Wunde am Mund und Hals das Zimmer hüten mußte. Es hatte sich ein Geschwür daran zusammengezogen, woraus ein Beinsplitter, Schießpfropf, Bley und einige Pulverkörner kamen, die noch so frisch und ganz waren,

waren, daß sie sich entzündeten, als man sie auf glühende Kohlen brachte.

„Mich dünkt, — sagte Heinrich, indem Er den Herzog von Bouillon aufs Tapet brachte — ich finde Sie weit nicht mehr so entschlossen in der Sedaner Sache, als Sie es wohl sonst waren, und als ich Sie bey andern noch schwierigeren Gelegenheiten gesehen habe. Was muß dahinter stecken? Sagen Sie mir es frey, und verhelen Sie mir nichts, ich bitte Sie."
— Allein ohne mich noch zum Wort kommen zu lassen, theilte Er mir mit Seiner gewöhnlichen Lebhaftigkeit die Gedanken mit, die Er von meiner Unruhe in Ansehung meiner Religionsverwandten in Frankreich gehegt hätte. Er protestirte stark gegen den Verdacht, als ob Er darauf ausgehe, die vornehmsten Reformirten nach einander zu Grund zu richten, und berief sich deswegen auf meine Kenntniß von Seinen Gesinnungen, auch darauf, daß jedermann von Ihm wisse, wie Er sich in Ansehung der Bedienung Seines Mundes und Seiner Person lieber Reformirten als Katholiken anvertraue. Er versicherte mich dabey: Er habe keinen persönlichen Haß auf den Herzog von Bouillon, und fodre nichts von ihm, was ihn entehren könnte. Mit Einem Wort, Er überlasse es mir, zu richten, wie Er ihn behandeln solle.

Mit Vergnügen hörte ich diesen Herrn so reden. Ich bezeugte Ihm: daß ich Seine Gesinnungen gegen die Protestanten überhaupt und gegen mich insbesondre mit Ueberzeugung kenne, verheelte Ihm jedoch nicht: wie sehr es mich schmerze, daß Er solchen Gedanken von mir bey sich hätte Raum geben können. Ich gestand Ihm die wahre oben angegebene Ursache der anscheinenden Erkaltung, die Er an mir in Ansehung des Projekts gegen Sedan bemerkt hätte, und
erschöpfte

erschöpfte dann aufs neue die Betrachtungen, die sich
hierüber anstellen ließen. Dabey ließ ich Ihn dann
eine Bemerkung machen, auf die noch niemand verfallen war. Da nehmlich Bouillon, um Sedan zu
befestigen, einen Aufwand hatte machen müssen, der
ihn ganz erschöpft und vielleicht sogar beträchtlich in
Schulden gestürzt hatte, so konnte es wohl seyn, daß
die wahre Rücksicht, welche ihn abhielt, sich den Wünschen Sr Majestät zu fügen, die Besorgniß war, sich
durch die Uebergabe von Sedan der einzigen Hülfs-
quelle zu Wiederherstellung seiner zerrütteten Angelegenheiten zu berauben. Auf diesen Fall war es vielleicht das beste und kürzeste, wenn man ihm eine hinlängliche Summe zu Tilgung seiner Schulden anbot.
Ich zeigte, wenn man Bouillon zweymalhunderttausend Thaler gäbe — wodurch ihm alle andre Bedingungen erträglich gemacht werden würden — so müßte der
König doch noch sechsmalhunderttausend Thaler dabey
gewinnen, indem die Kosten einer solchen Kriegsrüstung nicht unter achtmalhunderttausend Thalern angeschlagen werden konnten. Ein neuer Grund, dem
Herzog die ganze Strenge des Kriegsrechts, falls er
es zu einem Angriff kommen ließe, fühlen zu lassen,
und nicht nur das Fürstenthum Sedan, sondern auch
die Wickgrafschaft (vicomté) Turenne für heimgefallen
zu erklären, die er nur in der Eigenschaft eines großen
Kronlehns von Frankreich zu haben behauptete. Thäte
man dieß nicht, so würde man nur den Verdruß haben, vergebens Ausgaben gemacht zu haben. Es
war, wie wenn ich aus einer Art von Vorgefühl, dessen was noch geschah, so sehr auf dieser Alternative
bestanden hätte: entweder äußerste Gelindigkeit vor
Anbruch der Sache, oder äußerste Strenge, sobald
man einmal zu den Waffen gegriffen hätte, zu zeigen.

Der

Der König erwiederte: eine solche Unterhandlung würde nur Bouillon noch in dem Wahn, den der gedachte Brief hinlänglich verrieth, bestärken, als ob Er ihn anzugreifen sich fürchtete. Er willigte indessen doch ein, daß ich diesen Weg und zwar gemeinschaftlich mit der damals zu Paris befindlichen Fürstin von Oranien (7) versuchen, und du-Maurier (8) mit Aufträgen an den Herzog abschicken sollte, deren Umfang und Gehalt Er mir überließ. „Wollen Sie mir „aber auch versprechen — setzte Heinrich hinzu — „mir, im Fall er Ihre Anerbietungen ausschlagen soll„te, in dieser Sache ohne alle menschliche Rücksicht, „und so zu dienen, wie Sie ehmals gethan haben?" Er berief sich zugleich auf die Belagerung von Amiens, den Savoyschen Feldzug und mehrere ähnliche Unternehmungen. Ich gab Ihm mein Ehrenwort darauf. „Schon gut. Eingeschlagen! — sagte Er, und bot mir die Hand. — Darauf baue ich, bin zufrieden und verlasse mich ruhig auf Ihre Fähigkeit und Treue, in allem, was nun weiter zu thun ist." — Dieß gesagt verließ Er mich.

Ich ging am folgenden Tag zu der Fürstin von Oranien, mit der ich verabredete: wie wir beyden an den Herzog von Bouillon schreiben wollten, auch die Absendung du Mauriers und die Form der Instruktion für diesen. Mein Brief enthielt folgendes: Ich fieng damit an, daß ich den Herzog mit den geziemenden Lobeserhebungen an die Macht und persönlichen Fähigkeiten des regierenden Königs erinnerte, zween Punkte, die ihm so gut bekannt seyn mußten als mir. Ich bat ihn dabey, sie nicht aus den Augen zu verlieren, indem sie wohl im Stand wären ihn vor einer Gefahr, die ihn bedrohte, dadurch zu bewahren, daß sie ihn abhielten, sich durch irrigen Wahn übereilen zu

lassen,

laſſen, und irgend etwas aus Leidenſchaft, Verdruß
und Unwillen zu wagen. Dabey ſchmeichelte ich ihm
nicht, ſondern ſagte ihm: es geſchehe in der Abſicht,
ihn deutlicher ſehen zu laſſen, worauf es ankäme, und
damit er nicht, gegen den Rath der Fürſtin von Oranien und eines Mannes, welcher als Freund zu ihm
ſpräche, in ſeinem Eigenſinn beharren und es ſo weit
kommen laſſen möchte, daß er der Uebermacht geben
müßte, was er jetzt noch, wenn er wollte, bloß Bedingungen zu danken haben könnte, welche die Billigkeit
ſelbſt nicht gelinder vorſchreiben würde. Ohne mich
näher auf die Vorſchläge einzulaſſen, ſchrieb ich ihm
bloß: daß du Maurier den Auftrag hätte, ſie ihm
mündlich zu thun, wir ihm aber auch ſchriftlich hätten
geben laſſen, was er ihm von uns zu eröffnen hätte, damit keine Vergeſſenheit oder Uebereilung ſtatt finden
möchte. Da es ihm vielleicht ſcheinen dürfte, als ob
Se Majeſtät von allen unſern Vorſchlägen nichts
wüßte, ſo kam ich ſeinen Zweifeln hier zuvor, gab
ihm mein Ehrenwort, und verbürgte mich auf alle
Fälle dafür, daß der König alles genehmhalten werde,
was unter uns beſchloſſen werden würde. Ich wollte
für einen Schurken, einen treu- und ehrloſen Menſchen gehalten werden, wenn nicht alles Punkt für
Punkt vollzogen würde. Ich beſchwor ihn dabey zum
Beſchluß: es nicht aufs Aeußerſte ankommen zu laſſen. — Dieſer Brief, mit dem der von der Fürſtin
von Oranien ganz gleichlautend war, iſt datirt vom
erſten März.

In ſeiner Antwort darauf, datirt vom vierten,
ſagt der Herzog: er habe meinen Brief nebſt dem von
der Fürſtin von Oranien erhalten, du Maurier angehört, und ſeinen Aufſatz mit Bedacht geleſen. Er
beklage ſich mit Grund darüber, daß man von ihm
verlange, er ſolle die Gunſt des Königs durch Nieder-

Q 5 trächtig-

trächtigkeiten erkaufen, die ihn derselben unwürdig machen müßten. Man verspreche sie ihm nur durch eine Schrift, welche bloß einer sehr geringen Anzahl von Personen bekannt seyn könne, während ganz Frankreich Zeuge seiner Erniedrigung und der nachherigen Gleichgültigkeit Sr Majestät gegen ihn seyn würde. Seine Freunde, die er zu Rath gezogen hätte, und die nicht in so geringer Anzahl seyen, als man gern jedermann bereden möchte, seyen alle gleicher Meynung mit ihm gewesen: daß der König weit entfernt seyn müsse, alle die Achtung für ihn zu haben, mit welcher man ihm schmeicheln wolle, da Er ihm nicht einmal so viel Treue zutraue, um ihm einen so schwachen Platz als Sedan zu lassen. Dazu setze er — mit einem selbstgenügsamern Ton, der dem so eben gesagten sehr widerspricht, —: er wisse wohl, daß man den König hintergehe, und Ihm verspreche, Ihm Sedan in Monatsfrist und ohne einen Mann zu verlieren, einzunehmen. Bouillon wußte sich ohne Zweifel viel damit, daß er mich hier gewissermaßen ins Angesicht Lügen strafte. Der ganze Brief ist in diesem Geschmack von Klagen ohne Grund, und von eben so unbestimmten, leeren Unschuldsversicherungen. Er nimmt sich dabey wohl in Acht, etwas zu gestehen, und zu versprechen. Das Bestimmteste, was er noch, nach dieser ganzen leeren Vorrede, in der Hauptsache sagte, war dieß. Wenn er auch dem König einige Ursache zur Unzufriedenheit gegeben habe, so sey er — weit entfernt seine Schuld durch Läugnen noch zu vergrößern — vielmehr bereit, dieß zuzugeben, und auf jede Sr Majestät beliebige Art seiner Fehler wieder gut zu machen, nur so, daß er diese Gnade nicht mit seinem schlechten Platz erkaufen müßte, von dem er übrigens urkundlich bekennen wolle, daß er ihn der Güte Sr Majestät zu danken habe. Sollte aber der

König

König darauf bestehen, ihn desselben zu berauben, so könne er unmöglich anders denken, als daß dieser Herr ihn wörtlich liebe und thätlich hasse.

Beynahe derselben Ausdrücke bedient sich Bouillon in seiner Antwort an die Fürstin von Oranien, und was du Maurier mündlich von Sedan zurückbrachte, war nicht befriedigender. Der König fieng daher an, ihn als einen Menschen anzusehen, mit dem keine Unterhandlung möglich sey. Dennoch glaubte ich noch eine Replik versuchen zu müssen. Ich schrieb ihm, Se Majestät wären nicht mit der Art zufrieden, wie er die durch mich ergangene Erbietungen aufgenommen hätte. Sie hätten diese Briefe voll Mißtrauens und beleidigender Ausdrücke gegen Sie gefunden; außer diesem aber nichts als geflissentliche Vermeidung einer bestimmten Antwort auf die gemachten Vorschläge. Mir sey es aufrichtig leid, daß meine redlich gemeynten Rathschläge nichts als noch größere Erbitterung bey ihm bewirkt hätten, wie mir schon einmal von ihm begegnet sey, als ich ihm von der Verhaftung des Marschalls von Biron geschrieben habe. Es würde eine Zeit kommen, und vielleicht nicht mehr ferne seyn, da er erkennen würde, daß ich ihm doch den einzigen besten Rath für die jetzigen Umstände gegeben habe. Ich wolle es ihm zum letztenmal wohl zu überlegen geben, bitte ihn sogar darum recht inständig, indem nichts mir mehr Vergnügen machen könnte, als wenn ich ihn zum besten Entschluß greifen sehen würde; wiewohl er vielleicht ganz das Gegentheil von mir dächte.

Während dieses ganzen Hin- und Wiederschickens hatte ich mir einen Plan von Sedan zu verschaffen gewußt, das ich sowohl im Aufriß als Grundriß zeichnen ließ. Der König nahm beydes bey mir in Augenschein

genschein, und brachte mit: den Herrn Grafen von
Soissons, den Herzog von Epernon, die Marschälle
von Brissac, Fervaques, Bellegarde und Roquelaure,
Don Juan de Medicis, de Vic, Montluet, la Noue,
Boesse, Nerestan, d'Escures, Erard und Chatillon,
welcher den Riß aufgenommen, dem ich aber ausdrücklich verboten hatte, seine Meynung vor so vielen Zeugen zu sagen. Hier war nun unter dieser Menge
von Personen ein Discuriren und Disputiren ohne
Ende über die Lage und Stärke des Platzes, und über
die Einrichtung eines Angriffs. Montluet, la Noue
und Erard behaupteten steif und fest, der Ort sey nicht
anders als durch Hunger zu bezwingen. — Ich sagte
zu allem fast kein Wort, wiewohl die Rede beynahe
immer an mich gerichtet war, und der König mich oft
fragte: was ich wohl zu diesen fürchterlichen in den
Felsen gehauenen Gräben sage? Denn dafür gab man
sie aus.

Nachdem die ganze Versammlung, ohne einen
Schluß zu fassen, auseinander gegangen war, ging
ich am andern Tag zum König. Ich sagte Ihm,
warum ich das Stillschweigen beobachtet hätte; weil
nehmlich das Geheimniß unter so vielen zusammenge-
rafften Leuten nicht wohl sicher gewesen wäre, und
ließ Ihn dann bemerken, daß, zu meinem großen
Vergnügen, von allen diesen so aufmerksamen Beo-
bachtern auch nicht Einer nur einen einzigen von den
Fehlern des Platzes wahrgenommen habe: nehmlich
das Thälchen von la Fontaine, das von Ginmenes,
die an einigen Stellen von zusammengeschütteter Erde
gemachten künstlichen Gräben, und die beyden Lan-
dungsplätze über und unter dem Strom, die so breit
wären, daß ich gegen Se Majestät mich anheischig
machte, ohne viele Gefahr alle Truppen in der Entfernung von zweyhundert Schritten von der Stadt, und

bis

bis unter die Conterscharpen der künstlichen Gräben
aufzustellen, weil die Krümmung des Thals sie vor
dem Musketenfeuer sichere, während die Belagerten
sich von der Stadtseite nicht auf ihren Brustwehren,
noch an irgend einer Stelle gut sehen lassen dürften.
Sie würden nehmlich immer von den Anhöhen im
Feld, welche den ganzen Platz so vollkommen bestrei-
chen, daß man das Innre der Quartiere von vornen,
von hinten und von beyden Seiten entdecken kann,
im Respekt gehalten werden. Ich bürgte auch Sr
Majestät dafür: daß ich Sie acht Tage nach Errichtung der Batterien in Besitz von Sedan setzen wollte.

Der König glaubte mir dießmal, und in der Freude, die Er darüber empfand, lief Er hin und entdeckte
es den Herrn von Medicis, de la Force, de Vic, Nerestan und Boesse, deren Verschwiegenheit Er kannte,
und die meine Zurückhaltung sehr lobten. Heinrich
stand darauf nicht länger an, und rüstete sich nun so
bald möglich an der Spitze eines Corps Reuterey,
und einiger Compagnien vom Gardenregiment zum
Marsch, während ich die übrigen Truppen zusammenstoßen und das Geschütz ausrücken lassen sollte. Dabey sah ich sehr sorgfältig darauf, daß das Landvolk
und die Bürger in den Städten nicht beleidigt, noch
durch die Einquartierung dieser großen Kriegsschaar
bedrückt würden.

Das Vorhaben, den Herzog von Bouillon anzugreifen, mußte natürlich ein Gemurmel unter den
Protestanten erregen. Ich weiß sogar nicht, ob der
Herzog nicht auf einen allgemeinen Aufstand für sich
rechnete. Wenn dieß war, so betrog er sich, und ich
gestehe, daß ich mit daran Schuld war. Ich nahm
von einem Brief, den mir Parabere in dieser Sache
schrieb, Gelegenheit, in meiner Antwort darauf eine

Art

Art von Manifest auszustellen, um dadurch bey den Protestanten das Verfahren des Königs zu rechtfertigen, und zu zeigen, daß der Herzog von Bouillon nur seinen eignen Fehler büßen würde. Ich schrieb deswegen diesen Brief mit weit mehr Sorgfalt und viel länger als ich sonst gethan haben würde, wenn ich bloß Parabere dabey vor Augen gehabt hätte. Ich konnte mir wohl vorstellen, daß er bekannt gemacht werden würde.

Ich fing mit der Aufzählung der vorzüglichsten Wohlthaten an, welche Bouillon von Sr Majestät erhalten hätte; wie er von Ihm dem Prinzen Conde selbst vorgezogen und zum Marschall von Frankreich und ersten Kammerherrn gemacht; vor allen Reformirten zu allen Ehren und Würden erhoben und mit weit beträchtlichern Pensionen und Gehalten als alle andern begnadigt worden sey, indem sich alles dieß jährlich auf hundert und zwanzigtausend Livres belaufen habe. Ueberdieß habe Se Majestät ihn so vermählt, wie Sie Ihrem eignen Sohn oder Bruder hätten thun können; ihn bey der Limeuilschen Erbschaft begünstigt, und mit Ihren ganzen Ansehen nach dem Tod der Herzogin, seiner Gemahlin, unterstützt, wovon ich als Augenzeuge sprechen konnte. Allen diesen Wohlthaten stellte ich dann gegenüber den Undank, mit welchem Bouillon Sr Majestät gelohnt hätte, seine Bewegungen, seine Meutereyen bey der Belagerung von Amiens, seine Entfernung auf seine Güter bey der Verhaftung des Marschalls von Biron, und seine Entweichung aus dem Reich unter Umständen, die schon allein zu seiner Verurtheilung hinreichend gewesen wären. Ich nahm Parabere zum Zeugen, daß, unerachtet dieses alles, er selbst, Constant und ich die Werkzeuge der Gnade gewesen seyen, die ihm Se Majestät bisher noch hätten angedeihen lassen.

Da

Da Bouillon sich gewissermaßen selbst des Hochverraths schuldig bekenne, indem er ein Begnadigungspatent verlange, und der König sich bereitwillig erzeigt habe, es ihm ausfertigen zu laßen: so vereitle er doch alles wieder durch eine neue Ausflucht, die zugleich eine neue Beleidigung enthalte, indem er, ein Unterthan und Diener Sr Majestät des Königs, von welchem allein er seinen Platz habe, sich weigere, ihn unter denselben Bedingungen der Schirmsherrlichkeit zu empfangen, welche der verstorbene Herzog von Bouillon von Franz II angenommen habe, von welchem dieser doch weder Unterthan noch Diener war.

Nach diesem allem erzählte ich die Ausgleichungsmittel, welche ihm du Maurier von Seiten seiner vorzüglichsten Freunde, vorgeschlagen hätte, unter voller Versicherung, daß Se Majestät sich dazu geneigt finden laßen wollten, wie z. B.: dem König vorzuschlagen, daß Sedan als einer der Sicherheitsplätze für die Protestanten angesehen werden, und der Herzog es an Ihn verkaufen; oder daß ohne es zu verkaufen la Noue als Befehlshaber hineingelegt werden, die Oberherrlichkeit aber und das Eigenthumsrecht darauf dem Herzog von Bouillon verbleiben sollte. Er habe aber von diesem allem nichts wißen wollen, da doch der König weit mehr für ihn thäte, als Er schuldig wäre. Es sey also einzig der Herzog, welcher durch seine übel angebrachte Hartnäckigkeit uns alle nöthigte, das Schwert gegen einander zu ziehen, und der die Kirche von Sedan, wie man in Kurzem sehen würde, aufs Aeußerste brächte. Se Majestät wären so empfindlich von diesem Unglück gerührt, daß Sie beschloßen, und sogar den Abgeordneten der Kirchen Ihr Wort gegeben hätten, in Ansehung der Religion in Sedan nichts zu ändern, noch Neuerungen anzufangen, wenn Sie

es

es auch selbst mit stürmender Hand erobern müßten. Ich bat Parabere am Schluß, mir öffentlich in Ansehung der Reinigkeit meiner Absichten und der Betrübniß Gerechtigkeit wiederfahren zu lassen, die ich darüber empfände, daß ich einen meiner Glaubensgenossen so blindlings in sein Verderben rennen sehen müßte.

Es schien Heinrich nothwendig, gleiche Vorsicht gegen die Protestanten zu gebrauchen. Bouillon hatte Ihm durch la Noue Versicherungen machen lassen, die durchaus nicht anzunehmen waren. Der König ließ sie öffentlich bekannt machen, und beantwortete sie durch eine Schrift, welche unter die Freunde des Herzogs verbreitet wurde, wenn sie auch allenfalls sich dadurch fester überzeugen sollten, daß Se Majestät nur auf dem Weg der Gelindigkeit aus dieser Sache zu kommen suchte, da sie wirklich aussprengten, der König verzweifle mehr als je an dem Erfolg seiner Unternehmung. Bouillon setzte — wie Vieville, d'Arson und du Maurier erzählten, welche verschiedenemal an ihn abgeschickt worden waren — noch hinzu: ich verwickle den König freventlich und wider seinen Willen in diesen Handel, und hätte mich eines Tags gegen Ihn gerühmt, Sedan in drey Monaten von der Seite des halben Monds einzunehmen. Dieß letzte ist wahr, und es machte Heinrichen die vorgebliche Treue derer sehr bedenklich, die Er zu Seinen Berathschlagungen zuließ. — Denn als ich dieß Wort fallen ließ, war niemand gegenwärtig als Don Johann und Erard. Bouillon betrachtete und behandelte mich aber auch bey jeder Gelegenheit als seinen ärgsten Todfeind, der alle günstigen Gesinnungen Sr Majestät gegen ihn verkehre. Es kam dem König zu, auf diesen Vorwurf zu antworten, und Er that es auch wirklich, wie ich nur wünschen konnte. Was alle die andern

dern noch beleidigernden Reden betrifft, so gedachte
Er den Herzog von Bouillon bald aus einem andern
Ton sprechen zu lassen.

Gegen das Ende des März ging Er von Fontainebleau ab, und nahm die Königin mit, welche
einen Theil dieser Reise mitmachen sollte (9), obschon
die Wege sehr schlimm waren. Er nahm Seinen Zug
über Rheims, Rhetel, Mezieres, Doncheri und
Mouzon. Da ich Ihn nicht wieder sah, bis die
Sache beendigt war, so werde ich die folgenden Umstände aus den Briefen nehmen, die Er mir schrieb
und unausgesetzt durch Villeroy und la Varenne
schreiben ließ.

Bouillon ließ erst so spät als möglich von seinem ersten Trotz nach. Er sagte zu du Maurier: auf den ersten
Trompetenstoß werde er das französische Wappen über
seinem Thor abschlagen lassen. Es war nehmlich des
Königs Wille, daß man, während Er den Herzog
mit den Waffen verfolgte, zugleich ihn den Prozeß zu
machen anfangen sollte, dessen lebhafte Betreibung,
ehe ich Ihm zur Armee nachfolgen würde, Er mir
sehr anbefahl. — Der Herzog vermochte vier von
unsern Kanoniren zu ihm auf Pferden zu kommen,
die er ihnen nach la Fere in Tartenois schickte; ein
sträflicher Ungehorsam von diesen Leuten. — Wiewohl die Herzogin von Bouillon keinen Fuß aus Sedan gesetzt hatte, wußte er es doch so listig einzurichten, daß die, welche von Sr. Majestät den Auftrag
hatten, alles, was in der Stadt vorginge, zu berichten, die Nachricht gaben: sie habe sich nach Deutschland entfernt, um sich nicht in einer belagerten Stadt
zu befinden. Man hörte ihn sich rühmen: mit einem
Tritt auf die Erde könne er an die viertausend Mann
nach Sedan in Bewegung setzen. Er wollte dadurch

S. Denkwürdigk. V.B. R glau-

glauben machen, daß ihm siebenzehn Compagnien Reuterey und einige Regimenter Fußvolk in Luxenburg zu Gebot stünden, und daß er auf einen mächtigen Beystand von Schweizern rechnen könnte. Die noch am besten bescheinigte Nachricht, die man erhielt, lief dahinaus, daß er noch vor dem 20. April fünf bis sechshundert Mann erwartete, die er in Gascogne und in der Gegend von Limeuil hatte werben und zu Bourdeaux einschiffen lassen. Ein Neffe von Rignac und ein gewisser Prepondie hatten sie unter dem Vorwand von Rekruten nach Flandern geworben. Pucharnaut hatte dieß dem König schon gemeldet, als Er noch in Paris war.

Von dem allem fand man viel abzuziehen, als man es näher untersuchte. Man wußte, daß sich in Deutschland nichts für Bouillon rührte. Bongars versicherte es dem König. Die Erzherzoge bezeugten mehr Furcht über unsre Rüstungen für sich selbst, als Lust, sich gegen uns zu erklären. Spanien fand den Vorwand zu klein, um deswegen den Frieden mit Frankreich zu brechen. Dieß erfuhr man von Madrid selbst. England betrachtete den Herzog von Bouillon mit der äußersten Gleichgültigkeit. Drey bis vierhundert Abentheurer aus der Schweitz waren alles, worauf man sah, daß er zählen konnte, und er mußte sich mit noch weniger begnügen, während wider seine Erwartung unsre Werbungen ohne Mühe von statten gingen. Den Churfürsten von der Pfalz hatte Montglat noch nicht zu sehen bekommen, schrieb aber von Strasburg: daß er in gleicher Furcht mit Bouillon sey. Der Landgraf schrieb selbst nach Frankreich, um seine Gesinnungen zu erkennen zu geben.

Das betreffend, was der Herzog für sich selbst ausrichten konnte, wußte man, daß nicht über zwölfhundert

hundert Kriegsleute in Sedan lagen. Man erfuhr
bald noch genauer, daß ihrer in der That nicht mehr
als sieben bis achthundert wären, Bürger und zusam-
mengeraffte Leute, von denen noch dazu ein Theil Mine machte, noch vor Anrückung des königlichen Heers
abziehen zu wollen. — Das Gerücht ging: Bouillon
habe sich selbst mit sechs andern nach Deutschland entfernt, und sich einige Meilen weit durch seine Besatzung
escortiren lassen. Er sey bey Bastogne von Soldaten
gesehen worden, die ihn erkannten und mit denen er
gesprochen hätte. Einige besondre Umstände, die man
von den Befehlen erzählte, welche er in Sedan, Schloß
und Stadt betreffend, ausgestellt habe, ließen sogar
glauben, daß er nicht wieder zu kommen gedächte.
Allein diese Neuigkeit, mit welcher der Befehlshaber
in Villefranche eigens von Rheims aus zu dem König gereist war, bestätigte sich nicht. Der Herzog
von Nevers, besser unterrichtet, berichtete Sr. Majestät: der Herzog von Bouillon sey zwar wirklich mit
drey bis vierhundert Mann ausgerückt, aber nur einem
deutschen Fürsten entgegen, mit dem er die folgende
Nacht wieder in Sedan eingezogen sey. Wiewohl
die Nachrichten von verschiedenen Agenten Sr. Majestät nicht ganz übereinstimmten, so wußte man doch
aus guter Hand, daß Bouillon gar nicht aus Sedan
weggekommen war. Dieser deutsche Graf, von dem
man sagte, daß er ihn in Sedan anstellen würde, um
die Belagerung mit auszuhalten, war der dritte von den
Grafen von Solms. Der älteste war Obristhofmeister
beym Churfürsten von der Pfalz; den zweyten haben
wir bey dem Sieur du Plessis gesehen. Dieser hier
stand von Seiten seines Kopfs und seiner Erfahrenheit
nicht in dem besten Credit.

Der König ward zu Nanteuil vom Schnupfen
befallen, was Ihn jedoch nicht hinderte auf die Jagd

zu gehen, sobald derselbe nicht mehr verstopft war.
Er schrieb mir von hier aus, am 27. März: Er habe
Seinen Hirsch gefehlt, dafür aber gestern zween Wölfe
gefangen, was Er für eine günstige Vorbedeutung
ansehe. Zu Fresne fand Er vier Compagnien vom
Garderegiment, schon mit siebenhundert Mann rekru-
tirt, denen Er bis zum ersten April dort zu bleiben
erlaubte, um ihre Rekrutirung zu vollenden. Man
sah Heinrich wieder neu aufleben und sein erstes Feuer
wieder auf seinen Wangen glühen, da Er wieder zu
seinem alten Gewerbe griff. Er speiste zwo Meilen
von Fresne zu Mittag, und hörte dann die Charmesse
zu Rheims, wo Er bis zum folgenden Mittwoch blieb,
um Ostern zu halten. Der Herzog von Mercoelir
und der ganze Adel des Landes stießen daselbst zu Ihm.
Er sprach dort auch du Maurier, der von Sedan kam,
und Ihm vom Herzog von Bouillon ausrichtete: er
willige ein, daselbst einen Adlichen im Namen des
Königs einzunehmen, nur nicht in einer besondern Eigenschaft, und so, daß seine Besatzung unter den Befehlen seiner Officiere darinn bliebe. Er sey auch bereit, Se Majestät daselbst mit jedem selbstbeliebigen
Gefolge und alle zu empfangen, welche Sie dahin
abordnen würden; müsse aber übrigens darauf bestehen, daß er als einziger Herr in seiner Stadt anzusehen sey und bleibe. Außerdem würde er alle sein
Gut, seine Kinder und sein Leben daran setzen. Je
näher die Gefahr rückte, desto mehr ließ der Herzog
von seinem Trotz nach.

Ohne auf diesen Antrag zu antworten, schickte
der König den Herzog von Nevers (10) nach Mouzon, um die in der Gegend anlangende Reuterey zusammen zu ziehen, und damit zu verhindern, daß sich
die vorgeblichen Truppen des Herzogs nicht in Sedan
werfen.

werfen könnten. Es waren in allem nicht mehr als dreyhundert Mann, Deutsche und Schweizer, angekommen, und kein Anschein, daß Bouillon noch anderweitige Hülfe erhalten würde, da Se. Majestät es zu verhindern im Stand war. Der König schien äußerst ungeduldig, gegen diese Stadt vorzurücken; allein Er hatte noch nicht mehr als das einzige Garderegiment bey sich. Die Rekruten du Chevauxlegers kamen endlich voll und gut an, die übrigen Völker sollten erst am 4. April zu ihnen stoßen. Der König erzeigte mir die Ehre, mir zweymal von Rheims aus zu schreiben, am 24. und 26. März. Er drang in mich, ich sollte mit meinem Sohn dahin zu Ihm kommen, machte sich Rechnung am 27. von da nach Rhetel abzugehen, um am 30. zu Mouzon zu seyn, wohin Er auf diesen Tag das Zusammenstoßen mit dem Garderegiment angesetzt hatte, wiewohl vom häufigen Regen die Wege beynahe ganz ungangbar worden waren. Er schrieb mir auch: ich sollte Ihm Offiziere und Pferde senden, nebst einem Transport Pickel, Schaufeln, Hauen, und einigen mittelmäßigen Kanonen, um sein Quartier zu befestigen.

Es ließen sich so viele Leute angelegen seyn, unerachtet aller dieser Zurüstungen, die Sache auf den Weg der Unterhandlungen einzuleiten, daß auf allen diesen Anschein wenig zu bauen war, so wie denn auch diese letzte Partey bald durchdrang. Der König war jedoch sehr unzufrieden mit den letzten Artikeln, welche du Maurier von Bouillon zurückbrachte, und welche Villeroy auf Seinen Befehl dem Siegelbewahrer und mir zusendete. Er ward noch mehr aufgebracht durch einen Aufsatz, in welchem es das Ansehen hatte, als wollte der Herzog mit Ihm als mit seines gleichen verhandeln. D'Arson, der sich aus eignem Antrieb
nach

nach du Maurier, zu Bouillon begeben hatte, überreichte Sr Majestät dieses unverschämte Papier. Allein Bouillon, nachdem er auf diese Art seiner Eitelkeit genug gethan hatte, begriff, daß es endlich einmal Zeit sey, einen andern Ton anzustimmen, und ward auf Einmal geschmeidig. Netancourt (11) kam, und bat Se Majestät in seinem Namen, Villeroy an ihn abzuschicken, um mit ihm in Konferenz zu Unterhandlungen zu treten. Der König willigte darein, jedoch unter der Bedingung, daß die Zusammenkunft zu Torcy geschähe, ohne das französische Gebiet zu verlassen. Einem neuen tollen Einfall dieses Menschen zufolge, der sicher was Schlimmeres verdient hätte, als ihm begegnete, kam Aersens, der mit Genehmhaltung Heinrichs bey ihm gewesen war, von ihm mit der Nachricht zurück: daß er von Netancour nichts wissen wolle, übrigens aber sich Villeroy wolle gefallen lassen.

Heinrich muß einen besondern, mir ganz unbegreiflichen, mächtigen Grund gehabt haben, alle Schuld auf Bouillon zu häufen, um ihm, wie Er doch auch hierauf nicht unterließ, Villeroy und Dinteville (12) zu schicken, bey denen Bouillon nicht weiter üble Laune gezeigt, noch Schwierigkeiten gegen die Unterwerfung gemacht zu haben scheint.... Villeroy benachrichtigte mich selbst von dem, was in der Konferenz vorgegangen war, und legte einen ziemlich langen Aufsatz zu dem Brief, den er mir davon noch an demselben Abend, den 30. März, schrieb, als er nach Donchery zurück war. Wenn ich Villeroy darinn glauben soll (denn man wird sogleich meine Gründe sehen, Mißtrauen in ihn zu setzen), so fand er Bouillon so argwöhnisch und unschlüssig, daß er für nichts stehen will, ehe noch eine zwote Konferenz gehalten worden seyn würde, und selbst dann noch nicht, bis er

mit

mit eignen Augen, nicht nur den Vergleich von ihm
geschlossen und unterzeichnet, sondern auch wirklich den
Anfang zur Vollziehung gesehen haben würde. Wie
will Villeroy, ohne mit sich selbst im Widerspruch zu
stehen, mit diesen Worten das vereinigen, was er unmittelbar darauf sagt: es scheine ihm, der Herzog von
Bouillon wolle sich zum Ziel legen? Die ganze
Sache ist diese: Er konnte nicht umhin, mich auf
eine Abschließung vorzubereiten, die er innerlich näher
wußte, als er mir nicht sagen mochte. Er kündigt
mir dabey eine zwote Konferenz auf den folgenden
Tag an, weswegen Se Majestät noch diesen ganzen
Tag zu Donchery bleiben würde.

Hier ein Beweis, daß Villeroy mir nicht alles
sagte. La Varenne, der an demselben Tag ebenfalls
an mich schrieb, meldet mir: Bouillon sey in der
Konferenz mit der Mine eines Menschen erschienen,
der um schön Wetter bittet, und — mit Grund, setzt er
hinzu, weil er, nach den angestrengtesten Bemühungen, nachdem er sein kleines Vermögen erschöpft und
von allen Seiten alles zusammengerafft hatte, in allem
nicht mehr als funfzehnhundert Mann aufzubringen
vermocht hätte, und dieß junge Leute, die noch nie Pulver
gerochen hätten; wenig Franzosen und Lanzknechte,
Schweizer nur fünf und zwanzig. Der ganze Rest
war lauter erbärmliche Mannschaft; ausgenommen
allenfalls einige Flamänder von Frankendal und der
umliegenden Gegend. Da in dieser Noth die Herzogin doch noch nicht Sedan verlassen habe, so sey kein
Zweifel übrig, daß ihr Gemahl alles einzugehen entschlossen wäre. Man könne auch den Vergleich schon
für geschlossen ansehen, und nur um die Schande einer
so plötzlichen Capitulation zu vermeiden, habe sich der
Herzog noch Frist bis Morgen zur Gnade ausgebeten.

Alles ward wirklich in dieser zwoten Konferenz vollendet. Villeroy eilte dem Schein nach sehr, mich davon zu benachrichtigen. Denn er schrieb mir, sobald er davon her kam, wie am vorigen Abend. Er wußte aber, wie man bald sehen wird, schon Mittel mir auf eine andere Art die Kenntniß davon vorzuenthalten. Er verspricht in diesem zweyten Brief, mir den Vergleich selbst zu schicken, sobald er ins Reine gebracht und unterzeichnet seyn würde, was Morgen sehr früh geschehen müßte, und giebt mir davon einstweilen die Hauptpunkte an. Die Aufschrift lautete: Article de la protection de Sedan et de Raucourt (Schirmsartikel über Sedan und Raucourt). Das Datum ist vom 2. April 1606, und die Frist auf vier Jahre. Der Herzog von Bouillon bewilligt darinn: daß der König für sich in dem Schloß einen Befehlshaber mit funfzig Mann halte, und daß die Inwohner von Sedan dem König den Eid der Treue leisten, wozu er sich für sich selbst ebenfalls anheischig macht. Villeroy füllt den Rest seines Briefs mit Lobeserhebungen aus, welche Se Majestät öffentlich meiner Wachsamkeit und meinen Rathschlägen bey dieser Gelegenheit ertheilt hätte, was sehr überflüßig ist, da ich in Wind gearbeitet und gesprochen hatte. Durch diese Schmeicheley verblendet mich Villeroy so wenig, als er mich dadurch in Ansehung dessen irre führt, was ich von seinem Benehmen zu halten habe.

Ich kann nicht zweifeln, daß Se Majestät der König aufrichtig wünschte, mich an dem Schluß dieser Sache Theil nehmen zu lassen. Dieß zeigen alle Seine Versicherungen, die Er mir darüber gab, und die Sorgfalt, mit der Er sich die Mühe nahm, mir einzig in der Absicht zu schreiben, um in mich zu dringen, daß ich kommen solle, damit nichts ohne mich

vor-

vorgenommen würde. Ich will nicht entscheiden, aus welchen Gründen Villeroy hierin so sehr anders dachte als der König. Wars, daß er befürchtete, ich möchte ihn um die Ehre bringen, einen Vertrag abgeschlossen zu haben? oder besorgte er, Bouillon möchte durch meine Verwendung vortheilhaftere Bedingungen erhalten, und dieß ein Mittel werden, uns freundschaftlich zu vereinigen, — seiner Politik zuwider, nach welcher er die vorzüglichsten Glieder der reformirten Religion von einander getrennt halten zu müssen glaubte? Ich behaupte nur, daß er den Vergleich um so mehr beschleunigte, je mehr er sah, daß Se Majestät mich dazu einluden, wobey ich noch anführen muß, daß er sich einen kleinen Betrug erlaubt hielt. Heinrich hatte ihm die gedachten Briefe zugestellt. Er gab sie einem Bedienten auf, welchem er befahl in aller Stille den Weg über Amiens, St. Quentin und Rheims zu nehmen, so daß ich sie erst nach denen erhielt, welche Se Majestät mir acht Tage hernach geschrieben, und durch einen eignen Eilboten geschickt hatten. Nicht ohne Befremden las ich in diesem letzten Schreiben: daß Er sich um mich bekümmere, und befürchte, ich möchte krank seyn, da Er auf Seinen Brief, den Er vor acht Tagen an mich geschrieben hätte, noch keine Antwort erhalten habe; welches denn auch die Ursache wäre, daß alles ohne mich abgeschlossen worden sey. In demselben Brief, der vom Sonnabend den 1. April ist, schrieb mir Heinrich: ich solle nicht länger zögern zu Ihm zu kommen, und das schwerste Gepäck zu Chalons lassen. Ich werde Ihm am folgenden Montag zu Cazine treffen, wo Er die Königin besuchen wolle.

Als ich diese beyden Briefe an Einem Tag zu Suipe erhalten hatte, sah ich, daß ich keinen Augenblick mehr zu verlieren hätte, wenn ich mit dem König

nig zusammentreffen wollte. Ich sah aus Seinem Empfang, daß Er, alles wohl erwogen, den Fehler gern verzeihe, den Villeroy in Ansehung meiner begangen hatte (13). Er liebkoste mich außerordentlich, indem Er vielleicht glaubte, ich sey empfindlich darüber, daß man nicht auf mich gewartet habe. „Willkommen, willkommen, — sagte Er zu mir ganz laut — ich habe schon für Ihre Abendtafel und Ihr „Nachtquartier gesorgt; Sie werden gut bedient wer„den. — Rathen Sie einmal, — sagte Er hierauf ganz heimlich, indem Er sich über mein Ohr neigte — „warum ich so sehr geeilt habe? Das geschah des„wegen, weil ich wußte: wenn Sie ankämen, würden „Sie alles rekognosciren, und sich an alle gefährlichen „Oerter begeben wollen. Deswegen fürchtete ich, es „möchte Sie ein Unfall treffen; und da wollte ich Se„dan lieber auf ewig entsagen; denn ich habe Sie „noch zu wichtigern Dingen nöthig."

Die Bemerkungen, die ich hierauf noch über diesen Vergleich und über diese ganze Sache machen könnte, würden nun unter diesen Umständen nicht mehr die Worte eines unparteyischen Mannes seyn. Ich will nur noch sagen, daß der Herzog von Bouillon von Glück zu sagen hatte, um einen solchen Preis davon gekommen zu seyn, nachdem er Se Majestät eine Armee auf die Beine zu bringen, und einen Zug von Geschütz von funfzig Stücken funfzehn bis zwanzig Meilen von Sedan heranrücken zu lassen genöthigt, auch Se Majestät selbst bis unter seine Mauern bemüht hatte. Heinrich gab dieß alles zu. Das Benehmen des Herzogs von Bouillon brachte Ihn bisweilen wirklich in Zorn. Allein Seine gewöhnliche Güte behielt immer die Oberhand. Er hielt Seinen Einzug in Sedan am zweyten April, wo Er funfzig

Mann

Mann unter Neancourt zurück ließ. Bouillon kam
hierauf, Ihm zu huldigen und sich Ihm zu unterwerfen.
Se Majestät ließ mich zu dieser Ceremonie rufen,
welche in dem Zimmer des Königs so früh vorging,
daß Ihn Bouillon noch im Bette traf. (14).

Am folgenden Tag besah ich den Platz. Lumpige
dreyhundert Lanzknechte und fünfundzwanzig Schweizer
waren alles, was ich darinn von fremden Truppen
erblicken konnte, statt der furchtbaren Hülfsheere,
welche von allen Enden der Christenheit für den Herrn
Herzog von Bouillon herbeyeilen sollten. Alles übrige
paßte dazu. Aeußerst schlecht versehene Kanonen,
mit vier bis fünf ungeschickten Konstablern dazu; kein
zu ihrer Aufstellung eingerichteter Ort; keine Faschinen,
keine Schanzkörbe, keine Steinbohrer, keine
Bätteriebolen, kurz nichts, von allem nichts, was
man gewöhnlich anschafft, wenn man eine Belagerung
auszuhalten hat. — Ich konnte mich nicht enthalten,
dem Herzog, der bey dieser Untersuchung zugegen war,
mein Befremden darüber zu bezeugen. Er fand weder
meine Bemerkungen, noch meine Freyheit nach seinem
Geschmack, und fieng an, weit lebhafter zu streiten,
als nöthig war. So sinnreich immer seine Eitelkeit
seyn mochte, war doch die Ungleichheit zwischen
beyden Theilen so auffallend, daß es bey unsern Nachbarn
für eine ausgemachte Sache gehalten wurde: er
habe seinen gänzlichen Untergang nur durch eine blinde
Unterwerfung abgewendet.

Der Kardinal du Perron gratulirte mir darüber
von Rom aus. „Die Kriege — schrieb er, indem
er mir dazu einen Alten anführte — müssen schwer
und kurz seyn. Man erspart dadurch Zeit und Kosten;
die Eroberungen durch die Furcht vor den Waffen

fen sind schneller und ausgebreiteter als die durch die
Waffen selbst." — Der Pabst sprach öffentlich von
dieser Expedition mit Beyfall, und ich weiß, daß man
auch sonst überall ungefähr eben so wie zu Rom dachte.
Dieß tröstete mich einigermaßen über den Ruhm unsrer Waffen.

Ich dachte für diese Rüstung noch dadurch einige
Schadloshaltung herauszubringen, daß ich sie zur
Annahme der Huldigung in den Plätzen der Grafschaft St. Paul anwenden wollte. Man muß sich
hier das ins Gedächtniß zurückrufen, was ich unter
dem Jahr 1604 von dem Erwerb dieser Grafschaft gesagt habe. Guillouaire hatte nehmlich von Seiten
des Herrn Grafen von Soissons Sr Majestät diesen
Kauf angetragen, und der König die Sache in meiner
Abwesenheit den Herrn Bellievre, Villeroy, Sillery
und Maisses aufgetragen. Auf die Schwierigkeiten,
welche ich Ihm bey der Sache zeigte, hatte man den
Kaufkontrakt unter dem Namen eines Dritten ausfertigen lassen, bis der König durch Besitzergreifung von
diesen Plätzen sich als den wahren Erwerber würde
zeigen können.

Als Heinrich mir vorschlug, Musterung über die
Truppen halten, und sie aus einander gehen zu lassen,
antwortete ich Ihm: „was, Sire, aus einander gehen lassen? — Und was wird aus Ihrem Kontrakt
über die Grafschaft St. Paul? Erinnern Sie sich
nicht mehr, was bey dessen Abschließung beschlossen
wurde? Da der Aufwand einmal gemacht ist, so
ist nichts bessers zu thun, als wir brechen nun nach
dieser Seite auf." — Ich zeigte Sr. Majestät, es
sey eine Sache von blos vierzehn Tagen, da die Spanier sich nichts weniger als eines solchen Besuchs versähen. Ueberdieß hätten sie auch keine gegründete Ursache

sache sich darüber zu beschweren, da der König nichts
thue, als daß er sich der Macht bediene, welche die
Verträge den Grafen von St. Paul ließen, zwischen
Frankreich und Spanien zu wählen; welches man
dem Madrider Staatsrath zugleich mit dem Marsch
dahin erklären könnte. „Ich sehe wohl, daß Sie
Recht haben — sagte Heinrich, nachdem Er mich
aufmerksam angehört hatte. Man muß es aber doch
vorher noch überlegen, und ich will davon mit den
hauptsächlichsten Personen, welche bey mir sind und
mit denen von meinem gewöhnlichen Conseil reden."
— Ich weiß nicht mit wem Er davon gesprochen haben mag. Allein zween Tage darauf zog Er mich bey
Seite, und wollte mich überreden, es sey zweckmäßi-
ger die Sache für jetzt ruhen zu lassen. Ich gestehe,
daß ich mich nicht halten konnte, indem ich Ihn mit
einer Anwandlung von Ungeduld verließ, zu sagen:
„Je bey Gott! ich sehe ja freylich wohl, daß wir un-
„sern Degen an Nagel hängen werden! Eine so
„schöne Armee haben und sie verabschieden, wo wir
„sie so schön brauchen könnten!!" — Ich konnte den
König zu keinem andern Entschluß bringen. Man
hielt zween Tage darauf Musterung; alles ging nach
Haus, und ich führte mein Geschütz wieder nach
Paris.

Der König bekam Lust, hier unter dem Donner
Seines ganzen Geschützes Seinen Einzug zu halten.
La Varenne kam von Ihm, mir es zu melden. „Ey
ey, Herr von la Varenne, — rief ich, erstaunt über
den Antrag — was fällt dem König ein! Wir haben keinen Schwertstreich gethan, keine Pike gerührt,
nicht Einen Kanonen- nicht einmal einen Flintenschuß
haben wir von uns hören lassen, und wollen die Sie-
ger machen? wir, die wir auf doppelte Art die Be-
siegten sind? Wir haben aus zu großer Leichtgläubigkeit

bigkeit erhandelt, was der König nur Seinem Muth
zu danken haben sollte, und dann haben wir noch oben
drein uns gefürchtet, zu erklären, was wir erworben
haben. Ich hatte es freylich immer gedacht, daß es
noch so kommen würde. Sagen Sie es dem König,
daß jedermann so spricht, und daß man uns auslachen
wird, wenn wir die Kanonen lösen lassen." —

Meine Freymüthigkeit ging hier vielleicht ein wenig zu weit; allein der Verdruß, den ich über diese
ganze Geschichte empfand, riß mich hin. Der König
hörte die Botschaft nicht ohne starke Bewegung an,
und verbarg sie vor niemand als vor mir. Praslin
und nachher Bethune kamen alsbald darauf und rich-
teten mir von Ihm aus, daß in seinem Verlangen
nichts Ungereimtes wäre. Ich hingegen glaubte sie
vom Gegentheil überzeugen zu können. — Heinrich
gerieth dießmal in einen heftigen Zorn, gab meiner
Widerspenstigkeit gegen Seinen Willen harte Benennungen, und schickte mir wieder den gemessensten Befehl zu, Ihm zu gehorchen; welches ich dann auch so
schleunig und mit einem solchen Lärm des ganzen Geschützes that, daß Er dadurch auf einmal wieder be-
sänftigt wurde, und mich holen ließ, um mich zu umarmen (15). Bouillon war im Gefolge des Königs
bey diesem Einzug. Er hatte sicher sehr Unrecht,
wenn er von Ihm einige verächtliche Begegnung befürchtete. Denn von dem Augenblick an nahm der
König gegen ihn Seine alte Vertraulichkeit wieder
an, und änderte in nichts Sein Betragen, außer daß
Er ihn noch besser behandelte.

Um diese Zeit brach der berüchtigte Streit Pauls
des V mit den Venetianern aus. Sein Ursprung
fällt in die frühesten Zeiten, aus Gelegenheit der behaupteten

haupteten geistlichen Rechte, die der heilige Vater sehr
zur Unzeit gegen diese Republik hatte geltend machen
wollen, welche sich durch ganz feste Schlüsse dagegen
gesetzt hatte. Fresne-Canaye, unser Gesandter zu
Venedig, hatte mir schon im vorigen Oktober Nachricht davon gegeben. Diese Schlüsse nebst der Gefangensetzung zweyer Geistlichen, am 17. April 1606)
auf Befehl des Senats; das päbstliche Interdikt auf
die Weigerung, diese Schlüsse zu widerrufen und für
diese Verhaftung Genugthuung zu geben; und dann
die Protestation, welche die Republik ganz kürzlich gegen diese Exkommunikation eingelegt hatte — dieß
alles hatte die Sachen auf beyden Seiten aufs höchste
gespannt.

Meine Meynung aufrichtig zu sagen, finde ich
auf beyden Seiten solche Schritte gleich gewaltsam
und unweise. Ich habe jederzeit die Person Pauls V
aufrichtig verehrt, und mich als seinen unterthänigen
Diener gezeigt, denke daher nicht, daß das, was ich
nun sagen werde, diesem zuwider seyn soll. Wir leben
nicht mehr in den Zeiten, da die Päbste jene geistliche
Gewalt ausüben konnten, die sie mit Grund als ihre
schönste Besitzung ansahen, indem sie ihnen wirklich
ein ganz unumschränktes Ansehen über die Staaten
und Herrn der Christenheit verschaffte. Heut zu Tage
unterscheidet man das ziemlich genau, was sie in Beziehung auf das Zeitliche an sich gerissen haben, und
macht es ihnen sehr streitig. Ich möchte beynahe sagen, daß man auch in Ansehung des Geistlichen so
ziemlich die Binde verschoben hat; wenigstens ist so
viel gewiß, daß ihnen die Reformation auf Einmal
zwey Drittel entzog. Ein so frisches und so leicht
nachzuahmendes Beyspiel, daß sicher der Römische
Hof nicht weise handelt, indem er die Republik Venedig dieser Versuchung aussetzt, da sie ohnehin schon

von

von Völkern umgeben ist, die sich dem Gesetz des apostolischen Stuhls entzogen haben, und ihr freudig die Hände bieten werden, so bald sie sich geneigt bezeugt, ihrem Beyspiel zu folgen. Ich meyne die Evangelischen und alle Protestanten in Deutschland, der Schweiz, Böhmen, Ungarn, Oestreich, Siebenbürgen, zu denen man noch die schismatischen Griechen und die Türken setzen kann. Rom denke einmal nur ein wenig zurück, welche Verwüstungen bloß drey bis vier Mönche in seinem Reich zu verursachen fähig waren, und es mag daran genug haben, um so mehr, als ihm dieß Uebel nur durch einen unverständigen Trotz von Leo X und Clemens VII zugezogen wurde, ganz demjenigen ähnlich, welchen Paul V in diesem letzten Fall gegen Venedig zeigte.

Die Venetianer laufen dagegen vielleicht noch größere Gefahr als der Pabst, wenn sie sich ihn zum Feind machen. Alle diese Streitigkeiten, welche man Anfangs nur vor dem Richterstuhl des Gewissens ausmachen will, laufen bald oder spät aus dem kanonischen in das Kanonenrecht, wenn, wie gewöhnlich, die Gründe nicht gefallen wollen, und nur zu immer heftigern Schritten veranlassen. Diese Republik aber hat nichts sorgfältiger zu vermeiden als den Krieg, aus der Ueberzeugung, daß, wenn der Kaiser und der König von Spanien die Ansprüche, — die sie auf diese Staaten haben, und die sie gar nicht geheim halten — nicht geltend machen, dieß sicher aus keinem andern Grund geschieht, als weil es ihnen an Vorwand und Gelegenheit fehlt. Die Venetianische Politik muß also ihr Absehen beständig darauf gerichtet seyn lassen, sowohl ihren Staat, als ganz Italien in der jetzigen Lage der Dinge zu erhalten. Keine Veränderung kann ihr vortheilhaft, jede Umwälzung müßte von traurigen Folgen für sie seyn.

Oft

Oft habe ich, in Unterredungen mit den Kardinälen de Joyeuse und du Perron, dieser Materie tief nachgedacht, und mit ihnen redlicher, als es bey einem eifrigen Hugenotten nicht gewöhnlich ist, an Auffindung von Mitteln gearbeitet, wie es zu verhüten seyn möchte, daß sich die neue Religion keinen Eingang weder in Italien noch Spanien verschaffe; wenn sie mir nur ihrer Seits auch wieder dafür stehen könnten, daß sich der Pabst als Haupt von Italien ebenfalls die Mühe ersparen würde, sich in dem Theil von Europa zu schaffen zu machen, welcher keine Gemeinschaft mehr mit ihm hat. Denn ich bin jederzeit der Meynung gewesen, das wahre politische System, das Europa Ruhe geben und sichern muß, habe es vorzüglich mit der Befestigung dieses Gleichgewichts zu thun (17).

Hätte man alle diese Betrachtungen zu Rom und Venedig zu machen gewußt, so würde dort jedermann alles angewendet haben, um den gegenwärtigen Streit in seiner Geburt zu ersticken. Eine gehörigen Orts und mit Mäßigung angebrachte Erklärung wäre hinlänglich dazu gewesen. Irgend dem Schein nach äusserst verwickelten Geschäffte sind doch noch immer eines glücklichen Auskunftsmittels fähig, wenn man nur gut damit umzugehen weiß. Und diese hier waren noch lange so schlimm nicht. Man durfte die Sache nur ohne alle Aussicht auf Folgen betrachten, bey denen man sehr übel thut, wenn man sich von ihnen beunruhigen läßt, weil man nicht über alle Möglichkeiten unruhig werden darf. Man hatte aber vorsätzlich Verwirrung angerichtet, indem man Fragen dabey zur Sprache brachte, an denen auch der geschickteste Vermittler jederzeit scheitern muß. Die boshaften Einblasungen derer, welche hier im Trüben zu fischen suchten, hatten daran so viel Schuld als alles Uebrige.

N. Denkwürdigk. V. B.   S   Wenn

Wenn eine aufgebrachte Person in der Hitze des Zorns noch eines Gebrauchs der Vernunft fähig wäre, so wollte ich ihr vor allen Dingen rathen, gegen die Reden derer auf der Hut zu seyn, die sich zu Werkzeugen ihrer Rache erbieten. Denn hiebey legen Haß und Neid ihre unvermeidliche Schlinge.

(Philipp) Canaye (Herr von Fresne) fragte bey mir an, was er hiebey in der Eigenschaft eines französischen Gesandten zu beobachten hätte, und glaubte mir, um mich besser in der Sache zu unterrichten, einen langen Aufsatz von den Beschwerden und Gründen beyder Theile schicken zu müssen. Ich machte nicht viel Gebrauch davon. Denn es wäre ein schlechter Dienst für sie gewesen, wenn ich alle diese Gründe entfalten und über jeden derselben hätte aburtheilen wollen. Ich begnügte mich daher, Canaye bloß zu schreiben: ohne Rücksicht auf den Grund des Streits könnten die Venetianer nichts Besseres thun, als ihre Sache gänzlich solchen Schiedsrichtern heimzustellen, welche sie — nicht nach dem strengen Recht richten sondern, als gemeinschaftliche Freunde beyde Theile, besänftigen möchten. Ich nannte Heinrich als den einzigen, der mir geschickt dazu schien, dieß zu bewirken, und um Sr Majestät die Sache vorzutragen, den Nuntius Barberini, dessen Weisheit und Geradheit mir bekannt waren. Dieser Rath wurde befolgt; aber sobald noch nicht. Die Leidenschaft behauptete zuvor ihre gewöhnlichen Rechte, und that sich noch dieß ganze Jahr hindurch durch Schriften Genüge, in welchen die Zügellosigkeit aufs höchste stieg. Glücklicherweise waren die beyden streitenden Theile unter allen Europäischen Mächten just die, welche sich am langsamsten zum Krieg entschließen, und dieser Gedanke beruhigte noch immer. Wir werden im folgenden

genden Jahre sehen, welchen Ausgang die Sache gewann.

Sie war nicht ohne günstigen Einfluß für den Kardinal Barberini, um ihm zu dem Kardinalshut zu verhelfen, den ihm der Pabst nach einer außer der Zeit vorgenommenen Kardinalsbeförderung zuschickte. Er wurde darüber von dem König bekomplimentirt, dem er ihn hauptsächlich zu danken hatte. Er sagte auch oft, indem er von mir sprach, er habe einen ungenannten guten Freund beym König. — Der Kardinal du Perron glaubte ebenfalls, daß ich ihm nicht ohne Nutzen gewesen sey, um das Erzbistum Sens und die Großalmosenierstelle zu erlangen, womit Se Majestät ihn begnadigten. Er dankte mir dafür, und bat mich, ihn auch während seiner Abwesenheit die Rechte eines Großalmoseniers genießen zu lassen. Die Abtey von Coulon wurde mir bey dieser Einrichtung vorbehalten.

Einen weit wesentlichern Dienst that ich den Bürgern von Metz in der Streitigkeit, die sie um diese Zeit mit den Jesuiten hatten. Diese hatten zwey Jahre zuvor einen Versuch gemacht, ihre Aufnahme in diese Stadt zu bewirken, welche aber den Streich noch durch Vorstellungen abwendeten, die ich bey Sr Majestät unterstützte. Sie erneuten den Anlauf mehr als Einmal. Ich beruhigte aber die Metzer dadurch, daß ich sie durch St. Germain und des Bordes, und nachher auch durch la Noue von den Gesinnungen unterrichten ließ, die der König gegen sie hegte. Dessen ungeachtet erwachten alle ihre Besorgnisse wieder zu Anfang dieses Jahrs, weil die Jesuiten neue Batterien und noch kräftiger als zuvor spielen ließen, indem sie die Geistlichkeit und alles was von katholischen Bürgern in der Stadt war, vermochten, sich mit ihnen zu vereinigen. Sie versicherten sich der Stimme des Herzogs von Epernon, des Befehlshabers in Metz, welcher am 15. April dahin kam, um die letzte Hand ans Werk zu legen. Wenigstens stand die Stadt in dieser Meynung, und daß der Befehlshaber hierin nichts ohne Befehl und Genehmigung des Königs vornehme. Die Metzer, in Furcht gesetzt, schickten mir sogleich am folgenden Tag einen Brief, auf den sie am 25. April einen zweyten folgen ließen, den sie dem Sieur Braconnier aufgaben, und ihm sehr empfahlen, mir ja wohl die Gründe in Erinnerung zu bringen, die mich sonst schon ihre Vertheidigung zu übernehmen vermocht hätten, und die ich vielleicht, wie sie fürchteten, wieder vergessen haben möchte. Sie schickten auch Schlag auf Schlag zween von den Ihrigen an den Hof, um da für ihr Bestes in der Sache zu machen. Nicht als ob sie befürchteten, die Jesuiten möchten sie von ihrem Glauben abbringen, — sagten diese guten Protestanten — sondern weil sie überzeugt seyen, daß die Gesellschaft durch ihren Einfluß in Metz eine gewaltsame Umstimmung hervorbringen könnte, die in einer erst wieder mit der Krone vereinigten Stadt von mißlichen Folgen seyn möchte.

Ich hatte mich dieses Grunds bey dem König bedient, der übrigens wohl begriff, von welcher Wichtigkeit Ihm diese Stadt für seine großen Entwürfe seyn würde. Ich erfüllte die Inwohner derselben mit Jubel, als ich ihnen durch den letzten von ihren Abgeordneten sagen ließ: der König habe auf ihre Bitten Rücksicht genommen, und werde bey ihnen keine Neuerung vornehmen, worüber ich ihnen im Namen dieses Herrn mein Wort gab. Sie machten mir große Danksagungen dafür, in einem dritten Brief vom 10. Jul., woraus ich ersah, daß sie doch noch nicht ganz

von

von ihrer Furcht geheilt waren, weil sich, sagten sie, ihre Gegner gerühmt hätten, noch Mittel zu haben, wodurch sie Se Majestät auf andre Gedanken bringen könnten.

Die Jesuiten empfingen auch in der That täglich von Heinrich so starke Beweise Seines Schutzes, daß diese Besorgniß wohl dadurch berechtigt werden konnte. Er machte ihnen in diesem Jahr ein Geschenk mit hunderttausend Thalern, bloß für ihr Haus la Fleche, und nahm sich noch dazu die Mühe, die Eintheilung davon selbst auf folgende Art zu machen: hundertsechzigtausend Livres zur Errichtung des Kollegiums, ein und zwanzigtausend den Bauplatz anzukaufen; fünf und siebenzigtausend zum Ersatz für Beneficien, welche zu einer ewigen Stiftung für dieß Haus genommen wurden. Diese Beneficien wurden nehmlich jetzt von andern nicht geistlichen Personen besessen, die man daher anhalten konnte, und auch wirklich anhielt, sie gegen Schadloshaltung abzutreten. Zwölftausend für das Haus, das zum Wohngebäude für die Väter dienen sollte, dreytausend zu Büchern, eben so viel zu Auszierungen ihrer Kirchen, sechstausend zu ihrem Unterhalt für das laufende Jahr — denn Heinrich hatte dabey nichts übersehen — und funfzehntausend, welche ihnen la Varenne, seit sie zu Fleche waren, geliehen hatte, und die ihnen der König wieder gut thun wollte. Diese Schrift ist datirt vom 16. Oktober, und vom König unterzeichnet.

Eine andre, ungleich sonderbarere ist folgende: Ein Parlamentsrath, Gillot (18), hatte dem Pater Cotton schon 1603 ein Buch geliehen. Nachdem er es auf verschiedene Abfoderungen nicht wieder hatte zurückbekommen können, schickte er ihm einen Bedienten mit dem Befehl, nicht von der Stelle zu gehen,

bis

bis er das Buch hätte. Da er es endlich auf diese
Art bekommen hatte, und aufschlug, fiel ihm ein be-
schriebenes Blatt Papier in die Augen, das der Jesuite
wahrscheinlich darin vergessen haben mußte, und das
der Rath für dessen Handschrift hielt. Es war ein
Aufsatz, der ihm wichtig genug schien, um ihn mir
mitzutheilen. Er brachte mir ihn, und nachdem er
mich hatte versprechen lassen, daß ich ihn bey der
Sache auf keinen Fall namhaft machen wolle, stellte
er mir ihn zu, um jeden selbstbeliebigen Gebrauch davon zu machen. Wir untersuchten erst, ob er auch
wirklich von der Hand des Paters wäre, was mir mit
Hülfe der Briefe leicht war, die ich, wie er wußte,
von Cotton hatte. Wir zweifelten nach der Gegen-
einanderhaltung keinesweges, daß es sich so verhalte.
Ich gebe hier eine Uebersetzung davon; denn es war
lateinisch geschrieben. Es enthält eine lange Liste von
Fragen, welche der Jesuite dem Teufel das nächstemal
vorlegen wollte, wenn er ihn in einer gewissen Beses-
senen beschwören würde, die damals viel Aufsehen
machte (19). Man wird deren darinn von allen Arten finden; bloß neugierige, unnütze und selbst lächer-
liche, und unter diesen einige über Gegenstände, über
die es schlechterdings unerlaubt ist, nachzugrübeln.
Der Aufsatz hebt so an:

„Durch das Verdienst der heiligen Apostel Peter
„und Paul, der heiligen Jungfrau und Blut-
„zeugin Prisca; der heiligen heldenmüthigen
„Blutzeugen Moses und Ammon (Aaron?);
„des heiligen Blutzeugen und Gottesgelehrten
„Antenogenes; des heiligen Bischoffs von Tours,
„Volusianus; des heiligen Klausners Leobardi,
„und der heiligen Jungfrau Liberata!“

Hierauf

Hierauf folgen die Fragen, welche der Exorcist an den Teufel thun will. Sie sind ohne Ordnung, weil der Verfasser sie ohne Zweifel zu Papier brachte, wie sie ihm einfielen. Einige sind auf eine Art ausgedrückt, daß es verlorne Mühe seyn würde, irgend jemand außer ihm selbst zu fragen, was er damit sagen wolle.

„Alles was Gott will, — der Pater Cotton „spricht hier — daß ich erfahren soll: betreffend den „König, die Königin; betreffend die, welche am Hof „sind; betreffend die öffentliche und Privatnachrichten; „betreffend Straße und Weg; betreffend die besondre „und allgemeine Beichte; betreffend die, welche um „die Prinzen sind; betreffend Laval; betreffend den „Dienst des Herrn; betreffend die Kenntniß der grie„chischen und hebräischen Sprache; betreffend die Ge„lübde, die Bischoffsweihe und die Gewissensfälle; „betreffend die Bekehrung der Seelen; betreffend die „Heiligsprechung, und ob er will, daß ich darum an„halten soll; betreffend den Krieg mit Spanien, oder „den Ketzern; betreffend die Reise nach Neu-Frank„reich, und die ganze entgegengesetzte Küste von Ame„rika; betreffend die Mittel, deren ich mich bedienen „soll, um mit Nachdruck zu überzeugen, auf daß er „von seinen Sünden ablasse. Von dem Teufel die „Gefahr zu erfahren, die ich abwenden kann, und er „soll mir anzeigen, was mir . . . . verschafft „haben. Ob die Besessene getauft sey, ob sie fromm „sey; ob man einige Betrügeren für Marie von Va„lence (20) und für la Fayens Seele von der Bosheit „der Clarenal zu fürchten habe. Den Teufel zu „fragen, wenn er ausfahren werde, die Stunde und „das Mittel, und ob es des Nachts geschehen wird; „ob ich eine verborgene Gefahr zu befürchten habe; „ob die Sprachen von Gott gekommen sind; durch

„was für Mittel Chamieres Ferrier —; durch welche
„Bücher und Mittel man die Predigten nützlicher
„machen kann; welches meine größte Gefahr sey;
„welche Wiedererstattung der König schuldig sey; was
„man der Dame Achorie (21) und du Jardin, und
„den Brüdern und den Schwestern sagen soll; was
„die Erscheinung zu Languedoc war; ob es sachdien-
„lich sey, daß die Mutter Pasithea (22) komme,
„und daß die Schwester Anne von St. Barthelemi
„nach Pont a Mousson gehe; er soll mir sagen, was
„ich gern wissen möchte von dem König und Herrn
„von Rosny; was von seiner Bekehrung zu hoffen
„ist; welche die am leichtesten zu gewinnende Prote-
„stanten am Hof sind; ob nicht den einige Gefahr
„betreffen kann, der von den bösen Geistern befreyt ist;
„ob ich nicht selbst davon bedroht werde; was die
„Gründung des Kollegiums in Poitiers hindert;
„was den Beruf der Nichte betrifft; welches die deut-
„lichste und ausdrücklichste Stelle in der heiligen
„Schrift sey, um daraus das Fegfeuer und die An-
„rufung der Heiligen, die Gewalt des Pabsts zu be-
„weisen, und daß der unsrige eben diejenige habe,
„welche der heilige Petrus hatte; wann die Thiere in
„der Arche Noäh getrunken haben; welche Kinder
„Gottes die Töchter der Menschen geliebt haben; ob
„die Schlange vor dem Sündenfall auf ihren Füßen
„gegangen ist; wie lange sie in dem Himmel, und
„unsere ersten Aeltern im irrdischen Paradies gewesen
„sind; welches die Geister seyen, die vor dem Thron
„Gottes stehen; ob es einen König der Erzengel giebt;
„was am dienlichsten sey, um einen dauerhaften Frie-
„den mit den Spaniern zu schließen; ob Gott wolle,
„daß er mir etwas von der Zeit eröffnen soll, da die
„Ketzerey Kalvins vertilgt werden wird; von meinem
„Vater, von seinem Stand, und von meinen Brü-
„dern

„dern Hanns und Anton; wie viele Beweisstellen des
„Glaubens durch die Ketzer verfälscht worden seyen;
„von dem Genfer Plagiär; von der Reise des Pater
„Generals nach Spanien, es gänzlich zu Grund zu
„richten; von dem Breve, und dem Pater General,
„wegen Baqueville und des jungen Menschen, der bey
„Unsrer lieben Frauen wohnt; wenn die Thiere an-
„gefangen haben, in die Inseln überzugehen, und
„wenn diese zuerst von Menschen bewohnt wurden; wo
„das irdische Paradies sey; wie der König und die
„Königin von England und überhaupt das ganze Kö-
„nigreich leicht bekehrt werden könnten; wie man den
„Türken überwinden und die Ungläubigen bekehren
„könnte; welcher Theil der Engel gefallen sey; wie
„die Anbetung der Cherubim vor Gott beschaffen sey;
„wie Er sich zu ihrem Gebet wenden könne; wie ich
„die Fehler wieder gut machen könne, die ich durch
„Schreiben, den Druck meiner Bücher und selbst im
„Predigen begangen habe; was ihn und die andern
„unsaubern Geistern bey den Beschwörungen am mei-
„sten drücke; was die Ursache sey, daß Genf so oft
„erhalten wurde; was er von der Gesundheit des Kö-
„nigs wisse; was mit diesem Herrn die Großen Sei-
„nes Reichs einig machen könne; wie man dem Sieur
„de Verdun helfen könne, und was ihn zu handeln
„bewege; von den Geiselplätzen; von Lesdiguieres,
„und dessen Bekehrung; von der Ehre, die meinen
„Reliquien widerfahren wird; von den Briefen an
„Frau von Clarençal, und von dieser Dame insbe-
„sondre; was die Kollegien von Amiens und Tours
„verhindere; über die Dauer der Ketzerey." ——

Nach Seiner Rückkunft von der Reise nach Sedan hielt der König sich einige Tage zu Paris auf, und
ging dann gegen das Ende des Aprils nach Fontainebleau,

nebleau, von wo Er mir schrieb, und durch Villeroy schreiben ließ: Er sey im Begriff auf Verordnung Seiner Aerzte eine Cur von mehr als zehn Tagen anzufangen, weswegen Er die Pfingstceremonie aufschob, und Seinem Conseil sagen ließ, daß es vor vierzehn Tagen noch nicht zu Ihm kommen sollte. Er erlaubte mir die Zeit Seiner Cur zu Sully zuzubringen; ich sollte Ihn jedoch unterwegs besuchen. —— Dieß Mittel nebst dem Schwitzen brachte eine sehr vortheilhafte Veränderung in Seiner Gesundheit hervor.

Die wichtigsten Geschäffte, die Er zu Fontainebleau hatte, betrafen die Religion. Die französische zu Paris versammelte Geistlichkeit lag Ihm wegen der Publication des Conciliums zu Trient aufs Neue sehr an (23). Da die öffentliche Ruhe bey diesem Antrag interessirt war, so wie noch bey einigen andern von gleicher Beschaffenheit, welche man in der Versammlung an den König zu thun beschloß, so bekämpften sie Se Majestät durch Ihre Gründe und Ihr Ansehen, und behandelte die Protestanten, welche mit dem Clerus um die Wette ihre Rechte mißbrauchen zu wollen schienen, auf gleiche Art. Einige Provinzen schrieben deswegen an die Generaldeputirten, um Unterstützung einer Bittschrift bey dem König, die sie ihnen sandten, und worin sie Erlaubniß zu Haltung einer Nationalsynode suchten, während sie daran arbeiteten, in den andern Provinzen die besondern Versammlungen halten zu lassen, auf denen man die Synodaldeputirten zu ernennen und die Instruktionen über die darauf zu verhandelnden Materien aufzusetzen pflegt. Heinrich hatte mir schon am 22. März durch Villeroy sagen lassen: ich sollte hierüber die nöthigen Maßregeln mit meinem Sohn nehmen, den ich, mit Seiner Erlaubniß, beynahe zu allen Geschäfften

schäfften zuziehen konnte. Auch sollte ich hernach Servian, den Deputirten von Dauphiné, davon instruiren. Er schrieb mir selbst von Fontainebleau aus: ich sollte die Generaldeputirte zu mir kommen lassen, um mich bey ihnen nach der Absicht des ganzen Religionstheils zu erkundigen, und dieß Vorhaben rückgängig zu machen. Ich beruhigte Ihn über dieß alles, indem ich Ihm versprach: wenn ich auch die Haltung der Synode nicht mehr sollte hintertreiben können (24), so wollte ich doch wenigstens Anstalt treffen, daß von Seinen getreuen Dienern unter diesen Religionsverwandten, eine so starke Anzahl dabey erscheinen sollte, daß sie dadurch Meister von den Berathschlagungen würden. Diese Vorsicht schien mir sogar in Ansehung der besondern Versammlung in Dauphiné nothwendig, wie auch die, den Präsidenten Parquet zufrieden zu stellen, damit er nicht einem der unruhigen Köpfe seine Stelle geben möchte, deren er sich zu entledigen suchte. Ich schickte mit guten Instruktionen versehen Bouillon nach Dauphiné und Esperian nach Guyenne.

Des-Ageaux starb in diesem Jahre; und um seine Stelle als königlichen Stellvertreters in Saint-Jean-d'Angely meldeten sich sogleich unter andern Beaulieu und Roche-Beaucourt. Der erste hatte das Decret darauf schon vor Ageaux gehabt; allein da sich Epernon, Parabere, und die ganze Bürgerschaft in St. Jean zu Gunsten Roche-Beaucourts vereinigten, so schrieb mir der König: ich sollte ihn kommen lassen, und ihm die nöthigen Ermahnungen machen, diesen Posten gut vorzustehen, indem Se Majestät gesonnen wären, ihm denselben anzuvertrauen. Ich ließ mir gar nicht einfallen, für den Herzog von Rohan zu sprechen. Soubise (25) und er waren damals sehr übel bey Sr Majestät wegen

einiger

einiger Schritte angeschrieben, welche ein andrer als bloße Unvorsichtigkeit ansehen würde, die ich aber geradezu Ungehorsam nennen will. Denn ich bin nicht gewohnt, solche Dinge in einem Säftchen zu geben. Rohan wendete sich an mich, um durch mich des Königs Gnade für sie beyde wieder zu erhalten, bis er gegen Ende des Jahrs wieder nach Paris käme. Der König, dem ich deswegen schrieb, hatte die Gnade, mich hoffen zu lassen, daß Er dem Herzog verzeihen würde, und mir selbst Mittel anzugeben, wie ich ihm diese Verzeihung verschaffen könnte. Ich sollte nehmlich den Schuldigen durch meinen Sohn bey mir oder einem andern Haus unterrichten lassen, was er zu thun habe, um sich seinen König gnädig zu machen: und dann sollte ich ihn zu Ihm führen. Auch müsse Rohan nicht diesen letzten Augenblick abwarten, um seine Reue über seinen Fehler öffentlich zu bezeugen. Ueber die Art, wie Er ihn behandeln würde, und das Betragen gegen die protestantische Partey, das Er für künftig von ihm forderte, wolle Er mit mir sprechen, wenn Er nach Paris zurückkommen würde. Da Soubise den König doch wenigstens erst um Erlaubniß gebeten habe, ehe er nach Flandern gegangen sey, so erlaube Er ihm, Ihn entweder zu Paris zu erwarten, oder nach Fontainebleau zu Ihm zu kommen.

Zu la Rochelle waren neue Unruhen zwischen den Protestanten und dem Clerus in dieser Stadt, über den Umfang und die Ausübung der Rechte dieses letztern, entstanden. Wenn man beyde Theile reden hörte, so hatten beyde Ursache sich zu beschweren. Die Geistlichen darüber: daß ihre Gegner sich oft durch Selbsthülfe Recht verschafften, die jeder Zeit verboten ist; — die Reformirten darüber: daß die Geistlichkeit unaufhörlich Befehle vom Conseil erschliche, um

unter

unter deren Autorität sich weit mehr herauszunehmen, als ihr zukäme. Alle verlangten einstimmig einen entscheidenden Schluß. Der König sah ein, daß ein Arret die Gemüther nur noch mehr erbittern würde, und verlangte, daß ich bey dieser Gelegenheit den Vermittler machen sollte. Ich fieng damit an, daß ich jeder Partey einzeln ihre wahren Vortheile vorstellte. Nachdem ich mich ihres Gehorsams versichert hatte, schrieb ich ihnen folgende Vergleichsartikel vor, aus denen man ersehen wird, wovon eigentlich zwischen ihnen die Rede war.

Die Protestanten sollten den Geistlichen die Besuche in den Hospitälern und Gefängnissen auch die Beichte nicht verwehren, nur daß alles ohne Pomp und Geräusch geschähe, besonders bey Ueberbringung der geweihten Hostie an diese Oerter. Der Clerus soll kein Recht haben, den Beerdigungen und öffentlichen Ceremonien in ganzer Gesellschaft beyzuwohnen, das Kreutz dabey vorzutragen, noch Missethäter zur Richtstatt zu begleiten. Die Geistlichen sollten vor aller thätlichen oder wörtlichen schlimmen Begegnung sicher seyn, wenn sie in ihren Amtskleidern über die Straße gingen; die Protestanten sollten der von den Geistlichen unternommenen Erbauung der Kirchen kein Hinderniß in den Weg legen, um so weniger, da ernannte Commissarien ihnen den Platz dazu angewiesen hätten; nur daß dieser Platz der Stadt nicht unbequem oder verdächtig wäre; in welchem Fall man ihnen einen andern anweisen, oder die Entscheidung dieses Punkts dem königlichen Conseil heimstellen würde. Ich brachte auch einige andre Artikel in Ordnung, welche in die Policey einschlugen: daß nehmlich die Katholiken sich mit dem Antheil begnügen sollten, den sie an den öffentlichen Aemtern und Verrichtungen hätten,

hätten, wenn sie durch Stimmenmehrheit und die gewöhnlichen Wege dazu berufen würden; da aber in Ansehung der Handwerke und Meisterschaften kein Grund vorhanden wäre, sie davon auszuschließen, so hatten die Protestanten durch Vertreibung der katholischen Handwerksgesellen den Städten, wo der Katholische Religionstheil dem Protestantischen überlegen ist, freylich das Beyspiel der Gewaltthätigkeit gegeben.

Unterdessen machte man zu Paris mit großer Pracht Zurüstungen zu der Taufceremonie des Herrn Dauphins und der beyden Prinzessinnen von Frankreich. Die Herzogin von Mantua (26), welche die Hauptrolle dabey haben sollte, reiste aus Italien mit einem Gefolge von zweyhundert Pferden und zweyhundert und funfzig Personen. Sie langte zu Anfang des Junius zu Nancy an, von wo ihre und des Herzogs von Lothringen Leute bey Sr Majestät anfragen ließen: ob sie nach acht Tagen, die sie zu Nancy zu bleiben gedächte, ihre Reise fortsetzen sollte? Es waren hierüber einige Betrachtungen anzustellen, wegen denen mich Heinrich nach Sully, wo ich damals war, wissen ließ: ich sollte mich am vierten oder fünften Junius nach Paris begeben. Er selbst würde von Fontainebleau aus, in den letzten Tagen des Mays dahin kommen und mich dort erwarten, unterdessen aber bis ich käme, einige Reisen nach Saint Germain zu Seinen Kindern machen. Er halte es für schicklich nach Nancy jemand mit Aufträgen von Ihm zu schicken.

Die Art, wie die Herzogin von Mantua empfangen werden sollte, veranlaßte einigen Streit, der endlich zum Vortheil der Königin ausfiel, welche behauptete: da diese Fürstin aus Gefälligkeit für den König

nach

nach Frankreich käme, um eine außerordentliche Ceremonie mit ihrer Gegenwart zu beehren, so könne man ihr nicht zu viel Ehre erzeigen. Man ließ es auch wirklich an nichts fehlen, und gab ihr Vortritt und Vorsitz nicht nur über auswärtige fürstliche Personen, sondern selbst über die Prinzen vom Geblüt. Dieß verdroß diese letztern so sehr, daß sie sich weigerten irgend einer Ceremonie, wo sie seyn würde, beyzuwohnen. Sie fanden es sehr außerordentlich, daß Prinzen aus dem ersten Haus Europens einem neugebackenen Herzog den Rang lassen sollten, welcher von einem bloßen Mantuanischen Bürger abstamme, der sich selbst, nachdem er Bonacorsi, seinen Herrn, umgebracht hatte, dessen Regierung übertragen lassen, und sie nachher erbeigenthümlich an sich gerissen habe. Sie mochten aber sagen, was sie wollten; der König gab nicht nach. Er sah in der Herzogin von Mantua auf nichts als den Titel einer Verwandtin des königlichen Hauses, und ältern Schwester der Königin.

Der Herzog von Bouillon suchte ebenfalls dieß Beyspiel auf sich zu beziehen, ward aber nicht angehört. Er war ernannt worden, die Honneurs bey der Ceremonie zu machen. Nun wollte er den Ducs vorgehen, und berief sich auf seine Eigenschaft als Herzog von Bouillon und Fürst von Sedan, nebst dem Beyspiel der alten Fürsten von Sedan, in deren Rechte er getreten sey. Man antwortete ihm aber: der Unterschied zwischen ihnen und ihm bestehe darinn, daß jene wirklich von souverainen Fürsten abstammen, was ihnen mit Recht den ersten Rang gebe, da Er hingegen nur von einem bloßen Edelmann herkomme (27).

Die Herzogin von Mantua langte am 20. Julius zu Villers Cotterets an, wo sie den König auf sie wartend

wartend fand. Von da wollte man über Monceaux
nach Paris, wo ich beschäfftigt war, die Bühnen in
der Kirche Unsrer Lieben Frauen, im Palast und auf
dem Fabrikplatz zurecht machen zu lassen, und andere
Vorkehrungen zu treffen. Weil man aber vernahm,
daß die ansteckende Krankheit in dieser großen Stadt
umgehe (20), so beschloß der König, nachdem Er sich
erst mit der Herzogin darüber besprochen hatte: die
Taufhandlungen sollten zu Fontainebleau vorgenommen
werden. Die Schrankengefechte nebst allen öffentlichen
Spielen und Belustigungen, welche nur zu
Paris vorgenommen werden konnten, fielen dadurch
weg, und man mußte sich auf den gewöhnlichen Aufwand
bey Taufhandlungen im königlichen Haus und
bey der Bekleidung Sr Majestät einschränken. Der
Nuntius, statt zu dem König nach Monceaux zu gehen,
ging geradezu nach Fontainebleau, so wie auch
die Königin Margarethe. Da die Schloßcapelle für
eine solche Handlung zu klein, und die des Ordens
noch nicht ausgebaut war, so schlug ich vor, daß
man entweder diese ganz mit Tapeten behängen und
bedecken oder den großen Saal dazu einrichten lassen
sollte (29).

Der König nahm sich die Mühe, das Haus zu
Fleury selbst zu besehen und aufräumen zu lassen, um
den Dauphin nach seiner Taufe darein zu führen, weil
die Seuche, statt in Paris aufzuhören, sich von da
sogar noch nach einigen umliegenden Oertern verbreitet
hatte. Fontainebleau selbst blieb nicht frey davon (30).
Heinrich schrieb mir zu Ende des Septembers: von sechs
Personen, welche daselbst zuletzt von dem Uebel befallen
worden seyen, sey nur eine einzige davon gekommen;
jetzt aber werde niemand mehr krank. Er zog
Sein Garderegiment aus Melun, weil daselbst einige
Häuser von der Krankheit angefallen worden seyen.

Um

Um diese Zeit war es, daß Ihre Majestäten in der Fähre von Neuilly beynahe ertrunken wären (31). Die Folge davon war — eine Brücke daselbst.

Ich verweilte ein wenig länger als gewöhnlich zu Sully. Der König, welcher wußte, daß ich unpäßlich zu Brie-Comte-Robert gewesen war, schrieb mir am 29. August, und ließ sich nach meinem Befinden erkundigen, eine Gnade, für die ich Ihm dankte, und mein Herzblut zu Seinem Dienst erbot. Er machte mich zum Lieutenant der Compagnie Gensd'armes, welche unter dem Namen der Königin errichtet wurde, und bewilligte, auf meine Vorbitte, la Saminiere einen Begnadigungsbrief. — Diese Gnadenbezeugungen allein schon hätten diesem Herrn ein Recht gegeben, alles von mir zu fordern und zu erwarten.

Es betrübte Ihn sehr, sehen zu müssen, daß die Verbindung des jüngern (Franz von Noailles (Grafen von Ayen) mit Roquelaures Tochter (Rose von R.), statt diese beyden Häuser zu vereinigen, nur Zwietracht hineingebracht hatte. Ich bot alle Mittel auf, den Frieden wieder herzustellen, da Heinrich so oft und so sehr deswegen in mich drang. Es ist Pflicht eines guten Fürsten, diejenige, welche um seine Person sind, in Einigkeit zu erhalten, und Politik ist's, an dieser Einigkeit mehr durch andre als selbst zu arbeiten.

Auch für meine Sorgen für die Finanzen wurde ich gut belohnt. Da die Pachter Sr Majestät hundert und funfzigtausend Livres gegeben hatten, und die Fortsetzung der Salzpachtung auf ein sechstes Jahr nebst diesem einen Weinkauf von sechzigtausend Thalern einbrachte, so verwendete Er diese zweymalhundert und zehntausend Livres folgendermaßen: vier und

und achtzigtausend wurden bey Seite gethan, zum Ankauf von Moret, und sechs und dreyßigtausend für einige Bedürfnisse Sr. Majestät. Die Königin bekam davon zwölftausend, der Herzog von Nemours dreyßigtausend, Versenai achtzehntausend und ich dreyßigtausend. Dieß ganze Jahr hindurch erhielt ich an verschiedenen Geschenken das doppelte dieser Summe.

In Gemäßheit der ergangenen Verordnungen schickte der Steuerhof alljährlich seine Räthe in die Generalitäten, wo Salzauflagen erhoben werden, um alsdann die Eintheilung und Umlage davon zu machen, und unterwegs diejenige mit Geldbußen zu belegen, welche als Salzschleichhändler erfunden worden waren. Nicht nur deswegen allein schickte man übrigens solche Kommissarien. Beynahe alles wurde auf diese Art verrichtet. Der Generalstatthalter von Blois schrieb mir, daß zween solche für das Salz und die Taxe verschiedener Steuerbeamten ernannte Kommissarien sehr viel Uebels in dieser Provinz thäten. Ich antwortete: er thue selbst Unrecht, sich so zu beklagen, ohne etwas Bestimmtes anzugeben; indessen schickte ich ihm doch ein Reglement hierüber, das er den Kommissarien aufweisen könnte, und versprach ihm Gerechtigkeit zu verschaffen, wenn sie dagegen handelten.

Dieß Reglement besagte: daß die Salzauflage nicht bloß im Allgemeinen nach Generalitäten erhöht werden könne, sondern namentlich nach Pfarreyen, nach Maaßgabe der Vermehrung an Feuerstellen, durch proportionirte Erleichterung der armen Kirchspiele. In Ansehung des Schleichhandels schien mir ein Unterschied nöthig. Die, welche mit falschem Salz handeln, kann man nicht zu streng bestrafen.

Man

Man muß aber — besonders wenn sie nicht auf frischer That angetroffen werden — mit der äußersten Gelindigkeit gegen diejenigen verfahren, welche nichts thun, als es von den Schleichhändlern kaufen; weil sie es da wohlfeiler finden als das andere. In Ansehung der Taxe der Steuerkommissare und andrer Finanzbeamten giebt es zwo Sorten: eine ging auf alle Finanzbeamte überhaupt; da der König für gut befunden hatte, die gegen sie angefangene Untersuchungen so zu verwandeln. Die andre bezog sich auf alle Steuerbeamte insbesondere, auf die Wiederherstellung ihrer Rechte, Steuertaxationen und Freyheiten, und den alternativen Dienst. Dieß Reglement nun lautete so: die erste dieser Taxen sollte künftig nicht mehr anders als freywillig erhoben werden können. Diejenigen, welche vor dem Gerichtsdiener, der ihnen die Anzeige davon macht, oder auf dessen Weigerung, vor dem Richter, Notar oder Gerichtschreiber des Orts erklären würden: sie wären nicht gemeynt, der königlichen Steuerfreyheit zu genießen, sollten nicht weiter angehalten werden können, ihre Taxe zu entrichten. In diesem Fall aber wären sie peinlich zu belangen, wenn sie einer Veruntreuung überwiesen werden könnten. Bey der zwoten Taxe desgleichen. Die Steuerbeamte, welche lieber den Freyheiten ihres Amts entsagen wollten, sollten mit derselben nicht belegt werden. Sie mußten aber zur Wiedererstattung alles dessen angehalten werden, was sie sich unter diesem Titel zum Präjudiz der Edikte und Verordnungen des Königs und der Stände etwa hatten geben lassen.

Die nach Rouen geschickten Kommissarien fanden es billig, der Provinz Normandie eilftausend Thaler an ihrem Anschlag zu erlassen. Sie ließen deswegen durch die Reichskassiere an mich schreiben, und waren bereit,

bereit, Abgeordnete an den König zu schicken, um Seine Genehmigung zu diesem Nachlaß einzuholen. Ich antwortete ihnen: dieß wäre nicht nöthig; ich wolle Se Majestät dazu disponiren, da Sie ohnehin von selbst schon geneigt wären, ihnen noch ungleich größere Beweise Ihres höchsten Wohlwollens zu geben, wenn es Ihnen die Beschaffenheit Ihrer Angelegenheiten, und die den nimmersatten Höflingen zu machende ansehnliche Geschenke verstattet hätten. Ich versprach ihnen, mich mit ihnen zu vereinigen, um für ihre Provinz noch einen weit beträchtlichern Nachlaß als dieser wäre, zu erhalten, durch welchen den Armen nur sehr wenig geholfen seyn könne. Ich fühlte die Billigkeit meines Versprechens, da ich eine Summe von zweymal hundert sechs und vierzigtausend dreyhundert ein und achtzig Livres noch zu der Steuer dieser Provinz hinzugesetzt sah, welche eigentlich nicht unter diese Rubrik gehörte. Denn von dieser Summe waren — drey und dreyßigtausend für Brücken und Straßen in der ganzen Provinz, sowohl zu Rouen als zu Caen; sieben und dreyßigtausend fünfhundert für die Niederschlagung des Leinewand-Edikts in diesen beyden Generalitäten; zwey und zwanzigtausend fünfhundert für die Unterhaltung der Brücke zu Rouen, auf diese zwo Generalitäten umgelegt; wiewohl noch verschiedene Summen unter diesem Titel auf Paris und die andern Städte erhoben werden. Ferner funfzehntausend für die Brücken von Mantes und Saint Cloud; dreyßigtausend für den Seine- und Loire-Canal, und achttausend dreyhundert ein und achtzig für den Grandprevot der Provinz. Noch einmal; ich finde, daß alle diese verschiedenen Stücke nichts mit der Steuer zu thun haben. Warum unter diese öffentliche Vertheilungen Leute ziehen, die sie nichts angehen? Seit einigen Jahren hatte man die Summen beträchtlich

erhöht,

erhöht, welche, dem Schein nach, zu jenen Zwecken bestimmt sind, die aber in der That im Beutel einer sehr geringen Anzahl von Privatpersonen blieben, ohne daß dem König etwas davon eingeht.

Ich zog den Verwalter von Angouleme wegen der Gelder zur Verantwortung, die er nicht mehr unter Händen zu haben vorgab, weil er sie, wenn auch die Sache wahr gewesen wäre, doch nicht ohne königlichen Befehl hätte aus den Händen lassen sollen. — Was mir entgehen konnte, entging darum Heinrich nicht. Er wurde von einer Pulver-Veruntreuung benachrichtigt, deren Bestrafung Er mir auftrug, da die Sache von großer Wichtigkeit für alle Magazine wäre. Er wußte, daß man in meiner Abwesenheit eine Commission zu erhalten suchte, um die Beytreibung des Einfachen der nicht verrechneten Einnahmen und doppelt in Rechnung gebrachten Posten zu bewirken. Er schrieb sogleich an den Kanzler: man solle dieß nur gut seyn lassen, denn da ich bey meiner Abreise davon gewußt haben müßte, so würde ich ohne Zweifel dafür gesorgt haben, wenn ich für gut gefunden hätte, daß man es in Anregung brächte.

Heinrich machte wie gewöhnlich großen Aufwand. Ich rede nicht von dem, der für Geschenke an Kostbarkeiten, dem Reichthum eines mächtigen Königs gemäß, hingingen. Denn hierin zeigte sich Heinrich ganz und gar nicht verschwendrisch. Ich führe z. B. nur das Geschenk an, das Er der Italienerin, Donna Bretolina, machte. Er wollte: es sollte anständig seyn, und doch nicht über tausend, höchstens zwölfhundert Thaler kommen! Er schrieb mir, ich soll Ihm einen Diamantring kaufen, als Herz oder in jeder andren Figur, nur nicht platt geschliffen, weil er

weniger kosten und doch besser in die Augen fallen
würde. — Allein Seine persönlichen Ausgaben, besonders Sein Spiel, machten jederzeit einen beträchtlichen Artikel. Ich empfieng oft ähnliche Botschaften
von Ihm, wie die vom 11. Dec. Er hatte all Sein
Geld im Spiel verloren, und schickte mir durch Lomenies Neffen ein Billet: Morand sollte Ihm auf
den Abend zweytausend Pistolen bringen. Ich hatte
mit Parfait ganz tolle Zettel für Seine außerordentlichen Hausausgaben abzumachen. Am vierten Oktober bekam ich Befehl von Ihm, an Fräulein du Beuil
fünf und achtzigtausend fünfhundert und vier Livres
auszubezahlen, ohne eine andre Quittung dafür zu
verlangen als das Billet, durch welches Er mir diesen
Befehl ertheilte. Er hatte an Zamet, um einen
Rechnungsüberschuß vom Jahr 1602 an ihn abzutragen, die Auflage von zween Sous sechs Deniers auf
jeden Scheffel Salz überlassen. Da diese Auflage
nicht statt hatte, so mußten an Zamet in diesem Jahr
ausbezahlt werden — sieben und dreyßigtausend vierhundert zwey und neunzig Livres, auf die sich dieser
alte Rest belief. Außer diesem mußte er noch vier und
dreyßigtausend zweyhundert zwanzig bekommen, die er
Sr Majestät unterdessen geliehen oder ausgelgt hatte.
Er machte Varenne ein Geschenk von tausend Thalern.
Villeroy schrieb auf Seinen Befehl an meinen Sohn:
ich sollte eine Schuld von Ihm an Balbani, der auf
der Feste l'Eveque saß, bezahlen, und daran arbeiten,
ihn aus dem Gefängniß zu bringen.

Andre Ausgaben, welche Heinrich mehr Ehre
machten, waren die, welche Er auf die Thore von
St. Berfard und am Temple und auf die Brunnen vor
dem Palast und Croix du Tiroir verwendete. Er
hatte an den Prevot der Handelschaft geschrieben:

Er

Er wolle, daß dieß Werk noch vor Johannis fertig werde. Das Conseil gab nachher, ich weiß nicht warum, einen Schluß, welcher diesen Befehl entkräftete, indem es die zu diesen Brunnen bestimmten Gelder zur Bezahlung des Stadtpflasters nahm, gegen seine eigne Verfügung, da es zuvor bey der gerichtlichen Verpachtung des Pflasters verordnet hatte, daß die zur Unterhaltung nöthige Summe von den Pariser Bürgern nach den Klaftern vom Pflaster, die jeder vor seinem Haus hätte, erhoben werden sollte. Der König verlangte die Ursache von der Verzögerung dieser Werke und dieser Irrung des Conseils zu wissen.

Er hatte verschiedenemal davon gesprochen, daß ich Ihm Generalrechnungen geben sollte, worin einzeln alles angegeben wäre, was in meinen drey hauptsächlichsten Aemtern, als Oberaufseher über die Finanzen, Generalfeldzeugmeister und Oberaufseher über das Bau- und Festungswesen einschlüge. Ich nahm meine Zeit, da Er im Louvre war, um sie Ihm zu bringen, an einem Tage, da ich Ihn am wenigsten beschäfftigt glaubte. Allein so früh ich auch ausgegangen war, traf ich Ihn doch nicht mehr im Louvre. Ich schickte alle meine Papiere ins Zeughaus zurück, behielt nur eine ganz kurze Hauptangabe bey mir, die ich Ihm zeigen wollte, wenn Er zurück wäre, und ging hin, Ihn bey der Frau von Guise zu erwarten, die mir schon lange angelegen hatte, einmal mit ihr zu Mittag zu speisen.

Einer Jagdpartie zu lieb war Heinrich dießmal so früh aufgestanden. Er wollte sich zum Mittagessen junge Rebhüner mit dem Stoßvogel fangen, weil Er sie, wie Er sagte, nie so gut und so zart finde, als wenn Er sie auf diese Art bekäme, besonders wenn Er sie dem Vogel selbst abnehmen könnte. Da die Hitze anfieng empfindlich zu werden, kam Er zurück, ganz zufrieden über Sein Weidmannsglück, und in einer heitern Gemüthsstimmung, welche durch Seine Gesundheit und den glücklichen Stand Seiner Angelegenheiten noch lebhafter gemacht wurde. Er ging, Seine Rebhüner in der Hand, in den großen Saal hinauf, und rief Cocquet, der auf Ihn wartete und am Ende des Saals mit Parfait plauderte. „Coc„quet, Cocquet, du darfst uns nun nicht kärglich auf„tischen, Roquelaure, Termes, Frontenac, Aram„bures und mir; denn wir bringen Sachen zu einem „Schmaus für uns mit. Aber geschwind, laß den „Bratspieß zurecht machen, hebe ihnen ihren Antheil „auf, und mache, daß acht davon auf mich und meine „Frau kommen. Bonneval da wird ihr die ihrigen „in meinem Namen bringen, und sagen: daß ich auf „ihre Gesundheit trinken werde. Für mich aber sollen „welche von denen zurückgethan werden, welche ein „wenig vom Vogel gerissen sind. Denn es sind drey „sehr fette darunter, die ich ihm abgenommen habe, „und die er noch nicht beschädigt hatte."

Da Heinrich die Austheilung machte, kam la Clielle mit seinem großen Stab, und mit ihm Parfait, der eine sehr große vergoldete mit einer Serviette bedeckte Platte trug, und zweymal zu rufen anfieng: „Sire, lassen Sie mich in Gold fassen; denn ich hab ihrer eine ganze Menge und ganz herrliche!" — „Sieh da, Parfait, recht lustig, — sagte der König — „das wird ihm Fingershoch Speck auf die Ribben „setzen; ich sehe wohl, er bringt mir gute Melonen, „und das ist mir schon recht, denn ich will mich heute „einmal recht dick voll essen. Sie bekommen mir „nie übel, wenn sie recht gut sind, ich recht hungrig „bin,

„bin, und sie vor dem Fleisch esse, wie die Aerzte ver-
„ordnen. Ich will aber, daß ihr vier auch euren
„Theil davon bekommen sollt; deswegen geht mir nicht
„nach den Rebhünern, bis ihr eure Melonen habt.
„Ihr sollt sie bekommen, sobald ich den Antheil meiner
„Frau und für mich und für die zurückgelegt habe,
„denen ich davon versprochen hatte."

Beym Hineingehen in Sein Zimmer gab der
König zwo Melonen, die Er bey Seite gethan hatte,
zween Knaben, die an der Thür standen, und sagte
ihnen etwas ins Ohr. Da Er aus Seinem langen
Vogelkabinet Fourcy, Beringhen und la Font, letze-
ren mit einem großen eingewickelten Pack kommen sah,
sagte Er: „la Font, bringst du mir auch noch ein
Ragout zu meinem Mittagsessen?" — „Ja, Sire,
— antwortete Beringhen, — es sind aber lockere
Speisen, die nur die Augen zu sättigen taugen." —
„Nichts für mich, sagte Heinrich; denn ich falle bald
um vor Hunger, und will vor allen Dingen zu Mittag
essen. Aber so sag mir doch, la Font, was das ist,
was du da so wohl verwahrt trägst?" — „Sire,
sagte Fourcy, es sind Muster von verschiedenen Arten
von Stoffen, Teppichen, und Tapeten, deren Verfer-
tigung Ihre besten Fabrikanten unternehmen wollen."
— „Das wird gut zum Nachtisch seyn, antwortete
Heinrich, um sie meiner Frau zu zeigen; und dann
erinnere ich mich auch wohl eines Mannes, mit dem
ich nicht immer in allem gleicher Meynung bin, besonders wenn von Dingen die Rede ist, die er, wie ihr
wißt, Spielereyen und Kindereyen nennt. Ich glaube, Fourcy, Sie errathen wen ich meyne. Es wäre
mir lieb, wenn er da wäre, und meine Frau dazu,
wenn ihr uns diese Stoffe zeigt, welche mich an etwas
erinnern werden, das ich ihnen sagen will, wenn sie

bey einander sind, um ihre Meynung darüber zu hören. — Er sagt mir oft, — fuhren Se Majestät fort, indem Sie immer von mir sprachen, ohne mich zu nennen — er finde nichts schön noch wohlgemacht, wenn es das doppelte von seinem wahren Werth koste, und ich sollte eben so von jeder außerordentlich theuren Waare denken. Ich weiß wohl, worauf und warum er dieß sagt, thue aber gegen ihn als wüßte ichs nicht. Aber darum muß man ihn immer wieder anhören; denn er sagt nicht alles auf Einmal. — Fourcy, lassen Sie ihn geschwind herholen; man schicke ihm lieber einen von meinen Wagen, oder auch den Ihrigen."

Der Kutscher begegnete einem von meinen Bedienten, den ich ins Louvre schickte, um zu hören, was der König mache, und fuhr bey Frau von Guise vor, wo ich bereits abgespeist hatte. Ich überraschte den König sehr, der mich nicht sobald erwartete. „Sie sind sehr geschwind, — sagte Er zu mir, als Er mich in Sein Zimmer treten sah, wo Er noch tafelte — unmöglich kommen Sie vom Zeughaus? (ich sagte Ihm, wo ich gewesen war.) Dieß ganze Haus bevettert und liebt Sie sehr, und das ist mir auch sehr lieb. Denn ich bin überzeugt, so lange sie Ihnen glauben werden — wie sie mir haben sagen lassen, daß sie dazu entschlossen seyen — werden sie nie etwas unternehmen, das meiner Person oder meinem Staat nachtheilig wäre." „Sire, antwortete ich Ihm, Ew. Majestät sagen mir dieß alles mit so guter Art, daß ich wohl sehe, Sie sind guter Laune, und besser zufrieden mit mir, als vor vierzehn Tagen." — „Wie, Sie denken noch hieran? unterbrach Er mich, o das thue ich nicht! Wissen Sie denn nicht, daß unsre kleinen Verdrüßlichkeiten nie über vier und zwanzig Stunden dauren sollen? — Ich weiß, dieß hat Sie

nicht

nicht abgehalten, mir fogleich den Tag nach meinem
Zorn einen guten Handel für meine Finanzen zu unternehmen. Es sind über drey Monate, sagte Er
mir dann mit großer Lustigkeit, daß ich mich nicht so
leicht gefühlt habe, denn ich stieg zu Pferd ohne Hülfe
und ohne Fußschemmel. Ich hatte einen sehr schönen
Jagdtag; meine Vögel sind so gut gestiegen, meine
Windspiele so gut gelaufen, daß jene eine Menge
Rebhüner gestoßen, und diese drey große Rammler
gefangen haben. Man hat mir meinen größten Ha-
bicht wieder gebracht, den ich schon für verloren hielt.
Ich habe sehr guten Appetit; habe vortreffliche Melonen gespeist, und man hat mir ein halb Dutzend der
fettesten und zärtesten Wachteln gebracht, die ich je
gegessen habe. — Aus Provence — fuhr Er fort,
um mir zu zeigen, daß sich alles vereinige, Ihn guter
Dinge zu machen — aus Provence berichtet man
mir, die Händel zu Marseille seyen ganz gedämpft;
und aus verschiedenen andern Provinzen, daß noch
nie ein Jahr so fruchtbar gewesen sey, und daß
mein Volk reich werden werde, wenn ich die Ausfuhr
erlaube. Saint Antoine schreibt mir: der Prinz von
Wallis spreche unaufhörlich mit ihm von mir, und
von dem, was er Ihnen in Ansehung seiner Liebe gegen mich versprochen habe. Aus Italien habe ich
Nachricht, daß die Sachen sich da so anschicken, daß
ich die Ehre und den Ruhm haben werde, die Venetianer mit dem Pabst wieder ausgesöhnt zu haben.
Bongars thut mir aus Deutschland zu wissen, daß
der neue König von Schweden immer besser und besser
mit seinen Unterthanen stehe; und der Landgraf von
Hessen mir täglich neue Freunde, Bundsgenossen und
sichre Diener erwerbe. Buzenval hat an Villeroy
geschrieben: die Spanier und Holländer seyen beyde
gleich und so sehr geschwächt, daß sie bald genöthigt

seyn

seyn würden, einen Frieden oder Waffenstillstand einzugehen, wobey dann ich nothwendig den Vermittler und Garant machen muß. Dieß wird ein Anfang seyn, mich zum Vermittler in allen Streitigkeiten unter den christlichen Fürsten zu machen; — und zum Uebermaß vom Vergnügen — sagte Er endlich mit scherzhafter Mine — sehen Sie mich hier bey Tafel umringt von diesen Leuten da (es waren du Laurens, der jüngere du Perron, Gutron, des Yvetaux, Chaumont und die Väter Cotton und Gouthier) von deren Zuneigung ich ganz versichert bin, und von denen Sie wissen, daß sie mich mit nützlichen und angenehmen Reden unterhalten können, welche verhindern werden, daß — man mir nicht von Geschäfften spreche, bis ich mit dem Mittagsessen fertig bin. Denn alsdann werde ich jedermann anhören und zufrieden stellen, wenn Vernunft und Gerechtigkeit es thun können."

Ich merkte aus einigen andern Reden des Königs, daß die Anwesenden das Gespräch auf Seine Person gelenkt, und Ihn eben so sehr wegen Seiner großen Eigenschaften gelobt, als Ihm wegen Seines Glücks gratulirt hatten. Ich antwortete, daß man schwerlich bessere Richter hätte finden können. „Und doch werde ich — sagte der König wieder — dieß alles nicht so hingehen lassen, ohne etwas davon zu widersprechen." Er gestand, alle ihre Lobeserhebungen hinderten Ihn nicht, wohl zu fühlen, daß Er auch Seine Fehler habe; und was die Komplimente über Seine Glücksfälle beträfe, so würden sie, wären sie seit dem Tode Seines Herrn Vaters stets um Ihn gewesen, gesehen haben, daß gar viel daran abgehe, und daß Seine bösen Augenblicke die guten weit übertroffen hätten. Dabey machte Er die gewöhnliche Bemerkung: Er habe noch nicht so viel von Seinen erklärten Feinden zu leiden gehabt, als von der Undankbarkeit und Treulosigkeit mehrerer von denen, die sich entweder Seine Freunde und Bundsgenossen, oder Seine Unterthanen und Diener genannt hätten.

Der junge Perron, der in diesen Worten seiner Beredsamkeit ein weites Feld geöffnet sah, fieng an diesen Punkt als Theologe, als Prediger und selbst als Mystiker zu behandeln. „Sie haben da — sagte ich zu ihm als er ausgeredet hatte — in einem so hohen Stil gesprochen, daß es schwer halten würde, etwas hinzu zu setzen." Ich behauptete gegen ihn und diese Herrn, nach dem, was Se Majestät gesagt hatten, oder vielmehr, was ich selbst gesehen hatte: daß dieser Herr, alles zusammengenommen, wei: weniger Ruhe im Schoos des Friedens genossen hätte, als mitten im Getümmel der Schlachten. „Rosny, — sagte Er hier zu mir, — wenn Sie mir über dieß alles zwey Worte niederschreiben und geben wollten, so wollt ich es diesen Herrn zeigen, die so ungläubig hierin sind." — Ich antwortete: dieß erfordere viel Zeit, und würde nicht von jedermann gern gesehen werden. Dazu setzte ich noch, so viel mir beyging, einige andere Wahrheiten aus der Religion und Politik, und von dem Unglück, von dem ich Frankreich bedroht sähe, wenn es seinen König verlieren sollte. Wahrheiten, die, glaube ich, den Höflingen noch weniger gefielen, als was ich schon gesagt hatte.

Alle diese Reden, die vom Scherz endlich ganz ins Ernsthafte übergegangen waren, wurden durch die Dazwischenkunft der Königin unterbrochen. Sie kam aus Ihrem Zimmer und wollte in Ihr Kabinet. Ihr ging der König von der Tafel entgegen, und sagte ihr, so weit Er sie kommen sah: Nun, meine Liebe, hab ich Ihnen nicht recht gute Melonen, gute Rebhüner

und

und gute Wachteln geschickt? Hätten Sie auch so guten Appetit gehabt, wie ich, so hätten Sie gut gespeist. Denn Ich habe noch nie so viel gegessen, und bin noch nie so aufgeräumt gewesen wie jetzt. Fragen Sie nur Rosny da; er wird Ihnen die Ursache davon sagen, und Ihnen alle die Neuigkeiten erzählen, die ich erhalten habe, und die Reden, die wir geführt haben." Die Königin, die sich ebenfalls in einer angenehmen Gemüthsstimmung befand, antwortete Ihm: um Ihrerseits doch auch etwas zum Vergnügen Sr Majestät beyzutragen, habe sie ein Ballet und eine Comödie von ihrer Erfindung für Ihn veranstaltet. Das Ballet stelle die Glückseligkeiten des goldnen Zeitalters vor, und die Comödie die verschiedenen Vergnügungen der vier Jahreszeiten. „Ich will übrigens — setzte sie hinzu — nicht just sagen, daß ich keinen Gehülfen dabey gehabt habe. Denn Duret und la Clavelle sind den ganzen Morgen, während Sie auf der Jagd waren, nicht von mir weggekommen." — „Was michs freut, meine Beste, — sagte Heinrich — Sie in dieser Stimmung zu sehen! Ich bitte Sie, lassen Sie uns allezeit so mit einander leben!"

Hierauf war die Rede von Fourcys Tapetenmustern. Man sah sie, der König fragte die Königin um ihre Meynung davon, und sagte, zu mir gewendet: die meinige wüßte Er schon; ich solle Ihnen aber meine Rechnungssummarien zeigen.

Es waren ihrer drey, nehmlich nach den Generalrechnungen eine bloße allgemeine Uebersicht dieses großen Geschäftes. In dem ersten, von der Oberaufsicht über die Gebäude und Festungswerke sah der König, was die Hauptrechnung in sich faßte: 1) ein Verzeichniß aller an Seinen Gränzplätzen vorgenommenen Befesti-

Befestigungen, seit ich die Direktion darüber hatte; 2) von allen königlichen Gebäuden und Wohnhäusern; 3) von allen Möbeln, Tapezierungen, Gold- und Silbergefäßen, Kleinodien und Edelgesteinen, die ich Ihm zusammengehäuft hatte. — Das zweyte zu den Finanzen gehörig, besagte 1) Veränderungen und Verbesserungen, die ich in allen den verschiedenen Theilen der Finanzen Sr. Majestät vorgenommen habe; 2) alle gegenwärtig im königlichen Schatz befindliche Gold- und Silbersorten; 3) Ersparungen, die mir noch zu machen übrig waren, und die Summen, die ich mit deren Hülfe noch zu den erstern hinzu zu thun hoffte. Das dritte endlich, zum Generalfeldzeugmeisteramt gehörige, begriff 1) Stücke von sechs verschiedenen Kalibern, in jedem Zeughaus aufgestellt, und alles, was zu den Kanonen gehört; 2) die Anzahl der Kugeln nebst den Mitteln, zu ordentlicher Haltung und Fortbringung aller Artilleriezüge nebst Zugehör; 3) Vorrath von den drey gewöhnlich verfertigten Arten von Pulver; 4) Vorrath an Waffen, Werkzeugen und anderm Artilleriegeräth; 5) die Anzahl der Kriegsleute, sowohl von Adel als von Freywilligen, die der König auf die Beine bringen kann, nach Generalitäten.

Zur Einsicht in das, was so eben von Spanien und den Staaten der vereinigten Niederlande gesagt worden ist, muß man wissen, was in diesem Jahr in Flandern vorging (32). Da die Spanier, denen die zur Expedition von Sedan bestimmte Armee sehr starke Besorgnisse verursacht hatte, sahen, daß sie dießmal noch mit der bloßen Furcht davon kämen, so ging der Marquis Spinola am 6. May von Genua nach den Niederlanden ab, wo er am 19. ankam. Die Belagerung von Rheinberg, welche die Spanier im September vornahmen, war die einzige etwas beträchtliche

Unter-

Unternehmung in diesem Feldzug. Die Belagerten vertheidigten sich anfangs mit ihrer gewöhnlichen Herzhaftigkeit, und thaten verschiedene Ausfälle, welche zween Spanischen Obersten das Leben kostete; einer hieß Thores, der andere war der Befehlshaber des neuen aus Savoyen gekommenen (33) Bataillons Terse. Man glaubte daher, diese Belagerung würde sehr zweifelhaft werden, und sich sehr in die Länge ziehen. Spinola selbst stand in dieser Meynung, und der König vermuthete, Rheinberg würde wenigstens vor dem 20. Oktober nicht übergehen. Es kapitulirte aber schon in den ersten Tagen dieses Monats. Wenn man dem Eilboten glauben will, den Spinola am Tage nach der Uebergabe mit der Nachricht davon über Paris nach Madrid schickte, so hatten die Belagerten nicht mehr als noch sechs Tonnen Pulver. Allein, um die Sache zu sagen, wie sie ist: die Staaten zeigten sich bey dieser Gelegenheit nicht mehr so, wie man sie in den vorhergehenden Jahren gesehen hatte. Sie hatten endlich das Kriegen recht herzlich satt, und die Besatzung von Rheinberg, von dem Senat sich selbst überlassen, begnügte sich damit, daß sie freyen Abzug mit allen Ehrenzeichen, fliegenden Fahnen, klingendem Spiel, Kanonen ꝛc. erhielt. Sie suchte jedoch die Schuld auf den Prinzen von Oranien zu schieben, den sie beschuldigte, daß er weder ihnen zu Hülfe gekommen sey, noch die Spanische Armee beunruhigt habe. Dieser Vorwurf war nicht ohne Grund. Moritzens Ehre litt unter der Unthätigkeit, in der man ihn während dieser ganzen Belagerung und des ganzen Feldzugs sah.

Uebrigens wird man sich darüber weiter nicht wundern, wenn man weiß, daß die vereinigten Provinzen auf einen Grad von Schwachheit zurückgebracht

bracht waren, die nicht größer seyn konnte. Alle Briefe von Buzenval und (Matthieu Brulard Sieur de) Berny bestätigten es, und die öffentlichen Nachrichten übertrieben hierin nichts. Es ist aber auch nicht weniger wahr, daß Spanien seiner Seits ebenfalls nicht besser im Stand war, sich diese Erschöpfung zu Nutzen zu machen. Die Belagerungen von Ostende und l'Ecluse hatten beyden Theilen eine bis jetzt unheilbare Wunde beygebracht. Auch sprach man öfentlich in ganz Flandern von Frieden, und die, welche sich bis jetzt am meisten abgeneigt dagegen gezeigt hatten, befanden sich jetzt zu ihrem Erstaunen selbst von dieser Meynung hingerissen. Man fieng schon an, den Beystand des Königs von Frankreich nicht mehr so dringend zu suchen, und die Versprechungen nicht so zu achten, wie man zuvor gethan hatte. Ich bin überzeugt, daß das frische Andenken an die vielen Verbindlichkeiten, die man dem König hatte, eine der Hauptursachen von dem Aufschub des Friedens oder Waffenstillstands war, welcher sonst vielleicht noch in diesem Jahr abgeschlossen worden wäre. Auch die Mißhelligkeit zwischen dem Prinzen von Oranien und zwischen Barneveld trug viel dazu bey, indem sie die Meynungen im Rath der Staaten getheilt hielt, da der erste nichts vom Frieden hören wollte, der andre unaufhörlich wider den Krieg deklamirte. Dieß Mißverständniß machte auch, daß man im französischen Staatsrath nicht recht wußte, wozu man sich in Ansehung der Flandrischen Angelegenheiten entschließen sollte, weil man keiner der Faktionen nach ihrem Gefallen dienen konnte, ohne die andre vor den Kopf zu stoßen.

Buzenval kam im December mit verschiedenen Vorschlägen nach Paris. Da dem König darinn nicht alles so recht deutlich war, so schickte Er ihn zu einer

einer Konferenz darüber zu mir ins Zeughaus, wo ich damals das Zimmer hüten mußte. Ich gestehe, daß meine Verlegenheit nicht geringer war, als die Sr Majestät. Ich sah wohl: wollte man in Ansehung des Friedens zwischen Spanien und den vereinigten Niederlanden, wovon alle öffentliche Nachrichten voll waren, einen Schluß fassen, so mußte das jetzt geschehen. Allein, wie sich benehmen? was antworten? gegen Leute ohne Kraft, ohne Einigkeit unter sich selbst, und so rathlos, daß, da sie sich wahrscheinlich nicht über die an Se Majestät Abzuordnenden hatten vereinigen können, unser eigner Agent ihnen hierin bedient seyn mußte. Sollte man diese Provinzen vermögen, sich unter französische Herrschaft zu begeben, und dann ihre Sache zu unsrer eignen machen? Dieß wäre so viel gewesen, als sich muthwillig in einen Krieg mit dem ganzen Oestreichischen Haus stürzen, dessen Ausgang um so zweifelhafter war, je entfernter die Länder, in deren Besitz man sich hätte setzen müssen, von uns liegen, und da wir noch keine der nöthigen Vorkehrungen durch die feindlichen Länder zu brechen, gemacht, auch keine Schiffe, außer denen der Staaten selbst, hatten, um zur See dahin zu kommen. Oder sollte man sich mit einer gewissen Anzahl von Städten, zu Pfand oder als eigen, für unsre Vorschüsse begnügen, wie Buzenval in ihrem Namen anbot? Dieß hat, ohne gleiche Vortheile zu gewähren, doch alle die Unbequemlichkeiten des ersten Vorschlags. Ueberdieß hatte man dann zahlreiche Besatzungen zu unterhalten, weil diese Städte ohne Zweifel Grenzplätze gewesen seyn würden, in denen uns noch dazu die Flamänder beynahe eben so ungern gesehen hätten, als die Spanier selbst, wie England uns davon ein ganz neues Beyspiel gab. So vorsichtig man auch alles, was uns mit Spanien

in

in Krieg verwickeln mußte, eingekleidet hätte, so würde
es uns dennoch unvermeidlich auch einen Bruch mit
England zugezogen haben, sobald wir Mine gemacht
haben würden, in den Niederlanden festen Fuß zu fassen. Um weder von diesen noch jenen etwas zu befürchten zu haben, hätte uns unser Probestück sogleich
auf den ersten Anlauf die Herrschaft des Meers gegen
Spanien und im Nothfall auch gegen England sichern
müssen. In diesem Fall glaube ich gewiß, und hätte
meinen Kopf verwetten wollen: da wir dann nur nach
der Seite der Maas Angriff und Vertheidigung nöthig gehabt hätten, waren die Niederlande für Spanien verloren. Allein welche Kosten, welche Arbeit
bis dahin! Ich bin auch überzeugt, daß wir, ohne
unsre Nachbarn mißtrauisch zu machen, und ohne uns
von Seiten Spaniens etwas anders als Klagen und
Murren zuzuziehen, noch fortfahren konnten, die
Staaten öffentlich zu begünstigen, wie bisher. Allein
außer dem, daß der Aufwand, den wir für sie machten,
nothwendig in eben dem Verhältniß zunehmen mußte,
in welchem ihre eigne Kraft und Macht abanhm,
wäre der ganze Vortheil, den wir davon hoffen konnten, bloß eine Verzögerung des Friedens um einige
Jahre gewesen. Bey der jetzigen Lage der Sachen war
keine andre Wahl, als entweder Ausgleichung zwischen
Spanien und den vereinigten Niederlanden, oder
Krieg zwischen Spanien und uns. In Ansehung dieser Ausgleichung gab es wieder zween Wege für uns.
Sie geschah entweder ohne uns, oder unter dem
Schein unsrer Vermittlung. Dieß letzte war das
vernünftigste. Aber der König war, zu der Zeit,
von welcher ich hier rede, noch sehr abgeneigt, diesen
politischen Streich gut zu finden; und gewissermaßen
war er auch unter allen Entschlüssen derjenige, der den
meisten Schwierigkeiten ausgesetzt war.

Dieß waren so ungefähr die Betrachtungen, die ich dem König vorstellte, als Er meine Meynung über den Gegenstand zu wissen verlangte, wegen dessen Buzenval abgeschickt worden war. Ich setzte sie schriftlich auf, weil ich nicht selbst zu Sr Majestät kommen konnte. Es war nicht ganz meine Schuld, wenn sie nicht sehr bestimmt ausfielen. Auf beyden Seiten überließ man es der Zeit, alles zur Reife zu bringen. Vor der Hand blieb alles noch in dieser ungewissen Lage bis weit hinein in das folgende Jahr.

Die Staaten machten durch Aersens dem König und der Königin einige kleine Geschenke, für die ihnen Se Majestät danken und Aersens Gemahlin für funfzehnhundert Thaler Schmuck durch die Königin schenken ließ. Aersens überreichte dem König im Namen seiner Herrn den Bericht von der Reise, welche die Holländer kürzlich in Ostindien gemacht hatten.

Von Deutschland habe ich nichts zu sagen, als was man oben gesehen hat, und daß der Herzog von Wirtemberg die Wirkungen von der Protektion des Königs empfand. Montglat war der Vertraute Sr Majestät in diesem Land. Denn was Bongars betrifft, — der auch daselbst war, und mir von Metz aus einen Brief geschrieben hatte, welchen der König las, weil er offen war, — so wollte Se Majestät nicht einmal zugeben, daß er in dieser Stadt, noch an irgend einem andern Ort, wo er seine Lehre predigen könnte, bleiben sollte.

Ganz England war in Bewegung über die neuentdeckte von den Jesuiten Heinrich Garnet und Oldecorne mit mehrern andern Engländern gegen die Person des Königs angesponnene Verschwörung. Die Verschwornen hatten beschlossen, ihn nebst den vornehmsten

nehmsten Herrn des Königreichs in die Luft zu sprengen, wenn sie alle in einem gewissen Zimmer beysammen wären, unter welchem man Pulvertonnen mit Kommunikationsröhren zum Lauffeuer angelegt hatte.

Vier und zwanzigstes Buch.
1607.

Die innern Angelegenheiten des Reichs waren dieß Jahr hindurch in einem so ruhigen Zustand, daß sich beynahe keine einzige merkwürdige Begebenheit ausheben läßt. Dafür halten sie uns aber, trotz ihrer Einförmigkeit, durch ein ungleich rührenderes Schauspiel schadlos, als jene auffallendere Glückswechsel nie darzubieten vermögen. Diese werden in der Beschreibung nur durch eben die Züge von Unmenschlichkeit und Sittenverderbniß unterhaltend, welche in uns eigentlich bloß Ekel und Abscheu erwecken sollten. Dieß bessere Schauspiel ist der Ueberfluß und die Ruhe, welche über ganz Frankreich ausgegossen waren. Noch nie hatte man so viele Vergnügungen und Belustigungen gesehen, als es diesem Winter am Hof und in der Stadt gab; auch das Land empfand alle Wirkungen einer glücklichen Regierung.

So wie die Quelle dieser glücklichen Verfassung aus dem wohlwollenden Herzen Heinrichs ausfloß, so strömte ihr wohlthätiger Strom auch wieder auf Ihn selbst zurück, und ließ Ihn den Genuß Seiner eigenen Wohlthaten theilen. Von jeder Unruhe lärmender

mender Geschäffte frey, bis die Zeit erscheinen würde,
die Er sich gesetzt hatte, um dem Ruhm Seines Reichs
die Krone aufzusetzen, hatte Er beynahe nichts zu
thun, als sich dem süßen Genuß eines Privatlebens
zu überlassen, mitten unter Seinen Dienern und in
Seinen königlichen Lusthäusern, deren Er eines nach
dem andern besuchte. Er war am Neujahrstag zu
Saint Germain, wohin ich dießmal nicht kommen
konnte, um Ihren Majestäten die gewöhnliche Aufwartung
zu machen, weil mir meine Mundwunde,
die durch ein Geschwür wieder aufgebrochen war,
Hausarrest auflegte. Se Majestät hatten die Gnade,
an mich zu schreiben, um mir schriftlich den Antheil
zu bezeugen, den Sie daran nahmen, und schickten
— um mit mir über Regierungsangelegenheiten zu
konferiren: wozu man den Plan mit dem Anfang dieses
Jahrs entwerfen wollte? — diejenigen zween von
Ihren Ministern zu mir, denen Sie die Hauptrollen
dabey gaben, Villeroy und den Siegelbewahrer.
Dieser, dem ich diese Benennung schon einmal gegeben
habe, ist Sillery, welchen der König dem Kanzler
adjungirt hatte, bis er, nach dem Tod Bellievres,
den man nicht mehr ferne sah, das Amt allein bekäme.
Der Geist dieses Mannes, bis dahin so gesund, hatte
seit einiger Zeit merkliche Veränderung erlitten, so daß
man ihm bey seinen Lebzeiten noch einen Nachfolger
geben mußte. Die Art, womit er dieß aufnahm, war ein
neuer Beweis, wie nöthig es gewesen sey (1). Wiewohl
Sillery sich dabey mit aller möglichen Gefälligkeit benahm,
vermehrte sich doch seine Schwachheit darüber.
Er wurde ganz kindisch und bezahlte endlich auch noch
den letzten Tribut der Menschheit, nachdem er beynahe
alle andern bezahlt hatte.

Der König kam am zweyten Jänner nach Paris,
in der Absicht mit der Königin nach Vigny zu gehen,

von

von welcher Reise ich Ihn jedoch noch abbrachte. Er begnügte sich darauf mit einer Reise nach Fontainebleau, von wo Er am Ende des Februars zurück kam, und nach Chantilly ging. Seine gewöhnliche Lustreise im März. Er war recht sehr gern daselbst um diese Jahrszeit. „Es ist sehr schön hier — schrieb Er mir von dort aus, am 8. März — ich bringe meine „Zeit da recht gut hin; alle Tage reute ich aus, und „genieße dabey viel Vergnügen." — Nirgends hielt Er sich lange auf, außer da Er, nach Sr Zurückkunft, von Paris am 20. nach Fontainebleau gegangen war, wo Er den ganzen Frühling zubrachte. Er hatte sehr schönes Wetter bis Fleury, worüber Er den Weg nahm, um Seine Kinder zu besuchen, welche noch auf diesem Schloß waren; von da an aber bis Fontainebleau hatte Er beständig Regen. In dem Brief, worin Er mir dieß alles erzählt, schreibt Er mir auch: der Dauphin sey Ihm eine Meile weit entgegen gekommen, und Er habe ihn sehr artig gefunden, so wie auch Seine andern Kinder. Die Königin, welche damals schwanger war, befinde sich wohl, und werde mit nächstem nach Fontainebleau abgehen. „Schreiben Sie mir aber auch Stadtneuigkeiten — schrieb Er mir am ersten April — „Ich befinde mich hier ganz wohl, so wie auch meine Gemahlin, mein Sohn, und meine andern Kinder, welche die artigsten von der Welt sind, und mir viel Freude machen (2)."

Die Königin wurde daselbst am 16. April um 11 Uhr Abends von ihrem zweyten Prinzen entbunden, den man nachher den Herzog von Orleans nannte (3). Der König that mir es sogleich durch ein Billet zu wissen, welches mir Montmartin von Ihm brachte; und beynahe in demselben Augenblick erhielt ich ein zweytes Schreiben von Seiner Hand, daß ich die Kanonen lösen lassen solle. Diese Geburt verdoppelte die Freude in der königlichen Familie. Der König, der sich Rechnung gemacht hatte, zu Anfang des May nach Paris zurück zu kommen, dachte nun nicht mehr daran, sich von Fontainebleau zu entfernen, von wo Er bloß eine Reise machte, um die Frau von Moret zu besuchen.

Die Jagd behauptete daselbst immer noch, wie gewöhnlich eine der ersten Stellen unter Seinen Vergnügungen. Da, wie eine Menge von Beyspielen zeigt, diese Uebung einen so unwiderstehlichen Reiz für unzählbare Menschen hat, so wage ich nicht, entscheidend zu behaupten: sie könne nur sehr mittelmäßiges Vergnügen gewähren, weil sie mir ganz und gar keins gewähre. Die Beschreibung, die mir Praslin aus Fontainebleau von den Jagdpartien Sr Majestät machte, war sicherlich nicht darnach, um mir Lust dazu zu machen. Er schrieb mir zum Beyspiel: heute haben Se Majestät früh eine Falkenjagd gehalten, dann eine Wolfsjagd angestellt, und endlich Abends den Tag mit einem Hirschjagen beschlossen, welches bis in die Nacht gedauert hat, unerachtet es drey bis vier Stunden lang geregnet hatte. Man war damals sechs starke Meilen vom Nachtlager; so weit mußte man also wieder zurück, bis auf die Haut durchnäßt, den König ausgenommen, der den ganzen Anzug wechselte, ehe es wieder nach Fontainebleau ging, wo Er, freylich ein wenig abgemattet, übrigens aber lustig und zufrieden anlangte, weil Er diesen Tag alles bekommen hatte, was Ihm aufgestoßen war. — Dies nennen nun die Großen Herrn sich amüsiren! Doch man soll über Geschmack und Vergnügen nicht streiten. Nichts desto weniger war Heinrich am andern Morgen ganz früh schon wieder geschäfftig, Seine Arbeitsleute zu besuchen, und von einer Werkstatt in die andre umher

zu

zu gehen. „Zwar — setzt Praslin hinzu, — spürte Er bey Seiner Rückkunft aus dem Park ein kleines Fieber, es war aber von keiner Bedeutung." — Wenn Er selbst mir hievon etwas schrieb, so war Er ganz Jäger, der flüchtig über alle Beschwerden weghuschte, um bloß bey dem zu verweilen, was Er Sein Weidmannsglück nennt. So schrieb Er mir z. B. am 20. May: Er habe gestern mit der größten Lust von der Welt gejagt, ohne viel von der Hitze ausgestanden zu haben; Seinen Hirsch habe Er bey guter Zeit gefällt, sey um zehn Uhr in Ponthierry zum Mittagsbrod eingeritten, und um halbdrey Uhr nach Fontainebleau zurückgekommen, wo Ihm die Königin entgegengekommen sey. — Ein andermal: „So eben hab ich einen Hirsch bekommen, er hat mir sehr warm und sehr viel Lust gemacht." — Was man gern thut, wird einem nicht sauer!

Ueber diesem allem verlor Er jedoch Seine Geschäffte nicht aus den Augen; allein da sie Ihm damals nicht viel zu thun machten, brauchte Er nur mir von Zeit zu Zeit zu schreiben, oder mich zu sich nach Fontainebleau kommen zu lassen, wenn Er mir etwas von Wichtigkeit mitzutheilen hatte. So ließ Er mich am Ostermittwoch dahin rufen, nebst dem Präsidenten Jeannin, und bestellte Sein Conseil auf den Montag nach Quasimodogeniti dahin. Nie vergaß Er die mindeste außerordentliche Bemühung durch neue Freygebigkeiten zu vergelten. „Ich warte nicht erst — schrieb Er mir — bis die, welche mir gut dienen, mich bitten. Sie sind mir so gut in meinen Angelegenheiten behülflich, daß es billig ist, daß ich Ihnen dagegen auch bey den Ihrigen wieder unter die Arme greife. Ich weise Ihnen daher zwanzigtausend Thaler auf meine Extrakasse an. Lassen Sie die nöthigen

Aus-

Ausfertigungen hierüber machen." — „Ich habe erfahren, — schrieb Er mir ein andermal — daß Sie zu la Chapelle bauen, und einen Park anlegen lassen. Als Freund der Baulustigen und als Ihr guter Herr gebe ich Ihnen einen Beytrag von sechstausend Thalern dazu, damit Sie sich etwas hübsches machen lassen können." —

Heinrich schrieb mir noch eine andre Art von Briefen, die ich um so viel über die vorhergehende setze, als dem Herzen eines getreuen ergebenen Dieners das Zutrauen eines so großen Königes werther seyn muß, als Seine Geschenke. Ich verstehe hier diejenige, in denen Er mir Seine Herzensgedanken über das aufschließt, was uns beyden am theuersten war. „Es ist — sagt Er in einem Seiner Briefe — diesen Morgen etwas in meinem Busen vorgegangen, weswegen ich gern mit Ihnen, als meinem vertrautesten Diener, sprechen möchte." — So war es mit allem, was Ihn irgend beunruhigen konnte. — Mein Sohn verwundete sich, als er einst ein Pferd tummelte. Heinrich schickte sogleich einen eigenen Eilboten ab, um sich nach seinem Befinden zu erkundigen; und ließ mir sagen: als Vater und als Herr nehme Er doppelten Antheil daran. Im November war mein Sohn noch gefährlicher krank, und der König begnügte sich nicht damit, daß Er Seinen ersten Leibarzt, du Laurens, hinschickte, und ihm den Kranken selbst empfahl, sondern Er schrieb mir noch dabey: Er liebe mich nicht so wenig, daß Er nicht, wenn Er denken könnte, Seine Gegenwart möchte dabey nöthig seyn, selbst kommen würde, um mir diesen Beweis Seiner Affektion zu geben. Mit der verbindlichsten Art gab Er Seine Bewilligung dazu, daß ich die Reise, die ich nach Fontainebleau zu machen hatte, nicht nur um

zween

zween Tage, sondern so lang aufschöbe, als ich meine
Gegenwart bey meinen Sohn nützlich glauben würde.

In dem unglücklichen Vorfall zu Amiens, wo
Rambures meinen Neffen Epinoy tödtete, schickte der
König, auf die Nachricht von dem Schmerz und den
Thränen, welche dieß Unglück dem Bruder des Ent-
leibten auspreßte (4), selbst hin, ihn besuchen zu lassen,
und ließ ihn dreymal in Seinem Namen trösten. Man
hatte die ganze Familie gegen Saint Paul (5) aufzubringen gesucht, den man beschuldigte, daß er an diesem Meuchelmord Antheil gehabt habe. Saint Paul,
voll gerechten Unwillens über diese Gerüchte, ging
sogleich mit der ganzen Zuversicht, welche die Unschuld
einflößt, vor den König; er that dar, daß er diese
ganze Zeit über nicht aus Calais gekommen sey. Er
sprach von dem unglücklichen Opfer dieses Unfalls mit
so aufrichtigem Lob und Bedauren, daß ich darüber
selbst bedauerte, daß er sich nicht in Amiens befunden
hatte, wo er dieß Unglück sicher verhütet haben würde,
wie er sich selbst versichert hielt. Er versicherte zugleich,
daß er das Blut des Verstorbenen gern mit einem Theil
seines eignen erkauft hätte, und beschwerte sich dann,
daß man zu allen diesen beleidigenden Gerüchten auch
noch das gesetzt habe: Se Majestät hätten beschlossen,
ihn vorladen zu lassen, und mir versprochen, mit aller
Strenge gegen ihn zu verfahren; ich würde ihn nicht
grüßen, und sogar würde es ihm verboten werden,
nach Paris zu kommen, so lange ich daselbst wäre. —
Er blieb drey ganzer Tage zu Paris, um allen diesen
Verdacht der Niederträchtigkeit, die man ihm Schuld
gab, zu zerstreuen. Ich fand sein Benehmen durchaus einem wohlgesetzten Mann anständig, und glaube, daß auch Er mit der Art zufrieden war, wie ich
ihn behandelte. Heinrich selbst gab sich nicht weniger

Mühe

Mühe hierbey, als wenn die Sache Ihn persönlich angegangen hätte. Er rechtfertige Saint Pauls ganzes Betragen bey mir, und schrieb mir: ich sollte mich wohl hüten, den Gerüchten aus dem Viertel der Bastille Glauben beyzumessen, wo meine Feinde keine andre Absicht hätten, als noch ein zweytes Unglück zum ersten zu veranlassen. Er ermahnte mich sogar, mich des Zutrauens, das Saint Paul in mich zu setzen scheine, zu bedienen, um mit ihm zu verhüten, daß die Sache nicht von Folgen wäre.

Ich mußte noch das Zimmer hüten, als der König eines Tags dahin kam, mit mir — ich weiß nicht mehr von welchem — Liebeshandel zu sprechen, der mir aus dem Gedächtniß entfallen ist. Ich erinnere mich nur noch, daß ich mich sehr über Frau von Angouleme (6) und über noch eine Person entrüstete, welche die Hauptrollen dabey spielten, und daß ich mich unterstand, Heinrich mit vieler Festigkeit vorzustellen: Seinem Alter und Seinem Rang so wenig angemessene Anschläge seyen eben so viele Flecken in Seinem Ruhm, und könnten wohl noch etwas Schlimmeres nach sich ziehen. Meine sonst bisweilen glückliche Freyheit zog mir dießmal nichts als einen lebhaften Zorn und empfindliche Vorwürfe von Ihm zu. Er war beym Herausgehen aus meinem Zimmer noch so sehr in Hitze, daß man Ihn ganz laut sagen hörte: „Der Mensch ist mir doch auch ganz unausstehlich; er thut immer nichts als mir widersprechen, und alles tadeln, was ich will; aber bey Gott, er soll mir noch gehorchen lernen, und mir unter vierzehn Tagen nicht wieder vor die Augen kommen!" — Meine Ungnade schien allen Anwesenden eine ausgemachte Sache; meine Leute betrübten sich darüber, und manche andre freuten sich wohl innerlich.

Schon

Schon früh um sieben Uhr des andern Tags, sah man Se Majestät, mit fünf bis sechs Personen bey sich im Wagen, im Arsenal vorfahren. Er ging in meine Wohnung hinauf ohne zuzugeben, daß man mich davon benachrichtigte, und pochte selbst an meinem Kabinet an. Ich war nicht wenig überrascht, als man mir auf mein Wer da? antwortete: Der König, und ich an Seiner Stimme erkannte, daß Er es selbst sey. „Ey wie? was machen Sie denn da?" sagte Er zu mir, indem Er mit Roquelaure, de Vic, Zamet, la Varenne und dem Ingenieur Erard hereintrat; denn Er hatte mit mir von den Befestigungen von Calais zu reden. Ich antwortete Ihm: ich schreibe Briefe, und mache für meine Sekretäre Arbeiten zurecht. Mein Tisch war wirklich ganz bedeckt mit Briefen, und Verzeichnissen von Materien, die ich diesen Tag im Conseil vorzunehmen hatte. „Und seit wann sitzen Sie so hier?" fragten mich Se Majestät weiter. „Seit früh um drey Uhr," war meine Antwort. „Nun Roquelaure, — sagte Er zu ihm, indem Er sich nach ihm wendete — um wie viel wollten Sie wohl ein solches Leben führen?" — „Pardieu, Sire, nicht um all Ihre Schätze!" antwortete Roquelaure. Heinrich sagte weiter nichts darauf. Er ließ alle hinausgehen, und fieng dann an mit mir von Dingen zu reden, in denen ich unmöglich Seiner Meynung seyn konnte. Er merkte dieß bald, da Er sah, da ich Ihm kalt antwortete: ich hätte Ihm keinen Rath zu geben; da Ihro Majestät Ihren Entschluß nach reiflicher Erwägung ohne Zweifel schon gefaßt hätten, so bliebe mir nichts übrig, als Höchstdenenselben zu gehorchen, da ohnehin Allerhöchstdieselben es mißfällig bemerkten, wenn man andrer Meynung zu seyn wagte, als Ihro Majestät.... „Hoho! Sie machen den Zurückhaltenden, wie ich sehe, — sagte Heinrich lächelnd

zu

zu mir, und gab mir einen sanften Schlag auf die Wange — „und sind noch zornig von gestern; ich „bins nicht mehr. Da! nur her! umarmen Sie „mich, und bleiben Sie immer bey Ihrer gewöhn-„lichen Freymüthigkeit; denn ich kenne Sie wohl. „Wenn Sie anders handelten, so wäre dieß ein Zei-„chen, daß Sie sich nicht mehr um meine Angelegen-„heiten bekümmerten. — Ich ärgere mich zwar bis-„weilen — setzte Er mit jener Ihm so natürlichen Offenherzigkeit hinzu, — aber leiden Sie das nur; „denn ich liebe Sie darum nicht minder; im Gegen-„theil, von Stund an, daß Sie mir nicht mehr in „Dingen widersprechen werden, von denen ich wohl „weiß, daß sie nicht nach Ihrem Geschmack sind, wer-„de ich glauben müssen, daß Sie mich nicht mehr „lieben." —

Wieder einer von den Zügen, aus denen man Heinrich ganz kennen lernen kann; und wirklich, dieß heißt ihn von seiner vortheilhaften Seite zeigen. Es ist nichts seltnes, Minister und Vertraute Großer Herrn in Ungnade fallen zu sehn; eben so wenig selten ist es, daß sie diese Behandlung durch sträfliche Hand: lungen verdienen. Sind es, wo dieser Fall eintritt, wirklich allemal die Fehler, was die Fürsten bestrafen? Nie beynahe! Sie thun aus Kaprise, Leichtsinn, Hochmuth, übler Laune das, was nur von ihnen ab: hangen würde, aus bloßen Beweggründen der Ge: rechtigkeit zu thun. Es ist, scheint es, das Schicksal der Vernunft, nicht gehört zu werden, sie mag nun die Leidenschaften bekämpfen, oder mag eben das rathen, was diese fordern.

Der König sprach hierauf von Dingen mit mir, die ich nicht wieder sagen darf, umarmte mich, und sagte mir Adieu. Im Hinausgehen sagte Er zu de
Vie:

Vic: „Ich habe für die Sache von Calais gesorgt;" und dann ganz laut: „es giebt Narren, welche glau„ben, wenn ich auf Herrn von Sully zornig werde, „so sey das in vollem Ernst und auf lange Zeit; aber „falsch! denn wenn ich dann zu der Ueberlegung kom„me, daß er mir nichts vorstellt oder widerspricht, als „meiner Ehre, meiner Größe, und meines Besten, nie „seines eigenen Nutzens wegen, so liebe ich ihn darum „nur desto mehr, und bin voll Ungeduld es ihm zu „sagen." — Jeder Fürst, der seinen Vortheil versteht, wird nicht unterlassen, von Zeit zu Zeit öffentliche auffallende Beweise von seiner Achtung gegen Minister zu geben, die er gewählt hat. Vorausgesetzt, daß diese Wahl gut ist, wird sie ihm (ein Hauptpunkt) auch die Achtung des Publikums versichern.

Von den Angelegenheiten — um wieder darauf zurück zu kommen, wegen welcher Villeroy und Sillery auf Befehl des Herrn mit mir zu konferiren gekommen waren, betraf eine der vorzüglichsten die Protestanten. Da ihnen der König im vorigen Jahr versprochen hatte, daß sie in dem jetzigen eine Synode sollten halten dürfen, so schrieben sie dieselbe jetzt nach la Rochelle aus, und ließen in Provinzialversammlungen die Abgeordnete ernennen, die darauf erscheinen sollten. Von eben diesen nun ließen einige den König wissen: in ihren Aufträgen fände sich auch wieder der berüchtigte Artikel von der Synode zu Gap, den Pabst betreffend. — Von welchem bösen Geist auch ein Theil derer angetrieben war, welche diese Versammlung dirigirten, so glaubten sie doch den König durch drey Deputirte, die sie Ihm schickten, vorläufig, sowohl von diesem Artikel, als von einigen andern benachrichtigen zu müssen, von denen sie Grund hatten, zu glauben, daß sie nicht nach Seinem Geschmack wären.

wären. Denn sie hatten vor, die auf der Versammlung von Chatelleraut so sehr in Anregung gewesene Frage wieder aufs Tapet zu bringen, welche die Ernennung, Anzahl, und Dienstzeit der Generaldeputirten des reformirten Religionstheils beym König betraf. Die Veranlassung dazu gab der Umstand, daß die Dienstzeit der beyden gegenwärtig im Amt stehenden zu Ende lief.

Der König wies, von Fontainebleau aus, diese besonderen Deputirten an mich, und machte es, wie Er es gewöhnlich bey solchen Gelegenheiten zu halten pflegte. Er ließ Seinen Willen der Versammlung durch mich so bekannt machen, als wenn ich es nur für mich selbst und aus besonderer Liebe zu meinen Glaubensgenossen thäte. Uebrigens behielt Er sich vor, ein Wort als Herr darein zu sprechen, wenn dieß Mittel nicht anschlagen sollte. Mein Bruder kam am 27. April zu mir, um darüber mit mir im Namen des Königs zu konferiren, und da ich immer noch wartete, daß der König selbst nächstens nach Paris kommen sollte, so hielt ich die Abgeordneten zween oder drey Tage hin, ohne ihnen eine Antwort zu geben, die ich gern erst mit Sr Majestät verabredet hätte. Er schrieb mir am 5. May von Fontainebleau aus, nachdem Er sich in Ansehung der Reise anders entschlossen hatte, und schien ungeduldig, zu vernehmen, was ich mit den Abgeordneten vorgenommen habe. „Ich weiß nicht, — schrieb Er — was sie „Ihnen über das gesagt haben mögen, was ich Ihnen „durch Ihren Bruder sagen ließ. Herr de la Noue, „den ich gestern in Beyseyn des Herrn von Villeroy „gesprochen habe, hat mir den größten Theil davon „eingestanden, und gesagt: er habe in seinem Leben „noch nicht so viele Narren in einer Gesellschaft bey„samen gesehen, wobey er mir unter andern auch

Rivet

„Rivet nannte. Es ist außer Zweifel, daß die Ab-
„geordneten ehe sie zu Ihnen kamen, mit Herrn du
„Plessis konferirt haben, der sie wohl unterrichtet haben
„mag, was sie sagen sollen."

Ich schrieb den Brief, den der König von mir
verlangt hatte an die Versammlung. Ich ermahnte
sie, sich nichts herauszunehmen und in Ansehung des
Artikels von den Generaldeputirten, in Policey- und
Regierungssachen nichts an dem zu ändern, was
hierüber in einer ihrer feyerlichsten Versammlungen
festgesetzt worden sei. Ich machte ihnen begreiflich,
daß die Dauer der Generaldeputation nicht kürzer als
dreyjährig seyn könne, indem sich die Deputirten nicht
in kürzerer Zeit mit den Geschäfften, und am Hof bekannt machen könnten; auch müsse man nicht bloß
zween Deputirte ernennen, da diese Wahl in Gene-
ralversammlungen geschehen und vor diesen jedesmal
Partikularversammlungen vorhergehen müßten; eine
Förmlichkeit, die beträchtlich Zeit wegnehme. Wenn
nun einem der Deputirten ein Unfall zustieße, so setze
sich der ganze Religionstheil der Gefahr aus, einen
Agenten zu wenig beym König zu haben. Würde
man hingegen dem König jederzeit sechs vorschlagen,
so könnte eine solche Erledigung jedesmal sogleich wieder ausgefüllt werden, indem Se Majestät nur einen
andern aus den sechs Vorgeschlagenen ernennen dürften. In Ansehung des Pabsts gab ich ihnen zu verstehen: wenn sie unkluger Weise und ohne alle Achtung für einen Pabst, der wegen seines sanften, fried-
fertigen Charakters diese Behandlung nicht verdiente,
eine solche ohnehin schon für unnütz erklärte Frage wieder in Anregung brächten, so wagten sie durch ihre
eigene Schuld und für ein Nichts, diesen ruhigen,
glücklichen Zustand zu verlieren, der so lange das Ziel

ihrer

ihrer Wünsche gewesen sey. Ich erinnerte sie deswegen an ihre eigene Gesinnungen, und selbst an ihre Geständnisse, und schloß damit, daß ich ihnen sehr nachdrücklich vorstellte: jeder Ungehorsam gegen ihren Herrn setze sie Verdrüßlichkeiten aus; allein ein ungerechter, unvernünftiger Ungehorsam aber wäre im Stand, sie ganz zu verderben.

Eben so ließ ich ihnen auch noch durch einige andre Personen schreiben, von denen ich wußte, daß sie noch am meisten Glauben unter der Partei fänden. Ich ließ sie bitten, wohl auf die Gründe zu merken, welche Montmartin noch beyfügen würde, den ich zum Ueberbringer dieses Briefs machte, und den Se Majestät für fähig hielt, bey dieser Gelegenheit den Dollmetscher Ihres Willens abzugeben. Ich benutzte noch einen andern Grund, von dem sich der König Wirkung versprach, indem ich den Rochellern, welche kürzlich um zweytausend Livres für ihr Kollegium angehalten hatten, zu verstehen gab, Se Majestät würden gern diese Gnade auf ihre Bemühung setzen, wenn sie sich verwenden würden, ihre Glaubensgenossen zur Folgeleistung gegen die königlichen Befehle zu bewegen. — Ein Brief vom König benachrichtigte mich nach einigen Tagen, daß Montmartin und die Abgeordneten mit den Befehlen Sr. Majestät wirklich ziemlich gut bey der Versammlung aufgenommen worden seyen. Man habe aber bey weitem nicht die schuldige Achtung gegen die Reden des erstern, gegen meine Briefe und die beygefügte gezeigt, deren Verfasser man spottweise die vier Seher in der Gemeine genannt habe. Was Montmartin dem König von Zeit zu Zeit von den Gesinnungen bey der Versammlung schrieb, war nicht befriedigender. „Wenn das so fortgeht, — schrieb Er mir — so werden sie die Könige

Könige und wir die Assembléen seyn." — Indessen behielt doch endlich die königliche Partei die Oberhand. Montmartin verwendete sich dabey mit einem Eifer, welchen der König mit einer Pension belohnte. Wiewohl man nicht sagen konnte, daß er ganz durchgedrungen habe, so glaubte er doch, in Rücksicht auf die Hindernisse, die er übersteigen hatte, alles gethan zu haben, was möglich war; da er dem König bezeugen konnte, daß Sein Wille daselbst befolgt worden sey. „Montmartin hat sehr gut gearbeitet" — schreb mit Heinrich in der Folge, — „wiewohl fruchtlos, was er „nicht glaube; er hat Schurken mitgebracht, der Körper „ist zurück geblieben, da der Artikel von Gap nur zwo „einzige Stimmen erhielt." —

Die Kirche von Pons zeichnete sich durch einen sehr kühnen Streich aus, indem sie, zufolge einer lächerlichen Anwendung, die sie von der Art, die Religionsangelegenheiten durch Generaldeputirte zu betreiben, auf sich machte, sich erdreistete, dem Könlg drey Subjekte, Verac, Longthamp und Bertauville zu ernennen, um ihnen in der Eigenschaft von Parktikulardeputirten die Befehlshaberschaft in dieser Stadt zu übertragen. Heinrich antwortete bloß durch Verweisung auf die Edikte, war aber nicht weniger über diese Verwegenheit aufgebracht, als über die Konferenzen, welche Lesdiguieres und Murat, wie man Ihm berichtete, zusammen hielten, und über den Mangel an Respekt, den sich der Prediger Chamier gegen den Herrn Connetable bey seiner Durchreise durch Montellimart zu Schulden kommen ließ. Ich leitete die Sache dahin ein, daß Chamier diesem Herrn aufwartete, und sich wegen der Beleidigungen entschuldigte, über welche er sich beschwerte.

Die Rocheller gaben am Ende dieses Jahrs dem König noch eine andere Ursache zur Unzufriedenheit, indem sie an den König von England, ohne Sr Majestät und mein Vorwissen, schrieben, um ihn um die Loslassung eines Schottischen Predigers, Maluin, zu bitten, der in den Tower zu London gesetzt worden war, weil er Reden geführt und Schriften ausgegeben hatte, welche für Se Britannische Majestät und Ihr Conseil beleidigend waren. Die Rocheller konnten nichts gegen eine Thatsache aufbringen, welche der Prediger Primero, eben der Ueberbringer dieser Depesche, dem König bezeugte, der ihm in Rücksicht auf dieses Geständniß erlaubte, ans Predigtamt nach Bourdeaux zurück zu kehren. Was sie noch strafwürdiger machte, ist: daß sie den Gefangenen in ihre Stadt aufnehmen, und selbst als Prediger anstellen wollten. In diesem ganzen Verfahren lag eine mit nichts zu entschuldigende Affektation von Unabhängigkeit. Der König von England hatte sich nicht lange bitten lassen, um einer Stadt, die er liebte, eine so unbedeutende Gnade zu erzeigen, als die Loslassung eines Fremden war, da er dadurch sein Reich von demselben reinigte. Ich wollte sogar nicht dafür bürgen, daß der Brittische Staatsrath nicht eine heimliche Freude darüber empfand, dem König von Frankreich ein solches Geschenk machen zu können. Dieser hatte aber, außer dem Interesse seines verletzten Ansehens, dieselben Gründe, Maluin nicht in Seinen Staaten aufzunehmen, welche König Jakob hatte, ihn aus den seinigen zu jagen. Heinrich schickte mir Bullion, und schrieb mir in dieser Sache verschiedene Depeschen, theils selbst, theils durch Villeroy. Ich bekam auch den Auftrag von Ihm, der Stadt Rochelle Bericht darüber abzufordern, ihr einen Verweis zu geben, und sie anzuweisen, Se Majestät um Verzeihung zu bitten.

ten. Er schien ganz mit meinem Benehmen hierin zufrieden zu seyn.

Unter mehrern wirklichen Fehlern fand sich bisweilen doch, daß man dieser Stadt auch manches mit Unrecht zur Last legte. Die Jesuiten wandelte die Lust an, einen von den ihrigen dahin zu schicken, um das Amt eines Predigers zu versehen. La Varenne, der Pater Cotton, und einige andre warfen die Augen auf den Pater Seguiran (7); und um nicht der Gefahr einer abschlägigen Antwort von Sr Majestät sich auszusetzen, machten sie sich an die zween Staatssekretäre, Beaulieu und Fresne, welche diesem Pater auf ihre eigene Faust, und ohne Sr Majestät etwas davon zu sagen, Briefe ausstellten, die ihn berechtigen sollten, seine Einlassung daselbst zu verlangen. Da der Jesuite vor dem Stadtthor erschien, fragte man ihn wer er wäre? worauf er dreust antwortete: „Ich „bin Seguiran von der Gesellschaft Jesu, und komme „in dieser Stadt, kraft der Briefe des Königs zu „predigen." — „Zurück da! — sagte die Schildwache etwas unhöflich zu ihm — wir wissen hier „recht gut, daß der Herr Jesus keine Gesellschaft hatte, „und daß Ihr keine Briefe vom König habt." — Ohne ihn weiter anhören zu wollen, nöthigte man ihn zum Abzug, den er denn endlich nahm, aber in sehr aufgebrachtem Ton drohete, sich darüber beym König zu beschweren. Dieß hielt er auch. Alle seine Anhänger bey Hof unterstützten ihn so gut durch übertriebene Vorstellungen, was für ein unehrerbietiges Verfahren gegen Seine Befehle dieß sey, und durch Verheimlichung eines Theils oder der ganzen Wahrheit, daß Er mich unverzüglich durch ein sehr dringendes Billet, welches sehr viel Zorn vermuthen ließ, nach Fontainebleau berief.

Ich fand den ganzen Hof in Aufruhr, und den König von Personen umgeben, die Seinen Unwillen noch mehr reizten. „Nun, Ihre saubern Rocheller „machen wieder schöne Streiche! — sagte Er zu mir — Ist dieß der Respekt, den sie für mich haben? „der Dank für meine Freundschaft gegen sie, und für „meine Gnadengeschenke?" — Er erzählte mir die Sache mit einem Aussehen, das nichts als Strafe zu athmen schien, zog mich aber nachher auf die Seite, und sprach: „Ich habe mich so aufgebracht gestellt, um denen das Maul zu stopfen, welche nur alle meine Handlungen zu verlästern suchen; Ihnen aber, unter uns, sage ich, daß die Rocheller hier nicht im mindesten Unrecht haben. Denn ich habe zu diesem Briefe weder Befehl ertheilt, noch etwas davon gewußt, und würde sie wohl verhindert haben wenn man mir etwas davon gesagt hätte. Indessen muß man doch, da die Sache einmal geschehen ist, auf eine andre Art zu helfen suchen, als dadurch, daß man die Staatssekretäre Lügen strafe, weil dieß von Folgen für alle ihre andern Ausfertigungen seyn möchte; sinnen Sie auf Mittel dazu."

Nach Verabredung mit Sr Majestät schrieb ich an die von Rochelle: ihre Pflicht erfordere vor allen Dingen durch Abgeordnete dem König ihre Unterwürfigkeit und ihre Reue darüber zu bezeugen, daß sie sich Ihm mißfällig gemacht hätten. Ich gab ihnen zu verstehen, ein wenig Gehorsam würde sie zu ihrem Vortheil aus diesem Handel ziehen, und versicherte, da die Sache ohne Vorwissen Sr Majestät geschehen sey, sollte es um so weniger wieder vorkommen, und sich ohne Beeinträchtigung ihrer Freyheiten endigen, auch würde ich nebst zween oder dreyen ihrer angesehensten Bürger, die sie mir schicken sollten, mit aller Sorgfalt über ihr Bestes wachen. Die Wendung,
welche

welche ich machte, bestand darin: daß der Pater Seguiran neue Briefe von der Hand Sr Majestät selbst
bekam, kraft deren er predigte. Er ward aber nach
einigen Tagen wieder abgerufen. Die Jesuiten selbst
schienen mit diesem Temperament nicht unzufrieden.

Eines zur Zufriedenstellung der Stadt Poitiers
auszufinden, würde aber schwer gehalten haben. Seit
diese Stadt endlich genöthigt worden war, die Jesuiten zu dulden, liefen bey mir unaufhörlich mündliche
oder schriftliche Klagen über diese Väter ein, sowohl
von Seiten des Bischoffs als des Generalstatt-alters
und der vorzüglichsten Inwohner, sowohl einzeln als
im Namen des Ganzen. Diese Klagen, welche nicht
allein von den Protestanten, sondern auch von den
Katholiken selbst kamen, liefen vorzüglich dahinaus:
Ungeachtet die Jesuiten durch ihre Anhänger zu Poitiers bey ihrer Ankunft in den Besitz eines Kollegium
gesetzt worden seyen, und da man ihnen zu lieb sehr
großen Aufwand für Häuser und Möbeln gemacht,
auch selbst die reichsten Beneficien in der Gegend ihnen
in die Hände gespielt habe, so könne man doch nicht
sehen, daß diese Herrn in einem zweyjährigen Aufenthalt unter ihnen, während dessen ihnen der beste Theil
der Jugend zum Unterricht anvertraut worden sey, den
mindesten Nutzen gestiftet hätten. Dieß müsse den
Bürgern um so empfindlicher fallen, da sie zuvor sehr
gute Kollegien und vortreffliche Schulmänner gehabt
hätten. Sie fügten einige andere noch partere Klagen hinzu über das Unkraut, welches diese Väter in
der Stadt und Provinz ausgestreut zu haben beschuldigt wurden, und baten aufs neue sehr dringend, daß
man doch die Jesuiten abrufen und ein College royal
(eine königliche Schulanstalt) stiften möchte. — Was
hätte ich für sie bey Heinrich thun können, der erst

X 4   kürzlich

kürzlich wieder diesem Orden die Gnade zugesagt hatte, daß Sein Herz in ihrem Hause la Fleche (Pfeil) aufbewahrt werden sollte, statt daß man das Herz der Könige bisher gewöhnlich in die Kirche zu U. L. Frauen brachte. — Deswegen fragte ein Chorherr von dieser Kirche damals einen Jesuiten, welcher ihm begegnete: was sie lieber wollten, das Herz des Königs in Pfeil (la Fleche)*) oder Pfeil in dem Herzen des Königs (8)?

Unerachtet so vieler Gnadenbezeugungen und Wohlthaten, womit der König auf diese Art täglich die Jesuiten überhäufte, hielten sie sich ohne Zweifel doch dem König von Spanien noch weit mehr verbunden, indem sie fortfuhren, alle dessen Entwürfe zu unterstützen; Entwürfe die im Reich und mitten am Hofe selbst angesponnen wurden. Der Spanische Gesandte eröffnete sich im Vertrauen gegen die Freunde, welche diese Krone in großer Anzahl bey uns hatte, über den Entschluß, den Se katholische Majestät gefaßt hätten, — durch welche Mittel es auch seyn möchte — zu verhindern, daß ein so ehrgeiziger, kluger König und vortrefflicher General, von so großem Ansehen und so besonderer politischer Verbindung mit den Protestanten, nicht die Entwürfe ausführen könnte, welche seine angehäuften Schätze, Truppen und Munition genugsam zu erkennen gäben. Man müsse ihn nicht sich über

*) Dieß ist vielleicht die einzige mögliche Art, dieß eigentlich unübersetzbare Wortspiel zu übersetzen. Ich erinnere mich dabey irgendwo etwas Aehnliches gelesen zu haben: daß nehmlich der Präsident, welcher das Herz Heinrichs, diesem Versprechen gemäß, den Jesuiten übergab, dabey gesagt habe: Accipite cor regis, uti diu desiderastis (Empfangen Sie hier das Herz des Königs, wie Sie es lange gewünscht haben.)

Der Uebers.

über seine Grenzen ausdehnen lassen, weil ihm sonst nichts zu widerstehen vermöge. Vielmehr müsse man ihm im Innern seines Reichs zu schaffen genug machen, damit er sich nicht selbst im Ausland zu thun machen könnte. Hiezu müsse man sich mit demselben Erfolg, wie zur Zeit der Ligue, des Hasses beyder Religionen wider einander, bedienen. Dieß wäre die gemeinschaftliche Sache aller Katholiken in Europa, deren Besorgniß um so gegründeter sey, als Heinrich durch den Schutz, den Er den Vereinigten Niederlanden angedeihen lasse, die einzige Macht zu entkräften gewußt habe, welche etwas beträchtliches für sie zu thun vermocht hätte. Man müsse ihn mit gleicher Münze bezahlen, und seine Kräfte erst aufzuzehren suchen, ehe man sich öffentlich Genugthuung von Ihm zu nehmen wage.

Ich ward am wenigsten hieben verschont. Man sagte: ich setze dem König größere Dinge in den Kopf als seit mehr dann fünf Jahrhunderten keinen König von Frankreich zu unternehmen eingefallen seyen. Meine Hauptabsicht gehe auf die Austilgung der katholischen Religion. — Nur gegen diesen letzten Vorwurf vertheidige ich mich, weil er ganz falsch ist. Man hielt ihn sich aber erlaubt, weil man sich davon den stärksten Eindruck für jene Absichten versprach. Uebrigens setze ich hier nichts willkürlich und ohne Grund auf Rechnung des Spanischen Gesandten. Einige von den Geistlichen, die er zu Vertrauten nahm, waren noch gut genug Französisch gesinnt, um sich über solche Reden zu ärgern. Sie glaubten ihrem Gewissen und ihrer Ehre zugleich Genüge zu leisten, indem sie den Kardinal du Perron und seinen Bruder, denen sie es wieder sagten, bey dem Glauben und den heiligen Evangelien schwören ließen, daß sie

sie wenigstens nicht namhaft machen wollten. —
Man wird die beyden Perrons nicht im Verdacht haben, daß sie eine Betrügerey zusammengeschmiedet
hätten. Alles war dabey zu gut mit besondern Umständen angegeben. Man erzählte nichts als nach
der Aussage des Gesandten, der auch noch gesagt
hatte: die Sache sey nicht bloßes Projekt mehr, sondern mehrere wackere Geistliche und guten Freunde
Sr. katholischen Majestät hätten schon Hand ans
Werk gelegt, und arbeiteten noch täglich so gut daran,
daß man erwarten dürfe, in Kurzem eine glückliche
Revolution zu sehen. — Dergleichen Nachrichten erhielt übrigens der König nicht an Seinem Hof allein,
sondern von allen auswärtigen Höfen, wo die Spanischen Gesandten öffentlich sagten: die Waage fange
an, einen zu starken Ausschlag für die französische
Schaale zu bekommen, als daß der Friede zwischen
beyden Kronen noch lange halten könnte. Man setzte
hinzu, die Spanier unterstützten diese Reden mit starken Bemühungen und jeder Art von Versuchen, die
Freunde und Bundsgenossen Frankreichs an sich zu
ziehen.

Heinrich, auf den diese Nachrichten natürlich
Eindruck mächten, hatte schon zu Ende des vorigen
Jahrs angefangen, mit mir davon zu sprechen. Er
ließ mich eines Tags durch la Varenne so früh holen,
daß ich Ihn noch im Bette traf. So bald Er angekleidet war, nahm Er mich bey der Hand, und sagte:
„Mein Freund, ich habe Ihnen Dinge von Wichtigkeit zu sagen; kommen Sie mit ins Blücherkabinet,
damit wir lange mit einander sprechen können; wiewohl ich etwas Podagra gespürt habe, will ich doch
mit unter ein wenig gehen." Nachdem Er mir alle
die erhaltene Nachrichten erzählt hatte, sagte Er zu
mir: „nun denn, sagen Sie mir aufrichtig, Sie sind
wohl

wohl nicht böse darüber, durch dieß alles die Mey=
nung bestätigt zu sehen, welche Sie jederzeit gehabt
haben: daß große Könige sich entschließen müssen, ent=
weder Hammer oder Ambos zu seyn, wenn sie mäch=
tige Nebenbuhler haben, und daß sie nie auf sonder=
liche Ruhe rechnen dürfen? Ich habe Ihnen das
freylich einigemal bestritten. Allein da es nun doch so
eintrifft, so wollen wir wenigstens Anstalt treffen, sie
in einen Zustand zu versetzen, daß sie es wohl unter=
lassen sollen, ihre schlimmen Anschläge nach mir ins
Werk zu setzen. Denn vielleicht möchten sie sonst
alsdann weniger Schwierigkeiten finden, als so lange
ich lebe, da ich ihre Ränke kenne. — Ich bin nicht
so thöricht, auf eigne Kosten für die Possen, welche
mir bisweilen Ihre Hugenotten spielen, Rache suchen
zu wollen. Sie betrügen sich, wenn sie denken, daß
ich meine Kräfte gegen die ihrigen nicht zu schätzen
wisse, und nicht wohl einsehe, daß es in meiner Macht
steht, sie zu Grund zu richten, so bald es mir beliebt.
Ich will aber nicht aus bloßem Unwillen, noch einem
andern zu gefallen meinen Staat durch ihre Zerstörung
so sehr schwächen, daß ich darüber die Beute meiner
Feinde werde. Ich will diesen lieber zween Streiche
versetzen, als Einen von ihrer Hand bekommen. —
Also — fuhr Er fort, indem Er von selbst in Hitze
gerieth — da die Bosheit dieser Lumpenkerls so ist,
muß man ihnen zuvor zu kommen suchen... Und bey
Gott sey es geschworen, denn sie haben mich einmal
in Harnisch gebracht: dringen sie mich weiter durch
ihre Meutereyen gegen meine Person und meinen
Staat, — denn auf beyde sollen, wie ich erst gestern
noch gehört habe, ihre Absichten gehen — zwingen sie
mich einmal das Schwerdt zu ziehen, so will ich es
nicht wieder einstecken, bis ich es dahin gebracht habe,
daß sie mir die Stunde verwünschen, da sie den Löwen

aus

aus seiner Ruhe aufgestört haben! Machen Sie also alle Zurüstungen aufs Beste; besonders sorgen Sie für einen Ueberfluß von Waffen, Geschütz, Munition und hauptsächlich Geld, was dem andern Leben und Nachdruck giebt; das übrige ist meine Sorge, und sehen Sie zu, ob Sie nicht für das nachstkommende Jahr 1607 eine Devise ersinnen können, welche nach dem, was wir jetzt mit einander gesprochen haben, ungefähr den Sinn ausdrückt: wenn sie uns als Füchse bekriegen, sollen sie es mit Löwen zu thun bekommen!" —

„Ich war entzückt, diesen Herrn aus diesem Ton sprechen zu hören, und vollzog Seine Befehle mit der größten Freude. Auf den goldnen Schaumünzen, die ich Ihm dießmal am Neujahrsfest überreichte, war der Tempel des Janus vorgestellt; eine Lilie schien dessen Pforte verschlossen zu halten, was noch deutlicher durch die drey Worte der Umschrift erklärt wurde: Clausi, cavete, recludam! (Ich schloß ihn; hütet euch, Ich kann ihn wieder öffnen!) Der König fand, es sey mir gut gelungen, Seinen Gedanken auszudrücken: daß Er nicht Lust habe, sich von Seinen Feinden zuvorkommen zu lassen.

Heinrich hatte Mühe, dafür sechs bis sieben Personen am Hof nicht anzusehen, vor denen man ihnen beynahe unaufhörlich sehr ernstlich gewarnt hatte. Das ganze Haus Lothringen war darunter begriffen, weswegen Er mir eines Tags schrieb: „alle diese Lothringische Kreuze sind verstellt, und ich fürchte, die Lilien möchten davon angesteckt werden." — Diese Klagen des Königs waren sehr oft mit Vorwürfen darüber begleitet, weil ich zugäbe, daß alle diese Prinzen öffentlich mit mir in engeren Verbindungen zu stehen schienen, als sie, bey einer so verschiedenen

Art

Art zu denken, Seiner Meynung nach sollten. Allein ich betrachtete alle diese Sr Majestät gegen die Herrn von Lothringen hinterbrachte Nachrichten als bloße Verläumdungen. Indessen glaubte ich doch, aus Gefälligkeit für Ihn, denjenigen darüber zu Rede setzen zu müssen, welcher Ihm am meisten verdächtig vorkam, erhielt aber lauter Versicherungen von Gehorsam und Ergebenheit von ihm, die mir so aufrichtig schienen, daß ich mich verbunden hielt, dem König in Ansehung seiner, Seinen Verdacht zu benehmen. Ich bat Ihn, mir Gerechtigkeit wiederfahren zu lassen, und zu glauben, daß ich ohne Bedenken jedes Band zerreißen würde, das mir auch nur auf die entfernteste Art für Sein Ansehen schädlich werden zu können schiene; und da Er geruhte, sich hierüber Rath von mir ertheilen zu lassen, so stellte ich Ihm vor, Seines eigenen Vortheils wegen dürfe ich die Person nicht verlassen, über die Er sich beschwerte. Denn gesetzt, sie hätte mir einen Theil von ihren Gesinnungen verheimlicht, so wäre ich doch sicher, daß sie, so lange ich noch etwas über sie vermöge, nie so weit gehen würde, ihre Pflicht aus den Augen zu setzen. Es schien mir überhaupt vor allen Dingen Geduld und Stillschweigen nöthig, um nicht Gemüther aufzubringen, welchen eine solche Beschuldigung um so empfindlicher wäre, je weniger sie sie verschuldeten.

Was die andern in der Anklage begriffenen Personen betrifft, so sagte mir der König nichts, was ich nicht schon vor Ihm gewußt hatte. Allein so oft ich diese Nachrichten hatte ergründen wollen, hatte ich jederzeit wenig Gegründetes und Aechtes darinn gefunden. Die Beweggründe der Angeber waren mir ohnehin so wohl bekannt, daß ich endlich die Partie ergriffen hatte, die Ohren ganz vor ihnen zu verstopfen,

stopfen, sobald ich sie nur zwo oder drey Personen nennen hörte, an welche sich ihre Zunge mit einer noch boshaftern Freude machte als an die übrigen. — Nicht, als ob die Spanische Partey nicht wirklich stark am Hof gewesen wäre. Ich war der erste, der dieß zugab, und glaube, daß niemand besser als ich diejenigen kannte, welche dazu gehörten. Allein, welche Wahrscheinlichkeit war vorhanden, in diese, geheim seyn sollende Verbindung Personen zu ziehen, deren lange und unüberwindliche Antipathie dagegen bekannt war?

Heinrich berief sich darauf, daß es jederzeit sehr gefährlich sey, sich mit dem Glauben einzuschläfern, als ob kein sträfliches Projekt gegen den Staat angesponnen werden könnte, wenn man nicht hoffen dürfte, den ersten und größten Theil des Hofs darein zu ziehen; und Er kam jederzeit wieder darauf zurück, daß Er in mich drang, alle diese behaupteten Complots an den Tag zu bringen und abzuwenden. Ich gab Ihm Seinen Grundsatz zu, setzte Ihm aber einen andern entgegen, welcher ebenfalls unläugbar ist: man muß nicht alle Verbrechen, die noch nichts weiter als Gedanken und Begierden sind, bestrafen wollen, sondern nur ein wachsames Auge darauf haben, um sie keinen Körper bekommen zu lassen, und daher, aber anscheinend nur ganz unabsichtlich, die Keime von einander zu entfernen suchen aus denen er hervorsprossen könnte; was aber allemal mehr die Sorge des Ministers als des Herrn selbst seyn muß. Was konnten überhaupt auch, das Schlimmste gesetzt, diese als so fürchterlich geschilderte Personen anfangen? Auch dieß gab ich dem König zu bedenken. Wog Er allein nicht Tausende von ihnen auf? Und bildeten nicht Seine erprobt treue Diener einen undurchdringlichen Wall um Ihn her? Heinrich hatte keine Feinde,

de, die nicht sogleich aufs erste Wort vor Ihm erbeben mußten. So lange Er lebte, durfte die Ruhe der Regierung nicht durch irgend eine Furcht vor einer Umwälzung gestört werden.

So ungefähr wurde zwischen Sr Majestät und mir bey dieser Gelegenheit gesprochen und geschrieben, entweder unmittelbar, oder durch den Herzog von Rohan, der verschiedenemal mit mir darüber zu sprechen, oder mir Briefe von Ihm zu bringen hatte. Er folgte endlich meinem Rath, und behandelte diese Sache mehr durch verborgen wirkende Mittel, und mehr mit Gelindigkeit als Gewalt. Ich betrachtete dieses Geschäffte nicht wie einige andre, die mir der König am Hof übertrug. Ich machte verschiedene Reisen dahin, und versäumte nichts, was ich zu Zerstreuung jener bösartigen Dünste dienlich erachtete. Ich erbot mich sogar gegen den König, die ganze Zeit darauf zu verwenden, die Er mir auf meinen Landhäusern zuzubringen erlaubte, und unaufhörlich bey Ihm daran zu arbeiten. Ich verabredete mit Ihm eine geheime Schrift, deren ich mich bey dieser ganzen Sache in meinen Briefen an Ihn bediente, und die unmöglich zu entziffern oder auch nur zu muthmaßen war. Ich schickte Descartes an Barrault, um ihn von dem zu unterrichten, was er zu Madrid sowohl hierin als in einigen andern Angelegenheiten zu thun und zu sagen hatte.

Es war die Frage von einem Memoire, welches der Spanische Gesandte kürzlich dem König am 5. März zu Fontainebleau überreicht hatte, um von Sr Majestät die Zurückgabe einer gewissen Prise zu erhalten, welche Grammont nicht ohne Befehl zurückgeben wollte. Es kam nur auf eine gute Deutung des Gesetzes vom Strandrecht an; denn dahin schlug die

Prise

Prise ein. Der Spanische Minister leugnete die Anwendbarkeit dieses Gesetzes auf Schiffe und Geschütz, welche Königen und souveränen Herrn zustehen, und wirklich in ihrem Dienst begriffen seyen. Weder das Gesetz, auf das man sich berief, noch der vorliegende Fall schien dem Staatsrath so einleuchtend, als es Spanien behaupten wollte. Villeroy sagte: als die berüchtigte Flotte, welche der hochselige König von Spanien gegen England auslaufen ließ, in der Meerenge von Calais zerstreut worden sey, habe man freylich die Trümmer, die in Calais auf den Strand geworfen wurden, zurück geben lassen; diese Zurückgabe sey aber mehr für Begünstigung als für Gerechtsame angesehen worden. Der König verwies die Entscheidung dieser Frage nach den Gründen und Beyspielen der Reichsarchive, an mich.

Was in diesem Jahre zwischen Spanien und den Vereinigten Provinzen vorging, wird von ungleich größerer Wichtigkeit für uns seyn. Die Eröffnung des Feldzugs gab einige Hoffnung, daß der Friede noch lange Zeit hintertrieben werden dürfte. Du Terrail suchte die Stadt l'Ecluse für die Spanier zu überrumpeln. Er öffnete sich einen Weg hinein mit einer Petarde, und drang auch wirklich an der Spitze der Soldaten, die ihm der Erzherzog zu dieser Unternehmung gegeben hatte, so tief ein, daß er sich unstreitig des Orts bemächtigt haben würde, wenn er besser unterstützt worden wäre. Allein Furcht befiel seine ganze Mannschaft; er wurde im Stich gelassen, und genöthigt wieder zu gehen, wie er gekommen war. Der Prinz von Oranien überfiel Antwerpen, und richtete eben so wenig aus. So viele Weichlichkeit zeigte nur noch deutlicher, daß man auf beyden Seiten das Kriegführen verlernt hatte, und verschaffte den Friedens-

Friedensvorschlägen, die man öffentlich machte, nur so eher Eingang. — Eine so tief eingewurzelte Antipathie, als die Flammänder gegen Spanien hatten, gab ihnen ein, zum letztenmal noch dasselbe Mittel zu versuchen, das sie im vorigen Jahre bey uns angewendet hatten, um uns zu vermögen, ihre Sache zu der unsrigen zu machen. Sie wiederholten noch dringender das Anerbieten einer gewissen Anzahl ihrer besten Plätze zu Pfändern.

"Ich habe, denke ich, noch nicht erzählt, was in dem Staatsrath bey dieser Gelegenheit vorgegangen war. Man hatte daselbst gesagt, es sey nicht recht, daß der König alle Jahre zwo Millionen für die Staaten verwende, ohne einen Nutzen dafür zu ziehen. Das Beyspiel der Königin Elisabeth sollte uns zur Lehre dienen, und die Flammänder würden sich noch glücklich schätzen, unsern Beystand auf solche Bedingungen zu erhalten. Bey dieser Meynung des Staatsraths war weiter nichts Befremdendes, als dieß, daß sie, so viel man bemerken konnte, nur von eifrigen Katholiken unterstützt wurde; eben von denen, welche alles aufgeopfert hätten, um das Projekt einer Vereinigung zwischen Frankreich und Spanien durchzusetzen. Man erräth vielleicht nicht, wo diese Rathgeber durch — anscheinend so widersprechende — Schritte hinaus wollten. Es verhielt sich aber so: sie waren weit entfernt, das Erbieten der Flammänder für so ernstlich zu halten, als es würklich war. Nach ihrer Rechnung durfte man es also nur annehmen, um bald Uneinigkeit und Zwietracht zwischen dem König und den Staaten zu sehen. Diese Meynung drang durch, ohne daß ich etwas anders dabey that, als durch Kopfschütteln zu bezeugen, daß ich meine Stimme dazu verweigern würde.

Indessen fügte es sich aber ganz anders. Das Conseil der vereinigten Provinzen (9) nahm mit offnen Armen diese Eröffnung auf, und bewilligte dem König sechs Städte, die Er selbst auslesen möchte, als Pfandschaft, wenn Er ihnen zwo Millionen baar, und eine gewisse Menge Pulver geben, und wie bisher ihre Werbungen in Frankreich begünstigen wollte. Da Buzenval im vorigen Winter, wie ich angeführt habe, mit dieser Resolution zurückgekommen war, wußten unsre Rathgeber in der Verlegenheit darüber nicht mehr, was sie sagen sollten, und ich glaube, daß ich ihnen damals, weit entfernt sie verdrüßlich zu machen, einen großen Dienst erwies, indem ich im vollen Rath zeigte, wie sehr sie sich bey der ersten Berathschlagung übereilt hatten. Ich that dar, wie viel daran fehlte, daß die verschiedenen Hülfsleistungen, welche Se Majestät alljährlich den Staaten gutwillig zufließen lassen, sich auf eine so beträchtliche Summe beliefen, als die, welche sie verlangten; daß die Städte, welche man anböte, im Grund keine hinlängliche Sicherheit für unser Geld leisteten; und endlich beschuldigte ich, mit noch größerer Zufriedenheit auf ihrer als auf meiner Seite, alle ihre Gründe geradezu der Unwissenheit und Ungereimtheit. Dieß Conseil war ausserordentlich zusammenberufen worden, und bestand aus dem König, dem Herrn Grafen von Soissons, dem Kanzler Bellievre, Sillery, Chateauneuf, Chateauvieux, als Capitainen des Gardes, Villeroy und mir. Da niemand etwas darauf erwiederte, so war weiter nicht mehr die Frage von den Geiselplätzen, und man blieb im Allgemeinen bey den ersten Benennungen von Freunden und Bundsgenossen der vereinigten Provinzen zu Schutz und Trutz, wozu der im Vertrag (denn die Staaten wollten es sollte einer seyn) ausgedrückte Vorwand dieser war: Frieden zwischen ihnen und dem König von Spanien zu stiften.

Die

Die Staaten, denen dieß Verfahren ein gewonnenes Spiel gab, um die ganze Schuld auf uns zu schieben, ließen sich dadurch nicht irre führen, und sagten entschlossen: da man ihnen das Geld verweigere, dessen sie benöthigt wären, und das man ihnen doch schon so gut als versprochen hätte, so setze man sie in die Nothwendigkeit, mit ihrem Feind Frieden zu machen, den man denn auch sogleich abgeschlossen sehen würde. — Davon stand nichts in der Rechnung des Königs, welcher die Sachen durch Seinen gewöhnlichen Beystand noch lange auf dem alten Fuß zu erhalten gehoft, und deswegen bereits den Staaten zu Anfang dieses Jahrs eine Summe von sechsmalhundert tausend Livres ausgezalt hatte. Sie nahmen aber Sein Geld, und machten nichts destoweniger den Waffenstillstand, den sie vorhatten; und so geschah es denn wahrscheinlich bloß um unsern Vorwürfen zuvorzukommen, daß sie uns von neuem durch dieselben Vorschläge von Geiselstädten und Annehmung französischer Herrschaft, ermüden ließen, von denen sie schon wußten, daß wir nichts damit zu thun haben mochten. — Auch suchten sie erst noch eine beträchtliche Summe Geld von uns zu ziehen. Da Aersens bey seiner Rückkunft nach Paris zu Anfang des Aprils sich nicht schämte, noch einen Nachschuß von zweymalhundert tausend Livres zu verlangen, so rächte sich hier Heinrich. Allein, wiewol Er hier Aersens eine abschlägige Antwort gab, unterließ Er doch im übrigen nicht, alles zu versuchen, wodurch Er den Entschluß der Staaten zum Frieden, aufschieben zu können glaubte. Doch sagte er selbst sogleich: es sey nur allzu deutlich, daß es bereits eine ausgemachte Sache unter ihnen sey.

Preaux und Russy hatten in dieser Sache auf Befehl des Königs schon mehrere Gänge hin und wieder gethan. Da Er es für eine Hauptsache hielt, in diesem Land jemand zu haben, welcher in Seinem Namen der allgemeinen Staatenversammlung beywohnte, die auf den 6 Mai angesagt worden war, und in welcher die Abgeordneten ernannt werden sollten, die man an Ihn abschicken wollte, um Ihm die Beweggründe zu einer Beendigung des Kriegs vorzulegen; so hielt Er für dienlich, daß ich Buzenval eilends wieder zurückreisen lassen sollte, dem Er Jeannin noch beigab. Ihre Instruktionen waren ungefehr dieselben, die man dem (Antoine le Fevre de la) Boderie in Ansehung des Waffenstillstands gegeben hatte. Ich ließ Buzenval seinen gewöhnlichen Gehalt auf sechs Monate ausbezahlen, nur rechnete ich auch die Kosten dazu, welche Franchemen sein Sekretär, wärend der Abwesenheit seines Herrn in Flandern gemacht haben könnte.

So standen die Sachen, als die Nachricht von einem großen Sieg zur See, einlief, welchen die Flotte der vereinigten Provinzen am 25. April über die Spanische erfochten hatte. — Beynahe zu gleicher Zeit schickte auch Buzenval folgenden umständlichen Bericht davon. (Don Juan Alvarez d') Avila der spanische Admiral kreuzte in der Gegend von der Meerenge von Gibraltar, um den Holländern die Einfarth in das Mittelländische Meer zu verwehren, und ihnen die Handlung nach dem Adriatischen Meerbusen zu nehmen. Die Holländer, die man an keinem empfindlichern Ort angreifen konnte, gaben einem ihrer besten Seemänner, (Jakob) Heemskerke zehn bis zwölf Schiffe als Vice Admiral zu kommandiren, um diese Flotte zu rekognosciren und anzugreifen. Avila war an Schiffen und Mannschaft schon beynahe noch einmal so stark als sein Gegner, verstärkte sich aber doch noch mit sechs und zwanzig Galionen

von

von denen einige tausend Tonnen hielten; auch vermehrte er seine Krieger bis auf vierthalbtausend Mann. Mit dieser Verstärkung hielt er sich dann des Siegs so versichert, daß er sich eine Gesellschaft von hundert und funfzig Adlichen zusammen bat, um blos Zuschauer davon auf seinem Schiff abzugeben. Statt indessen in die hohe See zu stechen, wie er bey dieser Zuversicht hätte thun sollen, postirte er sich unter die Stadt und Festung Gibraltar, um nicht zum Treffen gezwungen werden zu können, bis er es selbst für gut fände.

Heemskerke, weit entfernt von so ängstlicher Vorsicht, hatte kaum gemerkt, daß sein Feind ihn zu fürchten schien, als er geradezu auf ihn los ging und ihm die wütendste Schlacht lieferte, von der man seit Menschengedenken gehört hatte. Sie dauerte acht ganzer Stunden. Der Holländische Vice Admiral machte sich sogleich an den Spanischen Admiral, enterte ihn, und ließ über Bord springen. Ein Kanonenschuß, der ihm gleich zu Anfang des Handgemengs einen Schenkel weggeschmettert hatte, ließ ihn nur noch eine Stunde leben, wärend welcher er bis auf seine letzte Minute fortfuhr die Befehle zu geben, als wenn er keinen Schmerz fühlte. Als er endlich seinen letzten Augenblick nahe fühlte, so gab er seinem Lieutenant seinen Degen, und ließ ihn und alle seine Leute darauf schwören, zu siegen oder zu sterben. Der Lieutenant ließ diesen Eid durch alle Schiffe gehen, wo nun das allgemeine Geschrei erscholl: Tod oder Sieg! Die Holländer erhielten endlich den Sieg, und fanden daß es ihnen nicht mehr als zwey Schiffe, und ungefehr dritthalbhundert Mann gekostet hatte. Die Spanier verloren dabey sechzehn Schiffe, von denen drey in die Luft flogen, und die übrigen, worunter

unter das Admiralschiff war, von Kanonen zertrümmert und in Grund gebohrt worden waren. Der Admiral Avila, fünf und dreyßig Schiff Capitäns, funfzig von seinen Freywilligen von Adel, und zweytausend achthundert Mann verloren dabey das Leben. Eine merkwürdige Schlacht, welche nicht nur den Wittwen und einzelnen Privatleuten Thränen kostete, sondern auch ganz Spanien mit Entsetzen erfüllte.

Dies hieß den Krieg mit einem gloriösen Streich endigen. Denn die Unterhandlungen wurden dadurch nicht unterbrochen; sondern vielmehr nur noch lebhafter betrieben. Anfangs sprach man davon nur als von Vorschlägen, die der Marquis Spinola, oder höchstens der Erzherzog mache, ohne des Königs von Spanien dabey zu erwähnen. Einige waren bey der Ungewißheit, die sie verschiedentlich dabey bemerkten, einfältig genug, zu glauben, daß alles ohne würkliche Theilnahme des Königs von Spanien geschehe. Mit ein klein wenig Aufmerksamkeit würde man es jedoch ganz unwarscheinlich gefunden haben, daß Spinola oder der Erzherzog, mit den Todfeinden Spaniens in Unterhandlungen über einen Frieden oder einen Waffenstillstand auf lange Jahre zu treten, hätte wagen sollen, ohne wenigstens die geheime Einwilligung des Königs von Spanien, oder deren, die ihn beherrschten, für sich zu haben. Der Spanische König selbst war von diesem Augenblick an wohl entschlossen, wie es sich in der Folge zeigte, und wenn man einige politische Verlegenheit an ihm bemerkte, so kam dieß entweder von der Sache selbst, oder von der Langsamkeit des Spanischen Staatsraths her, oder endlich von denen, welchen er, der Förmlichkeit wegen, seinen Entschluß mittheilen zu müssen glaubte. Dieser war nicht ohne große Gefahr für Spanien, und konnte ihm daher

her nur durch eine dringende Nothwendigkeit eingegeben seyn.

In Frankreich behauptete man Ja und Nein, bis zum Augenblick des Schlusses. Der König schrieb mir Seine Meinung von allen den Depeschen, die Er aus diesem Land erhielt, und schickt sie regelmäsig an Villeroy, Sillery und mich, um sie in einer Art von Conseil zu prüfen. Die wichtigste Nachricht war die, welche am Ende des Mai einlief: man warte in Flandern zu Festsetzung der Artikel nur noch auf das Versprechen des Königs von Spanien, dasjenige zu bestättigen was durch den Erzherzog oder Spinola und die Agenten der Staaten festgesetzt werden würde. Der Sekretär dieses Marquis, der einige Tage zuvor durch Paris gekommen war, sey hingereist, um dieses Ratifikationsversprechen nebst der Zurückberufung des Don Diego d'Ibarra zu holen und habe sie auch wirklich mitgebracht. Auf diese Nachricht, die mir Heinrich in einem Brief, Monceaur 24 Mai, mittheilte, antwortete ich: man müsse die Spanische Ratifikation, folglich den Frieden oder einen sehr langen Waffenstillstand für ganz gewiß halten, und man werde dem Vergleiche, um die Schande der Spanier einigermassen darunter zu verbergen, wahrscheinlich diese letzte Benennung geben. Dazu setzte ich noch, dem gemäß, was ich so eben gesagt habe, hinzu: Spanien gebe der Nothwendigkeit nach, wenn anders nicht hierunter eine Schlinge verborgen liege, wodurch es einst wider zu erlangen hoffte, was es itzt nur dem Drang der Verhältnisse zum Opfer bringe.

Der Sekretär des Spinola hatte keinen Auftrag wegen dem Projekt der Ratifikation, wie man ausgesagt hatte. Denn sonst hätte sie in Flandern und auch in Paris schon vor dem Ende des Julius seyn müssen, wie

wie Heinrich erwartete. Fanden sich vielleicht neue Schwierigkeiten? Oder fand Spanien aus andern Gründen für gut, mit der Ausfertigung zu zögern? Denn diese erschien erst datirt vom 18 September. Ich erfuhr es mit unter den ersten, durch den Gesandten des Erzherzogs, welcher dann sogleich das Gerücht davon in ganz Paris ausbreitete, mit Umständen, die für Spanien durchaus günstig waren, denen aber Hein. keinen Glauben beimaß. „Denn — sagte Er — die „Spanier wollten mir zu lange nicht damit heraus „rücken." Ich meldete nach Fontainebleau, was mir der Ambassadeur davon gesagt und was ich ihm darauf geantwortet hatte, mit einer Aufrichtigkeit, die Sr Majestät Vergnügen machte. Die erste Depesche, welche endlich am 5 Oktobr aus Holland kam, brachte zur Gewißheit, was man von dieser so ungedultig erwarteten Schrift zu halten hatte.

Se. katholische Majestät ließ, vermöge derselben nicht nur den von dem Erzherzog geschlossenen Waffenstillstand, gut, sondern gab auch sein königliches Wort, gleichfalls alles zu ratificiren, was ferner noch durch diesen Herrn oder dessen Agenten mit dem Conseil der vereinigten Provinzen beschlossen werden würde, es betreffe einen Frieden oder einen langwührigen Waffenstillstand.— welches von beyden sie wälen würden; so gut als wenn es von ihm selbst gesetzt und geschlossen worden wäre. Er versprach mit seinem ganzen Ansehen über dessen genauer hochverpönter Beobachtung in allen seinen Staaten zu halten; wolverstanden jedoch daß wenn unter den Unterhandelnden nichts zu Stand käme, gegenwärtige Schrift für null und nichtig zu achten seyn sollte, ohne für eine der Parteien ein anderes Recht zu begründen, als das, welches sie in der Sache selbst hätten. Alles sollte in dem Zustande ver-

bleibt

bleiben, worinn es sich zur Zeit dieser Ratifikation befände. — Sie war spanisch, geschrieben, unterzeichnet, Yo el Rei; (ich der König) und in Patentform abgefaßt; welches den Staaten mißfiel. Denn in Ansehung der übrigen Form waren sie wol zufrieden, außer daß sie gegen die Worte: ohne den Partheien an ihren Gerechtsamen zu präjudiciren, Einwendung hatten, da sie in der Voraussetzung, daß nichts beschlossen werden sollte, da zu stehen schienen. Ungleich grössere Schwierigkeit machten sie darüber, daß darinn stipulirt war: gegenwärtige Disposition solle nicht weniger die Religion als die Politik und Regierung betreffen. Denn sie glaubten, diese Clausel stehe in der Absicht da, um ihnen die Rechte wahrer Souverains in kirchlichen Sachen streitig zu machen. Uebrigens ward die Schrift durch die Abgeordneten von Frankreich und England, als man sie um ihre Meinung davon befragte, auch in ihrer jetzigen Form für acceptabel gehalten. Jeanin, der den Namen seines Herrn so viel als es konnte, geltend zu machen suchte, sagte zu ihnen: er könne nicht billigen, daß sie, nachdem sie alles zugegeben hätten, nun über eine Sache brechen wollten, welche, genau besehen, sie zu nichts weiter verbände, als was sie thun wollten. Er rathe ihnen nur, daß sie allen Vergünstigungen, welche sie den Katholiken in ihrer Republik einräumen könnten, lieber die Wendung geben möchten, daß sie von ihnen selbst oder durch Vermittlung Sr Allerchristlichsten Majestät, als aus einem Vertrag mit den Erzherzogen und Spanien herrührten.

Dieß war also diese Ratifikation, von der man so viel Lärm gemacht hatte. (11) "Die Zeit wird uns lehren — schrieb mir Heinrich, indem Er mir eine Abschrift davon durch den jungen Lomenie zuschickte, — welche Vortheile jeder davon ziehen wird. Prinz Moritz tiß führt bereits schon Reden, als wenn er sie nicht annehmen wollte, und so auch Seeland."— Der Waffenstillstand, auf den diese Verhandlung endlich hinauslief, ward erst zu Anfang des Jahrs 1609 abgeschlossen und publicirt, indem ihn verschiedene Schwierigkeiten noch das ganze Jahr 1608 hindurch aufgehalten hatten. Um nichts zu anticipiren, wollen wir hier weiter nichts davon sagen, als daß er in diesem Jahr eine gänzliche Aufhebung aller Feindseligkeiten bewirkte, während welcher man aufrichtig am Frieden arbeitete. Der König hielt dort immer (12) Jeannin und Preauƒ. Der König von England ließ ebenfalls seinen Abgeordneten daselbst residiren. Dieser Herr gab hier seinen Charakter gerade so zu erkennen — wie ich ihn geschildert habe. Es hieng nur von ihm ab, eine Macht zu demüthigen, die ihm verhaßt war. Frankreich, wiewol es besser als irgend eine andere Krone seine Nachbarn entbehren konnte, zeigte ihm die Mittel dazu, und erbot sich ihm das Beispiel zu geben. Allein, was läßt sich von denen erwarten, welche weder die Zeit zu beurtheilen, noch Gelegenheiten zu nutzen, noch irgend etwas auszuführen, nicht einmal etwas recht bestimmt zu wollen fähig sind?

Auf die Nachricht, welche von de Vic einlief, daß unsre Nachbarn, trotz der Verträge und wiederholten Erklärungen der Erzherzoge fortführen, an dem Fort von Rebun zu arbeiten, und daß es bald im Vertheidigungsstand seyn werde, schickte der König ihm, dem Vice-Admiral, Befehl zu, Soldaten dahin marschiren zu lassen, welche die Arbeiter überfielen und das ganze Werk zerstörten, ohne jedoch jemand zu tödten, oder zu verwunden. „Unsre Nachbarn — schrieb mir Villeroy — werden sich wol darüber beschweren; es ist aber besser, sie klagen, als wir." —

Die

Die Graubündter entschlossen sich endlich, beynahe eben so respektswidrig gegen die Spanier zu verfahren, nachdem sie sie lange genug geschont hatten. Die Bemühungen der Aufwiegler unter ihnen, das ganze Land unter spanische Botmäsigkeit zu bringen, und alle Reformirte daraus zu vertreiben, brachen endlich in einem würklichen Aufstand aus, wobey der Senat entdeckte, daß der Graf von Fuentes den Bischoff von Chur und seine Anhänger durch zween Pensionäre von Spanien, welche für alle büssen mußten — die Hauptrolle hatte spielen lassen. Diese wurden eingezogen und dem weltlichen Arm übergeben, welcher geschwinde und exemplarische Gerechtigkeit an ihnen übte. Die Bündner liessen zu gleicher Zeit die Artikel von Mailand öffentlich zerreissen, das einzige Band, das sie noch an Spanien hätte binden können, und bestättigten feyerlich ihren Bund mit Frankreich und Venedig. Nach diesem starken Schritt fühlten die Graubündter, daß sie mehr als je des Raths und Beystands Sr Majestät benöthigt wären. Der Eilbote, der um beydes ansuchte, indem er diese gute Neuigkeit brachte, brauchte nur sechs Tage zu seiner Reise aus dem Innern von Veltlin.

Wiewol der Graf von Fuentes öffentlich von nichts als Rache für den seinem Herrn angethanen Schimpf sprach, und grosse Zurüstungen in Teutschland und der Schweitz vorgab, beunruhigte man sich darüber in Frankreich nicht, wo man überzeugt war, daß, wenn er durch alle diese leere Drohungen nur einen Schluß in der Veltschen Sache hintertreiben konnte, er nur sehr schwach auf die zween Pensionäre und die zerrissenen Artikeln dringen würde. Der Kaiser hatte genug für sich zu thun. Da er den Protestanten in Siebenbürgen die Gewissensfreyheit nehmen wollte, hatte sich ein Siebenbürger Boskay an ihre Spitze gestellt, und die kaiser-

lichen

lichen Truppen so übel zurückgewiesen, daß der Kaiser, aus Furcht, die Türken möchten sich mit den Mißvergnügten vereinigen, genöthigt war, diese Leute in Ruhe zu lassen und Bostkay die Herrschaft des Landes als Eigenthum einzuräumen, unter einer Art von Lehnshuldigung oder vielmehr bloßer Erbzinsbarkeit. In Ansehung der Schweizerkantons konnte Spanien wol denken, daß die Bündner einen solchen Schritt nicht gewagt haben würden, ohne Theilnahme derjenigen von diesen Cantonen, welche mit dem Herzogthum Mailand verbunden sind.

Der König ließ den Graubündtern sagen: Er werde sie nicht verlassen. Ebendies versprach Er dem kleinen Freistaat Genf, den Er für Seine großen Entwürfe nicht für unbedeutend hielt. Er gab ihnen Geld, damit sie ihre Kräfte im Stand erhalten und einen Ueberfluß von Munition anschaffen könnten. Er that noch mehr; indem Er Seine Briefe, voll Bezeugungen Seines Wohlwollens durch Boesse, Mestre de Camp des Regiments Navarra, und Befehlshaber von Stadt und Schloß Bourg dahin überbringen ließ, erbot Er sich, dieser Stadt diesen Officier zu überlassen, um ihr in ihren Unternehmungen an die Hand zu gehen, und trug kein Bedenken, ihr Sein Vorhaben zu eröffnen: in Genf ein Magazin von Kanonen und Kriegs- und Mundvorrath, sowol zu ihrem, als Sr Majestät Gebrauch, anzulegen. Die Republik antwortete am 21 April dem König, nahm dankbar diese Beweise Seiner Güte an, und versprach künftig mit Sorgfalt auf alles zu merken, was ihre gemeinschaftlichen Feinde unternehmen möchten. — Er brach übrigens darum nicht mit dem Herzog von Savoien. Im Gegentheil, da der Graf von Garmare, dessen Envoye bey dem König, zu Fontainebleau zu Ende des Oktobers Abschied nehmen

nehmen sollte, um mit dem Envoye des Großherzogs von Toscana wieder über die Alpen zurück zu gehen, ohne, wie wenigstens der König damals glaubte, wieder über Paris zu kommen, so schrieb Er mir: ich sollte Ihm zwey Uhren mit Edelsteinen schicken, jede von tausend Thalern am Werth, womit Er sie beschenken wollte.

England hatte ebenfalls seine Unruhen. Nachdem der König daselbst die beyden Rädelsführer des unter dem vorigen Jahr gedachten Complots gegen seine Person, die Jesuiten Gernet und Oldecorne hatte hinrichten lassen, so glaubte er sich von allen seinen Unterthanen von neuem den Eid der Treue schwören lassen zu müssen. Dies geschah mit vielen Feyerlichkeiten wider die Macht des Papsts, an welchem er sich dafür zu rächen suchte, den dieß aber so sehr aufbrachte, daß er ein Breve nach Grosbritannien erließ, wodurch er allen Katholischen Engländern die Ablegung dieses Eids untersagte.

Der h. Vater sah sich damals glücklich aus der Verlegenheit gezogen, welche ihm seine Streitigkeit mit den Venetianern verursacht hatte. Der König beendigte diese wichtige Angelegenheit zur Zufriedenheit beyder Theile durch den Kardinal von Joyeuse, welcher Sr Majestät im April durch seinen Stallmeister die Nachricht nebst den Bedingungen davon überbringen ließ. Die Republik that, wie es sich geziemte, die ersten Schritte, (13) übergab durch den französischen Gesandten die beyden gefangenen Geistlichen in die Hände einer von dem Papst darzu ernannten Person, ohne eine Protestation, welche Sr Heiligkeit hätte mißfällig seyn können. Sie widerrief auch die, welche sie gegen das Interdikt eingelegt hatte, auf die Versicherung Sr Majestät, daß der heilige Vater nachher dieß Interdikt auf die gnädigste Art aufheben würde.

Alles

Alles dieß geschah, ohne daß die Spanischen Minister weiteren Antheil daran gehabt hätten, als der Kardinal Joyeuse ihnen geben wollte. Dies erhöhte um so mehr den Ruhm, welchen diese Aussöhnung Sr Majestät erwarb. (14) — Da Heinrich den Kardinal Aldobrandini beschenken wollte, überließ Er die Art davon meiner Willkühr. Ich konnte mir vorstellen, daß Geld dieser Eminenz lieber seyn würde, als Ringe und andere Kostbarkeiten, entschied also für eine Pension, statt eines Geschenks.

Der Kardinal Barberini hielt sich nach seiner Rückkehr nach Rom für alle die Dienste, welche ich ihm, wie er überall öffentlich sagte, erwiesen hätte, so sehr verbunden, daß dieß im November ein ganz verbindliches Breve von Paul V. an mich veranlaßte. Wenigstens bediente er sich dieser Veranlassung, mir zu schreiben und mir den zu empfehlen, der an Barberinis Stelle kam, und aus der Kirche zu Monte Politiano war. Ich will hier weder alle die Danksagungen des h. Vaters noch alle die Lobeserhebungen, Dienstberbietungen und andre Höflichkeiten hersetzen, wovon dieser Brief voll ist; ich würde nur unnöthig dasselbe wiederholen, was ich schon bey Gelegenheit des Breve von Clemens VIII. an mich gesagt habe. Starke Bitten und pathetische Ermahnungen die katholische Religion anzunehmen, hatten gleichen Antheil an diesem wie an jenem, und so antwortete ich denn auch Paul eben so, wie seinem Vorgänger in den ehrfurchtsvollsten, höflichsten und befriedigendsten Ausdrücken, nur daß ich immer dasselbe Stillschweigen in Ansehung meiner Religionsänderung beobachtete.

Kommen wir nun von diesen auswärtigen Angelegenheiten wieder auf die Regierungsgeschäfte zurück, und fangen mit den Finanzen an. Erst aber noch ein paar

paar vorläufige Nachrichten. Die Finanzen von Navarra (15) wurden in diesem Jahr so mit denen von Frankreich vereinigt, daß nun alle abgesonderte Behandlung aufhörte. — Der lange Aufenthalt des Königs auf Seinen Landhäusern und fern von Seinem Conseil machte, daß in diesem Jahr noch mehr, als in den vorhergehenden, beynahe alles durch Briefe ausgemacht wurde, indem der König lieber sich dieser Mühe mit Seinen Staatssekretären und andern der vorzüglichsten Geschäftsmännern unterziehen, als sie zu Sich kommen und bey Sich arbeiten lassen wollte. Eben so war es mit denen, welche Verrichtungen andrer Art zu Ihm riefen. — Nie war der Dienst des Königs mit weniger Mühe und Aufwand verknüpft als in diesem Jahr.

Aus Gelegenheit einer Unterredung mit mir von den Finanzen des itztlaufenden Jahrs verlangte der König eine summarische Angabe aller Summen, die ich seit meiner Finanzführung für die in folgender Rechnung angegebenen Artikel ausgegeben hätte. Ich lieferte sie acht Tage hernach in dieser Form.

Den Schweizerkantons und Graubündtern . . . . . . 17,350,000.
Schulden an England in baarem Geld
   für die Vereinigte Provinzen . . . 6, 950,000
Verschiedenen teutschen Fürsten . . . 4, 897,000,
Dem Grosherzog von Toscana und andern
   Italiänischen Fürsten . . . . . 18, 000.
Gendy, Zamet, Cenary und andern Pächtern von Schulden auf dem Salz und
   den großen Pachtungen . . . 4, 800,000.
Schulden wegen der Ligue . . . . 13, 770,000.
Schulden an die Provinzen Dauphiné
Lyonnois, Languedoc ic. bezalt von
   der Salzsteuer . . . . . 4, 728, 000.

Schul

Schulden an verschiedenen Privatpersonen
   bezalt von allen Arten königlicher Gelder . . . . . .   4,836,600.
Dergleichen unter einer andern Rech-
   nung . . . . .   4,038,300.
Unbestimmte Geschenke von Sr Majestät . . . . .   6,042,300.
Für Waffen, Munition, und Artillerie-
   geräthe in den Magazinen niedergelegt . . . . .   12,000,000.
Kirchen- und andres Bauwesen . . .   6,150,000.
Ausbesserung und Befestigung an Städten . . . . .   5,785,000.
Pflaster, Brücken und Straßen, Dämme 2c.   4,855,000
Kostbarkeiten und Möbeln, welche Se
   Majestät erkauften. . . .   1,800,000.
Summe: sieben und achtzig Millionen, neunmalhun-
dert und zwey tausend zweyhundert Livres. *)

Die Königin Margaretha hatte von ihrer Mutter beträchtliche Güter geerbt, (16) die sie nun an den Dauphin abtrat. Da ich einmal im Rechnen bin, will ich auch davon Rechenschaft ablegen. Diese Güter trugen järlich zur Zeit dieser Cession vier und zwanzig tausend dreyhundert siebenzig Livres, die ich aber durch Verpachtung erhöhte und auf dreissigtausend dreyhundert und sechzig brachte. Ich brachte auch ein Capital von hundert und siebenzigtausend, dreyhundert Livres

---

*) Eigentlich nach den ausgeworfenen Summen: acht und neunzig Millionen zwanzigtausend und zweyhundert, also zehn Millionen hundert und achtzehntausend Livres mehr, um die sich der Verfasser hier abermals verrechnet hat.   Der Uebers.

ores wieder herbey, das dreyzehntausend dreyhundert an Zinsen abwarf, die davon entweder von der verstorbenen Königin oder von Margarethen veräussert worden, waren. Ich hätte wohl gewünscht eben so ein anders Capital von vier und neunzigtausend Livres, das achttausend dreyhundert fünf und neunzig an Zinsen trug, wieder herbey zu schaffen. Es war aber von diesen Damen ganz unbedingt verkauft oder verschenkt worden.

Ich wollte die Gerichtssporteln in Languedoc wieder zu der königlichen Kammer bringen, wovon sie veräussert worden waren. Dieß Vorhaben war kaum bekannt, als sich la Fosse und mehrere andre Pachtlustige einfanden um darauf zu bieten. Die Parthie, die ich ergriff, war, daß ich diesen Pächtern erlaubte, sie einzulösen, unter der Bedingung, daß sie dieselbe nach Verfluß einer gewissen bestimmten Anzahl von Jahren Sr. Majestät frey wieder zustellen sollten. Eine löbliche, gewissermaßen nothwendige, und überdieß durch alle Regeln des allgemeinen und besondern Rechts autorisirte Oekonomie; indem die Kontrakte der Erwerber ausdrücklich besagten, daß sie zu ewigen Zeiten wiederkäuflich seyn sollten. Dies merke ich deswegen an, weil das Parlament von Toulouse, bey Registrirung der über diesen Pacht ausgestellten offnen Briefe für gut fand, die Greffes der Stadt und Gesellschaft davon auszunehmen. Ich schrieb dem ersten Präsidenten, Verdun: der König sey in einem gerechten Unwillen über diese Verachtung der Verfügungen, die noch um so mehr bey Personen befremden müssen, welche gesetzt sind Gerechtigkeit und Ordnung zu handhaben; Er würde das ganze Parlament vorgefordert haben, wenn nicht einige Freunde desselben Seinen Zorn durch Versprechung eines gänzlichen Gehorsams noch zurück-

N. Denkwürdigk. V.B.   Z   gehal-

gehalten hätten. Mit welchem Recht wollte das Parlament von Languedok seine Sporteln von einer allgemeinen Regel für die ganze Provinz, ausnehmen? Und, wenn die Form einer Pachtung anstößig war, so waren ja alle Eigenthümer dieser Sporteln im Besitz der völligen Freiheit, sie zu verkaufen, zu veräussern, zu Lehn zu geben, und zu übertragen ganz so wie jeden andern Theil ihrer Erbschaft. Warum wollte man denn dem König, der nun Eigenthümer von diesen Gütern worden war, dies Recht entziehen? Dagegen ließ sich nichts aufbringen. Das Parlament von Toulouse blieb, aus der bloßen Thatsache, der Parteilichkeit überführt.

Das von Dijon hatte eingewilligt, für eine Summe von sechzigtausend Thalern, die ihm so eben geschehene Zuschreibung von Bresse zu erkaufen, und sich dazu sogar gegen den König verbindlich gemacht. Indessen rührte es sich nicht, diese Summe aufzubringen. Dies veranlaßte Se Majestät eine Erhöhung auf die Salzsteuer dieser Provinz zu legen, welche doch wenigstens einen Theil davon abgetragen hätte. Das Parlament wagte es, diese Erhöhung durch einen Schluß zu unterdrücken. Derselbe wurde zwar von dem Conseil cassirt, aber mit Gefahr eines Aufstands unter dem Volk, welches ohne eine solche Dazwischenkunft diese Auflage in Geduld getragen hätte. Der König trug dem Baron Lux auf, dem Parlament von Bourgogne Seinen Zorn anzukündigen. Ich meiner Seits rieth Sr Majestät, dem Parlament eine Frist zu Entrichtung der gelobten Summe anzuberaumen, und im Entstehungsfall ohne weiters Bresse dem Parlament von Dauphine zu untergeben. Wenn man das Wort Parlament ausspricht, fühlt man sich geneigt, die Idee von Billigkeit und Weisheit damit zu verbinden. Um so empfindlicher verdrüßt es kaum aber, in allen diesen

Colle-

Collegien Beyspiele von einem so unregelmäßigem Betragen zu finden, daß man zu dem Gedanken genöthigt wird: Unfehlbarkeit, wenn man je hoffen dürfte, sie unter Menschen zu finden, sey noch eher Sache eines Einzelnen als einer Menge.

Ich habe mich jederzeit vornemlich über die Rechenkammern geärgert. Sie sind einzig dazu da, um Ordnung, Geradheit und Wahrheit unter die Ordonnateurs, Comptablen, (Ausgeber, Einnehmer) und andere Rechnungsabnehmer zu bringen. State dessen aber haben sie sie nichts gelehrt als stehlen und betrügen, indem sie leiden, daß tausend Artikel, deren Falschheit einem wie dem andern völlig bekannt ist, in die Rechnungen gesetzt werden, und sie durchgehen lassen. Ich wollte alle, seit dem Jahr 1598. ausschließlich, eingereichte Rechnungen der Revision unterwerfen, und schrieb deswegen ein Circulare vom 1 April an die Rechnungskammern, worinn ich ausführte: in Gemäsheit der allerhöchsten Willensmeynung Sr Majestät, Höchst welche über das Benehmen aller Dero Rechnungsbeamten ins klare kommen wollten, habe ich eine genaue Nachsuchung über die seit dem Jahrgang 1598. beym Conseil abgehörte Rechnungen angestellt, und dabey die und die Einnahmen in den und den Jahren vermißt, wie ich jeder dieser Kammern nach meiner über jede besonders angestellten Untersuchung specificirte. Es müßten demnach entweder die und die Rechnungsbeamte die ihrigen nicht eingereicht, oder aber das Conseil unterlassen haben, sie in Abschriften oder Auszügen zu den Acten zu bringen. Um demnach nun in Erfahrung zu bringen, wie die Sachen sich verhielten, gab ich diesen Kammern auf, sich die Abschriften dieser Rechnungen einreichen zu lassen, sie mit den Etats des königlichen Conseils zusammen zu halten, und alles

Z 2   in

in eine Uebersicht zu bringen, was sie darinn der von Sr Majestät verfügten Form entgegengesetzes finden würden, da sie keines wegs befugt gewesen wären, sich von Befolgung des Formulats das ihnen ausdrücklich deswegen alljährlich zugefertigt worden sey, selbst los zu machen, ohne wenigstens die Entscheidung derjenigen Punkte, welche dabey einiger Schwierigkeit unterworfen seyn könnten, an Se Majestät zu berichten. Ich vergaß nicht, ihnen genau anzugeben, wie diese Uebersicht beschaffen seyn müßte, da nichts von allem Ueberschuß, Gerichtssporteln, Kosten, Rechnungsabhören, Pfandschaften, Gebühren, Taxationen und Einnahmen aussen bleiben dürfte. Ich trug ihnen auf, diesen Auszug nicht nur von den Rechnungen der General- sondern auch von denen der Partikular-Einnehmer zu verfertigen, weil Se Majestät angebracht worden wäre: in diesen letzten finde sich von Seiten der Kammern mehr ungebührliche Plackeren, da es nicht üblich wäre, daß sie beym Conseil abgehört würden. Am Schluß dieses Briefs sagte ich ihnen noch: ich schicke ihnen zu dieser Nachsuchung weder Befehle noch besondere Vollmachten, weil sie sie von Amtswegen anstellen könnten. Wenn sie aber welche nöthig glaubten, so dürften sie es nur an mich einberichten, und müßten es übrigens Sr Majestät Dank wissen, daß Sie sich statt des von Justizkammern und abgeordneten Commissarien unzertrennlichen Wegs der Schärfe, zu Abstellung der Mißbräuche nur ihrer eignen gewöhnlichen Beamten bedienen wollten. Ihnen liege es daher ob, sich dieser Gnade durch alle mögliche Genauigkeit und Redlichkeit würdig zu zeigen.

Dies war eine Sache, die in der Folge zwischen den Rechnungskammern, und Kassiren, Einnehmern

und

und andern Rechnungsbeamten abzumachen war. Diese parirten den Streich durch zwey Mittel; das erste bestand darinn, daß sie alles auf die Kammer schoben; das andre, daß sie sagten; der König hätte ihnen gegen eine Taxt von sechsmalhunderttausend Thalern, die sie auch wirklich bezahlt hatten, eine Versicherung verkauft, daß weder sie noch ihre Unterbeamte je beunruhigt werden sollten. Es blieb also noch der Rekurs an die Rechnungskammern, wobey sich ganz andre Schwierigkeiten ergaben. — Diese Kollegia behaupteten nämlich wie gewöhnlich, die höchste Gewalt, welche in allem Betracht in ihnen ruhe, berechtige sie, alle Rechnungen in letzter Instanz abzunehmen, ohne jemanden, — wär's auch der König, — darüber verantwortlich zu seyn. Diesen Einwand fand ich höchstens von diesen Kammern gegen mich statthaft, und zeigte mich dem König entschlossen, es mit diesen höchsten Höfen aufzunehmen, wenn Er an Seinem Theil mir nur alle erforderlichen Befehle an das Conseil, sie selbst und mich, ausstellen wollte. Es ist nicht meine Schuld, daß die Sache nicht weiter getrieben wurde.

Unerachtet des Reglements, das ich im vorigen Jahr für die in die Generalitäten abgegangene Commissarien aufgesetzt hatte, liefen noch immer häufige Beschwerden über sie bey mir ein. Hanapier brachte mir die seinigen gegen den vom Salzspeicher von Buzançois. Ich ließ daher einige vor das Conseil laden, wo Tardieu einen derben Verweis erhielt. Ich konnte ihnen nicht begreiflich machen, daß alle Bedrückungen des Volks, z. B. in Ansehung des Salzes, den König, unter einem falschen Schein von Gewinn weit mehr an der Vermögensteuer schadeten, indem die Leute dadurch unfähig würden, zu bezahlen, und daß sie ohnehin eigentlich nur für die Hauptpachter und Unterpächter Sr Majestät arbeiteten. Noch schärfer mußte die Salzsteuer-Ordnung in Ansehung der Repartition des Salzes auf die Generalitäten, Umlegung der Abgaben, und des Schleichhandels erneuert werden. Denn warum den Zustand der Salz- und Steuer-Einnehmer noch verschlimmern, welcher ohnehin schon so elend ist, daß sich niemand ungezwungen diesem Geschäft unterziehen will, und beynahe jeder darüber verdirbt. Ich verbot auch den Commissarien ausserordentliche Untersuchung über die Gerichtsschreiber, Notarien, Faßvisierer, Gerichtsdiener, und andre öffentliche Personen anzustellen, und keinen Beamten zur Bezahlung seiner Taxe zu zwingen, ehe sie den General-Commissarien von Paris die ganze Rolle aller dieser Taxen eingereicht hätten, auch nichts selbst zu entscheiden, sondern alle streitige Fälle an das Conseil zu verweisen. Bey solchen Absichten war mein Wille nicht, daß diese Verfügungen geheim bleiben sollten, — wie sie es gewöhnlich unter den Ministern und Interessenten sind; — indem ich den Commissair Monceau in Berry sie zu beobachten verbindlich machte. Ich theilte sie auch dem Marschall de la Chatre und den Cassirern mit, mit denen er gemeinschaftlich zu Werk gehen sollte.

Dieselbe Provinz schien mir eines Marechaussee Reglements (Verordnung für die Landstraßenbereuter) zu bedürfen. Ein Theil der dazu bestimmten Gelder fand sich zersplittert, oder wieder zur General-Einnahme geschlagen, von dem Rest konnte nur eine viel zu geringe Anzahl Häscher gehalten werden. Ihre Standquartiere waren noch dazu so übel vertheilt, daß sie just an Stellen fehlten, wo sie am nothwendigsten gewesen wären, wie auf der Seite von Varen, Moudum dun, Argentan, Chateauroux, la Chatre, und Saint-Amand, wo das königl. Ansehen nicht sehr respektirt wurde, während das Innere der Provinz, wo sie fast gar nicht nöthig waren, ganz voll davon war. Ich schickte die Verlegung derselben nebst der Reform an die Kassire der Provinz, die ich erst darüber zu Rath gezogen hatte. Da der Steuerkreis von Saint Amand zum Theil unter Bourbonnois gehörte, räumte man dem Vice-Seneschall dieser Provinz das Recht ein, einen Lieutenant mit einem Piket hinein zu legen, da dem Staat sehr gleichgültig seyn konnte, auf welche Art die Sache geschah.

Ich hielt die, welche für die Einnehmer der Depositengelder bey den Parlamentern von Paris und Bordeaux Bürgschaft geleistet hatte, dazu an, binnen vier Monaten die Erklärungen dieser Einnehmer zum Bureau der dazu ernannten Herrn von Matsses, Pontcarre, Caumartin, und Meaupou einzureichen, und erklärte mit ihrer Einwilligung diese Aemter, nach Ablauf von sechzehn Jahren von jetzt an, für wiedervereinigt mit der Kammer.

Cussé und Mariqué, welche über das Heimzahlungs Geschäft der angeliehenen von der Provinz Bretagne 1598. dem König sechs mal hundert tausend Livres, gesetzt war, schickte mir ihren endlichen Rechnungs Abschluß von Ausgabe und Einnahme oder eigentlich einen unförmlichen Auszug, woraus ich blos ersah, daß zur Rückzahlung von sechs mal hundert tausend Franken, ungefehr eine Million dreymalhundert und vierzigtausend Livres eingenommen worden und aufgegangen waren. Die Klagen der Provinz hatten mich schon auf den Inhalt dieser Rechnung gefaßt gemacht, deren Führern ich einen strengen Ver-

Verweis gab. Eben so verfolgte ich die Diebereyen, welche Vitry mich in Guyenne entdecken ließ. (17).

Auf die Nachricht, daß der König gesonnen sey, verschiedene zur Kammer gehörige Stücke wieder einzulösen, fand sich eine Menge Pachtlustige ein. Einer von ihnen ließ beym Conseil anfragen, ob man ihn wohl zur Behandlung einer Portion von hundert und funfzigtausend Livres anstehen lassen wolle? Er wollte weder seinen Namen, noch den Theil, noch sogar die Bedingungen dabey wissen lassen, ausser daß er sagte: diese Bedingungen seien sehr vortheilhaft für Se Majestät, indem dabey weder von Pacht auf lange Jahre noch von neuen Einrichtungen die Rede sey, sondern die Sache nur ganz so übernommen werden dürfte, wie sie wäre. Er forderte dabey noch, wenn er einmal gehört worden sey, sollte ihn niemand mehr überbieten dürfen, wenn man ihm nicht zweymalhundert tausend Livres bezahlte. Das Sonderbare dieses Antrags hinderte nicht, daß das Conseil nicht geneigt war, ihn anzunehmen. Allein der König verlangte, daß der, welcher ihn machte, angehalten werden sollte, sich zu nennen, und wenigstens Ihm oder dem Kanzler und mir, Zeit und Beschaffenheit dieses Wiederkaufs zu eröfnen. Der König fürchtete, diese Gefälle möchten vielleicht in den Händen von Personen seyn, denen sie abzunehmen nicht rathsam seyn dürfte. — Ein gewisser Longuet überreichte Ihm über diesen Gegenstand weitläuftige Memoiren, die Er mir nebst Anträgen, welche Ihm die Tranksteuerpächter zu Fontainebleau gemacht hätten, zuschickte, und dabey sagte: Er denke immer, die, welche so hinter mir Ihn angiengen, hätten im Sinn Ihn zu übereilen.

Der

Der Herzog von Nevers reichte im Conseil eine Bittschrift ein, einen in der Gegend von Rhetel angelegten Salzspeicher eingehen zu lassen. Dies verlangte seine Frau Mutter, da ihr der König den Profit dieses Bureaus für eine Summe überlassen hatte, die er ihr zu geben mit ihr überein gekommen war. Ich suchte mich bey den Kassiren von Champagne hierüber zu verständigen, da die Sache nicht aus meiner Zeit war, und fand ohne Mühe das Dekret auf, das die Herzogin von Nevers, über diese Concession gehalten hatte. Der König meinte, als Er es sah: Er sollte doch endlich einmal mit diesem Hause quitt seyn; befahl mir aber doch bey der Zurücksendung, das abzutragen, was man nach einer billigen Berechnung dem Herzog von Nevers allenfalls noch schuldig seyn möchte. Alsdann aber sollte ich diese Partie, wie die andern vielmehr zu erhöhen suchen, als eingehen lassen. — Der König hatte zween Prozesse gegen dies Haus, wegen der Erbschaften derer von Foix und Albret, aus denen man sich wechselsweise Anforderungen von Millionen machte. Diese Sache ward für sehr verwickelt gehalten. Ich gab mich, als ich die Stücke unter die Hand bekam, damit ab, einen so bündigen und deutlichen Aufsatz daraus zu ziehen, daß ich dem König dadurch sehr einleuchtend machte: man könnte, wie ich längst geäussert hätte, füglich auf beyden Seiten mit einander gleich aufheben.

Die von Lyon hatten ebenfalls einen Rechtshandel beym Conseil gegen Feydeau. Sie stellten Sr Majestät vor, daß die Weigerung des Conseils, ihnen ein Arret auszuhändigen, das sie bereits ausgewirkt hatte, ihrer Handlung beträchtlichen Nachtheil zuziehe. Der König empfahl sie mir, und ich ließ ihre Sache beendigen. Das Wohl und Wehe einer Stadt wie Lyon betrifft das ganze Reich. Sie ließ mir durch ihre

ihre Marktrichter und Schöffen ihre Danksagung machen.

Auf ein Protocoll, welches mir die Kaßirer von Bezieres über die Art zuschickten, wie bey ihnen die Mark Goldes erhoben würde, ließ ich von dem Conseil ein Arret abfassen, um dieser Erhebung ganz überhoben zu seyn. Ich weiß nicht, was man darüber dem König vorbrachte; aber Er schrieb mir: ich sollte dies Arret nicht unterzeichnen, — oder wenn dies schon geschehen wäre, nicht kundmachen lassen, ohne ausdrücklichen Befehl von Ihm; nicht als ob Er die Mißbräuche zu berechtigen gesonnen wäre, welche bey dieser Auflage vorgiengen, sondern weil Er wenigstens sie kennen wollte. Sie giengen die Sicherheit der daher zu erhebenden Gelder so nahe an, daß ich überzeugt war, der König würde uns nur darüber tadeln, daß wir es so lange hätten anstehen lassen, die Sache in Ordnung zu bringen.

Man brachte Sr Majestät eine andre noch schwerere Beschuldigung gegen mich wegen des Conseils vor, daß ich, wie man ihn bereden wollte, Personen dahin zöge, welche es weder in Rücksicht auf das Beste des Diensts, noch durch ihre eigne Person verdienten, und dies Benehmen habe schon viel Verwirrung im Conseil verursacht. Wäre die Sache wahr gewesen, so hätte ich freylich wohl etwas ganz anders verdient, als die Vorwürfe, welche mir der König darüber machte. Denn es wäre ein höchststräflicher Mißbrauch des Vertrauens gewesen, womit Er mir die ganze Sorge Seiner Finanzen überlassen hatte. Bey genauerer Ueberlegung, was wohl die Veranlassung dazu seyn möchte, urtheilte ich: es könne keine andre seyn, als das Projekt das ich gemacht hatte, der Anzahl von Requetenmeistern und andern Leuten

von

von der Feder, aus denen gewöhnlich das Conseil besteht, einige Männer vom Militair zuzugesellen, und zwar von denen, welche ohnehin das Dekret darauf haben demselben ausserordentlich beywohnen zu können. Da ist es denn freylich wahr, daß ich keine Gelegenheit, mit den Prinzen, Ducs Pairs und andern Kronbedienten besonders denen, bey welchen ich Talent dazu bemerkte, hievon zu reden vorbey ließ ohne daß ich ihnen Geschmack für diese Art von Beschäftigung beyzubringen suchte, welche eines der blindesten Vorurtheile, sie als ihrer Geburt unwürdig ansehen läßt. Der wahre große Mann kann nur suchen seinem Vaterland zu allen Zeiten und in welchem Fach es sey, nützlich zu werden. Und was wäre denn Niederträchtigkeit, wenn es dies nicht ist, durch ein verzärteltes weibisches Leben, wie es Leute von Stand in Frankreich während des Friedens führen, alle die Lorbeern wieder verwelken zu lassen, die man während des Kriegs gesammelt hat?

Weit entfernt, mir einbilden zu können, daß ich unrecht daran gethan hätte, indem ich mich bemühte, alle diese unnützen Hofschwelger aus ihrem trägen Schlummer zu wecken, bekannte ich vielmehr dem König die Absicht, die ich dabey gehabt hatte, und glaubte diese Sache mit Ihm gründlich untersuchen zu müssen, wiewohl es nur schriftlich, und folglich sehr unbequem, geschehen konnte. Ich entwarf Ihm einen Plan zu einem neuen Conseil, worinn unter den acht Personen, aus denen es bestehen sollte, vier Personen vom Kriegsstand als wirkliche Räthe angestellt werden sollten. Um diese Veränderung auf eine noch auffallendere Art vorzunehmen, hätte man einen Etat von den Vornehmsten des Königreichs, welche über dreißig Jahr alt waren, haben, daraus zwanzig wählen und diese wieder in vier Classen abtheilen müsse, jede

zu

zu fünf Personen, welche jederzeit das Conseil complet gehalten, und sich an den drey Sitzungstagen in der Woche, von früh an unausgesetzt dabey befunden hätten, bey Verlust der Bestallung und unter angedrohter Vergebung ihrer Plätze an andere. Welcher Unterschied zwischen einem so organisirten Corps und einem andern, das durch Triebfedern der Schikane in Bewegung gesetzt wird, welche diejenigen, aus denen es besteht, zu ihrem einzigen Studium gemacht haben! —

Ich ließ mich für dießmal noch auf keine umständlichere Ausführung ein. Ich schrieb dem König nur, wenn diese Idee Ihm so sehr gefiele, als mir, so würde Er noch besser mit dem allgemeinen Reglement zufrieden seyn, wodurch ich sie zu einem Grad von Vollkommenheit gebracht und, auch dafür gesorgt zu haben glaubte, daß die Staatsgeheimnisse unter so vielen Leuten von so verschiedenen Gesinnungen dennoch in Sicherheit seyn könnten. Der König war beym Empfang dieses Briefs im Begriff auf die Jagd zu gehen. Er las ihn doch zweymal durch, und schrieb mir: Er werde es reiflicher erwägen. Ich arbeitete aber vergebens, Ihn auf meine Meynung zu bringen. Es ist noch nicht das Schlimmste, was wir der Gewohnheit zu danken haben, daß sie groben Mißbräuchen Ansehen giebt. Denn diesen kann man beynahe jederzeit noch unfehlbar beykommen. Aber dieß ist das Aergste, daß sie gewissen feineren unmerklicheren Mißbräuchen so viel Ansehen giebt, ihnen die Larve von Weisheit vorhält, und einen falschen Schein von allgemeiner Nützlichkeit umhängt, der sie auch dem bestgearteten Fürsten achtungswürdig macht. Der bestimmte Zeitpunkt zur Zerstörung solcher Mißbräuche findet sich erst am Ende einer langen Kette von Betrachtungen und Folgerungen, die man langsam nach

einander

einander herbey führt. In jeder Rückſicht reicht
Menſchenleben nicht hin, ſie alle auszurotten (18).

Dieß war nicht der einzige Fall, daß ich gegen den
König entgegengeſetzter Meynung war. Man beredete
Ihn zu Errichtung einer neuen Juſtizkammer gegen
die Finanzleute; eine, wie tauſend Erfahrungen zei-
gen, entſchieden unnütze und ungerechte Operation.
Indeſſen war ſie einmal nach dem Geſchmack dieſes
Herrn, welcher Seine wie geſagt ſehr beträchtliche
Ausgaben für Spiel, Bauweſen, Mätreſſen und d.
dgl. hatte, ſie aber nicht gern von den gewöhnlichen
Geldern nehmen wollte, und daher mit Freuden eine
Summe dazu beſtimmte, die Er auf jene Weiſe unter
der Hand ohne Mühe erhielt, und die Ihm Seine
eigennützigen Höflinge immer noch weit größer vor-
ſtellten, als ſie in der That war. Ich war ſo verdrüßlich darüber, daß Heinrich ſich von allen dieſen
Leuten mißbrauchen ließ, daß ich meine Meynung
darüber gerade zu vor dem ganzen verſammelten Hof
herausſagte. Der Zorn, in welchen meine Freymüthigkeit den König ſetzte, gab meinen Feinden große
Hoffnung auf meinen Sturz. Die ſchon erzählte Begebenheit im Zeughaus kam dazu, und beſtärkte ſie
darinn. Allein deſſen ungeachtet vermochte ich es
nicht über mich, den Kommiſſarien dieſer Kammer
nicht ins Angeſicht loszubrechen, als ich ſehen mußte,
wie ſie den Hauptſchuldigen durch die Finger ſahen,
und leichte Veruntreuungen mit ſo viel Aufheben und
Härte beſtraften.

Einer dieſer Kommiſſarien, Mangot, hatte etwas
ganz den darüber vom König erhaltenen Specialbe-
fehlen zuwiderlaufendes unternommen, weswegen ich
ihn empfinden ließ, daß er an mir einen Oberaufſeher
habe, der feſt entſchloſſen ſey, ihm nichts hingehen zu
laſſen.

lassen: Er beschwerte sich über mich bey dem König, und vermochte seine Kollegen sich mit ihm zu vereinigen. Wenigstens hinterbrachte man mir es mit so bestimmten besondern Umständen, daß ich keinen Zweifel darein setzte. Der König sagte mir nichts darüber. Dieß war aber für mich noch kein Beweis vom Gegentheil. Ich hielt dafür, es komme mir zu, Ihm das vorzutragen, was ich Mangot gesagt hatte, um Seinem Unwillen einen Theil des Wegs zu ersparen, den ich ihn bisweilen hatte nehmen sehen. Ich hatte zu Mangot gesagt: ich werde mich diesen vorgeblichen Befehlen des Königs nicht fügen, wenn man mir sie nicht zeigte. Es war nicht sehr schwer, dieß Wort zu vergiften. In meinem Schreiben an den König dankte ich Ihm, daß Er dem, was Ihm meine Feinde hinterbracht hätten, keinen Glauben beygemessen habe, und versicherte, daß die Hitze, die ich bey dieser Gelegenheit gezeigt habe, nur von dem Verdruß herrühre, mit dem ich sehen müßte, daß Seine Befehle durch Leute überschritten würden, welche sich einbildeten, Er habe sich zu ihrem Vortheil Seines ganzen Ansehens entschlagen, während Sein Vortheil jeder andern Rücksicht aufgeopfert würde. Ich schloß mit der Bitte, mich zu entschuldigen, wenn ich, gegen meine Absicht, so unglücklich seyn sollte, mich Ihm mißfällig gemacht zu haben.

Ich war betrogen worden, wie man aus der Antwort des Königs sieht, der sich sehr verwundert bezeugte, indem Er von mir die erste Nachricht von dieser Streitigkeit vernehme. Würden diese Leute Ihm etwas dergleichen vorgebracht haben, so würde Er ihnen als ein Herr geantwortet haben, der seinen Diener liebt. Alles sey daher nur eine List, mich in Hitze und zum Reden und übel bey Ihm anzubringen. „Ich
schwöre

schwöre Ihnen, daß man hier gar nichts davon vernommen hat. Sie sind etwas rasch, und ich sehe aus Ihrem Brief, daß Sie glauben, was man Ihnen gesagt hatte. Indessen ist die Nachricht ganz erlogen. Mäßigen Sie Ihren Zorn, glauben Sie nicht so leicht alles, was man Ihnen sagt, und Sie werden die rasend machen, welche Ihnen mein Wohlwollen beneiden. Ich setze seit meinem Podagra heute zum erstenmal die Feder an; der Zorn über diese Hinterbringer hat meinen Schmerz überwältigt." —

Caumartin hatte die ihm zur Austheilung unter die Schweizer Cantons aufgegebene Gelder so gut verwaltet, daß er jährlich noch dreyßigtausend Thaler davon hatte zurücklegen können, von denen er andre Schulden, bey denen er auf ein Sechstheil akkordirte, abgetragen hatte. Dieß Beyspiel ist zu schön, als daß es hier mit Stillschweigen übergangen werden dürfte; es ist um so schöner, da für einen, welcher einen scheinbaren Vorwand suchen will, einen Theil der Summe zum Nutzen des Austheilers zu unterschlagen, nichts leichter ist, als die Schweizer zum Schreyen zu bringen, und dadurch die Ersparung zu verhindern. Ich unterließ nicht, du Refuge, der an Caumartins Stelle abging, wohl darauf aufmerksam zu machen.

Der König hatte kürzlich eine Compagnie Gens d'Armes für den Herrn Herzog von Orleans errichtet, die Er so schön und so gut ausgerüstet fand, als Er Musterung darüber hielt, daß er sie aufs ganze laufende Jahr, wie die Compagnie der Königin bezahlen ließ. Er überließ es meiner Wahl, woher ich die zweymalhunderttausend Livres nehmen wollte, welche Ihm diese Musterung kostete, ob von den sechsmalhunderttausend, die man jährlich in den königlichen

Schatz

Schatz legte, oder von den Taillongeldern, oder ob die Schatzkammer diese Summe von den ordentlichen Kriegsgeldern nehmen und sie zur Zeit, da diese Compagnien gewöhnlich ihren Sold bekommen, wiedergeben sollte.

Was meine andern Aemter betrifft, so ist das Beträchtlichste, was bey der Artillerie vorgenommen wurde, die vollständige Galeerenrüstung auf den Nothfall, ein Werk, das der König sehr lobte. Ich wollte Ihm einen Theil der Kosten ersparen. In alten Urkunden des Feldzeugmeisteramts hatte ich gefunden, daß unter den vorhergehenden Regierungen mehrere Stücke Geschütz an Galeerenhauptleute zu ihrer Ausrüstung verabfolgt worden waren, doch mit der Bedingung, sie wieder zurück zu liefern; was sie aber nicht gehalten hatten. Das Conseil, dem ich diese Entdeckung vorlegte, war meiner Meynung, daß man diese Wiedererstattung gegen die Erben dieser Schiffsoffiziers rechtlich verfolgen könnte. Allein da diese Nachsuchung mehrere Personen von Stand betraf, schickte ich den Herzog von Rohan zu Ihm, um Ihn bey Ueberreichung des Aufsatzes, den ich darüber verfertigt hatte, um Seine Erlaubniß dazu zu bitten. Er willigte ein, daß man die Sache anfangen, aber nicht mit aller Strenge treiben sollte. Dies machte mein Sorgen unnütz. Es schien mir, als wenn es für diesen Herrn ungleich anständiger gewesen seyn würde, diese Sache ganz zu übergehen, als die Nachsuchungen anzufangen, um nachher wieder davon abzustehn.

Ich ließ die Plane von allen Plätzen und Küsten in Bretagne aufnehmen, und schickte sie dann dem König, damit Er sehen möchte, was daran noch zu thun wäre. — Ich verlor dieß Jahr in Provence zwey vortreffliche

treffliche Subjekte in dieser Kunst, Bonnefont und den jungen Erard (19), der schon jetzt seinem Vater in der Ingenieurkunst nichts nachgab. Ihr Tod ging mir sehr nahe. Ich bat den König, bey dem man sogleich um ihre Stellen einkam, sie nicht zu vergeben, bis wir erst zusammen die Fähigkeit der Competenten wohl geprüft hätten.

Die Entführung der Tochter des Sieur de Fontange, womit ich den Artikel von der Policey anfange, gehört auch noch zum vorhergehenden, weil ich Befehl von Sr Majestät erhielt, Kanonen vor das Schloß Pierrefort rücken zu lassen, welches Fontange mit Beystand seiner Freunde belagert hielt, indem er den Entführer verfolgte. Die Kosten einer Belagerung brachten ihn bald in große Noth, und nöthigten ihn, beym König Hülfe zu suchen. Dieser gerührt von der Gerechtigkeit seiner Sache, von welcher Er sich übrigens als gemeinschaftlicher Vater aller Seiner Unterthanen ohnehin nicht ganz ausschließen konnte, schickte die Bittschrift und den Ueberbringer an Sillery und mich, und schrieb mir dabey: Er habe so eben an du Bourg und Nerestan (20) Befehl ergehen lassen, ihre Compagnien marschfertig zu halten, an (Heinrich von) Noailles, (Graf von Ayen) aber, wirklich auszurücken, um zu vollführen, was ich für dienlich erachten würde, für Fontange zu thun. Wenn ich aber glaube, daß es Ihm zukäme, alle Kosten der Belagerung von Pierrefort zu tragen, so sollte ich es so wohlfeil als möglich einrichten, und zusehen, daß es so wenig als möglich lästig für das Volk werde. — Heinrich wies auch Beaumeville an uns, der ein Auskunftsmittel vorzuschlagen gekommen war, worin Er, wie Er sagte, mehr Eitelkeit als Gründlichkeit sähe. Er ließ auch durch Venterol einen Menschen auffangen, welcher schlimme

schlimme Abſichten hatte, und trug mir auf, ihm die Reiſe zu bezahlen.

Die gute Ordnung der Policey ſchien mir auch in dem eigenmächtigen Verbot des Richters von Saumur verletzt, Getraide entweder aus dem Reich zu führen, oder im Umfang ſeiner Gerichtsbarkeit von Saumur zu verkaufen. Ich ließ dieſen Spruch durch das Conſeil vernichten, ehe ich noch Sr Majeſtät Bericht davon erſtattet hatte, und noch überdieß den Richtern, die ihn geſchöpft hatten, einen Tag beſtimmen, um perſönlich zu erſcheinen.

Das Parlament von Rouen erließ zwey Beſchlüſſe, von welchen einige behaupteten, ſie ſeyen ſehr gut, andre ſie ſeyen äußerſt ungerecht. Einer betraf die Reliquien des heiligen Romanus, dem es das Recht wahrte und beſtätigte, auch den abſcheulichſten Meuchelmord zu begnadigen (21), das andere die Ehe eines gewiſſen Drouet, Auditeur bey der Rechenkammer, wovon die Geſchichte hier keine Stelle verdient.

Da der erſte Präſident dieſes Parlaments in eine gefährliche Krankheit gefallen war, woran er aber noch nicht ſtarb, ſo erklärte ich Jambeville, auf Befehl des Königs, der um dieſe Stelle bat: Se Majeſtät ſeyen ihm jederzeit wohlgewogen, allein es gereiche Ihnen nicht zum Wohlgefallen, daß er ſich ſo öffentlich bewerbe. — Die Stelle eines Advokaten des Königs beym Parlament war durch den Tod des Sieur de Sault erledigt, und ſogleich von der Königin Margarethe und von Ornano für den Sohn des Raths du Bernet bey dieſem Gerichtshof, verlangt. Der König ſchlug es ihnen ab, indem Er dieſe Stelle, deren Wichtigkeit Ihm die letzten Unruhen gezeigt hatten, nur einem Ihm vollkommen bekannten Menſchen anvertrauen

vertrauen wollte. Allein auf die Schilderung, die ich
Ihm von Du Bernet machte, entschloß Er sich wieder
für ihn. — Er bedauerte sehr Dinteville und Bretauville, so wie auch zween von Seinen Hausoffizianten, Sainte Marie und Canisy. Bloß für sie hatte
Er ihre Stellen errichtet; und ließ sie daher auch nach
ihrem Tod wieder eingehen.

Die Genauigkeit, die ich mir vorgeschrieben habe,
verbindet mich hier verschiedene Summen anzumerken,
welche ich in meinen Papieren als dießjährige auf Befehl und zu den besondern Ausgaben Sr Majestät geleistete Zahlungen finde. Sechs und dreyßigtausend Livres an Don Johann von Medicis. Der König ließ mich
sie von den in den Finanzrechnungen des jetzigen Jahrs
unter dem Namen seines Oheims, des Großherzogs
von Toscana laufenden hunderttausend Livres nehmen.
Dreytausend dem Kardinal von Givry, und eben so
viel dem Kardinal Seraphin, ein Rest von den Nutzungen der Abtey Clerac, welche vor dem Contrakt mit
denen von Saint Jean de Latran, verfallen waren.
Dreytausend zweyhundert fünf und zwänzig an Santeni, welche Ihm dieser geborgt hatte; achtzehntausend
und sechzig den Bischoff von Carcassonna, der schon
lange deswegen, als über eine Schuld von Sr Majestät, lästig gewesen war, und Mittel über Mittel vorschlug, um sie zu erhalten. Der König ließ mich von
diesem Bischoff einen mit Steinen besetzten Degen nebst
Papieren zurück nehmen, welche er zum Unterpfand
für diese Summe gehabt hatte. Mehrere beträchtliche
Summen, die Er im Spiel verlor, die ich aber nicht
alle hersetze. Er ließ einst durch Beringhen neuntausend Livres von mir holen, die Er auf dem Markt für
Juwelen und Kleinigkeiten verschleudert hatte, und
schrieb mit dabey: die Kaufleute hielten Ihn für diese

Summe bey allen Ecken. Eben derselbe forderte einige Tage darauf abermals fünftausend zweyhundert fünf und sechzig Livres. Drey Tage hernach gab ich noch reytausend, und ein andermal wieder dreytausend echshundert.

Unter diese Summen werfe ich diejenige nicht, welche der König dem Prinzen von Conde zu seiner Reise nach Italien gab. Heinrich konnte es sich nicht zuviel kosten lassen, diesem Prinzen gute Gesinnungen einzuflößen. Eben so wenig rechne ich hieher, was Ihn die Ausbesserung der Basteyen vor dem St. Antonsthor, des Königsplatzes und die Einlösung des Schmucks der Königin kostete, den sie bey Rucelay versetzt hatte; oder endlich die Summen, welche Er an Gebäuden für Seine Manufakturen verschwendete, wiewohl sie meines Erachtens sehr unnütz und übrigens sehr beträchtlich waren. Die Unternehmer wollten dazu eine ganze Seite von den Häusern auf den Königsplatz niedergerissen haben; aber Heinrich befahl ihnen, nach dem Ueberschlag des Controleur Donon, sich mit einer Art von Gallerie vor diesen Häusern zu begnügen, welche dieser Seite des Platzes ihre Gleichförmigkeit mit den andern erhielt.

Man hatte Mühe mit diesen hochberühmten Flämischen mit großen Kosten verschriebenen Tapetenwirkern überein zu kommen. Endlich wurde in Gegenwart von Syllery und mir beschlossen, daß ihnen zu ihrer Einrichtung hunderttausend Franken gegeben werden sollten, welche Heinrich sehr sorgfältig mir auszuzahlen befahl, "indem mir — sagte Er — sehr viel daran liegt, sie an mir zu behalten, und ich sehr besorgt bin, meine Vorschüsse nicht zu verlieren." — Er hätte nur gern gesehen, daß diese Manufakturisten sich mit andern Geldern hätten befriedigen lassen, als mit denen, die

die Er sich selbst vorbehalten hatte. Allein endlich mußten sie einmal durchaus befriedigt werden, und Se Majestät brauchten Ihr Ansehen gegen Vienne, daß er eine Quittung dieser „Unternehmer von Leinewand auf Holländer Art" eintragen mußte. — Er ließ an einem vollständigen Ameublement arbeiten, das Er mir Stück vor Stück zu untersuchen auftrug, um zu wissen, ob man Ihn nicht betrüge. Ich finde an all dergleichen Dingen wenig Geschmack, und bin noch schlechterer Kenner. Der Preis schien mir so übertrieben als die Menge. Heinrich urtheilte ganz anders, als Er die Möbeln und mein Memoire sah. Er schrieb mir: es sey nichts zu viel, nichts was Er nicht bestellt hätte, und Er habe in Seinem Leben noch keine so schöne und wohlfeile Waare gesehen; man müsse den Arbeiter ohne Anstand bezahlen, was er dafür fordre.

Nun auch ein paar Worte von Heinrichs Vergnügungen. Er verließ Fontainebleau (22) nicht eher als zu Ende des Julius, da Er nach Monceaux ging, um dort drey Wochen zuzubringen. Er ging gegen das Ende des Augusts nach Saint Maur, wo Ihn eine Unpäßlichkeit einige Tage hinhielt. Die Königin brauchte unterdessen den Brunnen von Vanvres. Im September blieb Er zu Paris, und kam erst im Dezember wieder dahin von Fontainebleau zurück, wohin Er in der Mitte des Oktobers gegangen war, um den Herbst da zuzubringen. Der Herr Connetable war mit, und erhielt sehr viele Liebkosungen von Sr Majestät, als sie sich zu Bouron begegneten.

Er empfand kein größeres Vergnügen, als wenn Er unter Seinen Kindern seyn konnte, die Er alle mit der stärksten Zärtlichkeit liebte (23). Auf die Nachricht, die Er im August erhielt, daß eine ansteckende

Luft sich zu Saint Germain habe spüren lassen, schrieb Er sogleich der Frau von Montglat: sie solle sie nach Noisy bringen, und schickte Frontenac auf der Post zu mir, um mir sagen zu lassen: Er verlasse sich auf mich in Ansehung der Carossen, Sänften und Fuhren, die zu diesem Auszug erforderlich wären. — Der Herr Dauphin wurde zu Noisy krank, und der König schrieb mir dieß abermals, so wie auch seine Genesung. Denn nie trug sich eine Veränderung, weder im Guten noch im Bösen, an Sr Gesundheit, oder bey einer Person aus dem königlichen Hause zu, ohne daß Er mir sogleich Nachricht davon ertheilte. Im November hielt man es nicht mehr für gefährlich, die königlichen Kinder nach Saint Germain zurück zu bringen; allein Heinrich, der in einer Sache von dieser Wichtigkeit nichts wagen wollte, schrieb mir und der Frau von Montglat, man müsse erst den Mond in diesem Monat vollends abwarten (24). Ich ließ sie daher erst in den ersten Dezembertagen zurückbringen.

In dem Hauswesen dieses Herrn brachte die Zeit jene Ruhe nicht hervor, die wir schon zu oft durch Weiber gestört gesehen haben. Alles wurde vielmehr immer verwirrter. Die Unterredung Sr Majestät mit mir im Bücherkabinet, wovon ich oben gesprochen habe, betraf großentheils diesen Gegenstand. Er bat mich, wie ma seinen Freund — bittet, wie ich mich dieses Ausdrucks bedienen darf — mich noch einmal zur Vermittlung zwischen den zwo Personen gebrauchen zu lassen, welche Ihm Seine Verdrüßlichkeiten verursachten. Im folgenden Jahr wird von diesem allem mehr die Rede seyn; also will ich in diesem nichts weiter davon sagen, als um von einigen Briefen Rechenschaft zu geben, welche Er mir hierüber schrieb.

Einer

Einer davon ist datirt Verneuil bey Senlis den 15. April. Er beklagt sich darin, daß Er in Zeit von 14 Tagen nichts von mir zu sehen bekomme, da ich Ihm doch im Louvre versprochen hätte, an einer Aussöhnung zu arbeiten. „Ich sehe wohl, — sagte Er — da die Bitten des Freundes nicht hinreichen, Sie zu bereden, so muß ich als Herr und König befehlen: Sie werden es also nicht unterlassen, wenn Sie mich lieben, und wollen, daß ich Sie liebe. Denn ich bin entschlossen, meinen Geist von allen diesen Ränken zu entlasten, welche zu oft recidiv werden, wie Sie es mit Recht nennen. Ich will dem Ding endlich einmal ein Ende machen, es koste was es wolle. Ich liebe Sie gewiß; aber lieben Sie mich auch wieder; dieß will ich daran erkennen, daß Sie mir den Dienst erzeigen, den ich von Ihnen verlange.

In einem andern von Fontainebleau im Oktober heißt es: „Es ist mir ein Familienverdruß begegnet, der mir die größte Aergerlichkeit verursacht, welche ich je gehabt habe. Ich wollte viel darum geben, wenn Sie hier wären. Denn Sie sind der einzige, den ich mein Herz aufschließen, und aus dessen Rath ich am meisten Trost schöpfe. Weder Liebe noch Eifersucht haben Antheil daran. Es ist Staatssache. Eilen Sie mit Ihren Geschäfften, um bald möglichst hieher zu kommen. Herr von Sillery dient mir darin, allein er ist nicht von hinlänglich starkem Geist. Sie können wohl denken, wovon die Rede ist. Diese Geistesverhärtung wird mir noch unerträglich werden."— „Mein Privatverdruß — schrieb Er einige Tage darauf nach andern Dingen — hält noch immer an. Wenn Sie hier wären, würden Sie sich wohl ärgern und Ihre Meynung sagen." Der Leser, glaube ich, beklagt diesen guten Herrn sehr, und das war auch beynahe alles, was ich thun konnte.

Der Herzog von Bouillon erhielt einen großen Beweis von der Güte und Gelindigkeit Heinrichs, welcher sich entschloß ihm Sedan wieder zu geben, und es ihm selbst allein anzuvertrauen, indem Er Netancourt und die Compagnie, die Er darinn hielt, herauszog. Der Sieur Gamaliel Dü Monsire ordentlicher Kriegskommissar ward deßwegen dahin geschickt. Die Instruktion, welche er bekam, ist vom letzten Dezember dieses Jahrs datirt, und dieses Inhalts: obschon die vierjährige für die königl. Besatzung bedungene Frist noch nicht abgelaufen sey, haben doch Se Majestät aus guten Gründen beliebt, sie heraus zu ziehen, um den Herzog von Bouillon in Besitz seiner Stadt zu setzen; Monsire werde also diese Compagnie für die rückständigen vier Monate besolden, hierauf werden sie verabschiedet werden, und Monsire habe genaue Obsicht zu halten, daß alle Soldaten alles richtig bezahlten, was sie den Bürgern schuldig wären. Da der König nicht die Meinung habe, hierdurch den Artikeln der Schirmsakte vom 2 April 1596 zu derogiren, welcher sagte: daß Se Majestät Hauptleute und eine Anzahl von Kriegern zur Sicherheit der Stadt darinn halten sollten, so wird Monsire aufgegeben, diese Hauptleute und Soldaten — welche zu gleicher Zeit, Da Netancourts Compagnie abmarschirt, einrücken werden, — Sr Majestät einen besondern Eid ausser demjenigen leisten zu lassen, zu welchem sie kraft desselben Vertrags viermal des Jahrs an ihren Löhnungstagen gehalten wären. Diese Officiers und Soldaten verbanden sich eidlich Sr Majestät zu dienen wider jedermann und selbst wider den Herzog von Bouillon wenn sie gleich von ihnen als ihrem Befehlshaber angestellt

zu

zu achten seyn sollen, falls er die Vertragspunkte von 1606 überschreiten würde. Endlich hatte Monsire noch den Auftrag, eben so den Bürgern von Sedan den in der Schirmsakte angegebenen Eid abzunehmen, der in nichts von dem andern verschieden war, außer daß er sie des dem Herzog von Bouillon geleisteten Eids mit seiner eigenen Einwilligung entbindet, falls je-fähig seyn sollte, andere Vortheile zu suchen und zu fördern, als mit dem Nutzen Sr Majestät bestehen kann.

Dieß alles ward ins Werk gesetzt. Die vor den Notarien von Sedan aufgesetzte Akten von dieser Expedition von Sedan sind die Urkunden darüber, so wie auch die Akten dieser doppelten Eidesleistung der Bürger und Soldaten vom 22. und 24. Jenner folgenden Jahrs.

Anmerkungen
zum
neunzehnten Buch.

I.

Ehe der Herzog von Sully Minister wurde, hatte man in Frankreich noch nicht darauf gesonnen, Nutzen von den Flüssen zu ziehen, denen dieß Königreich doch, wie man zugiebt, seine Reichthümer und seinen Ueberfluß dankt. Er fieng mit dem Kanal von Briare an, wie man bald sehen wird, konnte es aber nicht weiter bringen. Nichts wird vielleicht den Ruhm Ludwigs des Großen unsterblicher machen, als dieser bewundernswürdige Kanal beyde Meere zu verbinden. Der Vortheil, den der Staat aus beyden so glücklich zu Stand gebrachten Unternehmungen zieht, zeigt uns, ohne das Beyspiel zu rechnen, das uns Holland hievon giebt, was noch zu thun wäre, und beweist zugleich, daß dergleichen Entwürfe bey aller ihrer anscheinenden Schwierigkeit darum doch nicht unmöglich sind.

Die Verbindung der Flüsse und die Anlegung der Landstraßen zu Erleichterung der Kommunikation unter verschiedenen Provinzen, oder auch unter mehrern Theilen derselben Provinz, sind vielleicht die zween wichtigsten Gegenstände, auf die eine weise Regierung in Friedenszeiten ihre Aufmerksamkeit zu richten hat. Wenn man dazu die alsdann unnütze Soldaten oder das unzählbare Heer von Bettlern, die stets eine Last des Staats sind, braucht, so findet man dadurch das Mittel solche Werke mit mittelmäßigen Kosten zu Stand zu bringen, und den Müßiggang zu verbannen,

der

der gewöhnlich aus diesen letzten nichts als Räuber und Spitzbuben macht; während man zugleich die Handlung in alle Gegenden eines Reichs leitet.

Ein vorzüglicher Mittelpunkt der Reichthümer scheint nothwendig zu seyn; man muß aber darum dem Wohlstand der Hauptstadt nicht alle andern Städte aufopfern; sie ist im Staatskörper das Herz, das unaufhörlich das kreisende Blut empfängt, und wieder bis in die entferntesten Theile verbreitet, welche dessen nicht beraubt werden können, ohne der ganzen Maschiene die Schwindsucht zuzuziehen. Man könnte sich viele Mühe, diese geheimen Triebfedern zu entdecken, welche auch die kleinsten Zweige der Handlung in Bewegung setzen, ersparen, wenn man dafür wenigstens auf das so einfache Mittel verfiele, dem Landvolk Wohlstand und Ueberfluß zu verschaffen.

2. Diese Einrichtungen sind umständlicher auseinander gesetzt in den alten Memoiren, wo sie von Finanzmännern nachgesehen werden können.

3. Durch ein königliches Edikt vom 7. Jul. 1605 (weil wahrscheinlich diese Sache nicht eher als im folgenden Jahr ausgeführt werden konnte) räumt der König den in seinem Dienst verstümmelten Edelleuten, Offiziers und Soldaten das königliche Haus der christlichen Liebe ein, und weist zum Fonds das Geld aus den Ueberschüssen von den Rechnungen der Hospitäler, Almosenpfleger, Siechenhäuser, u. d. gl. und von den Pensionen der Laienbrüder an. Die Oberaufsicht darüber erhielt der Connetable. Diese Stiftung wurde verändert oder vielmehr verschlungen von der, welche Ludwig der Große dafür in unsern Tagen durch Anlegung und Ausstattung des Hotelroyal de Mars, oder Invalidenhauses errichtete, ein Denkmal, das allein schon sein Andenken unsterblich machen müßte. Dieß Haus de la Charité chretienne war vorher nur ein Spital ohne Einkünfte, von Heinrich III für verstümmelte Soldaten angelegt. Es lag in der Vorstadt St. Marcel, in der Ursinenstraße, und fiel nachher zusammen. Zwey Jahre hernach ließ Heinrich auch den Spital St. Louis bauen, und vermillate dazu den Hotel Dieu zehn Sous vom Scheffel Salz in der Generalirät von Paris auf funfzehn Jahre, und fünf Sous auf ewige Zeiten.

4. Es

4. Es wäre vielleicht richtiger, mit Uebergehung der drey ersten bloß bey Karl V stehen zu bleiben. Bey genauer Prüfung des Charakters Heinrichs IV und des Herzogs von Sully, findet man in dem ersten die Grundsätze eines Römers, bey dem andern die eines guten Spartaners. Die hier aufgestellten Grundsätze sind so ziemlich eine Mischung von beyden. Ich habe weiter oben bemerkt, wie dieser allzu rauhe Anstrich des H. v. Sully zu mildern seyn möchte. Ich werde mir hier in Ansehung des allzu kriegrischen Geists Heinrichs eben die Freyheit erlauben. Es ist ausgemacht, daß der Kriegsgeist der Beschützer eines Staats ist. Er muß da sorgfältig unterhalten werden, allein so, wie man ungefähr einen Bullenbeißer, den man zur Hauswacht hält, an der Kette hat, von der er äußerst selten losgelassen werden darf, um nicht seine eigne Herrn zu zerreißen. Man darf sich nur in das Ansehen setzen, daß man könne, und man wird dadurch beynahe eben so viel ausrichten, als durch die That selbst. Ein Grundsatz, der unter die natürlichen Gebote gehört, ist: daß man jedes andre Mittel dem Krieg vorziehen muß, wenn man dadurch zu demselben Zweck gelangen kann.

5. Dieß ist der Kanal von Briarre, der sich von diesem Städtchen bis Montargis, zehn Meilen davon, erstreckt. Er sollte bis Moret geführt werden. Allein dieser Theil des Projekts unterblieb, so wie überhaupt durch die Bosheit der Neider des Herrn von Rosny, oder, nach Mezeray, durch die Veränderung des Ministeriums der Kanal selbst aufgegeben wurde, nachdem man über dreymalhunderttausend Thaler darauf verwendet hatte. Dieß Werk war damals schon sehr weit gediehen. Man nahm es nachher wieder auf, und endlich kam es auch noch ganz zu Stand. De Thou ertheilt dem H. von Sully große Lobsprüche, indem er ihn als den Urheber dieses Entwurfs erkennt (B. 132). Was noch mehr erhellt aus den Platten oder einer Art von silbernen und kupfernen Denkmünzen, die man 1737 bey der Schleusenarbeit an diesem Kanal gefunden hat, und die man vielleicht nicht hätte wegnehmen sollen. Der Herr Graf von Biron, einer der Interessenten bey diesem Kanal, schickte die kupfernen dem Herrn Herzog von Sully, der sie in seiner Münzsammlung aufstellte, und behielt die silbernen, wegen ihres Werths, für sich. Auf eine dieser Platten ist

das

das Wappen des Herzogs von Sully geprägt, auf der andern steht folgende Inschrift:

> 1607. Maximilien de Bethune sous le regne de Henri IV par les mains de messire Pierre Ozon pour lors maire et gouverneur de Montargis le Franc.

Der Herr Herzog von Sully hat bereits wieder einen Theil der Memoiren und andrer diesen Kanal betreffenden Stücke erhalten.

6. Den Traktat selbst sehe man in der chron. sept. Der König giebt darin den Marquis von Rosny keinen andern Titel als den eines Generalfeldzeugmeisters und Generalbefehlshabers der Artillerie von Frankreich (grand maitre et capitaine general de l'artillerie de France). Der Kardinal Bufalo unterzeichnete ihn nicht, sondern nur die Herrn von Rosny und von Sillery, Don Balthasar de Cuniga für den König von Spanien, und der Senator Providius. Matthieu T. II. livre 3. pag. 655.

7. Grotius spricht davon beynahe in denselben Ausdrücken in seinen Annales et hist. des troubles de Paysbas.

8. Die Uebergabe von Ostende und l'Ecluse nebst den andern Verrichtungen dieses Feldzugs sehe man in de Thou, dem Septenaire, Matthieu, Siri und andern Geschichtschreibern, a. J. 1604.

9. Dieser Vertrag ist in nichts von einem förmlichen Friedensvertrag verschieden. Die Könige von Spanien und England schließen dabey alle ihre Alliirten ein, d. h. alle Fürsten und Staaten der Christenheit, welche darin genannt werden, nur die vereinigten Provinzen ausgenommen. Er ist ganz eingeschaltet in septenn. ann. 1604. Matthieu ib. 650 f.

10. Eine Anspielung auf eine Glaubenslehre Calvins, die von der Katholischen Kirche verworfen wird.

11. Die Politik hat jedoch Frankreich nach dem Absterben Karls II die spanische Krone für das Haus Bourbon eingetragen.

12. „Das Haus Oestreich, sagte Guy-Patin hat „große Erbschaften erworben, per lanceam carnis, d. h. „durch Verwandschaften und Vermählungen."

13. „Was

13. „Was das Salische Gesetz betrifft" (der H. Abt du Bos sagt dieß in seiner histoire critique de l' etablissement de la monarchie françoise dans les Gaules T. III. l. 6. p. 290.) „so hat es den Namen wahrscheinlich daher, „daß es schon unter den Salischen Franken üblich war, als „Clodwig 510 ihren Stamm, mit Ausnahme der Ripuarier „alle die Stämme einverleibte, welche ihn für ihren König „erkannten. Die älteste Sammlung (redaction) dieses Ge„setzes die wir haben, ist von dem König Clodwig, die her„nach von seinen Söhnen Childebert und Chlotar wieder „durchgesehen wurde .... Im Jahr 798 bestätigte es „Karl der Große von neuem, und fügte dabey noch viele „neue Satzungen hinzu ꝛc. Dieser Schriftsteller behauptet auch ebend. S. 273, daß die Verordnung, welche will, daß die Krone Frankreichs nicht von der Lanze auf die Kunkel falle, wirklich in dem zwey und sechzigsten Titel der Salischen Gesetze enthalten sey.

Die entgegengesetzte Meynung wurde aber, und wie es scheint, aus stärkern Gründen, behauptet, von einem andern eben so scharfsinnigen und gelehrten Mitglied der Akademie, dem Herrn de Foncemagne, in dessen vortrefflichen Aufsatz hierüber, der in der Sammlung der Memoiren der academie royale des inscr. et b. l. ann. 1727. p. 490 fs. steht. Es wird darin bewiesen, daß in dem ganzen Salischen Gesetzbuch kein einziger Artikel enthalten ist, der die Töchter von der Thronfolge ausschließt, und, daß der sechste Absatz des zwey und sechzigsten Artikels, wo es heißt: „daß die „Schwertmagen (mâles) allein das Salische Land besitzen und „die Spillmagen kein Theil am Erb haben mögen" nur von den Gütern und Erbschaften der Privatpersonen zu verstehen sey, daß es aber übrigens eine seit unvordenklichen Zeiten eingeführte Gewohnheit, selbst unter den Germaniern, gewesen sey, daß die Töchter die Krone nicht erben konnten, daß Tacitus schon Meldung davon thue u. s. w. Herr von Foncemagne hatte schon in einem andern Aufsatz (ib. année 1726. p. 464. s.) gezeigt, daß die Französische Krone ununterbrochen im Mannstamm schon in der ersten Reihe unsrer Könige erblich war.

Die Meynung dieser zween Schriftsteller, obschon einander entgegen, stimmt doch wenigstens gegen den hier in unsern Memoiren aufgestellten ganz unhaltbaren Grundsatz überein. Außer daß dieser auf eine Zerstörung der Prämi-
nenz

nenz der Nation hinaus läuft, würde er das Reich beynahe unaufhörlich in einheimische und auswärtige Kriege über die Wahl eines Thronfolgers stürzen; in Verwirrung der Gesetze, welche nicht immer durch fremde Könige respektirt werden würden, und in mehrere andre Uebel, welche der Verfasser ohne Zweifel nicht bemerkte, und ich kann nicht anders glauben, als daß dieser Einfall bloß von den Compilatoren herkomme, indem man darin ganz die Grundsätze des Herzogs von Sully vermißt. — Von dem Salischen Gesetze überhaupt s. m. Wendelin, Eccard, Baluz u. a., die von beyden Akademikern angeführt werden.

14. Jean de Serra sagt von der Art wie Heinrich den Connetable empfieng: „Der König ließ ihn an dem „Thor von Paris durch den Herzog von Montbazon mit „einer sehr ansehnlichen Begleitung von Edelleuten einho„len. Als Zamet den Connetable Abends traktirte, kam der „König just dazu (fort à propos) als man ihm das Wasch„becken reichte. Ich will mit Ihnen zu Nacht essen, sagte Er „zu ihm. Der Connetable überrascht wollte ein Knie zur „Erde setzen und ihm das Handtuch darreichen. Der König „hob ihn auf, und sagte zu ihm: Sie haben hier nicht die „Honneurs zu machen, sondern zu empfangen; Sie sind „vom Haus. Und wirklich ist der König verwandt mit dem „Hause Velasquez, bey welchem dieß Kronamt erblich ist, „welches die Könige denen verleihen, die sie auf die erste „Stufe bey sich erheben wollen."

Dieser Gesandte hatte zwey Jahre zuvor, auf seiner Reise nach Flandern, schon die Ehre gehabt den König aufzuwarten. „Er blieb, sagt der Geschichtschreiber Matthieu, ein wenig länger auf den Knien als er gedacht hätte, und sagte nachher: der König habe ihn empfangen als König und freundlich behandelt als Vetter." T. II. l. 3. p. 605. Siri ib. 317.

15. M. s. den Pater Matthieu T. II. l. 3. Die andern Geschichtschreiber, besonders Vittorio Siri, der sehr weitläuftig hievon handelt Mem. rec. T. I. p. 369.

16. Der Kardinal Ossat spricht hievon auf eine für den Pabst sehr vortheilhafte Art in seinem Brief an D. v. Villeroy 2. Jun. 1603.

17. Diese

17. Diese Ceremonie geschah in der Kirche des Temple, in Gegenwart des Legaten und der Gesandten. Da der kleine Prinz das Gelübde nicht selbst aussprechen konnte, stieg Heinrich, aus lebhafter Gemüthsbewegung vom Thron, und legte es selbst für ihn in die Hände des Grospriors ab. Er versprach es durch dieß Kind bestättigen zu lassen, sobald es sechzehn Jahre alt seyn würde. De Thou l. 132.

18. Alle Politiker haben sich jederzeit stark gegen die allzu große Vermehrung der geistlichen Orden und gegen die übertriebne Anzahl der Mönche in diesem Königreich erklärt. Wenn unsre Könige und unsre größten Minister diese Maxime nicht befolgten, so geschah dieß nicht, weil sie die Triftigkeit ihrer Gründe nicht fühlten; sondern sie glaubten der Religion den Vorzug vor der Politik geben zu müssen, weil, wenn es wahr ist, daß die Mönche dem Staat unnütz sind, es nicht minder unläugbar ist, daß die Religion unter ihrer Abschaffung leiden würde. Der Kardinal von Richelieu dessen Zeugniß hierinn weniger verdächtig ist, als das des Herrn von Sülly, sagt hievon. „So wie man schlecht oder blind „seyn müßte, wenn man nicht sehen und gestehen wolle, daß „die Religionen nicht nur nützlich, sondern auch nothwendig „sind, so müßte man auch von einem allzu blinden Eifer „eingenommen seyn, wenn man nicht einsehen wollte, daß „die Ueberhäufung beschwerlich ist, und sogar verderblich wer„den könnte, da, was dem Staat geleistet wird, Gott geschieht, „welcher die Grundlage davon ist. Die schon vorhandenen „Häuser reformiren, und den Ausschweifungen in neuen Anla„gen derselben Einhalt zu thun, sind zwey Werke, die Gott „gefallen, welcher in allen Sachen die Regel will. Testament politique P. l. ch. 2. s. 8.

Anmerkungen zum zwanzigsten Buch.

Zu S. 54. u. zur Fortsetzung der in den Anmerkungen des vorigen Bandes S. 342. und 363. concentrirten Geschichte der bedeutendsten Cabalen gegen Heinrich in den letzten Jahren seiner Regierung, folgt hier aus der schon genannten Auquetilschen Erzählung in der Kürze der Zusammenhang jener

ner geheimen Unternehmungen wider den König, welcher selbst durch Birons Tod sich nicht hatten zurückschrecken lassen.

„Birons Bestrafung hatte plötzliche Furcht, aber keine Beßrung, hervorgebracht; es schien vielmehr, als ob die Rachbegierde in Verbindung mit dem Geiste des Aufruhrs den intriganten Köpfen mehr Thätigkeit gäbe. Der Herzog von Bouillon, der es nicht gewagt hatte, wieder an den Hof zu kommen, durchstreifte Deutschland, und zeigte den schon eingenommenen Reformirten in seiner Person einen dem Kalvinismus getreuen und dem Könige, mit dem er Arbeiten und Beschwerden getheilt, zu allen Zeiten ergeben gewesenen Mann; der aber, wie er sagte, zur Belohnung gestürzt und aus Haß gegen eine Religion verfolgt worden sey, welcher doch der undankbare Monarch Sfepter und Krone zu verdanken hätte. Die Politik des Oesterreichschen Hauses erfand den Gebrauch, in den auswärtigen Königreichen beständige Gesandten zu unterhalten, die in die Geheimnisse der Höfe, an welchen sie sich aufhielten, eindringen und die Unterhändler bey Intriguen seyn sollten. Dieß machte Spanien, während der Ligue, zur Beherrscherin der Großen und des Volks, und es hatte sich dabey viel zu gut befunden, als daß es dieses Mittel nicht auch unter Heinrich IV. hätte anwenden sollen, dessen Muth und Scharfsinn es fürchtete. Es hielt also in des Königs Nähe einen ordinären Gesandten, Don Balthasar von Zuniga, einen schlauen Staatsmann, der mehr als zu geschickt war, den Absichten des Staatsraths von Philipp dem III. zu entsprechen. Er stimmte den Ton eines Mannes an, der helfen und rathen könne, er schoß Geld vor, er gab und versprach Pensionen und nahm an dem Interesse der Familie Antheil. Durch dieß Verfahren machte er sich so wichtig, daß die Minister ihn nicht zu beleidigen wagten. Er wußte es so zu machen, daß die Königin und des Königs Maitresse zu gleicher Zeit seine Freundschaft suchten und erwies selbst dem Könige Dienste, des Widerwillens ohnerachtet, den dieser Fürst gegen alles hatte, was von Spanien kam. Als Maria von Medizis nach Frankreich kam, brachte sie ein Mädgen vom niedriger Geburt, Leonora Galigane mit. Da man Mariens Begleitung nach Italien zurückgehen ließ, erlaubte Heinrich, daß Leonore in Frankreich blieb. Nun ließ die Königin alle die Gunst, die sie unter die andern vertheilt gehabt hatte, auf sie allein fallen. Ihr Ansehn führte einen florentinischen

Edelmann, Concino oder Concini, in Versuchung. Schön, galant und ein angenehmer Schwäzer, schmeichelte er sich bey der Favoritin ein, die sich als eine sehr häßliche Person, darauf schon zu gut that, daß ein Mensch von diesen Vollkommenheiten ihr vor so vielen andern Frauenzimmern, denen er hätte gefallen können, den Vorzug gab. Concini hielt um ihre Hand an, und erhielt sie. Dieses schmeichlerische Paar brauchte die Gewalt, die es über der Königin Herz hatte, nur dazu, um ihr Vorurtheile gegen ihren Gemahl beyzubringen, oder diejenigen, welche sie schon hatte, zu nähren. Wir wissen aus des Königs Klagen, daß Maria wenig gefällig, eigensinnig, mürrisch und bis zur Ausschweifung auf seine Maitressen und natürliche Kinder, selbst auf diejenigen neidisch war, die er vor der Bekanntschaft mit ihr hatte. Sie liebt weiter keinen, sagte Er, als Leonoren und deren Mann; alles, was sie fordert, fordert sie, um es diesen zu geben. Dafür weiden diese sie mit Klatschereien, umringen mich mit Kundschaftern und lassen Absichten blicken, die weit über ihre niedrige und geringe Abkunft gehen; sie sind ganz den Spaniern ergeben, und bedienen sich zu diesem Verständniße der Unterhandlung florentinischer Agenten. Am Ende können diese heimliche Anschläge für den Staat, und vielleicht für meine eigne Person, verderblich werden.

„Diese traurige Ahndungen setzten des Königs Gemüth in Unruhe, die durch seiner Mätresse Henriette d'Etrangues unbeständiges Betragen verdoppelt ward. Diese beiden Seelen, sagt Sülly selbst, konnten nicht ohne einander leben und sich doch nicht mit einander vertragen. Heute überließ sich Henriette mit aller Hitze der Leidenschaft, dem Vergnügen, von einem großen Monarchen geliebt zu werden, und morgen wollte sie den König zwar sehen, aber ohne alle vertraute Gemeinschaft mit ihm seyn. Heinrich glaubte, daß sie sich wegen eines neuen Liebeshandels so betrüge Er war zufrieden, daß ihm die Marquisin keine Zeichen der Zärtlichkeit weiter gab; nur sollte sie allen Liebeshändeln entsagen, und er wollte nicht, daß sich ein Herz, welches er allein besessen, unter mehrere theilen sollte. Zuniga hatte am König viel Abneigung gegen eine aufrichtige Aussöhnung mit dem östreichischen Hause entdeckt. Durch Geschenke und Versprechungen gewann er Concini'n und Leonoren. Durch diese ließ er der Königin beybringen, ihres Gemahls Haß gegen Spanien könne ihren Kindern nachtheilig werden. „Diejenigen

„nigen Franzosen, sagte er, die der Römischen Religion
„anhangen, betrachten stets den König, meinen Herrn, als
„ihre Hülfe und Stütze. Sie merken, daß der Katholische
„König nur darum vom Könige von Frankreich gehaßt wird,
„weil dieser beständig einen geheimen Hang zu den Hugenot-
„ten beybehält, für deren Feind sich der meinige frey er-
„klärt. Wenn nun das Volk erst merkt, daß man den jun-
„gen Prinzen von Kindheit an Vorurtheile gegen den Mo-
„narchen beybringt, welcher der katholischen Religion am mei-
„sten zugethan ist, so kann man nicht dafür stehn, daß sich
„nicht zur Zeit der Gährung die ganze Nazion gegen die
„Prinzen des Begünstigers der Ketzerey empören und sich
„andre Herren wählen sollte."

„Marie, die an einem so empfindlichen Orte angegriffen
ward, wie das Interesse ihrer Kinder war, ließ sich
von dergleichen Besorgnißen desto leichter einnehmen, da sie
diejenigen Personen liebte und schätzte, die ihr dieselben ein-
flößten, so daß sie sich in allen den Angelegenheiten, in welche
sie sich mischen konnte, durch nichts mehr leiten ließ, als durch
Grundsätze, die denen ihres Gemahls entgegengesetzt waren.

Nicht mehr Uebereinstimmung mit seinen Gesinnungen
fand Heinrich bey seiner Mätresse, die der spanische Gesandte auch verführt hatte. Der Graf von Auvergne knüpfte
und erhielt diese Verbindung. Er fand ein Mittel, den
König in seinen Verbindungen mit den Feinden des Staats
einzuflechten. Heinrich ward von einer heftigen Krankheit
befallen, welche das Haus Entragues unruhig machte. Henriette stellte sich dem Könige ganz in Thränen zerflossen dar,
sie machte ihre Angst größer, als sie war, sie schien von der
Furcht, mit ihren Kindern in der Königin Hände zu fallen,
so lebhaft ergriffen, daß der Kranke, um Ruhe zu haben,
ihr erlaubte, sich einen Aufenthalt zu Cambray zu versichern,
einer Stadt, die von den Spaniern abhängig war, und er
ertheilte dem Grafen von Auvergne eine schriftliche Vollmacht, diesen Vergleich zu schließen. Da sich die Sache verzögerte, so verwilligte der König eine zwente Vollmacht, die
er so wenig als die erste zurücknahm, als seine Wiedergenesung dieser Unterhandlung ein Ende machte. Die Marquisin
öfnete ihr Haus ohne Unterschied alles Mißvergnügten. Der
König fand sich also, wenn er zu ihr gieng, von Feinden
umringt.

„Unter diesen Personen war nun oft von dem Eheversprechen die Rede, welches Heinrich seiner Mâtresse vormals gethan hatte. Man unterließ nicht, dessen Kraft zu rühmen und seine Wichtigkeit zu erheben, als einer Handlung, die keine nachherige schwächen könnte. Die Königin erfuhr von dem Ansehn, welches man dieser Schrift beylegen wollte. Sie fürchtete die Würkungen davon und beschwor den König, sie zurückzunehmen. Der Monarch, der überdies mit der Aufführung dieser ganzen Familie nicht zufrieden war, forderte sein Versprechen zurück. Als man sich nicht länger wehren konnte, fand man dies wichtige Papier in einem eisernen Kasten, den man neben einem Baume im Marcoußischen Park eingegraben hatte. Am zweyten Jul. schickte es Herr von Entragues an den König zurück und attestirte, daß es das Original sey. Zum Ehrgeiz dieser Familie gesellte sich der Unwille über die harte Beleidigung, die man ihr durch Beraubung einer Urkunde zugefügt hatte, durch die sie ihre Ehre retten zu können glaubte. Dieß war hinlänglich, sie zu den äußersten Gewaltthätigkeiten zu vermögen, und der Graf von Entragues zeigte sich ernstlich geneigt, die Sache aufs höchste zu treiben.

„Es ist nicht ausgemacht, ob er bisher würklich über den Umgang seiner ältesten Tochter mit dem Könige verdrießlich war.

„Heinrich, der von dem Eigensinne seiner Mâtresse zuweilen abgewiesen wurde, hatte alsdann bei ihrer jüngsten Schwester, die sanfter und gefälliger war, Trost gefunden. Er belohnte diese durch ansehnliche Geschenke, errichtete mit ihr einen Briefwechsel und zeigte Verlangen, sie an den Hof zu verknüpfen. Der Vater sah in diesem Eifer Leidenschaft und schloß seine Tochter ein. Der König enthielt sich, sie öffentlich zu besuchen; aber er verkleidete sich und reisete Tag und Nacht fast ohne alle Begleitung durch Wälder und Umwege, ein Betragen, durch welches dem Grafen von Entragues sein Projekt beynahe geglückt wäre.

„Dies gieng auf nichts weniger, als den Sohn, den die Marquisin vom Könige hatte, statt des Dauphins auf den Thron zu bringen; eine solche Unternehmung aber konnte nicht anders, als durch eine fast allgemeine Revolution des Reichs glücken, und diese war unmöglich, so lange der König lebte oder in Freyheit war. Daher nahm sich der Graf von Entragues vor, sich seiner zu bemächtigen und ihn aus

dem

dem Wege zu räumen. Er machte sich des Königs Unvorsichtigkeit auf seinen Reisen zum Verneuilschen Schloße zu Nutze, und lauerte ihm mit funfzehn kühnen Leuten, die er auf dem Wege vertheilte, im Walde auf; aber Heinrichs gutes Geschick ließ ihn einigen, ohne daß er es wußte, ausweichen, und von den übrigen machte er sich durch seine Tapferkeit und Gegenwart des Geistes los. — — Im Jahr 1744 sah Angustil über dem Haupteingang des jetzt wüsten Verneuilschen Schlosses eine halb erhabne schon ziemlich unkenntlich gewordne Skulptur von halber Menschengröße, die eine Gruppe von Personen vorstellte. Man bemerkte da Heinrich IV. auf einem muthigen Pferde sitzend und von vier geharnischten, aber nicht mit tödtlichem Geschoß versehenen Leuten angegriffen. Muthig trieb er sein Pferd fort, trat zwey davon unter die Füsse, warf den dritten durch einen Stoß mit dem Stiefel über den Haufen, und traf den vierten, der ihm in den Zügel fallen wollte mit dem Degen. Die Verzierungen der Gruppe gaben zu erkennen, daß dieser Auftritt in einem Walde vorgefallen war, und man sah im Unterholze die Köpfe einiger andern Personen, die den erstern zur Hülfe herbeyeilten. Man sagte damals, es wäre ein Vorfall zwischen Räubern; allein die Rüstung dieser Leute und der leidenschaftliche Charakter, der an ihnen ausgedrückt war, bezeichneten eher Verschworne, als Räuber. Es ist möglich, daß der Graf von Entragues dies Denkmal errichten lassen um das Andenken einer Begebenheit zu erhalten, deren er sich, selbst in Heinrichs Gegenwart rühmte.

„Während dieser Versuche blieben die Verschwornen, deren eine weit größre Zahl war, als man dachte, in Zweifel, und jeder auf dem Posten, den er sich gewählt hatte. Der Herzog von Epernon machte zu Metz den Kranken, und bereitete sich zur Verbindung mit dem Herzog von Bouillon, der zu Sedan die Marquisin von Verneuil und ihren Sohn erwarten sollte. Epinola, der an der Spitze eines Korps spanischer Truppen stand, hatte Befehl, sie zu verstärken, und mit ihnen in Champagne zu dringen. Am andern Ende des Reichs verstärkte sich der Konnetabel von Montmorency in Languedok und rechnete auf eine Diversion des Herzogs von Savoyen in Provence und des Grafen von Fuentes in Burgund, wohin er durch Veltlin und Franche-Comte kommen sollte. Guienne, Dauphiné und Poitou, voller Spione des Herzogs von Bellegarde, des Hümiers, des Marschalls von Montigny und derer Herren, die in diesen Provinzen das größte Ansehen hatten, erwarteten nur den Augenblick, sich für die Marquisin und ihren Sohn zu erklären: aber die großen und geschicktesten Bemühungen, die Treue der Unterthanen wankend zu machen, wandte man in Auvergne und den angränzenden Ländern an, die am Mittelpunkte des Reichs lagen. Hier hatte der Graf von Auvergne seinen Waffenplaß, als in einer Gegend, wo ihm seine Besitzungen, sein Name, und die alte Anhänglichkeit des Adels an das Haus von Valois, dessen leßter Sprößling er war, das größte Ansehen gaben.

„Das Mittel, welches er, sich hier aufzuhalten, wählte, ohne beym Könige Argwohn zu erregen, war, daß er sich hieher verbannen ließ. Hierzu benutzte er einen Streit mit dem Grafen von Soißons, und schickte diesem einen Ausforderungsbrief zu. Soißons, unwillig darüber, daß sich der Graf eine Gleichheit zwischen ihm und einem rechtmäßigen Prinzen anmaße, beklagte sich beym Könige, der, ihn zu befriedigen, den Valois nach Auvergne verwies. Während dem er alles zu dem Augenblicke einrichtete, da des Königs Gefangenschaft oder Tod ihm auszubrechen erlauben würde, ward einer seiner Briefe an die Korrespondenten, welche er am Hofe hatte, aufgefangen. Heinrich entdeckte dadurch nicht die ganze Verschwörung; nahm aber doch soviel daraus wahr, daß er einsah, es sey für ihn wichtig, mehr davon zu erfahren. Er ließ also an den Grafen von Auvergne Befehl ergehen, daß er sich vor ihm stellen sollte.

Dieser Befehl war ein Donnerschlag, der die Maschiene der Empörung zerschmetterte. Auvergne zitterte bey dem bloßen Gedanken, daß er in den großen Steinklumpen — so nannte er die Bastille — eingeschloßen werden könnte. Diesem Unglück zu entgehen, entsagte er allen bewohnten Oertern und lebte in Wäldern und den ödesten Landgegenden. Die Liebe gab zuweilen seiner Langweile in diesem wüsten Aufenthalt Reize; aber seine Furcht konnte sie ihm nicht benehmen. Er hatte eine Mätresse, Madame von Chateaugai, ein Frauenzimmer von mittlerm Alter, welche reife Klugheit mit heftiger Liebe vereinigte. Geschickt im Reiten und Waffen zu führen, scheute sie weder Strapazen noch Gefahren. In abgelegenen Strohhütten hielten sie Zusammenkünfte, an alle Zugänge waren Bediente mit Jagdhörnern postirt, die beim Anblick der ersten verdächtigen Person Lerm

machen

machen sollten, und sie trieben die Vorsichtigkeit so weit, daß
sie Hunde bey sich hatten, um die etwanige Nachläßigkeit
der Posten zu ersetzen. Man wandte so viel List an, sich
seiner zu bemächtigen, daß man endlich glücklich darinn
war. Er ließ sich wider Willen seiner Mätresse, durch
das Vergnügen verführen, die Ehrenbezeugungen seines
Regiments anzunehmen, welches man mit Fleiß in seiner
Nachbarschaft vorbeymarschieren ließ. Er zeigte sich auf einem Pferde, welches in einem Athem zehn (französische) Meilen machte, und hofte, keinen Fuß auf die Erde zu setzen,
um sich nicht umringen zu lassen. Der Kommandeur kam
ihm, nur von vier Bedienten begleitet, entgegen, und in
dem Augenblicke, da er sich neigte, den Gruß zu erwiedern,
nahmen ihn zwey dieser Bedienten, die starke Soldaten waren, bey den Armen und die beyden andern zogen ihn vom
Pferde herunter, das Regiment umringte ihn und eine schon
in Bereitschaft stehende Begleitung brachte ihn nach der
Bastille. Sobald der König hievon Nachricht erhielt, ließ
er den Grafen von Entragues in Verhaft nehmen, gab der
Marquisin von Verneuil Wache, und ertheilte Befehl, den
Prozeß der Schuldigen einzuleiten.

„Voll Verwunderung sah das Publicum einen durch seine
Gnade so berühmten Fürsten, ein Frauenzimmer, die der
Gegenstand seiner Zärtlichkeit war und von welcher er sogar
Pfänder der Liebe hatte; den Vater seiner Mätresse und
ihren Bruder, den letzten der Valois, den Karl IX. bey seinem Ende seiner Gnade empfohlen hatte, der Strenge der
Gerechtigkeit übergeben. Sein Verständnis mit Spanien
läugnete der Graf nicht; behauptete aber, er habe es nur
auf des Königs Bewilligung unterhalten. Zum Beweise
davon führte er einige Nachrichten an, die er dem Könige
über die hierdurch entdeckten Absichten der Spanier gegeben
habe. Er rechtfertigte sich auch durch Vollmachtschreiben,
womit er versehn war. Man fragte ihn, warum er denn
aber doch einen Begnadigungsbrief verlangt habe. Des
rechtlichen Ueberflußes wegen; antwortete er. Auf den Ein-
wurf, daß er ihn hätte bestätigen lassen müssen, erwiederte
er, diese Formalität würde den Spaniern entdeckt haben,
daß er mit des Königs Bewilligung mit ihnen in Verbindung
getreten sey, eine Entdeckung, die ihn um allen Vortheil
von dieser Verbindung gebracht haben würde. Als man ihm
endlich vorstellte, daß bey einem Manne, der so viele Mittel

tel zu seiner Rechtfertigung in Händen hätte, die Verweigerung, sich auf Befehl zu stellen, ein Gewissen zu erkennen gäbe, welches sich andrer Verbrechen bewußt wäre; so gab er zur Antwort, er wisse, sein Stiefvater und seine Schwester, diese, weil er sich jederzeit ihrer schlechten Aufführung widersetzt, jener, weil er dessen Nachsicht bey den Unordnungen seiner Tochter laut genug getadelt, hätten ihm den Tod geschworen; beyde haßten ihn im höchsten Grade und er würde sich nie freywillig Personen überlassen haben, deren Unwillen die königliche Gewalt gegen seine Tage bewafnen könnte. Man zeige mir, sagte er zuletzt, man zeige mir eine einzige Zeile von einem Vertrage mit Spanien, den man mir zum Vorwurf macht, und ich bin bereit, meine Verurtheilung zu unterzeichnen. Indessen existirte dieser doch, und sogar stand Spaniens Bestätigung unten darunter. Der nemliche Anton Eugen Chevillard, dessen ich schon erwähnt habe, und bey dem das Eheversprechen niedergelegt gewesen, hatte auch diesen Traktat in sein Brusttuch versteckt, da er als ein sehr großer Freund und Vertrauter des Grafen von Auvergne in Verhaft genommen ward. Als er sah, daß man ihn nicht durchsuche, so fiel er darauf, diesen Traktat in kleine Stücke zu zerreißen und ihn mit dem einzuschlucken, was man ihm zu essen brachte, so daß davon nicht eine Spur übrig blieb. Man sehe die Memoir. d'Amelot de la Houssaye, unter dem Artikel Entragues. Wahrscheinlich kannte der Graf die Unmöglichkeit, dieß Papier gegen ihn zu produziren, da er eine solche Aufforderung that.

„Der Graf von Entragues hatte sich einen Plan zur Vertheidigung entworfen, von dem er nie abwich, einer Vertheidigung, die eher eine Gegenklage gegen Heinrich IV. als eine Rechtfertigung war. „Man kennt, sagte er, den Schimpf, „mit welchem der König meine Familie bedeckt hat. So „aufgebracht ich auch gegen meine Tochter war, so konn' ich „doch meine Zärtlichkeit nicht ersticken, und diese hat mich „stets Mittel suchen heißen, sie von der Unordnung zurück-„zubringen. Stellte sich eine Erbitterung auf Seiten des „Königs oder der ihrigen ein, oder fiel ein Zwist unter bey-„den vor, so ermahnt' ich sie, die Gelegenheit zu benutzen, „eine Verbindung zu zerreißen, die sie entehrte. Ich „wollte sie vermählen; ich wollte sie nach Holland zur Prin-„zeßin von Oranien, unsrer Verwandten, schicken; ich wollte „sie in England unterbringen; ich sah mich genöthigt, ihr
„einige

"einige Andachtsreisen, einige Wallfahrten anzurathen, weil
"ich ganz gewiß glaubte, die Abwesenheit würde unvermerkt
"die Gewohnheit entkräften; aber der König widersetzte sich
"dem beständig. Endlich ward er krank. Meine Tochter,
"gegen welche die Königin vielen Haß blicken ließ, hielt sich
"für verlohren. Sie bildete sich ein, daß, wenn der König
"sterben sollte, das wenigste, was ihr begegnen könnte,
"sey, ihre übrige Lebenszeit hindurch eingesperrt zu wer-
"den. Ihre Unruhe und Furcht waren äußerst groß. Ich
"fand kein ander Mittel, sie zu beruhigen, als ihr einen
"Aufenthalt außerhalb Frankreich auszumitteln. Ich sprach
"mit dem Spanischen Gesandten davon, der mir von Sei-
"ten seines Herrn zusagte, daß im Ereignungsfalle meine
"Tochter in Cambray aufgenommen werden sollte. Des Kö-
"nigs Wiedergenesung machte diese Veranstaltung unnöthig.
"Er wußte sie, er machte mir darüber keine Vorwürfe, und
"ohnstreitig würde er ohne ein andres Ereignis, das für
"einen Vater nicht weniger schmerzhaft ist, nie davon geredet
"haben". Entragues sprach nachher von des Königs Leidenschaft gegen seine jüngere Tochter, von seinen Verkleidun-
gen, von seinen Reisen bey Tag und Nacht, besonders von
seinen Briefen, die man noch bey seiner Tochter sehen könne.
Allein, setzte der Graf hinzu, da er sieht, daß er meine Wachsamkeit nicht hintergehen kann und sich schmeichelt, daß es
ihm beßer mit ihr glücken wird, wenn er sie meines Raths
beraubte, so sucht er mich durch Beschuldigung falscher Verbrechen aus dem Wege zu räumen, weil er seinen Zweck auf
keine andre Weise erreichen kann.

"Was für Fragen die Richter auch dem Grafen von Entragues über die Verständniße im Reiche und auswärts,
über ihren Zweck und seine besondern Absichten gegen des
Königs Person selbst, vorlegten: so konnten sie doch von ihm
nichts herausbringen. Eben so wenig gestand die Marquisin
von Verneuil. Auf alle ihre Fragen antwortete sie, sie erinnre sich nicht, sie wiße nichts, der König sey falsch unterrichtet. Wenn sie ihr zusetzen wollten, gab sie ihnen durch ein
geheimnisvolles Schweigen zu verstehen, daß es zwischen ihr
und dem Monarchen Heimlichkeiten gebe, deren Ergründung
ihnen nicht zukäme.

Allem Ansehen nach durch Birons Beyspiel unterrichtet,
der nur dadurch die gegen ihn angebrachten Beschuldigungen
geltend machte, daß er nicht zu rechter Zeit die Zeugen und

Mitschuldigen verwarf, die man ihm entgegen stellte, verwarfen der Grafen von Entragues, die Marquise von Verneuil und der Graf von Auvergne einer den andern mit der größten Geschicklichkeit. „Sie verabscheuen mich, sagte Au„vergne, zum Entragues, weil ich die Unordnungen meiner „Schwester, und Ihre eines Vaters unwürdige Nachsicht „tadelte. Was meiner Schwester betrift, so weiß man, „daß sie öffentlich gesagt hat, sie wünsche nichts, als Begnadi„gung für Sie, und ein Schaffott für mich". Der Graf von Entragues, statt zu läugnen, daß er eine heftige Abneigung gegen den Auvergne habe, rühmte sich dessen und führte den Grund an, daß derselbe, statt seine Schwester zu beklagen, und ihre Schande, wo möglich, zu verdecken, stets der erste gewesen sey, der sie mit mehr strafbar machenden und erdichteten Umstände ausgebracht und sie noch mehr angeschwärzt habe, indem er ihr Liebeshändel mit vielen jungen Herren schuld gegeben. Henriette endlich gerieth vor ihren Richtern bey dem bloßen Namen ihres Bruders in Wuth. Sie beschuldigte ihn schmälicher Lügen und Verleumdungen. „Er hat, sagte sie, ein böses Herz, einen schwarzen Cha„rakter, eine schlechte Gesinnung, die nicht nur der Ver„rätherey, sondern auch der Vergiftung, des Meuchelmords, „überhaupt der größten Verbrechen fähig ist". Diese Vorwürfe zeigten so viel Leidenschaft, daß es den Richtern unmöglich ward, von der Marquise Aussage Gebrauch zu machen.

„Indeß müssen sie doch unter diesen Ausflüchten hinreichende Beweise gefunden haben: denn sie faßten am ersten Februar ihr Urtheil ab. Die Grafen von Entragues und Auvergne und ein intriganter Engländer, Morgan, wurden zur Enthauptung auf dem Greveplatze, und die Marquise von Verneuil zur lebenswierigen Gefangenschaft verdammt. Ohnstreitig erwartete der König seine alles verachtende Mätresse bis zu diesem letzten Versuch. Allein sie wollte nicht, sagte sie, daß ihr vorgeworfen werden könnte, sie habe die Hand geküßt, von welcher sie in Fesseln gelegt sey. Als sie aber das Urtheil gesprochen sah, und daß ihr Vater, ihr Bruder, und deren Vertrauter bereit waren auf dem Schaffotte zu sterben, so ließ sie ohne Zweifel alle die Triebfedern spielen, die, wie sie wußte, über des Monarchen Herz alles vermochten, indem sie die Exekuzion nicht nur aufhielt, sondern auch in der ganzen Sentenz eine Aenderung hervorbrachte.

Indeß

„Indeß begnadigte der König die Häupter der Verschwörung nicht, ohne sich vorher durch die Bestrafung einiger geringern Mitschuldigen in Sicherheit gesetzt zu haben, die bey dieser Gelegenheit, wie fast bey allen andern, für die großen Schuldigen büßten. Der König begab sich nach Quercy, Limousin und Perigord; Sülly aber schickte er nach Poitou und den angränzenden Provinzen. Beyde wurden von einer gerichtlichen Deputation begleitet, deren Operationen mehr den Leuten Furcht einjagten, als sie straften. Heinrich annullirte nachher durch ein Patent alle gegen die Marquise geschehne rechtliche Unternehmungen, und hob durch ein Begnadigungsschreiben das Andenken ihres Verbrechens auf. Er ersparte ihr sogar die Demüthigung, des Protokollirens wegen vor dem Parlament zu erscheinen, setzte auch die Grafen von Auverane und Entragues wieder in den vorigen Stand, und hob die beschloßne Einziehung ihrer Güther auf, der Engländer Morgan aber ward auf immer verbannt, Entragues nach Malesherbes verwiesen, und Auverane, in der Bastille zu bleiben, verurtheilt. Epernon, Montmorency, Bellegarde, und andre am Hofe, erfuhren bey dieser Gelegenheit nicht die geringste Ungnade. Vielleicht begnügte sich Heinrich damit, sie im Respekt zu halten, indem er ihnen zu erkennen gab daß er ihre bösen und heimlichern Anschläge wisse, und sich davor sichern könne. Vielleicht hatten sie auch an der Verschwörung nur einen ganz geringen Antheil. Es kann möglich gewesen seyn, daß der Graf von Auvergne, der ihre Gesinnungen kannte, von ihnen mehr erwartete, als sie ihn hatten hoffen lassen und daß das Gebäude dieser Verschwörung, wie es hier nach dem Vittorio Siri entworfen ist, weniger auf festen Verpflichtungen, als auf unbestimmten Reden und allgemeinen Versprechungen der Mißvergnügten beruhte.

„Nach dem nehmlichen Schriftsteller war des Königs Leben wirklich in Gefahr. Er berichtet, daß Heinrich, da er den Grafen von Entragues, nachdem dieser Handel beygelegt gewesen, zum erstenmale wiedersah, ihn fragte, ob es wahr sey, daß er, wie man ausgesprengt, die Absicht, ihn umzubringen, gehabt habe? Ja Sire, antwortete der Graf frey heraus; und nie wird mir dieser Gedanke aus dem Sinne kommen, so lange mir Ew. Majestät in der Person meiner Tochter meine Ehre rauben werden. Heinrich vergaß bey dieser Gelegenheit, daß er Souverain und bedroht war. Er

dachte

dachte nur daran, daß er seinen Unterthan zuerst beleidigt habe, und hatte Herrschaft genug über sich selbst, einen Verwegnen, der ihm trotzte, nicht zu bestrafen. Allmälig sah er die Marquise von Verneuil, es mogte nun aus Gründen, oder aus Kaltsinn geschehen, oder weil er ihres Eigensinns überdrüßig war, nicht mehr als seine Mätresse an, und hielt sich zur Jacqueline de Beuil, die er zur Gräfin von Moret machte und deren Umgang für ihn nicht von so verdrüßlichen Folgen war."—

1. „Der König — sagt Bassompierre T. I. p 165. — verwandelte diese Strafe in ewiges Gefängniß, zum Theil aus Achtung für Frau von Angouleme, die sehr dringend darum anhielt; noch mehr aber aus dem Grund, den Er selbst anführte, daß Ihm nehmlich König Heinrich III., Sein Vorfahr, beym Hinscheiden niemand als den Herrn Grafen von Auvergne und Herrn le Grand empfohlen habe, und Er daher nicht wolle, daß man Ihm nachsagen könnte, Er habe einen Mann hinrichten lassen, den Ihm der, von welchem Ihm das Königreich hinterlassen worden sey, so angelegentlich empfohlen habe." — Allein weder Sülly noch Heinrich selbst in seiner Unterredung über diesen Gegenstand mit seinem Minister gedenken auch nur mit Einem Wort dieses Grundes.

2. Unter der folgenden Regierung kam er los. — Er war 71. Jahr alt, als er 1644. die zwote Ehe mit Fräulein von Nargonne schloß, und da diese Dame erst 1710. in ihrem 92. Jahr starb, so sah man eine Art von chronologischem Paradoxon: eine Schnur beynahe 140. Jahre nach ihrem Schwiegervater sterben.

3. „Der König — sagt Perefixe — erlaubte der Marquise, sich nach Verneuil zurück zu ziehen, und nachdem sieben Monate verflossen waren, ohne daß der Generalprofutator einen Beweis gegen sie aufbringen konnte, ließ Er sie für ganz unschuldig an dem Verbrechen, erklären, dessen sie angeklagt worden war." — „Er sprach sie, setzt der Mercure françois hinzu, frey davon, sich vor dem Parlamentshof zu stellen, um ihren Abolitions-Schein einregistriren zu lassen, der am 6. Sept. gerichtlich bestätigt wurde." — Die nähern Umstände von diesem ganzen Proceß sehe man bey

bey De Thou an. 1605. Siri ib. p. 299. und andern Geschichtschreibern.

4. Diese ziemlich gut gearbeitete Piramide oder Pfeiler, von ungefehr 20. Fuß Höhe war gegenüber von dem Palast errichtet, nur die Straße ging dazwischen. Auf dem Fußgestell war an den 4 Seiten auf vier Platten von schwarzem Marmor der obengedachte Parlaments- Schluß eingegraben, nebst Innschriften, die in den schmählichsten Ausdrücken für die Jesuiten abgefaßt waren. Wir bringen diese Innschriften hier nicht bey, da man sie in den Mémoires de la ligue T. 6. d'Aubigné T. III. L. 4. ch. 4. MSt. de la bibl. R. Vol. cotté 9033. (wo auch eine gleichzeitige französische Uebersetzung befindlich ist) und einigen andern Büchern finden kann.

Herr De Thou und der Mercure françois, die man noch über die Niederreißung der Piramide nachsehen kann, geben mit Herrn von Sully zu, daß es eine Art von Gerechtigkeit war, diese Innschriften zu vertilgen, indem man die Jesuiten wieder aufnahm, da diese beyden Parlaments-Schlüsse einander widersprechen; merken aber auch an, daß man sehr über die Zerstöhrung des Pfeilers schrie, die am hellen Tage im May, durch dem Bürgerlieutenant Miron geschah, den der König dazu abgeschickt hatte. Auf dem Platz wurde ein Brunnen angelegt. (Eine Inskription auf diesen Brunnen, die mir einmal in die Hände fiel, will ich zur Probe herfetzen:

Cur, ubi celsa stetit Pario de marmore moles,
   (In regem attentati iudicium sceleris,
Prole tua, Ignati, quondam instigante, peracti,)
   Irriguae nunc fons surgit amoenus aquae?
Credidit, (at frustra) scelus hoc extinguere pacto,
   Quod non, longa licet, deleat ulla dies.

Dieß ist noch eins der erträglichsten unter vielen, über diese Piramiden- Sache. Sie stehen in dem Elixir Iesuiticum.) „Die Befehle dazu wurden an den Herrn von Sully, als Oberstraßenaufseher ausgefertigt. Die vorzüglichsten Bildsäulen wurden in die Grotten von St. Germain getragen. „sagt Matthieu P. H. l. 3. p. 683.

Die Feinde der Jesuiten rächten sich durch Ausstreuung einer Menge äusserst beissender kleiner Stücke in Prosa und in Versen, über alles was bey dieser Gelegenheit vorfiel, die man aber ebenfalls hier vergebens suchen wird. Sie hiengen sich bosharter Weise an den Umstand, daß man bey Abreissung der vier Figuren, welche vier Tugenden vorstellten und auf den vier Ecken über den Innschriften standen mit der Gerechtigkeit den Anfang gemacht habe, was doch bloß Wirkung des Zufalls war, oder vielleicht gar nicht einmal wahr ist. Der Kupferstich von dieser Piramide gieng bey Jean le Clerc, der bis dahin ein Privilegium darüber hatte, nun nur desto reissender ab. Allein Heinrich ließ, nur drey Monate vor seiner Ermordung, die Platte abhohlen. Der größte Theil der Innschriften, mit denen die Piramide geziert war, und deren Zerstöhrung die Herrn de Thou, de Serres, Mezeray und andre beklagten, war von Joseph Scaliger, der ein zu guter Protestant war, um den Jesuiten Orden nicht grenzenlos zu hassen. M. chr. dogm. T. I. p. 30.

5. Was der Verfasser hier von der Schwierigkeit sagt, welche die Jesuiten gefunden haben sollen, in Poitiers aufgenommen zu werden, befremdet mich um so mehr, da der Septennaire (f. 438) diese Stadt ausdrücklich unter die setzt, welche Jesuiten verlangten. Matthieu zählt zwanzig solche Städte auf, und vergißt darunter Poitiers nicht, „weil, sagt er, ihre Kollegien und Schüler besser waren, als „die andern". T. II. L 3. p. 606. 686. Wenn ich hier nicht den Bischoff und die Tresoriers de France namentlich angeführt sähe, würde ich glauben, daß das, was Herr von Sully die Stadt oder den größten Theil der Bürger nennt, nur die Calvinisten begreife, welche vielleicht wirklich den größten Theil davon ausmachten. Der Bischoff in dieser Stadt, der in besondrer Verbindung mit diesem Minister stand, wie aus den in diesen Denkwürdigkeiten angeführten Briefen beyder erhellt, konnte auch wohl selbst aus Politik sich der Aufnahme der Jesuiten widersetzen, so wie ein großer Theil der vornehmsten Innwohner der Stadt, selbst Katholiken, in der Ueberzeugung, daß sie dadurch den Befehlshaber der Provinz den Hof machten, wenn ers gleich nicht ausdrücklich verlangte. Nur allzu oft läßt man sich im gemeinen Leben zur Schande und zum Nachtheil der Religion

die

die man bekennt, durch solche Beweggründe leiten. Diese Muthmaßung, die nicht ohne Grund ist, kann auch einiges Licht geben, den Pater Cotton bey seiner Streitigkeit mit Sully, zu vertheydigen oder wenigstens zu entschuldigen. Sie paßt auch zu den Beschwerden, welche unsre Memoiren weiter unten denen von Poitiers darüber in den Mund legen, daß nachdem die Jesuiten endlich dort aufgenommen worden seyen, ihr Collegium, so gut es vorher war, bald ganz schlecht geworden sey, daß diese Väter nur durchgedrungen seyen, um beyde Theile zu entzweyen. Diese zwey oder drey Punkte, stehen in einer natürlichen Verbindung untereinander, und man kann noch die Widersetzung der Stadt Metz gegen die Aufnahme der Jesuiten, wovon unten Erwähnung geschehen wird, hinzusetzen.

6. Matthieu hat eben dieß an Heinrich bemerkt: „Er urtheilte von Handlungen und Reden nach dem Gesicht und den Augen." T. II. l. 4. p. 807.

7. Dieß ist das letzte Werk dieses Paters gegen Antoine Arnaud. Er schrieb viel, und mit ziemlichem Erfolg, für die Jesuiten.

8. Ludwig Berton von Crillon, oder Grillon, ein Adelicher aus Avignon, eben so bekannt, durch seinen wunderlichen Character als durch seine Unerschrockenheit, die ihm den Namen, Mann ohne Furcht, erwarb. Ich finde in dem Leben des Herzogs von Epernon (p. 176) einen Zug, der sich sehr wohl hierher neben den schickt, den der Herr von Sully von ihm anführt.

„Der Herzog von Guise, zu dem er nach der Wiedereinbekommung von Marseille geschickt worden war, wollte ihn auf die Probe stellen, und redete mit einigen Edelleuten ab, vor der Wohnung Grillons plötzlich Lärm schlagen zu lassen, als wenn die Feinde sich der Stadt bemächtigt hätten. Zugleich ließ er zwey Pferde vorführen, und ging hinauf in Grillons Zimmer. Er sagte ihm, alles sey verloren, die Feinde seien Meister vom Hafen und der Stadt; sie seien durch die Wachen gebrochen, haben alles verjagt und niedergemacht, was sich ihnen widersetzt habe; da kein Mittel sey, Widerstand zu leisten, habe er es für das Beste gehalten, sich lieber zurückzuziehen, als

durch

durch ihren Verlust jener Sieg zu vergrößern, er komme zu ihm, damit sie ihren Rückzug mit einander antreten könnten, und habe zwey Pferde mit gebracht, die unten warteten; er bitte ihn zu eilen, damit sie nicht von der Zeit und den Feinden überrascht würden. Grillon lag im Schlaf als Lärm geschlagen wurde, und war kaum wach, als der Herzog von Guise dies zu ihm sagte. Ohne über einen so hitzigen Angriff aus der Fassung zu kommen, förderte er seine Kleider und seine Waffen, und sagte, man müsse nicht alles so leicht glauben, was man von den Feinden sage; wenn aber die Nachrichten gegründet wären, so sey es besser, die Waffen in der Hand zu sterben, als den Verlust dieses Platzes zu überleben. Da ihn der Herzog von Guise nicht von seinem Entschluß abbringen konnte, gieng er mit ihm aus dem Zimmer, aber mitten auf der Treppe konnte er nicht länger an sich halten, es entfuhr ihm ein Lachen, und nun merkte Grillon den Possen. Itzt machte er ein viel ernsteres Gesicht, als da er glaubte, es gehe in die Schlacht, faßte den Herzog beym Arm und sagte zu ihm mit einem Fluch, (denn er fieng alle seine Reden mit fürchterlichen Flüchen an): „Junger Mensch! Versuche es nicht wieder zum Scherz, „das Herz eines braven Mannes auf die Probe zu setzen. „Beym Tod! hättest du mich feig gefunden, so stieß ich dir „den Dolch in die Brust." Und damit ging er wieder, ohne etwas weiter zu sagen, auf sein Zimmer. —

9. Wilhelm Ancel königlicher Haushofmeister, Resident in Wien.

10. Herr von Sancy hatte das Unglück, sich in allen Schriften der Calvinisten dieser Zeit aufs grausamste mißhandelt zu sehen, ohne es anders als durch die Abschwörung ihrer Religion verdient zu haben. Joseph Scaliger spricht von ihm als einem schwärmerischen Schwindelkopf, ꝛc. Es ist billig, daß man alle diese Anklagen und Schimpfreden nicht lese, ohne die von ihm selbst aufgesetzte Apologie seines Betragens dagegen zu halten. Sie befindet sich in den mémoires d'état de Villeroy T. III. p. 127. Er beweist darinn unter andern gegen den Vorwurf, den Herr von Sully ihm hier macht, daß der Aufwand im Dienst des Königs ihn genöthigt habe, für hundert und funfzigtausend Thaler Kostbarkeiten zu verkaufen.

11. Dies Buch hatte den Titel: Discours d'état, pour faire voir au roi, en quoi Sa Majeste est mal servie. — „Es ging in Geheim in Paris, sagt Etoile, — handschriftlich herum, war etwas frey und kühn für itzige Zeit geschrieben, die nicht alle Wahrheiten gleich gut ertragen kann; man ließ darinn jedoch nichts gegen den König und seinen Dienst, wohl aber gegen den Herrn von Rosny."

12. Der Sieur de Juvigny oder Divigny, ein französischer von Adel, Verfasser des itzgedachten Aufsatzes, büßte für alle. „Er wurde, — sagt Etoile, — an seinen Leben und seinen Gütern als Majestäts Verbrecher verfolgt, und, aus Mangel des Originals, zu Paris in Bild gehangen."

13. Heinrich, obschon äusserst unzufrieden über den Herzog von Epernon, der sich nach Angouleme zurückgezogen hatte, und dort große Klagen über die vorgebliche Ungerechtigkeit führte, die ihm bey dieser Gelegenheit angethan worden sey, wollte dennoch, daß der Herr von Crequy hundert Meilen von Paris reisen sollte, um seinen Obristen aufzuwarten und den Eid in seine Hände abzulegen, seine Einwilligung zu seiner Bestallung zu erhalten und seine Befehle zu seiner Einweisung zu empfangen. Der Herzog von Epernon ließ ihn einige Tage in der Suite und selbst einen ganzen Tag an der Thüre seines Zimmers harren Hist. du Duc d'Epernon p. 212.

14. „Der König — sagt le Grain l. 7. — beförderte den Herzog von Sully so, daß er noch immer ein großes Ansehen über ihn behielt; und wer weiß, ob es nicht ein Zug von Klugheit vom König war, ihn so den Haß mehrerer, wogegen er ihn schützen konnte, auszusetzen, um ihn die Wirkungen davon fürchten zu lassen, wenn er seine Pflicht aus den Augen verlöre." — Diese Stelle unserer Memoiren scheint zwar auf den ersten Anblick diese Muthmaßung zu begünstigen; ich finde jedoch das Urtheil derjenigen richtiger, welche bey dem Argwohn, dem sich Heinrich gegen den Herzog von Sully überließ, ganz keine Verstellung sehen wollen. Er mag indessen würklich oder verstellt seyn, so finde ich, nach der Meinung mehrerer Män-

ner von Einsicht, daß er unter die Fehler dieses Herrn gehört. In der ersten Voraussetzung sieht man darinn nichts als eine eines so großen Königs unwürdige List, und in der zwoten eine Ungerechtigkeit, die man nur mit der Heftigkeit der ersten Aufwallung entschuldigen kann, indem gleichsam eine Verabredung zwischen dem König und dem Minister war, daß jener diesem von Seiten seines festen, unerschütterlichen, unbiegsamen und jeder Schmeicheley unfähigen Charakters, in Rücksicht auf eine so erprobte Treue alles wollte hingehen lassen. Ein Beweis, daß auch bey den vollkommensten Fürsten die Erfüllung der wesentlichsten Pflichten dennoch Geschmeidigkeit und Gefälligkeit nicht entbehrlich macht.

15. Margarethe von Bethüne, eben die, welche zur Rache an ihrer einzigen Tochter, dafür, daß sie gegen ihren Willen Heinrich von Chabot geheirathet hatte, im J. 1645 einen funfzehnjährigen Jungen als ächten Sohn von ihr und dem, sieben Jahre zuvor verstorbenen Herzog von Rohan zum Vorschein brachte. „Mehrere glaubwürdige Personen, sagt Amelot, welche den Tancred (so hieß der vorgebliche Erbe des Hauses Rohan) in Paris zur Zeit des Prozesses gesehen haben, versicherten mir, dieser junge Mensch habe das Rohansche Familien Toupet, einen kleinen Büschel Haare vorne auf der Stirne, und merkliche Gesichtszüge von seinem vorgeblichen Vater gehabt." — Mit dieser Anekdote hängt eine andre zusammen, daß nemlich der Herzog von Rohan von dem Großherrn das Königreich Cypern für diesen Sohn habe kaufen wollen. Man sagte auch, sein Vater und seine Mutter haben ihn nur darum verborgen gehalten, damit der Graf von Soissons, und nachher der Herzog von Weimar desto eher ihre Tochter heirathen möchten. Alle diese sonderbaren Fabeln kann man nachsehen in Amelot de la Houssaye art. Béthune, etc. et art. Chypre.

16. Man liest in der Hist. de la mére et du fils T. I. p. 15. Heinrich habe dem Herzog von Sülly die Befehlshaberschaft von St. Maixant, um die er für sich selbst durch die Königin habe bitten lassen, abgeschlagen, mit dem Beysatz, die Klugheit erlaube nicht, einen Calvinisten den Herrn in diesem Platz, so klein er auch sey, spielen zu lassen. Wenn ausser dem Stillschweigen des Herrn von Sully, noch etwas die Wahrheit dieser Behauptung in

Zweifel setzen kann, so ist es die Leichtigkeit, womit ihm der König die Befehlshaberschaft über die ganze Provinz selbst übertrug.

17. Franz Hannibal von Estrees Marquis von Coeuvres, Duc und Pair und Marschall von Frankreich.

18. Das Haus Estrees ist indessen doch unstreitig vom ältesten Picardischen Adel; Man sehe nur unsre Genealogisten nach.

Ein und zwanzigstes Buch.

1.

„Es bedurfte auch in der That nicht weniger, als den „standhaften Muth des Herzogs von Sully, um die Fi= „nanzen wieder in Ordnung zu bringen, durch Zurück= „ziehung von hundert Millionen an veräusserten Krongü= „tern, Abzahlung der rechtmäßigen Schulden, Abschnei= „dung der andern ꝛc. Er unterstützte jederzeit seinen König „in den großmüthigen Entwürfen, sein Volk zu erleich= „tern." — Essais politiques sur le commerce chap. 19. Herr Claude de l'Isle spricht eben so und mit allen möglichen Lobeserhebungen davon in seiner abregé de l'histoire universelle T. V. p. 501.

2. Diese Mißbräuche sind so handgreiflich, und diese Bedrückungen so himmelschreiend, daß unsre Minister und Könige oft versuchten, ihnen durch gänzlich Umgestaltung dieses Theils der Finanzen abzuhelfen. Sie fanden aber dabey alle Hindernisse, von denen der Verfasser spricht, und die ihre Versuche fruchtlos machten. In unsern Tagen machte man abermals einen, der einen glücklichern Erfolg zu versprechen schien, dennoch aber keine sehr schnelle Fortschritte macht. Man erlaube mir, hier die Gründe davon auseinander zu setzen.

Es herscht in diesem Reich, und wohl überhaupt in allen monarchischen Staaten ein unglückliches Vorurtheil, an dessen Ausrottung man nicht zu sehr arbeiten kann, weil es die Herzen der Unterthanen gegen alles, was der Fürst ausgeben läßt, auf der Hut hält, und so, bloß durch das Mißtrauen, einen Theil der schlimmen Folgen bewürkt, die eine förmliche Unbotmäßigkeit hervorbringen würde. Dies Vorurtheil besteht darinn, daß man nie an das Volk zum Guten gedenkt, sondern vielmehr nie eine Aenderung in seinem Zustand vornimmt, auffer um ihn noch elender zu machen.

Es ist unmöglich, daß eine so große Veränderung, als die in der Vermögensteuer vorgeschlagene, nicht großen Schwierigkeiten aus der Natur der Sache selbst ausgesetzt seyn sollte. Nun glaube ich, daß es nicht hinlänglich ist, wenn diese Schwierigkeiten sich in der kleinen Anzahl von Köpfen, welche dieses Projekt aufgebracht und ausgebildet haben, gehoben befinden; sondern daß sie es auch für die seyn müssen, welche man aus Noth zur Ausführung braucht. Denn es ist mit diesem Werk nicht wie mit einem Gebäude, das durch bloße maschinenmäßige Mitwürkung der Hände der Werkleute nach dem Riß des Baumeisters aufgeführt wird. Jenes kann nicht wachsen und seine Vollendung erreichen, wenn nicht gleiche Einsicht die Ausführer wie den Urheber beseelt. Dagegen aber stehen zwey Dinge, die man erst durch Zucht und Lehre wegräumen müßte, nemlich Mangel an Einsichten, und Trägheit bey den angestellten Subalternen; diese läßt sie die Befehle ihrer Obern vernachläßigen, und jener macht, daß sie mit der besten Absicht alles verkehrt ausrichten.

Dieser Grund würde schon allein hinreichen, darzuthun, daß die Einführung der proportionirten Vermögensteuer in den Generalitäten nicht den Elu's und Subdelegués der Intendanten anvertraut werden darf. Ich wage nicht, ein gleiches von den Intendanten selbst, oder den untergeordneten Arbeitern zu behaupten, die von ihnen auf gut Glück in dem Polizey und Finanzfach aufgegriffen und angestellt wurden; und die bey ihren anderweitigen bestimmten Geschäften nicht die gehörige Zeit hierauf verwenden können. Allein so wie man zu Führung von Geschäften, welche die Kräfte gewöhnlicher Werkleute übersteigen, Sachverständige aus der Hauptstadt kommen läßt; so sollte der Staatsrath ebenfalls

falls rechtschaffene, einsichtsvolle, hinlänglich Bevollmächtige und vollkommen sachverständige Commissarien erwählen und in die Generalitäten abordnen, bey denen man weder Zeit noch Aufwand zu sparen hätte. Denn wenn man sie zu sehr übereilt, wird ihnen eine Menge von Beobachtungen entgehen, die sich über verschiedne nähere Beschaffenheiten des Landwesens machen ließen; wenn man sie schlecht oder filzig bezahlt, setzt man sie in die Verlegenheit, an ihrer Pflicht zu Verräthern zu werden. Dies wichtige Werk erfordert alle mögliche Vorbereitung.

Wenn man weiß, was die Bande der Verwandschaft, Freundschaft, Gesellschaft, bloßen Nachbarschaft, die verschiedenen persönlichen Gesellschaftsvortheile, die Furcht zu mißfallen, die Begierde sich verbindlich zu machen, das Verlangen sich von seinen Mitbürgern geehrt und geschmeichelt zu sehen, die Abhängigkeit von einem übel unterrichteten Vorgesetzten, die sich durch Absetzung und ungerechte Verweise fühlbar machen kann, und eine Menge andrer Beweggründe, welche einem Mann mitten in seiner Familie und unter seinen Mitbürgern die Hände binden, wer sage ich, weiß wie viel dies alles über die Menschen vermag, der wird tausend Gründe finden, daß man sich bey dem neuen Steuerfuß nicht der gewöhnlichen Employés bedienen sollte. Daher sehen auch Männer, welche sorgfältig in die Absichten des Staatsraths bey dieser Operation eingedrungen sind, und dann einen aufmerksamen Blick auf die Art geworfen haben, wie man sie täglich in den Steuerkreisen ins Werk setzen sieht, diese sehen mit innigem Schmerz, daß unter funfzig von diesen Commissarien oft nicht Einer ist, dessen Arbeit nicht dahin ausliefe, die neue Einrichtung noch gehässiger zu machen als die alte.

Diese Beweggründe und diese Schwierigkeiten, eine überdachtere Bekanntschaft mit dem Project des Herrn von Vauban, die geringe Mühe die dessen Einführung verursachte, als man den Versuch damit machte, das Glück das noch itzt die kleine Zahl von Pfarreyen genießt, wo man es beyzubehalten wußte, die tägliche Erfahrung, daß der Dixieme, der selbst nichts als eine Art von Zehnden ist, alle Vorzüge vor der Steuer und den andern Abgaben hat; dies alles, sage ich, bringt Leute von Kopf zur Einsicht, daß man

4. Es findet sich hier in alten Memoiren ein Rechnungsfehler, sowohl von einer Million bey den Verträgen mit der Ligue, als im Ganzen; dieß ist aber nicht beträchtlich.

5. Heinrich der Große ließ die Capelle von Fontainebleau malen und vergolden, den Wald durchhauen, und dieß königliche Haus auch sonst noch verschiedentlich verschönern; Er vollendete die Neuebrücke, ließ den Dauphinplatz und Straße anlegen, eine große Anzahl von Straßen in Paris wiederherstellen, Anfurten bauen, u. d. gl. Auffer dem was davon in verschiedenen Stellen dieser Memoiren angemerkt ist, sehe man die Aufzählung aller dieser Gebäude in dem Mercure françois anneé 1610. p. 404. Décade de la Grain L. VIII. Monzot chap. 46. so wie auch in den Schriftstellern, die uns Beschreibungen oder die Geschichte der Alterthümer von Paris ꝛc. geliefert haben. Es ist allgemein bekannt, daß dieser große König unter Besorgung des Herzogs von Sully die hohen Wege beynahe aller Orten im Reich wieder ausbessern, eine Menge Chausseen und Brücken an ungangbaren Orten, besonders in Berry bauen ließ, welche an Schönheit mit den Werken der Römer wetteifern konnten, aber aus Mangel an Unterhaltung seit hundert und dreyßig Jahren, gegenwärtig in sehr schlechtem Zustand sind; daß er an diesen Straßen hin, Ulmen und andre Bäume pflanzen ließ, wovon in verschiedenen Orten noch welche stehen, wo man sie Rosnys nennte. Wir haben verschiedene Befehle von diesem Herrn hierüber, und andre, wodurch verboten wird, Ackerland zu Wiesen liegen zu lassen und befohlen, Weinberge auszurotten. Alle diese Werke, und die Sorgfalt für den Flor seines Reichs trugen vielleicht soviel als seine kriegrischen Verrichtungen dazu bey, Heinrich IV. den Namen des Großen zu verdienen, der ihm schon in seinen Lebzeiten, und, wie es scheint ungefähr um das Jahr 1602. beygelegt wurde.

6. Der Antheil, den der Herzog von Sully an diesem allem hatte, erwarb ihm das sonderbare Lob in dem Mercure de France anneé 1606 p. 101. „Da er sich in diesen Lagen und Stellen mehr als je einer seiner Vorgänger das „Wohl und den Nutzen der Krone Frankreich angelegen seyn „ließ, so haben dieß alle Franzosen bey Lebzeiten und nach

„dem Tode Sr. Majestät erkannt, und wiewohl er nicht von
„Verläumdungen seiner Neider verschont blieb, muß man
„doch bekennen, daß er sowohl unsers Königs als des gan-
„zen Reiches Joseph war."

7. Die Zärtlichkeit dieses guten Königs gegen seine Unterthanen leuchtet aus der Rede von ihm hervor, die sich durch eine Art von Ueberlieferung erhielt: Er wolle dahin arbeiten, daß der ärmste Bauer alle Wochentage Fleisch essen, und noch dazu alle Sontage ein Huhn in seinen Topf stecken könne.

8. Jacqueline von Beuil. Der König hatte sie am Ende des vorigen Jahrs zur Gräfin von Moret gemacht, und so die Liebe gegen die Gräfin wieder neu belebt, die gegen die Marquise wie abgestorben war. Er hatte sie auch an einem Adlichen Namens Chanvalon, verheurathet. In Etoiles Tagebuch anno 1604 stehen einige Anecdoten hievon, die aber zu frey sind, als daß wir sie hier beybringen könnten. Fräulein Du oder De Beuil wird uns in den gleichzeitigen Schriften als ein junges Frauenzimmer dargestellt, das von Seiten der Schönheit nicht alle Vorzüge des Fräuleins von Entragues hatte, dafür aber eine feine ausdrucksvolle Gesichtsbildung, eine äufserst muntre Laune, und sehr lebhafte Unterhaltungsgabe besaß, was Heinrich sehr liebte. Es schien, daß die Königin nicht so eifersüchtig noch so unwillig über diese Geliebte war, wie über die Marquise von Verneuil.

9. Dieß ist nicht der, dessen sich Heinrich III. bedient hatte, den Herzog von Guise auf der Staatenversammlung zu Blois zu ermorden. Nachdem er von diesem Herrn zur Belohnung für diese That eine Befehlshaberschaft verlangt hatte und dieß ihm abgeschlagen worden war, zog er sich mißvergnügt nach Guyenne zurück, wo er bald darauf, als er auf die Jagd gieng, von einem benachbarten von Adel, mit dem er Streit gehabt hatte, mit einem Pistolenschuß getödet wurde. Chronol. novenn. de Cayet. T. I. l. I. p. 133.

10. Ich finde noch in einigen Schriften aus dieser Zeit, daß ein Fabricant aus Provence, Namens Sertan, Stoffe von der feinsten Rinde der Maulbeerbäume zu machen unternahm, daß Manufakturen von Cristal, Venetianischem Glas, fein nachgemachten Perlen und andre errichtet

wur-

wurden, welche der berühmte Herr Colbert seither so sehr zur Vollkommenheit gebracht hat.

11. L'Etoile, der nicht verdächtig ist, wenn er gut von dem Papst und den Katholiken spricht, bestättigt alles, was Sully in verschiedenen Stellen dieser Memoiren zum Lobe Clemens VIII. sagt. „Ein friedliebender, gut franzö„sischgesinnter Papst. Selbst die Reformirten haßten ihn „nicht, da er sich jederzeit sehr liebreich, mehr als ei„ner seiner Vorgänger, gegen sie betrug, sogar, daß er „ihnen Pässe ausfertigen ließ, daß sie frey nach Rom kom„men und gehen konnten, was man noch von keinem Papst „findet: Als er starb und schon lange zuvor war er nichts „mehr als ein Fleischklumpen, denn er war an Leib und Geist „kontrakt und seine Hände ganz faul und geborsten, so daß, „wenn jemand kam ihm die Füsse zu küssen, die, wie sein „ganzer übriger Körper sehr übel rochen, man ihm die Hände „aufheben mußte, damit er den Seegen geben konnte. Journal du regne de Henri IV.

Pierre Matthieu spricht mit allen Lobeserhebungen von ihm. T. II. l. 3. p. 328. 696. so wie überhaupt unsre besten Geschichtschreiber, welche ihm sonst keinen Fehler vorwerfen als ein wenig zuviel Vorliebe für seine Familie. Man sagte von ihm: Clemens VIII. ein guter Mensch, guter Prälat und guter Fürst, im Gegensatz von seinen drey Vorgängern, Pius V., Sixtus V. und Gregor XIII. von denen der erste, sagt man, nur ein guter Prälat, der andre nur guter Fürst, und der dritte nur guter Prälat und guter Fürst war. Amelot de la Houssaye in der dritten Anmerkung zum 311 Brief des Cardinals d'Ossat.

12. Dieß Lob scheint nicht übertrieben zu seyn. P. Matthieu, nennt ihn einen großen Mann für diesen Hof T. II. l. 3. p. 681. wo er von den Diensten spricht, welche dieser Graf von Bethune dem König zu Rom leistete. Siri spricht durchaus eben so von ihm.

13. Die nähern Umstände der beyden folgenden Conclave s. m. bey Matthieu ebend. p. 698. und andern Geschichtschreibern.

14. „Der Papst Leo XI. hatte dem König, sagt Du Plessis Mornai boshaft, „dreymalhunderttausend Thaler

zu machen gekostet." Vie de M. du Plessis Mornai L. II. p. 305.

15. Er wurde von einer Krankheit befallen am 17. April bey der Zurückkunft von der Procession nach St. Johan im Lateran, welche zur Besitznehmung des neuen Papstthums gehalten wird, und starb am 27.

16. Der Kardinal d'Offat selbst, obschon allem Anscheine nach sehr schlecht mit dem Benehmen des Herrn von Sully gegen ihn zufrieden, spricht sehr vortheilhaft von diesem Gesandten in seinem Schreiben an den König vom 10. Dec. 1601. in dem an Herrn von Villeroy 2 Dec. 1602. und andern.

17. Ich weiß nicht, ob dieß Geheimniß nicht, zum Theil wenigstens die Unschlüßigkeit betroffen haben mag, worinn sich dieser Herr eine Zeitlang befunden zu haben scheint, ob er sich nicht selbst darum bemühen sollte, zum Kaiser gewählt zu werden. Er glaubte sogar diese Idee seinen drey Ministern zur Prüfung vorlegen zu müssen, die er eines Tags zusammenberief, um ihre Meinung hierüber zu vernehmen, wie wir aus dem 8474. Band der Handschriften der königl. Bibliothek sehen, wo diese Berathschlagung der Länge nach eingerückt ist. Es ist besonder, daß diese drey Männer beynahe in keinem Stück einerley Meinung waren. Einer rieth ihm, sich zum Kaiser wählen zu lassen, der andre widerrieth es, und der dritte, günstiger gesinnt für das Haus Oestreich, wollte ihn überreden, sich für den Erzherzog Matthias zu verwenden. „Der König — setzt der Verfasser „hinzu — welcher diesem letzten sehr aufmerksam zugehört „hatte, stand auf, machte ein Fenster auf, um frische Luft „zu schöpfen, richtete Blick und Hände zum Himmel empor „und sagte mit lauter Stimme: „Gott wird, wenn es Ihm „gefällt, in meinem Herzen die Entschließungen erwecken „und lenken, die ich gegen alle jene Höfe zu nehmen habe, „und die Menschen werden sie ausführen. Adieu, Meine „Herrn, ich muß einen Spaziergang machen. — Und da„mit war die Konferenz zu Ende." — Wiewohl diese Idee seinen großen Entwürfen nicht geradezu zuwider war, kann man doch mit hinlänglichem Grund zweifeln, ob er sie wirklich im Sinn hatte. Es könnte wohl seyn, daß er sich gestellt hätte, sie mit dem einzigen Herzog von Sülly gefaßt

zu haben, um sein Conseil auf eine falsche Spur wegen seiner großen Kriegsrüstungen zu bringen: der Graf von Beaumont, französischer Gesandter zu London suchte, nach Siris Bericht ibid. p. 166. ihm diese Idee in den Kopf zu setzen.

18. Jean de Sudrie, Baron von Calvairac, Edelmann aus Guercy.

19. Ich war mit meiner Gemahlin ins Zeughaus gegangen, — sagt Heinrich von einem seiner podagrischen Anfällen, — da sagte „Herr von Sully zu mir: „Sire, Sie haben Geld und sehens nicht; — Gut, sagte „ich, ich begnüge mich zu wissen, daß ich welches habe, „ohne mich an dem Vergnügen des Anblicks zu weiden. „Wir giengen in die Bastille, und er zeigte das angeordnet „war. Ich versichre Ihnen, daß mich denselben Augenblick „das Podagra befiel, und mir das Sprüchwort versinn„lichte: wers Zipperlein hat, hat auch Baßen." Matthieu T. II. l. 3. 613.

20. Die Calvinistischen Schriftsteller haben den Connetable Lesdiguieres so behandelt, wie man sie alle behandeln sieht, die ihre Religion abgeschworen haben. Le Vassor ist unter seinen Feinden der bitterste, und der Herzog von Sully einer der gemäßigsten. Er ist nicht der einzige, der dafür hielt, daß das Verlangen, Connetable zu werden, den Gründen seiner Bekehrung zu Hülfe kam. — „Nach dem „Tod des Connetable Luynes, — sagt Amelot de la Houssaye, „art. Bonn. etc. — schickte Ludwig XIII. den Sieur Claude „de Buillon an den Marschall von Lesdiguieres, um ihm zu „erklären, wenn er nicht katholisch würde, könne er auch „nicht Connetable werden, obschon diese Stelle ihm versprochen war. Buillon, der lange Zeit gut Hugenottisch gewesen war, sagte den Marschall als er zu ihm kam, ganz laut: „Herr Marschall glauben Sie die Transsubstantiation? — „Ja, antwortet der Marschall, indem er merkte, worauf „es angesehen war. — Nun gut, sagt Buillon, da Sie „mir dieß versichern, so verkündige ich Ihnen dagegen auch, „daß Sie Connetable werden sollen."

21. Der Verfasser des Vie de du Plessis Mornay behauptet im Gegentheil, daß der Herzog von Sully alle Mittel

rel versucht habe, sich dabey zum Präsidenten wählen zu lassen, daß er aber nur zwo Stimmen für sich gehabt habe. Livre 2. p. 309.

Zwey und zwanzigstes Buch.

1. Karl von Charbonnieres, Sieur de la Chapelle Biron. Marc de Cuignac, Sieur de Giversac.
2. Raimund de Sognac, Sieur de Foussac.
3. Pierre de Rignac, Gedeon de Bassignac oder Bassignac.
4. Jean Jacques de Mesme, Herr von Rossi.
5. Von dieser Reise Heinrichs nach Limosin s. m. de Thon l. 34. den Mercure François année 1605. und die Urschrift eines Briefs von Heinrich IV. an Herrn von Rosny im Cabinet de Mr. de Sully.
6. Lui von Alagon oder besser von Lagonia, Baron von Meirargues, ward zu Paris im Kloster zu St. Germain verhaftet mit dem Geheimschreiber des Spanischen Gesandten und am 19 Dec. enthauptet. Sein Körper ward geviertheilt und an die vier Hauptthore der Stadt angeschlagen, und sein Kopf nach Marseille gebracht, wo er ebenfalls über dem Hauptthor auf eine Picke gesteckt wurde. Der König gab den Spanischen Sekretär wieder los, ohne die Entscheidung der stark angeregten Frage abzuwarten: ob es erlaubt sey, einen Ambassadeur, Residenten oder andern fremden Agenten und Leute aus ihrem Gefolge zu arretiren, wenn sie das Völkerrecht verletzen. Mss. royaux Vol. 8477. M. s. auch die Untersuchung dieser Frage und was Heinrich darüber den Spanischen Gesandten sagte in den Mem. de Nevers T. II. p. 88. Matthieu T. II. l. 3. p. 689. und bey andern Geschichtschreibern.
7. Sie fiel ein am 2ten Oktober nach Hrn. de Thou und am dritten nach dem Mercure François um 1. Uhr nach Mittag, und dauerte ungefähr zwo Stunden. Eine halbe Stunde war die Dunkelheit so groß als sie nur seyn kann;

Je

le Grain sagt, dritthalb Stunden lang hätte man nicht wohl, ohne Licht anzubrennen, lesen und schreiben können. Etoile ist so wenig als Herr von Sully, frey von dem Volksvorurtheil in Ansehung der Finsternisse. „Mehrere sonderbare „und verschiedene Krankheiten, sagt er, herrschten um diese „Zeit zu Paris, und mit der Eclipse, die am 12. dieses „Monats einfiel, eclipsirten sich viele Leute, die nachher „nicht wieder zum Vorschein kamen; besonders waren die „Dyssenterien gefährlich und tödlich für die, welche davon „befallen wurden, und, mehr als sonst, zu Paris, denn „wenige kamen durch." — Eben derselbe sagt, daß Beza den Tag nach der Finsterniß starb.

8. Andreas de Laurens war der vierte erste Leibarzt, den Heinrich seit seiner Thronbesteigung sterben sah; und da auch dieser vier Jahre darauf starb, war Petit, Arzt von Gien, der auf ihn folgte, der fünfte. — Da Sully angegangen wurde, die Stelle des Laurens Turquet zu verschaffen, der einer der gewöhnlichen Aerzte des Königs, aber reformirter Religion war, antwortete er: „Ich habe es ver„schworen, dem König weder einen Arzt noch einen Koch vor„zuschlagen."

9. Sie hatte sich beynahe zwanzig Jahre darin aufgehalten. Als sie Agen verließ von wo sie bürgerlich verkleidet und von Lignerat auf dem Rücken getragen, entwischte, kam sie nach Carlat, einem Schloß, das einem Adlichen Namens Martas, zugehörte. Der Marquis von Carnac entführte sie daraus, und sperrte sie in Usson ein, wo es ihr so wohl gestehl, daß sie es zu ihrem beständigen Aufenthalt wählte, wiewohl es ihr frey stand es zu verlassen.

10. Von da zog sie in das Hotel de Sees; hernach nahm sie eine Wohnung in der Vorstadt Saint-Germain gegenüber vom Louvre, wo sie bis an ihren Tod wohnte. Diese Dame wurde in den Libellen aus dieser Zeit so sehr verschrieen, daß man den Herrn von Sully wegen dem Lob, das er ihr durchgängig in diesen Memoiren beylegt, der Parteylichkeit beschuldigen könnte, wenn sein Zeugniß nicht durch das unsrer besten Schriftsteller unterstützt würde. Man sehe hier, was der Verfasser der histoire de la mére et du fils T. I. p. 326 nach ihnen davon sagt: „Die Erniedrigung ihres Zu„stands ward durch ihre Güte und königliche Tugenden so überstrahlt

„ſtralt, daß Verachtung ſie nicht treffen konnte. Als wahre
„Erbin des Hauſes Valois machte ſie nie jemand ein Geſchenk,
„ohne ſich zu entſchuldigen, daß es ſo wenig ſey. Sie war
„die Zuflucht der Gelehrten, hörte ſie gerne reden, ihre Tafel
„war immer damit beſetzt, und ſie lernte ſo viel in ihrem
„Umgang, daß ſie beſſer ſprach als irgend eine Dame ihrer
„Zeit, und beredter ſchrieb, als der gewöhnliche Zuſtand ih-
„res Geſchlechts mit ſich brachte. Kurz, wie die Gutthätig-
„keit die Königin der Tugenden iſt, ſo krönte dieſe große Kö-
„nigin die ihrige durch die des Almoſengebens, daß ſie ſo
„reichlich an alle Dürftigen ausſpendete, daß kein Gotteshaus
„in Paris war, das es nicht zu genieſſen hatte, und kein
„Armer ſie anſprach ohne Hülfe von ihr zu erhalten. Gott
„belohnte aber auch mit Wucher nach ſeiner Barmherzigkeit,
„die welche ſie gegen die ihrigen ausübte, und verlieh ihr
„die Gnade ein ſo chriſtliches Ende zu nehmen." ꝛc. —

Das mag denn doch wohl hinreichen, einige Fehler menſch-
licher Gebrechlichkeit aufzuwägen, auf die alle Beſchuldigungen
gegen dieſe Fürſtin hinauslaufen. Wenn man übrigens neu-
gierig iſt, alles zu leſen was darüber für und wider geſchrieben worden iſt, kann man die Herrn de Thou, Dupleix,
Mezerai, Peter Daniel, Hilarion de Coſte in ſeinem eloge
des dames illuſtres, Baſſompierre, Bayle im Dictionnaire
unter Uſſon, und eine unzählbare Menge andrer Schriftſteller nachleſen. Sie ſtarb am 27. März 1615 in ihrem
Hotel in der Vorſtadt St. Germain, das hernach abgetragen wurde. Ihr Begräbniß iſt in der Kirche der reformirten Auguſtiner, nachher die kleinen Auguſtiner genannt, die
ſie ſelbſt geſtiftet hatte. „Sie ward ſehr bedauert, ſagen
„die Memoiren von der Regierung Mariens von Medicis,
„war eine Fürſtin voll Güte und guter Geſinnungen für das
„Beſte und die Ruhe des Staats, und that niemand übels" —
Dieſe wenigen Worte geben uns, glaube ich, die rechte Idee,
die man ſich von dieſer Dame zu machen habe, und paſſen
gut zu dem was Sully von ihr ſagt.

II. Man ſehe von dieſen Edikten Ludwigs des Heiligen und Philipps des Schönen, von dem Urſprung der Form
und dieſer ganzen Materie vom Zweykampf der Schriftſteller,
welche gründlich davon geſchrieben haben, wie Paul von
Montboucher, Sieur de la Riraudiere in ſeinem Traité de
céremonies et ordonnances appartenantes à gages de ba-
railles

tailles et combat en camp clos etc. 1608. Jean Sava-
ran, Sieur de Villars, in seinen Traité contre les duels
avec l' édit de Philippe. le Bel 1610. Brantome im zehnten Band seiner Memoiren, unter dem Titel: touchant les
Duels; d'Audiguier, du Pleix, Ruauld, Basnage ꝛc. nebst
mehrern andern Italienischen.

12. Man lese aufmerksam alles, was der Kardinal von
Richelieu hierüber gesagt hat in seinem Testament politique
sect. 2. chap. 3. part. 1, unter dem Titel: des moyens
d'arreter les duels, und man wird mit mir übereinstimmen, daß dieser große Minister alle seine Bemerkungen aus
dieser und allen andern Stellen dieser Memoiren, wo vom
Zweykampf die Rede war, geschöpft zu haben scheint.

13. „Laßt ihn," sagte der König zu denen, die ihm
anlagen, einen Menschen bestrafen zu lassen, der gegen ihn
Meuterey angefangen hatte, „laßt ihn, es ist ein schlechter
Kerl. Gott wird ihn strafen, ohne daß ich mich darein zu
mischen brauche. Matthieu T. II. l. 2. p. 359.

14. Heinrich entging einer, Montags am 19. Dezember. Herr von Perefixe erzählt die Sache so: „An eben
„dem Tage, an den Meirarques hingerichtet wurde, wagte
„ein unglücklicher Verrückter einen Angriff auf die geheiligte
„Person des Königs, indem er auf Ihn stürzte mit einem
„Dolch in der Hand, als Er von der Jagd über die Neue-
„brücke zurück ritt. Die Fußknechte liefen hinzu, rissen ihn
„weg, und hätten ihn auf der Stelle zusammengehauen,
„wenn es der König nicht verboten, und ihn in das Schloß
„l'Eveque hätte gefangen führen lassen. Er hieß Jean de
„Lisse, gebürtig von Vieux bey Senlis. Er wurde sogleich
„von den Präsidenten Jeannin verhört, der aber keine ver-
„nünftige Antwort aus ihm bringen konnte, denn er war
„ganz von Sinnen. Er hielt sich für den König der ganzen
„Welt, und sagte: da Heinrich Frankreich an sich gerissen
„habe, wollte er ihn für seine Vermessenheit bestrafen.
„Darauf hielt der König dafür, daß er schon durch seine
„Narrheit bestraft sey, und befahl, daß man ihn nur wohl
„im Gefängniß verwahrt halten solle, wo er auch bald her-
„nach starb." Histoire de Henri le Grand P. 3.

Drey

Drey und zwanzigstes Buch.

1. Frau von Montglat, welche der kleine Prinz so nannte. In dem 9138. Bd. der Hdschr. d. k. Bibl., der ganz voll von lauter Originalen von Briefen Heinrichs IV, der Königin und der Madame Elisabeth an Frau von Montglat ist, steht auch einer von dem Dauphin an seine Schwester, wo er ihr sagt, daß er Mamanga die Hände küsse.

2. Die Astrologen hatten es vorhergesagt, — sagt das Tagebuch von l'Etoile — daß die Königin in Lebensgefahr kommen würde. Sie brachte glücklich, am 10. Februar, eine Tochter zur Welt. Da sie sehr leidenschaftlich wünschte, daß es ein Junge seyn möchte, tröstete sie Heinrich und sagte dabey mit seiner gewöhnlichen Lustigkeit zu ihr: wenn dieß Mädchen auch unversorgt bliebe, so gäbe es ja wohl sonst noch mehr alte Jungfern, und wenn übrigens Ihre Mutter keine Tochter geboren hätte, so würde Sie nie Königin von Frankreich worden seyn.

3. Herr von Sully hat es oben schon zu erkennen gegeben, in dem Rath, den er dem König gab: vier bis fünf Personen über die Apenninen und eben so viel übers Meer zu schicken.

4. Nur in der Absicht, Frankreich ganz oder zum Theil an sich zu reißen, konnte es seyn, daß Philipp II vorhatte, sich in Besitz der Staaten des Herzogs von Savoyen zu setzen, und diesem dagegen eins seiner Länder einzuräumen. Diesen besondern Umstand meldet uns Matthieu T. II. l. 2. p. 240.

De Thou L. 36. und beynahe alle Geschichtschreiber erwähnen die Auszeichnung, mit welcher dem Marquis von Rosny diese Würde ertheilt wurde. Heinrich IV hatte ihn schon zuvor zum Ehrenrath im Parlament, gemacht.

6. Franz von Angennes, Sieur de Montluet. — Odet de la Noue.

7. Luise von Coligny, Tochter des Admirals, zuerst verheurathet an den Grafen von Teligny, der am Bartholomäustag umkam. In der zwoten Ehe lebte sie mit Wilhelm von Nassau, Fürsten von Oranien, von dem sie damals auch schon Wittwe war.

8. Ben-

8. Benjamin Aubert du Maurier, der erst dem Herzog von Bouillon, nachher dem Herzog von Sully anhieng.

9. Nach de Thou, dem Mercure de France und den besten Memoiren aus dieser Zeit machte die Königin diese Reise bloß in der Absicht, vortheilhaftere Bedingungen für den Herzog von Bouillon erhalten zu können, der sie auf seine Seite gezogen hatte.

10. Charles de Gonzagues de Cleves, Herzog von Nevers.

11. Jean de Netancourt, Graf von Vaubecourt, Staatsrath, Feldmarschall, Generalstatthalter der Stadt und des Bisthums Verdun, Befehlshaber von Chalons in Champagne; starb 1642.

12. Joachim von Dinteville, Befehlshaber in Champagne.

13. De Thou, in seinem Bericht von dieser Expedition gegen Sedan, zeigt sich sehr ungünstig gegen den Herzog von Sully, und sehr für den Herzog von Bouillon. Er giebt zu verstehen, Heinrich habe sich auf diesem Zug überzeugt, daß Herr von Sully dem Marschall von Bouillon bey dieser Gelegenheit nur aus persönlicher Feindschaft verfolge, und habe daher gern seine Abwesenheit benutzt, um die ganze Sache durch einen Vertrag beyzulegen, weil im Grund doch des Marschalls Verbindungen mit den Herrn von Biron und Auvergne nicht bis zum Verbrechen gegangen wären. Das Zeugniß des Mercure François beynahe aller Geschichtschreiber, und selbst des Apologisten des Herzogs von Bouillon, der hier sogar viel vortheilhafter von Sully als von Bouillon selbst spricht, nebst andern in diesen Memoiren enthaltenen Beweisen, machen meines Erachtens das ganz unhaltbar, was Herr de Thou hier von der Meynung vorbringt, welche Heinrich IV über die Gesinnungen und Neigungen des Herzogs von Bouillon gehabt haben sollte. Thatsachen auf Originalbriefe und Reden gegründet, wie dieß größtentheils in den Denkwürdigkeiten Sullys, und hier besonders der Fall ist, verdienen ganz andern Glauben, als solche, die nur auf öffentlichen Gerüchten beruhen; und wenn ich nicht sehr irre, so wäre es nicht schwer, Herrn de Thou zu zeigen, daß er hier mit sich selbst nicht übereinstimmt.

Woher also die Eilfertigkeit, womit dieser Vertrag abgeschlossen wurde, die dabey so sichtbare Begünstigung und die Geheimhaltung vor Sully auf Befehl des Königs, deren Sully selbst erwähnt? Ich nehme die Gründe an, welche Marsolier davon beybringt: 1.) Heinrich wollte den Herzog von Bouillon nicht zu Grund richten, sondern ihn nur das Gewicht seiner Macht fühlen lassen, um ihn für die Zukunft in den Schranken seiner Pflicht zu erhalten. 2) Da dem Herzog von Bouillon durch Villeroy das Document seiner Vereinigung mit den Herrn Biron und Auvergne vorgehalten wurde, so nahm er wirklich seine Zuflucht zur Unterwerfung, um eine Verzeihung zu erhalten, um welche zu bitten ihm sein Trotz nicht zuließ, so lang er denken könnte, seine Schritte seyen verborgen geblieben. 3) Alles wohl überlegt, dachte Heinrich, der Herzog würde zu Sedan noch unschädlicher für Ihn seyn, als sonst irgendwo, weswegen Er ihn nicht nur nicht daraus vertrieb, sondern sogar einen Monat hernach wieder dahin schickte. — Was Herrn von Villeroy betrifft, den der Verfasser hier tadelt, so sieht man wohl, daß er nur auf Befehl und nach den Absichten des Königs handelte; auch wird er sehr wegen dieser Unterhandlung gelobt in dem 8477 Bd. der Mss. Roi. Man sehe die Geschichtschreiber, besonders den Merc. Franç. année 1606.— Kein Schriftsteller hat diesen Vorgang so umständlich erzählt, als man ihn hier in unsern Denkwürdigkeiten findet.

14. Heinrich antwortete ihm verbindlich: es sey Ihm nicht sowohl um sein Sedan zu thun gewesen, als um die guten Dienste, die Er von seiner Person erwarte. Mss. ib.

15. Das Tagebuch Heinrichs IV spricht nicht von dieser Streitigkeit, sondern sagt im Gegentheil: Herr von Rosny sey an der Seite des Königs geritten, habe Ihn unterhalten, und Ihm die schönen Damen gezeigt; der Marschall von Bouillon sey ganz einfach gekleidet und beritten gewesen, und habe ein sehr trauriges Gesicht gemacht. Es enthält auch einen Brief, welchen der König an die Fürstin von Oranien über die Uebergabe von Sedan schrieb, und der anfängt: „Meine liebe Cousine! Ich werde sagen „können wie Cäsar: Ich kam, sah und siegte, oder wie „das Liedchen:

Trois

Trois jours dureront mes amours
Et se finiront en trois jours

„so verliebt war ich in Sedan. Sie können nun sagen, ob
„ich Wort halte oder nicht, und ob ich die Beschaffenheit
„dieses Platzes besser kannte, als diejenigen, welche mich
„bereden wollten, daß ich ihn in drey Jahren nicht einbe-
„kommen würde." — — Herr de Thou irrt hier abermals, indem er a. a. O. sagt, daß der Herzog von Bouillon
erst drey Tage hernach angekommen sey. M. s. den Mercure françois, wo man auch eine Beschreibung des Einzugs
Sr Majestät in Paris, findet.

16. Durch eins der Dekrete, vom 10. Jänner 1605
wird verboten, irgend eine Kirche ohne Erlaubniß der Regierung zu bauen, und vermöge eines andern vom 26. März
1605 können Geistliche und überhaupt Leute von der todten
Hand ohne besondre Vergünstigung nichts erwerben. Ich
will mich hier nicht auf eine Untersuchung dieser hieher gehörigen Rechtsfragen einlassen, für und gegen welche in diesen Zeiten eine Menge Schriften erschien. Die vorzüglichsten sind die, welche aus der Feder des Kardinals Baronius
für den Pabst flossen, und die von Fra Paolo Sarpi, Ser-
viten-Mönch, für die Republik Venedig. Man kann alle
diese Schriften sehen in De Thou, Mercure françois,
Matthieu, année 1606 und andern Geschichtschreibern, besonders aber in den über diesen berühmten Streit erschienenen Schriften. Die Jesuiten, Capuciner und einige wenige
andre Religiosen waren die einzigen, welche dem Interdikt
Folge leisteten, und sich aus dem Gebiet der Republik jagen
ließen. Die Excommunication wurde von allen andern Orden in der Republik verachtet, und der Gottesdienst unausgesetzt fortgehalten. — Man erzählt, daß der OberVicar
des Bischoffs von Padua zum Podestaten sagte: er werde
hierin thun, was ihm der heilige Geist eingeben werde; worauf ihm der Podestat geantwortet habe: der heilige Geist
habe bereits den Zehnern eingegeben, alle aufknüpfen zu
lassen, welche sich weigern würden, dem Willen des Senats
zu gehorchen.

17. Man wird hier, so wie überall, wo die Religion
mit ins Spiel kömmt, leicht unterscheiden können, was der
Glaube des Herrn von Sully ihn zu stark oder nicht genau
wahr

wahr sagen ließ. Ich halte mich nicht mit einer besondern
Rüge auf, weil ich glaube, daß der Leser jetzt solche Stellen
gewohnt ist, ohne darüber mehr in Bewegung zu gerathen.

18. Jaques Gillot Conseiller-Clerc bey der Grand-
Chambre des Parlaments zu Paris.

19. Sie nannte sich Adriane de Fresne, gebürtig aus
dem Dorfe Gerbigny bey Amiens. Sie ließ sich in Paris
nieder in der Sankt Antonsstraße, und zog in das Kloster
St. Viktor, wo sie sich exorcisiren ließ, und beynahe einen
eben so großen Zusammenlauf von Volk, als Marthe Bro-
ßier zuvor in St. Genoveva verursachte. De Thou, der
diese Geschichte eben nicht mit Stillschweigen übergehen
mochte, spricht von dem Pater Cotton als einem der Haupt-
teufelsbeschwörer, und rechnet ihm dabey, wie gewöhnlich,
seine Curiosität bey dieser Gelegenheit sehr streng an. Er
bemerkt auch, daß Heinrich den Herzog von Sully sehr
dringend bat, die Bekanntwerdung des Originals von dieser Schrift möglichst zu verhüten; und daß Er, da das
Gegentheil durch Unvorsichtigkeit oder auf andre Art, dennoch geschah, sich vor den Hofleuten das Ansehen gab, als
sähe Er die Sache für eine unbedeutende Kleinigkeit an,
wiewohl Er innerlich sehr übel auf den Pater Cotton deswegen zu sprechen gewesen seyn soll. 1. 132.

Auch in Etoiles Tagebuch geschieht dieser Schrift des
Pater Cotton Meldung, „welche — heißt es — der gewöhnliche Gegenstand der Unterhaltung in den Gesellschaf-
ten war." — Nach einer umständlichen Darstellung alles
dessen, was den Pater in der Geschichte Adrianens de Fresne angeht, schließt der Verfasser der Vie du père Cotton
l. 2. p. 9. folgendermaßen: „es fand sich, daß der Pater
niemals mit der Person gesprochen hatte, der man die Be-
kanntmachung des Zettels zugeschrieben hatte, und welche
ein Parlamentsrath seyn sollte, der diese Schrift in einem
Buch gefunden habe, das der Pater Cotton von ihm geborgt
gehabt hätte. Die Schreibemeister - denen man das
Papier zeigte, welches vorgeblich die Urschrift von allen andern, und — wie man fälschlich versicherte, von Cotton
eigenhändig unterzeichnet seyn sollte, — bezeugten auch
noch überdieß, nachdem sie es mit Briefen von Cotton gegen ein-

geneinander gehalten hatten, daß es gar nicht von seiner Hand sey."

20. Eine der Andächtigen des Pater Cotton.

21. Eine andre seiner Andächtigen.

22. Eine Nonne, deren noch in der Folge in diesen Memoiren erwähnt werden wird.

23. Die Vorstellung, welche die Geistlichkeit Sr Majestät durch Hieronymus von Villars, Erzbischoff von Vienne, machen ließ, steht im Mercure françois année 1606. nebst der Antwort, welche ihm Heinrich darauf gab: „Sie haben mir von dem Concilium gesagt; ich wünschte „selbst dessen Publication: allein wie Sie ebenfalls sehr „richtig bemerkt haben, die Betrachtungen der Welt be„kämpfen oft die des Himmels. Uebrigens werde ich den„noch jederzeit bereit seyn, Blut und Leben für das Heil „der Kirche und den Dienst Gottes zu wagen. Was die „Simonien und geheime Eröffnungen betrifft, so sollen die, „welche sich deren schuldig gemacht haben, damit anfangen, „daß sie sich selbst bessern, und ihr ermuntert die andern „dazu durch euere guten Beyspiele. Was die Wahlen be„trifft, so seht ihr, wie ich dabey verfahre, und ich bin „stolz darauf, zu sehen, daß die, welche ich eingerichtet ha„be, sehr von den vorhergehenden verschieden sind rc." Er gestand ihnen doch auf ihre eingereichte Beschwerden zwey Edikte zu, welche verschiedene kirchliche Verordnungen enthielten, und deren eins 1608, das andere 1699 bestätigt wurde. M. s. auch De Thou l. 134.

24. M. s. in den Mss. 109. die Urschrift eines Briefs vom Herrn v. Sully 20. May 1606. an die Protestanten in Bourgogne, worin er sie von dieser Idee einer Synode zu la Rochelle abzubringen sucht.

25. Benjamin von Rohan Soubise, Bruder des Herzogs von Rohan, beyde Söhne von Renat, Herzog von Rohan und Enkel Johanns von Partenay-Soubise. Der Herzog von Soubise war einer der vorzüglichsten Anführer der Calvinisten in Frankreich während der Religionskriege unter der folgenden Regierung.

26. Eleo-

26. Eleonore von Medicis, älteste Tochter Franz von Medicis, Großherzogs von Toscana, und Gemahlin Vincenz von Gonzaga, Herzogs von Mantua.

27. Man darf sich kühn nur auf alle Genealogisten berufen, um zu zeigen, wie sehr der Herzog von Sully Unrecht hat, so von einem so erlauchten Haus zu reden, als das von Bouillon ist.

28. „Die Pest, oder vielmehr die Wirthschaftlichkeit „des Königs, brachte die Stadt Paris um diese Ehre" sagt Etoile boshaft. Die Behauptung ist aber ungegründet, und wird von den andern Geschichtschreibern widersprochen.

29. Die Handlung geschah in dem Hof des Herrnhauses, den man dazu eingerichtet hatte. Der Kardinallegat von Joyeuse stellte dabey die Person Pauls V als Pathen des Herrn Dauphin vor, nebst der Frau Herzogin von Mantua, welche die Frau Pathe dabey war. Madame de France, die Erstgebohrne, erhielt den Namen Elisabeth, nach ihrer Pathe der Erzherzogin, Gemahlin des Erzherzogs Albrecht, und Enkelin Heinrichs II, welche durch Frau von Angouleme vertreten wurde, ohne Pathen, und Madame de France, die Nachgeborne, hatte zu Pathen den Herzog von Lothringen, der selbst anwesend war, und die Großherzogin von Toscana, deren Prinz, Don Johan von Medicis ihre Stelle vertrat; sie wurde Christine genannt. Die Beschreibung des Aufzugs und der Lustbarkeiten, welche vorhergingen und nachfolgten, s. m. im Mercure françois année 1606. und bey Matthieu T. II. L. 3. Mss. 109. Vol. 9361 et 9364.

30. Das Tagebuch von der Regierung Heinrichs IV bemerkt, daß dieß Jahr keine größere Anzahl von Personen in Paris starb, als sonst auch, was da auf acht Personen täglich angegeben wird; man habe sich daher durch einen panischen Schrecken übereilen lassen.

31. „Freytags am 9. Junius — heißt es ebendaselbst — kamen der König und die Königin nebst dem Herrn von Vendome auf dem Rückweg von Saint-Germain-en Laye durch die Fähre von Neuilly, wo sie beynahe alle drey ertrunken wären, besonders die Königin, die dabey einen starken Trunk übern Durst that, und um deren Leben es geschehen

geschehen war, wenn sie nicht einer ihrer Laquaien und ein Edelmann gerettet hätte, Namens la Chataigneraie, der sich ihr mit Lebensgefahr in die Fluten nachgestürzt hatte, und sie bey den Haaren ergrif und herauszog. Dieser Vorfall heilte den König von starken Zahnschmerzen, und als es vorüber war, machte er sich lustig darüber und sagte: Er habe noch nie ein beßres Recept dagegen verordnet bekommen; und — sie hätten bey der Mittagstafel zuviel Gesalzenes gegessen, deßwegen habe man sie wollen einen guten Trunk darauf thun lassen.

Dieser Unfall kam, nach dem Mercure François, daher daß die zwey vordern Pferde beym Eintritt in die Fähre, die wahrscheinlich keine Brustwehr hatte, sich zu weit zur Seite hielten, ins Wasser fielen, und durch ihr Gewicht den Wagen mit hineinrissen, worin sich der König, die Königin, der Herr Herzog von Vendome die Prinzessin von Condy und der Herzog von Montpensier befanden, welche der Regen verhindert hatte, auszusteigen. „Die Herrn, „welche zu Pferd dabey waren, — sagt ferner der Geschichtschreiber, — stürzten sich ins Wasser, ohne Zeit zu „haben, ihre Mäntel oder Degen abzulegen, und eilten an „den Ort wo sie den König gesehen hatten. Da er aus der „Gefahr gerettet war, ließ Er sich durch alle ihre Bitten nicht zurückhalten, sondern ging wieder ins Wasser um die Königin und den Herzog von Vendome herauszuziehen zu helfen. Die Königin hatte nicht sobald wieder Odem geholt, als sie mit einem tiefen Seufzern fragte, wo ist der König? ... La Chataigneraie, von dem sie vorzüglich bemerkte, daß er ihr sehr zu ihrer Rettung behülflich gewesen war, wurde dafür mit einem Geschenk von Edelgesteinen und mit einem Jahrgehalt belohnt. Année 1606. De Thou l. 136.

32. Man schlage hierüber nach de Thou, merc. Fr. 1606. u. Siri ib.

33. Der Ausdruck Terse der an zwo oder drey Stellen in den Denkwürdigkeiten Sully vorkömmt, bedeutet bey ihm ein Bataillon, oder eine in Ein Corps vereinte Anzahl Compagnien zu Fuß.

34. Die nähern Umstände dieser Verschwörung würden uns in eine zu weitläuftige Erzählung verwickeln, die

noch

noch dazu zu wenig in diese Denkwürdigkeiten gehört. Herr de Thou und der Merc. franc. lassen sie sich schon in den letzten Jahren der Königin Elisabeth anspinnen. M. s. die Geschichtschreiber unter den Jahren 1605. 1606. Zehn bis zwölf Engländer, so wie auch zween Jesuiten, Heinrich Garnet und Eduard Oldecorne, kostete es den Kopf. Es scheint, daß das ganze Verbrechen dieser beyden darin bestand, daß sie von der Verschwörung wußten, ohne sie zu entdecken: „was der König, — sagt l'Etoile — dem Pater Cotton wohl zu sagen wußte, als er mit ihm davon sprach: „ich „will, sagte Er, dieses nicht von euch andern glauben, „noch euern Orden überhaupt zu nahe treten, auffer Per„son der zu Rom ben Sr Heiligkeit ist, von dem ich weiß, „daß ihm diese verderbliche Verschwörung und Absicht nicht „unbekannt war." Année 1605.

Der Pater Oldecorne bezeugte vor seiner Hinrichtung (17. April 1606.) er habe von der Pulververschwörung nie etwas gewußt, noch je darein gewilligt. — Mezerai sagt, dieser Pater habe behauptet, die Unternehmung sey gut und löblich, allein ich weiß nicht, welchen Grund er zu dieser Behauptung hat, er der aus Hall und Oldecorne zwo verschiedene Personen macht, da es doch nur einer und derselbe ist, indem er zween Namen hatte. Der Pater Garnet wurde am dritten May hingerichtet, die Richter sparten nichts, um ihn zu der Aussage zu bringen, daß er es auf einem andern Weg als die Beichte erfahren habe, deren Siegel wie sie wußten bey den Katholiken unverletzlich ist. Er ließ sich aber, nach den Erzählungen der Katholischen, so wenig in diese Verschwörung ein, zu deren Urheber und Beförderer ihn doch Larrey macht, daß er alles, selbst beynahe die Entdeckung anwendete, um sie rückgängig zu machen, indem er die Katholiken unaufhörlich zur Geduld ermahnte. Er hatte sogar durch den Pater Persenius und den Pater Aquaviva, Jesuiten General, schreiben lassen, man müsse vor allen Dingen sich hüten, einen heftigen Entschluß zu fassen, dessen Ausgang nichts anders als traurig für die Religion seyn könnte. Mem. pour servir al' hist. univ. de l'Europe T. I. p. 74. P. Matthieu T. II. l. 3. p. 715: spricht gleicherweise den Pater Garnet frey. — M. s auch das Buch von dem Pater Daniel Bartholi einem Italienischen Jesuiten unter dem Titel: Dell' istoria della Compagnia de Giesu

d'

d' Inghilterra. Diese Zeugen sind hinreichend, um alle die zu widerlegen, welche (so wie Bayle Rep. de Lett. Mars 1687.) behauptet haben, daß nach dem Zeugniß aller Geschichtschreiber die Väter Garnet und Oldecorne überwiesen worden seien, an dieser Verschwörung Antheil gehabt zu haben. — Pater Person oder Robert Personio war ein Jesuit von großen Verdiensten und Kenntnissen.

Vier und zwanzigstes Buch.

1. „Sie sehen hier, sagte er zu Herrn von Bassompierre, einen Mann, der hingeht, sich eine Grabstätte in Paris zu suchen. Ich habe gedient, so lang ich konnte, und als sie sahen, daß ich nicht mehr tüchtig dazu war, haben sie mich zur Ruhe geschickt, damit ich für mein Seelenheil sorgen könnte, auf das mich ihre Geschäfte nicht bedacht seyn ließen. Ein Kanzler ohne Siegel ist ein Apotheker ohne Zucker." Journal de Bassompierre.

Als Heinrich dem Herrn von Bellievre die Siegel für Sillery abforderte wozu Er die Gelegenheit von Seiner Reise nach Limosin nahm, wohin er Ihm wegen seines hohen Alters und seiner Schwachheit nicht würde folgen können, antwortete er: wenn Er die Siegel nicht Post fahren zu lassen gedächte, wollte er sie jederzeit an jeden Ort, wo Se. Majestät anlangten, selbst übergeben. „Es scheint, Sire, — setzte er hinzu — Sie fürchten in Guyenne nicht genug Erde zu einem Grab für mich zu finden; ich befinde mich wohl, und war in meinem Leben noch für nichts besorgt als für Ihren Dienst, und es würde mir zur Last werden, dies Leben, wenn ich von jenem entfernt werden sollte. Matthieu T. II. l. 3. p. 688.

Dieser Groß Canzler von allgemein anerkannter Rechtschaffenheit und Festigkeit hatte unter fünf Königen gedient. Er ist der Urheber mehrerer nützlichen Verordnungen in der Kanzlei und starb am 5. September des folgenden Jahrs in seinem 78. Jahr. Seine Vaterstadt ist Lyon.

2. „Er liebte — sagt Perefixe, alle seine Kinder „eheliche und natürliche, mit gleicher Zärtlichkeit; allein mit

„verschiedenen Betrachtungen." So wollte Er nicht, daß sie Ihn Monsieur nennen sollten, eine Benennung welche die Kinder ihren Vater fremd zu machen scheint, und Knechtschaft und Unterwürfigkeit bezeichnet, sondern sie sollen Ihm den zärtlichen und liebevollen Namen Papa geben."

3. Er hatte keinen Taufnamen, weil er in seinen fünften Jahr starb, ehe noch die Ceremonien seiner Taufe vorgenommen worden waren.

4. Von mehrern Kindern männlichen Geschlechts aus der Ehe Peters von Melun, Fürsten von Epinoy, Marquis von Richebourg mit Hyppolita von Montmorency, über welche Herr von Sully, wie wir oben gesehen haben, die Vormundschaft übernommen hatte, waren damals nur noch zween übrig. Wilhelm von Melun, Fürst von Epinoy, Vikomte von Gand, Connetable von Flandern, Grands bailli von Hennegau, Ritter vom goldnen Vließ 2c. Er ists, der mit der Fürstin von Ligne den großen Rechtsstreit hatte, dessen in der Folge gedacht werden wird. Sein nachgeborner Bruder ist Heinrich von Melun Marquis von Richebourg, der von Rambures getödet wurde.

5. Franz von Orleans, Grav von St. Paul.

6. Charlotte von Montmorency, Gemahlin Karls von Volois, Herzogs von Angouleme.

7. Gaspard Seguiran; wurde in der Folge Beichtvater Ludwigs XIII.

8. Ich hätte gerne dem Herrn von Sully eine Ehre daraus gemacht, wenn er ein so plattes und so ganz boshaftes Wortspiel unterdrückt hätte.

9. Es ist auffer Zweifel, daß die vereinigten Provinzen damals in vollem Ernst vorhatten, sich nicht nur unter französischen Schutz zu begeben, sondern sich sogar dem Szepter Frankreichs ganz zu unterwerfen. Die Berathschlagung darüber s. w. in Vittorio Siri mem. rec. T. I. p. 418. Allein war diese bloß nothgedrungene Gesinnung wohl sehr

auf-

aufrichtig? und hätte sie lange gedauert? — Ich glaube
daß der beste Entschluß immer der war, den der Herzog
von Sully im Conseil faßen ließ.

10. Andre Geschichtschreiber sagen: Montags den 30.
April; es finden sich auch noch andre Abweichungen in den
Nachrichten vom Treffen, die aber nicht sehr beträchtlich
sind. M. s. de Thou l. 138. Mercure françois année
1607. u. a. Geschichtschreiber.

11. M. s. de Thou, de Merc. franc. und andre
Geschichtschreiber unter dem Jahr 1607. Man kann auch
den 9981. Band der MS. 109. nachsehen, der voll von
besonders merkwürdigen Stücken ist, die Angelegenheiten
der vereinigten Provinzen betreffend.

12. Herr von Buzenval war erst kürzlich zu Leyden
am 23. September gestorben, ein Mann von großem Ansehen bey den Franzosen sowohl als bey den Ausländern.
Um seinen Werth und sein Andenken zu ehren, — sagen die
Mem. de l'hist. de France. — ließen ihn die Herrn Staaten auf ihre Kosten mit gleichen Ceremonien und Gepränge,
wie den Prinzen von Oranien, beerdigen.

13. Nach andern Geschichtschreibern wollte der Doge
und der Senat dem Papst gar keine Genugthuung geben,
die Absolution vom Bann nicht einmal annehmen, vielwe-
niger darum bitten; und Paul V. war sehr ärgerlich über
die Gleichgültigkeit, mit der man in Venedig das aufnahm,
was er als eine große Gnade angesehen wissen wollte. Fresne
Canaye sagt, bey seiner Rückkehr von seiner Gesandschaft:
man spreche mit nicht mehr Achtung von dem Papst in Venedig als in Genf. Gewiß ist wenigstens, daß alle Bemühungen, die Jesuiten dort wieder einzuführen fruchtlos
„blieben. „Diese Angelegenheit — sagt Herr von Perifixe, —
„verzögerte die Ausgleichung einige Monate lang, und hätte
„sie beynahe ganz vereitelt, weil der Papst, in Rücksicht,
„daß sie seinetwegen daraus vertrieben worden waren, durch-
„aus darauf bestand, daß die Regierung sie wieder in ihre
„Häuser und Güter einsetzen sollte, und diese hartnäckig
„lieber alles wagen, als darein willigen wollte. Endlich be-
„griff

„griff der Papst auf Einrathen des Cardinals du Perron, daß
„es besser sey, hierinn nachzugeben, als die ganze Christen-
„heit der Gefahr auszusetzen, sich zu überwerfen. Sie blie-
„ben also aus dem Gebiet der Republik verbannt. Papst
„Alexander VII. brachte sie aber durch seine Verwen-
„dung wieder hinein." Perefixe, Journal de l'Etoile
Mem. p. l'hist. de France; Mércure fr.; Matthieu etc.
anée 1607.

14. „Ich bins, — sagte damals Heinrich, — der
„Italien den Frieden wieder gegeben hat." Der Mércure
françois merkt an, daß Franz de Castro und Dom Irigo
de Carpenas, spanischer Minister zu Rom, nachdem sie fruchts
los versucht hatten, den Vertrag zu verhindern, eben so fruchtlos unternahmen, es dahin zu bringen, daß Se Heiligkeit
dem Cardinal von Joyeuse den Cardinal Zapula zugeben
möchten.

15. Der Verfasser will ohne Zweifel hier von dem
übrigens dennoch erst 1609 beschlossenen Edikt reden, durch
welches das Krongut und alle Güter, welche Heinrich IV.
als König von Navarra gehörten, — und welche bis jetzt
immer noch von der Krone Frankreich abgesondert geblieben
waren, weil der König die Nutznüssung davon an Madame
Catharine seiner Schwester überlassen hatte — auf ewige
Zeiten dieser Krone so einverleibt wurden, daß sie nie davon
getrennt, veräussert ꝛc. werden könnten. Diese Güter begreifen die Herzogthümer Vendome und Albret, die Grafschaften Foix, Armagnac, Bigorre, Gaure, Merle, Beaumont, la Ferre, die Vicomten Limoges, und andre Einkünfte und Gerechtsame.

16. Die Aufzählung davon kam oben vor, bey Gelegenheit des Processes der Königin Margaretha mit dem Herzog
von Angouleme.

17. Eine der vorzüglichsten Handlungen der Gerechtigkeitspflege gegen die Finanzleute während der Amtsführung des Herzogs von Sully war die Gefangensetzung und
der Proceß des berüchtigten Pächters l'Argentier. Die Mem.
de l'hist. de France T. II. p. 271. erzählen seine Unterschleife

Schleife und Verschleudrungen, und setzen dann noch folgenden Zug hinzu: „Vor der letzten Reise des Königs nach Fontainebleau sagte l'Argentier beym Abschied zu Ihm, er werde sich bald auch auf den Weg dahin machen, um Sr Majestät die Hände zu küssen, und Ihre Befehle zu vernehmen, und setzte hinzu: „diese Reise wird mich dreyßigtausend „Pfund kosten." „Ventre saint gris! — antwortete der „König — das ist zuviel für eine Reise von Paris nach „Fontainebleau! — „Ja, Sire — versetzte l'Argentier darauf, — ich habe, mit höchster Genehmhaltung Ew. Majestät noch ein andres Geschäft daselbst, ich will nämlich das Modell von den Frontispizen Ihres Hauses daselbst nehmen, um eines der meinigen, das in Champagne liegt, darnach einrichten zu lassen." Der König lachte hell auf darüber, sagte aber sonst nichts darauf; allein als man Ihm nachher die Nachricht brachte, daß er im Chatelet säße, sagte Er: „was? will er etwa da das Model von den Frontispi„zen des Chatelets nehmen?""

18. Sicher ist nichts richtiger als das, was hier der Verfasser sagt, und nichts glücklicher besser ausgedacht, als dieß Projekt, um das Vorurtheil zu zerstöhren, das noch jetzt, unerachtet unsers so aufgeklärten Jahrhunderts unter dem französischen Adel besteht. Warum sollte er sich denn auch durch Finanzen, Handlung und andre Gewerbe guter Bürger mehr erniedrigen, als durch die schöne Wissenschaften, deren er sich heut zu Tage schon nicht mehr schämt? Doch, wir wollen hoffen, daß eins nach dem andern kommen wird.

19. N. Erard, von Bar le Duc, schrieb auf Befehl Heinrichs des Großen eine Abhandlung von Fortificationen, die erste, die wir über diesen Gegenstand haben. Sein Neffe, A. Erard ließ sie 1620 wieder auflegen.

20. Philibert von Nerestan Capitain der Garde Sr Majestät. Er wurde vom König im folgenden Jahr zum ersten Großmeister des Ordens Unsrer lieben Frauen vom Berg Carmel und des Heiligen Lazarus ernannt.

21. Zu

21. Zu Gunsten Wilhelms de la Mothe-de-Pechu, Mitschuldigen an dem Meuchelmord Franzens von Montmorency Herrn von Hallot, Generalstatthalters für den König in der Normandie, der sechzehn Jahre zuvor auf eine sehr unedle Art von Christoph Marquis d'Allegre begangen worden war. Heinrich rief diese Sache an sein Conseil ab, und verwandelte die dem la Mothe zugestandene Begnadigung in neunjährige Verbannung und mehrere Geldbussen ꝛc. Die Strafe würde wahrscheinlich noch schärfer ausgefallen seyn, wenn die große Jugend des Schuldigen sein Verbrechen nicht geringer gemacht hätte. Dieser Herr hatte schon seit 1597. das Privilegium sehr beschränkt, in dessen Besitz das Kapitel von Rouen ist. Dieser Proceß, der damals sehr viel Lärm machte, gab Gelegenheit zu einer nähern Untersuchung dieser ganzen Frage. De Thou T. IV. p. 160. Nicolaus Rigault, sein Fortsetzer, und alle Gelehrte, soviel man aus der Art schließen kann, womit diese Thatsache im Mercure françois, année 1606, p. 179. behandelt wird, trugen kein Bedenken, das vorgebliche Mirakel für fabelhaft zu erklären, durch welches der Heilige Romanus Erzbischof von Rouen, diese Stadt von der Wuth eines Ungeheuers befreit haben soll, oder von einer Schlange, die man insgemein la Gargouille nannte, bey welcher Unternehmung ihm ein Mords wegen gesessener Missethäter behülflich gewesen seyn soll, woher denn dieß Privilegium entstanden sey! Die Urkunden selbst, wodurch man beweisen will, daß es wirklich von mehrern Königen von Frankreich verliehen worden seye, hielten die strenge Prüfung der Kritik nicht aus, welche darinn überall viele Irrthümer, Unterschleif und Unrichtigkeiten in Ansehung der Zeit und der Datums fand. Man vermuthet, daß bey diesem ganzen frommen Mährchen ein würkliches Wunderwerk des Heiligen Erzbischoffs zum Grund liegt, das aber eine Ueberschwemmung zum Gegenstand hatte, woraus die Poetische Licenz, nach ihrer Gewohnheit ein Ungeheuer gemacht und dabey nicht vergessen hat, die Geschichte mit ihren andern gebräuchlichen Verzierungen auszustaffiren. Das Wort Hyder, für das man leicht Schlange gebrauchte, hat so viel Aehnlichkeit mit dem, welches im Griechischen eine Ueberschwemmung bezeichnet (Hydor), daß dieser Name allein schon den ganzen Irrthum veranlaßt haben kann. —

Es würde zu weit führen, wenn ich hier alle — in den Beschwerden und andern Schriften aus dieser Zeit sowohl, als in den nachher darüber erschienenen Abhandlungen — enthaltene Gründe für und wider das Privilegium der Chorherrn an der Cathedralkirche zu Rouen, anführen wollte. Ich finde es nicht befremdend, daß man so stark über eine so sonderbare Andacht geschrieen hat, als die ist, die aus einer ganz ungerechten und des Verbrechen selbst zu berechtigen fähigen Handlung den wesentlichsten Theil der Verehrung eines heiligen Bischoffs macht. — Die Ceremonien, die dabey beobachtet werden, — (denn es besteht noch bis auf den heutigen Tag und geschieht alljährlich am Himmelfahrtsfest zu Rouen, wo es lever la fierte genannt wird,) findet man ebenfalls in dem Mercure françois und an mehrern Orten.

22. Er wurde daselbst am Tag vor dem Pfingstfest von dem Podagra befallen. „Der Fluß war stark, — sagt Matthieu — der Schmerz sehr stechend. Allein Sein Muth und Seine gute Leibesbeschaffenheit würden es doch nicht überstanden haben, wenn Er sich nicht mehr Freyheit, Früchte zu genießen, gestattet hätte, als Ihm Seine Aerzte erlaubt hatten; er verzärtelte das Uebel nicht, sondern zwang sich zu Seinen gewöhnlichen Leibesübungen. Ungefähr am 21. May als Er bey der Königin gelegen hatte, und sich von einem neuen Fluß an einem Fuß gekitzelt fühlte, ließ Er sich in ein andres Bett bringen, und da Er sah, daß Ihm diese Veränderung bekam, stand Er auf und ließ sich an den großen Canal tragen, wo Er spazieren gieng, und sich so starke Bewegung machte, daß Er bey Seiner Rückkunft gut schlief und beym Erwachen nichts mehr von dem Uebel fühlte. T. II. l. 3. p. 768.

23. Man hat Heinrich den Vorwurf gemacht, daß Ihn diese so starke Liebe zu seinem ehlichen und natürlichen Kindern so sehr verblende, daß Er dagegen ihre Fehler nicht sehen, noch mit Seiner gewöhnlichen Klugheit in dem verfahren könne, was Ihn betreffe. In der Histoire de la Mere et du Fils T. I. p. 43. finde ich diesen Vorwurf. Ich weiß aber nicht, ob alle die Anekdoten, von denen dieß Buch voll ist, eben so zuverläßig als größtentheils merkwürdig sind. Ich finde darin eine hervorstechende Vorliebe für

für gewisse Personen, und Leidenschaft gegen andre, welche verursacht, daß man Mühe hat sein Zeugniß für voll anzusehen, und zu geben.

24. Was alle die Vorkehrungen für die Gesundheit der königlichen Kinder nothwendig machte war der Comet, der im September dieses Jahrs erschien; denn die Astrologen hatten ausgesagt, daß er das Leben derselben bedrohe. Heinrich sagte zu seinem Geschichtschreiber Matthieu, der es T. II. L. 3. p. 769. wieder erzählt: der Comet habe auf die Prinzessin des Königs von England gewirkt, die Astrologen hätten sich also, Gottlob, diesmal verrechnet. —